Psychologie und Nachhaltigkeit

Claudia Thea Schmitt
Eva Bamberg
(*Hrsg.*)

Psychologie und Nachhaltigkeit

Konzeptionelle Grundlagen, Anwendungsbeispiele und
Zukunftsperspektiven

 Springer

Claudia Thea Schmitt
Kompetenzzentrum Nachhaltige
Universität (KNU), Universität Hamburg
Hamburg, Deutschland

Eva Bamberg
Institut für Psychologie
Universität Hamburg
Hamburg, Deutschland

ISBN 978-3-658-19964-7   ISBN 978-3-658-19965-4   (eBook)
https://doi.org/10.1007/978-3-658-19965-4

Die Deutsche Nationalbibliothek verzeichnet diese Publikation in der Deutschen Nationalbibliografie;
detaillierte bibliografische Daten sind im Internet über http://dnb.d-nb.de abrufbar.

Gedruckt auf säurefreiem und chlorfrei gebleichtem Papier

Umschlaggestaltung: deblik Berlin

Springer ist ein Imprint der eingetragenen Gesellschaft Springer Fachmedien Wiesbaden GmbH und
ist ein Teil von Springer Nature
Die Anschrift der Gesellschaft ist: Abraham-Lincoln-Str. 46, 65189 Wiesbaden, Germany

Geleitwort

Der wissenschaftliche Nachhaltigkeitsdiskurs hat sich in den letzten Jahren inhaltlich und konzeptionell deutlich weiterentwickelt. Es gibt Disziplinen, in denen Nachhaltigkeit bisher nicht im Fokus des Mainstreams stand, unter Synonymen stattgefunden hat oder nicht expliziert wurde. Es ist deshalb sehr zu begrüßen, dass der vorliegende Sammelband dazu beiträgt, die Diskussion in der Psychologie aufzugreifen, zu bündeln und weiter zu entwickeln.

Wir haben für uns im Arbeitsprogramm des Rats für Nachhaltige Entwicklung (RNE) in der Mandatsperiode 2017 bis 2019 sowohl die UN Agenda 2030 mit ihren Sustainable Development Goals als auch die Deutsche Nachhaltigkeitsstrategie 2016 als zentralen Rahmen gesetzt. Folgende Themen benennt der Rat für das inhaltliche Profil der deutschen Nachhaltigkeitspolitik als besonders dringlich (wobei diese Nennung ohne Rangfolge angegeben ist; nähere Informationen auf der Website des RNE: ► www.nachhaltigkeitsrat.de):

Geschlechtergerechtigkeit, Gerechtigkeit und Beseitigung von Ungleichheit zwischen und innerhalb von Ländern; Nachhaltigkeitskultur, Lebensstile; Gesundheit, Gutes Leben bei einer substanziellen Reduktion des Energie- und Ressourcenverbrauchs; Bildung für nachhaltige Entwicklung; *Internationale Entwicklung in der Agenda 2030, Zukunft der Entwicklungszusammenarbeit; Agrar- und Forstpolitik, Bodenschutz und Wasserreinhaltung, Flächenverbrauch, Biodiversität und Natura 2000; Nachhaltige Stadt, Stadt-Land-Verhältnis; Nachhaltige Fiskalstrategien („green finance"), nachhaltiges Wirtschaften und Konsumieren, nachhaltige öffentliche Beschaffung, Nachhaltigkeitskodex; Energiewende und Dekarbonisierung, Kreislaufwirtschaft einschließlich Recycling, Produktverantwortung und Design; Digitalisierung und Nachhaltigkeit; Transformative Governance zur Nachhaltigkeitsstrategie, Transferstrategien von Nachhaltigkeitswissen, Nachhaltigkeit als Prinzip in der Forschungs- und Technologiepolitik.*

Auf einige dieser Themen wird im vorliegenden Sammelband *Psychologie und Nachhaltigkeit: Theoretische Grundlagen, Anwendungsbeispiele, Zukunftsperspektiven*, herausgegeben von Claudia Schmitt und Eva Bamberg, aus psychologischer und/oder interdisziplinärer Sicht exemplarisch eingegangen. Sowohl als Mitglied im Rat für Nachhaltige Entwicklung der Bundesregierung als auch als Direktor des Kompetenzzentrums Nachhaltige Universität (KNU) der Universität Hamburg (► www.nachhaltige.uni-hamburg.de), das ich gemeinsam mit Claudia Schmitt leite, freue ich mich über die Initiative der Kolleginnen, ein solches Buch zu editieren. Es zeigt sowohl Herausforderungen als auch Potenziale einer umfassenden Auseinandersetzung mit Themen nachhaltiger Entwicklung. Die akademische Psychologie, die das Erleben und Verhalten von Menschen in den Mittelpunkt ihrer Forschung und Anwendung rückt, kann und sollte im nationalen und internationalen Nachhaltigkeitsdiskurs berücksichtigt werden, damit es uns gemeinsam – über Disziplinen-, Institutions- und andere Grenzen hinweg – gelingt, globale nachhaltige Entwicklung aktiv zu unterstützen und zu erreichen.

Auch das vom Bundesministerium für Bildung und Forschung aktuell geförderte Verbundprojekt *Nachhaltigkeit an Hochschulen: entwickeln – vernetzen – berichten (HOCH^N)* (► www.hoch-n.org) wird in diesem Band als Beispiel disziplinenübergreifender Kooperation vorgestellt. Mit diesem Projekt möchten wir mehr und mehr Akteure auch an Hochschulen für Engagement im Nachhaltigkeitsbereich begeistern. Machen auch Sie gerne mit und werden Sie – als Person oder mit Ihrer Hochschule – Teil unseres Netzwerks!

Ich wünsche den Leserinnen und Lesern dieses Bandes viel Freude bei der Lektüre, spannende Einblicke und inspirierende Perspektiven. Auf eine fruchtbare Zusammenarbeit für nachhaltige Entwicklung!

Alexander Bassen
Professor für Betriebswirtschaftslehre, insbesondere Kapitalmärkte &
Unternehmensführung, Universität Hamburg
Hamburg und Oxford
September 2017

Vorwort

Angesichts der begrenzten Ressourcen unserer Erde ist Nachhaltigkeit eine zentrale Herausforderung. Auf politischer Ebene wurde der Relevanz des Themas durch die Verabschiedung der Sustainable Development Goals (SDGs) der UN Rechnung getragen. Mit den 17 Sustainable Development Goals, die ökologische, ökonomische und soziale Ziele umfassen, sind auch die Psychologie und ihre Beziehung zu Nachhaltigkeit und nachhaltiger Entwicklung angesprochen (vgl. Schmitt & Bamberg, ▶ Kap. 1). Die Psychologie als Wissenschaft vom Erleben und Verhalten des Menschen bietet in vielfältiger Weise konzeptionelle sowie empirische Anknüpfungspunkte, die im Kontext des aktuellen Diskurses um nachhaltige Entwicklung wertvolle Beiträge leisten und die SDGs umsetzen helfen können.

Vor diesem Hintergrund ist die Idee entstanden, einen Sammelband zum Thema *Psychologie und Nachhaltigkeit* herauszugeben, um insbesondere
- Potenziale der wissenschaftlichen Psychologie für die Adressierung der SDGs beziehungsweise globaler Nachhaltigkeitsfragen herauszuarbeiten,
- innerhalb der psychologischen Disziplin für den gesellschaftlichen Nachhaltigkeitsdiskurs verstärkt zu sensibilisieren und
- künftige Forschungs- und Anwendungsperspektiven aus psychologischer Sicht in den interdisziplinären Dialog einzubringen.

Dass dies mit dem vorliegenden Sammelband nur exemplarisch und ausschnitthaft geleistet werden kann, liegt auf der Hand, zumal es zahlreiche Perspektiven der Psychologie auf Nachhaltigkeit beziehungsweise nachhaltige Entwicklung gibt. Gemeinsam mit den Autorinnen und Autoren dieses Bandes wollen wir diese Perspektivenvielfalt aufzeigen und beleuchten. Dabei ist es uns ein Anliegen, eine möglichst breite Zielgruppe – Verantwortliche in der betrieblichen und politischen Praxis, Akademikerinnen und Akademiker, Studierende sowie weitere Interessierte – anzusprechen. Im Fokus steht die Perspektive von Organisationen. Verbindende Leitfrage für die Entstehung der einzelnen Kapitel des Sammelbandes war:

Welche Erkenntnisse der wissenschaftlichen Psychologie lassen sich für die Förderung nachhaltiger Entwicklung(en) in verschiedenen Organisationen, zum Beispiel in Schulen, Hochschulen, Wirtschaft und Behörden, nutzbar und anwendbar machen?

Das hier zugrunde gelegte Nachhaltigkeitsverständnis orientiert sich an der Definition des Brundtland-Berichts von 1987 und nimmt Bezug auf einen breiten Anwendungskontext (vgl. Schmitt & Bamberg, ▶ Kap. 1). Im weitesten Sinne geht es um einen reflektierten und sozial verantwortlichen Umgang mit Gemeingütern, um eine gesamtgesellschaftliche Entwicklungsgestaltung, die den Bedürfnissen der heutigen Generationen entspricht, ohne die Möglichkeiten künftiger Generationen zu gefährden, deren eigene Bedürfnisse zu befriedigen und einen eigenen Lebensstil zu wählen. Ausdrücklich sind hier nicht nur umweltpsychologische Ansätze gefragt (ökologische Dimension), sondern ebenso ökonomische und soziale Bezugspunkte.

Zum Inhalt des Bandes:

Eine umfassendere *Einführung in den aktuellen Nachhaltigkeitsdiskurs* bietet ▶ Kap. 1 (Schmitt & Bamberg). Relevanz, begriffliche Einordnungen und allgemeine Bezüge zu psychologischer Forschung sowie Praxis werden dort überblicksartig dargestellt.

Teil II (▶ Kap. 2, 3 und 4) widmet sich ausgewählten Grundlagen und Theorien der wissenschaftlichen Psychologie und ihrem Beitrag zum Themenfeld nachhaltiger Entwicklung. In ▶ Kap. 2 (Bamberg, Schmitt, Baur, Gude, & Tanner) werden psychologische Theorien vorgestellt, die für die Beschreibung und Erklärung von nachhaltigkeitsorientiertem Handeln von Bedeutung sind. Insbesondere auf *psychologische Theorien der Handlungsregulation und des moralischen Urteilens und Handelns* wird hier eingegangen. ▶ Kap. 3 (Matthies & Wallis) widmet sich der Frage, was spezifisch die *Umweltpsychologie* zu einer nachhaltigen Entwicklung beitragen kann, und stellt umweltpsychologische Forschung zum Ressourcenkonsum vor. In ▶ Kap. 4 (Reese, Hamann, Menzel, & Drews) wird nachhaltigkeitsorientiertes Verhalten in Bezug zu *Theorien sozialer Identität* gesetzt und im Lichte derer beleuchtet.

Teil III (▶ Kap. 5 bis 10) greift beispielhaft verschiede Anwendungskontexte und Zielgruppen auf, um psychologische Beiträge und Implikationen für nachhaltige Entwicklungsprozesse zu konkretisieren. Ehrhardt, Bohndick, Holfelder, & Schmitt stellen psychologische Forschung zu *Gerechtigkeit als nachhaltigkeitsrelevantes Konstrukt* vor und gehen insbesondere auf den Anwendungskontext primärer und sekundärer Bildungsinstitutionen ein (▶ Kap. 5). In ▶ Kap. 6 (Schmitt) stehen die Anwendungskontexte Hochschul- und Organisationsentwicklung im Vordergrund der Betrachtungen. *Nachhaltigkeitsorientierte Hochschul- und Organisationsentwicklung* wird als interdisziplinäres Forschungs- und Praxisfeld vorgestellt, zu dem auch die akademische Psychologie einen wertvollen Beitrag leisten kann. Das Thema *Bildung für nachhaltige Entwicklung* sowie die Relevanz interdisziplinären und praxisorientierten Lernens und Lehrens (speziell an Hochschulen) greift ▶ Kap. 7 (Braßler) auf. Inwiefern *Medien* – in Darstellung, Rezeption und Interpretation – auf mehr oder weniger nachhaltigkeitsorientiertes Verhalten wirken, stellt Renn in ▶ Kap. 8 dar. Bierhoff setzt in seinem Beitrag die *psychologische Perspektive ehrenamtlicher Hilfe* in Bezug zu nachhaltiger Entwicklung (▶ Kap. 9). Psychologische Forschung zum Thema *Corporate Social Responsibility* und ihre Implikationen für den interdisziplinären Nachhaltigkeitsdiskurs beschreiben Tanner, Bamberg, & Gude in ▶ Kap. 10. *Psychologische Aspekte von nachhaltigkeitsorientiertem Investitionsverhalten* erläutert der Beitrag von Puaschunder, das heißt hier wird das Anwendungsfeld Finanzmarkt als Beispiel aufgegriffen und spezifiziert (▶ Kap. 11). Um das Verhältnis von *Konsumverhalten und Nachhaltigkeit* mit Bezug zu psychologischen Theorien und Befunden geht es in ▶ Kap. 12 von Gude. Baur (▶ Kap. 13) greift *Nachhaltigkeit in der Wertschöpfungskette* auf und diskutiert ausführlich das Problem des eingeschränkten moralischen Bewusstseins. In ▶ Kap. 14 schließlich widmet sich Scheffler dem Themen- und Anwendungsfeld Wirkung/Wirksamkeit und damit der *Evaluation von (Nachhaltigkeits-)Projekten* als psychologischer Beitrag zum Nachhaltigkeitsdiskurs.

In Teil IV (▶ Kap. 15 bis 20) werden Praxis- und Projektbeispiele vorgestellt. Dabei geht es zunächst um zentrale Problemfelder nachhaltiger Entwicklung. Schmitt und Sassen erläutern, wie *Nachhaltigkeitsberichterstattung* realisiert werden kann, und verweisen auf Bezüge zu Personal-, Organisations- und Hochschulentwicklung (▶ Kap. 15). Otto und Wittenberg diskutieren *Umweltschutzverhalten in der Energiewende* und stellen dabei die Bedeutung von Verhaltenskosten und Umweltschutzmotivation in den Vordergrund (▶ Kap. 16). Schröder und Wolf heben im Rahmen einer neuen Theorie der *Mobilitätseinstellungen* hervor, dass für die erfolgreiche Verbreitung innovativer und nachhaltiger Mobilitätskonzepte in der Gesellschaft entscheidend ist, ob neben technologischen Entwicklungen auch eine breite Transformation von Einstellungen in der Bevölkerung erreicht werden kann (▶ Kap. 17). Schmuck illustriert am Beispiel der Lokalpolitik Einstellungen zu *Nachhaltigkeit in Kommunen* (▶ Kap. 18).

Die beiden letzten Kapitel von Teil IV befassen sich mit aktuellen Themen, die einen Bezug zu Nachhaltigkeit haben (können). Der *Einsatz von Robotern im Gesundheitswesen* ist nicht unumstritten. Bläsing, Warner, Fischbach und Bornewasser diskutieren diese technologische Entwicklung im Kontext von Nachhaltigkeit (▶ Kap. 19). *Psychologische Interventionen* können, wie mehrere Beiträge des vorliegenden Bandes zeigen, zu nachhaltiger Entwicklung beitragen. Mühlberger, Braumandl und Jonas verdeutlichen dies in ▶ Kap. 20 *am Beispiel von Coaching*.

In einem abschließenden Kapitel zu *Perspektiven* (▶ Kap. 21) konstatieren Bamberg und Schmitt, dass der vorliegende Band einen Fundus an wissenschaftlichen und praktischen Grundlagen aufzeigt, die für globale nachhaltige Entwicklung weiter ausdifferenziert, gefördert, genutzt und gelebt werden können.

Claudia Thea Schmitt
Eva Bamberg

Danksagung

Ein Sammelband wie dieser entsteht nur durch die Mitwirkung zahlreicher Akteure und ist Beispiel für eine Emergenz: Durch die Beteiligung jedes Einzelnen und im Zusammenspiel aller ist etwas Neues entstanden, das es sonst so nicht gegeben hätte.

Wir möchten uns ganz herzlich bei allen bedanken, die zur Entstehung des Sammelbandes *Psychologie und Nachhaltigkeit: Theoretische Grundlagen, Anwendungsbeispiele und Zukunftsperspektiven* beigetragen haben. Besonders bedanken möchten wir uns bei Carolin Frohnwieser, die uns sehr gewissenhaft und zuverlässig beim Redigieren des Buchmanuskripts unterstützt hat. Auch Susanna Lieniger, die uns eine wertvolle administrative Unterstützung bei der Autoren- und Manuskriptkoordination war, gilt unser herzlicher Dank. Wir danken den zahlreichen Autorinnen und Autoren, die diesen Sammelband durch ihre Expertise und ihre facettenreichen Texte mitgestaltet haben. Die Autorinnen und Autoren haben die Kapitelentwürfe und -überarbeitungen überraschend pünktlich und verlässlich eingereicht – erfahrungsgemäß nicht unbedingt eine Selbstverständlichkeit bei der Erstellung von Buchmanuskripten. Wir haben die Kooperationen im Rahmen dieses Sammelbandes als sehr inspirierend, angenehm und wertvoll erlebt und blicken freudig auf das gemeinsame Ergebnis dieser fruchtbaren Zusammenarbeit. Schließlich geht unser Dank auch an Eva Brechtel-Wahl, die diesen Sammelband vonseiten des Springer-Verlags begleitet hat. Weitere Studentische Hilfskräfte haben ebenfalls an Recherchen und Korrekturschleifen mitgewirkt.

Dankbar sind wir auch für spezifische Rahmenbedingungen, auf deren Grundlage die Initiative und die Umsetzung des Sammelbandes erst möglich wurde: Dass es ein Kompetenzzentrum Nachhaltige Universität (KNU) an der Universität Hamburg gibt, ist Verdienst des Präsidiums. Es ist eindrucksvoll zu erleben, dass sich trotz aller Widrigkeiten und Herausforderungen, die mit der Leitung einer Universität verbunden sind, Themen nachhaltiger Entwicklung in ihrer Gesamtheit engagiert vertreten und dabei auch neue Wege gegangen werden. Der Transformationsprozesses zu einer „University for a Sustainable Future" wird so nicht nur zugelassen, sondern auch eingefordert. Danke auch dem Leitungskreis des KNU, allen voran Alexander Bassen und Axel Horstmann, für die ideelle Unterstützung unserer Arbeit an diesem Sammelband, sowie allen anderen Kollegen und Kolleginnen, die sich in der Netzwerkarbeit des KNU und darüber hinaus zu konstruktiven disziplinären, interdisziplinären und transdisziplinären Kooperationen im Themenfeld nachhaltige Entwicklung einbringen.

Claudia Thea Schmitt und **Eva Bamberg**
Hamburg, im September 2017

Inhaltsverzeichnis

IV   Praxis- und Projektbeispiele

V   Fazit und Ausblick

Herausgeber- und Autorenverzeichnis

Über die Herausgeber

Prof. (em.) Dr. Eva Bamberg
Arbeits- und Organisationspsychologie an der Universität Hamburg. Schwerpunkte: Arbeit und Gesundheit, Gesundheitsförderung, Veränderungsprozesse in Organisationen, soziale Verantwortung.

Dr. Claudia Thea Schmitt
Dipl.-Psych., seit 2014 Geschäftsführerin und wissenschaftliche Koordinatorin des Kompetenzzentrums Nachhaltige Universität (KNU) der Universität Hamburg: ▶ www.nachhaltige.uni-hamburg.de. Initiativ und in leitender Funktion aktuell u. a. auch im BMBF-geförderten Verbundprojekt Nachhaltigkeit an Hochschulen: entwickeln – vernetzen – berichten (HOCHN) tätig: ▶ www.hoch-n.org. Schwerpunkte: Nachhaltigkeits- und innovationsorientierte Personal- sowie Organisationsentwicklung; wertebezogene Transformationsprozesse; psychologische Aspekte der Nachhaltigkeitskommunikation.
Kontakt: claudia.schmitt@uni-hamburg.de

Autorenverzeichnis

Carolin Baur
Dipl.-Sozialw. Univ., wissenschaftliche Mitarbeiterin am Arbeitsbereich Arbeits- und Organisationspsychologie, Universität Hamburg und Ph.D. Fellow an der Bremen International Graduate School of Social Sciences (BIGSSS). Schwerpunkte: Moralisches Entscheiden und Verhalten, Unethisches Verhalten im organisationalen Kontext, Corporate Social Responsibility und Corporate Social Irresponsibility, Nachhaltiges Handeln und Wirtschaften.
Kontakt: carolin.baur@uni-hamburg.de

Prof. Dr. Hans-Werner Bierhoff

Professor für Sozialpsychologie, Ruhr-Universität Bochum. Schwerpunkte: Prosoziales Verhalten, Narzissmus in sozialen Beziehungen, Soziale Verantwortung, Sozialpsychologie sozialer Medien.
Kontakt: hans.bierhoff@rub.de

Dominic Bläsing

Dipl.-Psych., wissenschaftlicher Mitarbeiter am Institut für Psychologie Sektion Sozialpsychologie/Arbeits- und Organisationspsychologie, Universität Greifswald. Schwerpunkte: Stress- und Beanspruchungsmessung am Arbeitsplatz, physiologische Korrelate des Stress- und Beanspruchungserlebens mit Schwerpunkt Herzfrequenzvariabilität.

Prof. Dr. Carla Bohndick

Juniorprofessorin am Hamburger Zentrum für Universitäres Lehren und Lernen, Universität Hamburg. Schwerpunkte: Higher Education, Lehrerbildung, Person und Situation in der Forschung zum Lehren und Lernen an der Hochschule.
Kontakt: carla.bohndick@uni-hamburg.de

Prof. Dr. Manfred Bornewasser

Bis zum Jahr 2014 Leiter der Abteilung für Sozial-, Arbeits- und Organisationspsychologie am Institut für Psychologie der Universität Greifswald. Schwerpunkte: Dienstleistungsproduktivität, Digitalisierung, Servicerobotik, Arbeitsbelastung, Kompetenzentwicklung.

Mirjam Braßler

M.Sc., MHEd., wissenschaftliche Mitarbeiterin, Universität Hamburg. Schwerpunkte: Interdisziplinäres Lehren und Lernen, Interdisziplinäre Zusammenarbeit, Bildung für nachhaltige Entwicklung, Open Education.

Isabell Braumandl

Dipl.-Psych., Dipl.-Ök., Inhaberin des Coaching- & Beratungs-Centrums, Regensburg, Wissenschaftliche Mitarbeiterin im Forschungs- und Lehrbetrieb/ Lektorin an der Universität Salzburg. Schwerpunkte: Karriere-, Projekt- und Didaktik-Coaching, Leitung von Coachingausbildungen, Coachingkonzept-Entwicklung, Coachingforschung.
Kontakt: info@cobece.de; ▶ www.cobece.de

Dr. Stefan Drews

Seit April 2018 wissenschaftlicher Mitarbeiter an der Universität Barcelona, zuvor wissenschaftlicher Mitarbeiter im Fachbereich 8: Psychologie; Arbeitsgruppe Umweltpsychologie, Universität Koblenz-Landau. Schwerpunkte: Einstellungen und Verhalten im Kontext von Postwachstum, Klimapolitik und Umweltverbrechen.
Kontakt: stefan.drews@uab.cat

Dr. Natalie Ehrhardt-Madapathi

Post-Doc am Zentrum für Methoden, Diagnostik und Evaluation, Universität Koblenz-Landau. Schwerpunkte: Gerechtigkeit, Lehrerbildung.
Kontakt: ehrhardt@uni-koblenz.de

Johannes Fischbach

Dipl.-Psych., wissenschaftlicher Mitarbeiter am Institut für Psychologie, Sektion Sozialpsychologie/Arbeits- und Organisationspsychologie, Universität Greifswald. Schwerpunkte: Technologieakzeptanz, Judgement and Decision Making, Veränderungsmanagement.

Marlies Gude

M. Sc., wissenschaftliche Mitarbeiterin im Arbeitsbereich Arbeits- und Organisationspsychologie an der Universität Hamburg. Schwerpunkte: Arbeit und Gesundheit, Ethisches Verhalten in und außerhalb von Organisationen.
Kontakt: marlies.gude@uni-hamburg.de

Karen R. S. Hamann

M.Sc., Doktorandin im Fachbereich 8: Psychologie; Arbeitsgruppe Umweltpsychologie, Universität Koblenz-Landau. Schwerpunkte: Kollektive Wirksamkeit, Selbstwirksamkeit, Umweltverhalten, Spillover, Soziale Normen.
Kontakt: hamann@uni-landau.de

Dr. Anne-Katrin Holfelder

Wissenschaftliche Mitarbeiterin am Institute for Advanced Sustainability Studies e. V. in Potsdam. Schwerpunkte: Bildung für nachhaltige Entwicklung, naturwissenschaftliche Bildung, implizites Wissen, qualitative Sozialforschung.
Kontakt: anne-katrin.holfelder@iass-potsdam.de

Prof. Dr. Eva Jonas

Professorin und Leiterin der Abteilung Sozialpsychologie, Fachbereich Psychologie, Universität Salzburg. Schwerpunkte: Motivierte soziale Kognition, Umgang mit Bedrohungen, Gestaltung funktionaler und dysfunktionaler Interaktionen, Analyse verschiedener Beratungsformate (Coaching, Mentoring, Supervision, Mediation).
Kontakt: eva.jonas@sbg.ac.at

Prof. Dr. Ellen Matthies

Professorin für Umweltpsychologie, Otto-von-Guericke-Universität Magdeburg. Schwerpunkt: Mensch-Umwelt-Interaktion, insbesondere umweltrelevante Verhaltensweisen und Entscheidungen (Energienutzung, Autonutzung), theoriegeleitete Entwicklung und Evaluation von Interventionsmaßnahmen zur Förderung eines nachhaltigen Konsums.
Kontakt: ellen.matthies@ovgu.de

Dr. rer. nat. Claudia Menzel

Wissenschaftliche Mitarbeiterin Fachbereich 8: Psychologie; Arbeitsgruppe Umweltpsychologie, Universität Koblenz-Landau. Schwerpunkte: Naturwahrnehmung, Landschaftspräferenzen, Eigenschaften und Verarbeitung natürlicher Bilder, experimentelle Ästhetik.
Kontakt: menzel@uni-landau.de

Mag. Dr. Christina Mühlberger

Postdoc der Abteilung Sozialpsychologie, Fachbereich Psychologie, Universität Salzburg, Zertifizierte Coachin, Zertifizierte ZRM®-Trainerin. Schwerpunkte: Soziale Interaktionen, Beratungsformate (v. a. Coaching und Training), Erfüllung und Verletzung psychologischer Bedürfnisse, Perspektivenübernahme und Empathie, Motivationsprozesse (Annäherungsmotivation, Regulatorischer Fokus, Selbstregulationsprozesse).
Kontakt: christina.muehlberger@sbg.ac.at

Dr. Siegmar Otto

Vertretung des Lehrstuhls für Wirtschaftspsychologie, Universität Hohenheim. Schwerpunkte: Umweltpsychologie, Umweltbildung, Sozial- und Persönlichkeitspsychologie, Wirtschaftspsychologie, Data Science, Bildungsforschung.
Kontakt: siegmar.otto@ovgu.de

DDr. Julia M. Puaschunder

MMag.MPA, Post-Doc an der New School, New York und Columbia Universität. Schwerpunkte: Behavioral Economics, Corporate Social Responsibility, Entwicklung, Finanzmarkt-Verantwortung, Intergenerationale Fairness, Investment-Verhalten, Klimawandel, Nachhaltigkeit, Psychologie, Soziale Ungleichheit, Sozio-Ökonomie.
Kontakt: Julia.Puaschunder@columbia.edu

Prof. Dr. Gerhard Reese

Professor für Umweltpsychologie im Fachbereich 8: Psychologie; Arbeitsgruppe Umweltpsychologie, Universität Koblenz-Landau. Schwerpunkte: Soziale Identität und Umweltverhalten, soziale Normen, Intergruppenbeziehungen.
Kontakt: reese@uni-landau.de

Prof. Dr. Ortwin Renn

Wissenschaftlicher Direktor am Institute for Advanced Sustainability Studies (IASS) in Potsdam, Professor für Umwelt und Techniksoziologie an der Universität Stuttgart, Leitung des Forschungsinstituts DIALOGIK, eine gemeinnützige GmbH zur Erforschung und Erprobung innovativer Kommunikations- und Partizipationsstrategien in Planungs- und Konfliktlösungsfragen. Schwerpunkte: Risikoanalyse (Governance, Wahrnehmung und Kommunikation), Theorie und Praxis der Bürgerbeteiligung bei öffentlichen Vorhaben, sowie sozialer und technischer Wandel in Richtung einer nachhaltigen Entwicklung.

PD Dr. Remmer Sassen

Dipl.-Kfm., wissenschaftlicher Mitarbeiter an der Professur für Kapitalmärkte & Unternehmensführung der Universität Hamburg, Leiter des Arbeitsbereichs Nachhaltigkeitsberichterstattung im vom Bundesministerium für Bildung und Forschung (BMBF) geförderten Verbundprojekt „Nachhaltigkeit an Hochschulen (HOCHN): entwickeln – vernetzen – berichten". Forschungsschwerpunkte: hochschulspezifische Nachhaltigkeitsberichterstattung, Digitalisierung und Anwendung von Informations- und Kommunikationstechnologien in der Nachhaltigkeitsberichterstattung, Integrated Reporting.

Dr. rer. nat. Dirk Scheffler

freiberuflicher Organisations- und Umweltpsychologe, Dialogbegleiter, Gemeinwohlbilanz-Berater; Bereichsleiter Evaluation der e-fect eG; Schwerpunkte: Wirkungspotenzialanalyse/-evaluation, BNE, suffiziente Lebensstile, gemeinwohlorientierter Unternehmergeist, Inter-/ Transdisziplinäre Kooperation.
Kontakt: scheffler@e-fect.de

Prof. Dr. Manfred Schmitt

Professor für Diagnostik und Persönlichkeitspsychologie, Universität Koblenz-Landau. Schwerpunkte: soziale Gerechtigkeit; soziale Emotionen; soziale Verantwortung, Hilfsbereitschaft, Solidarität; Verhaltenskonsistenz und Konsistenzmoderatoren; Latent State-Trait Theorie.
Kontakt: schmittm@uni-landau.de

Prof. Dr. Peter Schmuck

Dipl.-Psych., Interdisziplinäres Zentrum für nachhaltige Entwicklung der Universität Göttingen, Hochschule für nachhaltige Entwicklung Eberswalde. Schwerpunkte: Psychologie der nachhaltigen Entwicklung, Lebensziele und Wohlbefinden, Aktionsforschung, strategisches Nachhaltigkeitsmanagement.
Kontakt: p.schmuck@geo.uni-goettingen.de

Prof. Dr. Tobias Schröder

Sozialpsychologe und Professor für nachhaltige urbane Entwicklungsstrategien am Institut für Urbane Zukunft der Fachhochschule Potsdam. Schwerpunkte: Innovation, Soziale Interaktion, Emotionen, Modellierung und Computersimulation sozialer Prozesse.
Kontakt: post@tobiasschroeder.de

Dr. Grit Tanner

wissenschaftliche Mitarbeiterin am Arbeitsbereich Arbeits- und Organisationspsychologie, Universität Hamburg. Schwerpunkte: Betriebliches Gesundheitsmanagement, Organisationale Veränderungen, Stressbezogene Arbeitsanalysen, Unternehmenskultur, Unternehmensübergreifende Konzepte von Gesundheitsschutz.
Kontakt: grit.tanner@uni-hamburg.de

Dr. Hannah Wallis

Wissenschaftliche Mitarbeiterin am Lehrstuhl Umweltpsychologie, Otto-von-Guericke-Universität Magdeburg. Schwerpunkte: Untersuchung von Charakteristika nachhaltiger Entscheidungen und Verhaltensweisen, theoriegeleitete Entwicklung und Evaluation gruppenspezifischer Maßnahmen (etwa für Familien/Jugendliche).
Kontakt: hannah.wallis@ovgu.de

Nora Warner

Dipl.-Psych., wissenschaftliche Mitarbeiterin am Institut für Arbeitswissenschaft der RWTH Aachen University, Abteilung Bildung für technische Berufe. Schwerpunkte: Qualifikationsforschung in gewerblich-technischen Domänen, Einflüsse zunehmender Digitalisierung auf die Berufsbildung in Industrie und Handwerk, Entwicklung und Evaluierung von Fort- und Weiterbildungskonzepten in gewerblich-technischen Domänen.

Dr. Inga Wittenberg

Wissenschaftliche Mitarbeiterin/Dozentin am Lehrstuhl Sozial- und Persönlichkeitspsychologie, Institut für Psychologie, Otto-von-Guericke-Universität Magdeburg, Schwerpunkte: Umweltpsychologie, Sozialpsychologie, Determinanten umwelt-relevanter Verhaltensweisen, Energiekonsum und erneuerbare Energien.
Kontakt: inga.wittenberg@ovgu.de

Ingo Wolf

Dipl.-Psych., wissenschaftlicher Mitarbeiter und Doktorand, Institut Futur der Freie Universität Berlin und Institut für urbane Zukunft an der Fachhochschule Potsdam. Schwerpunkte: Mobilitätswandel, Innovationsverbreitung, Modellierung sozialer Systeme.
Kontakt: ingolupo@gmx.de

Relevanz und begriffliche Einordnung

Inhaltsverzeichnis

Einführung in den aktuellen Nachhaltigkeitsdiskurs: Relevanz, Begriff, Bezüge

Claudia Thea Schmitt und Eva Bamberg

© Springer Fachmedien Wiesbaden GmbH, ein Teil von Springer Nature 2018
C. T. Schmitt, E. Bamberg (Hrsg.), *Psychologie und Nachhaltigkeit*,
https://doi.org/10.1007/978-3-658-19965-4_1

1

1.1 Relevanz der Nachhaltigkeitsthematik

Das Themenfelder *Nachhaltigkeit* und *nachhaltige Entwicklung* ist nicht neu. Im Gegenteil: Mit der Einführung des Nachhaltigkeitsbegriffs durch Carl von Carlowitz im Jahre 1713 (vgl. zum Beispiel Grober 2013) für den forstwirtschaftlichen Bereich wurden bereits vor über 300 Jahren Ideen formuliert, die sich auf einen *verantwortungsvollen Umgang mit natürlichen Ressourcen* beziehen. Geht man davon aus, dass beispielsweise auch indigene Völker ein traditionsreiches Verständnis von dem besitzen, was wir in unserer Sprache heute mit dem Begriff Nachhaltigkeit bezeichnen würden (vgl. Hendry 2014), ist dieses Themenfeld als geradezu zeitlos zu bezeichnen. Es existieren inzwischen mehrere Publikationen, die auf die Historie des Nachhaltigkeitsbegriffs eingehen (zum Beispiel Grober 2013; Michelsen und Adomßent 2014; Ott und Döring 2011), weshalb an dieser Stelle auf entsprechende Ausführungen verzichtet wird (auf den Begriff selbst wird in ▶ Abschn. 1.3 näher eingegangen).

Verändert haben sich inzwischen allerdings die *globalen und gesellschaftlichen Rahmenbedingungen* sowie die Ausmaße, unter denen in unseren Tagen über Nachhaltigkeit und nachhaltige Entwicklung diskutiert wird, sowohl im wissenschaftlichen als auch im politisch-gesellschaftlichen Kontext. Die zunehmende Globalisierung und Technisierung (einschließlich Digitalisierung) sowie weitreichend spürbare Folgen des durch Menschen verursachten Klimawandels sorgen dafür, dass ein rasanter Gesellschaftsumbruch mehr und mehr kollektiven Handlungsdruck für Politik, Wirtschaft, Bildungs- und andere Institutionen sowie für Individuen hervorbringt.

1.2 Global-politische Ebene: Die Sustainable Development Goals und das Weltaktionsprogramm Bildung für nachhaltige Entwicklung

Mit der Verabschiedung der 17 *Sustainable Development Goals* (SDGs) durch die United Nations General Assembly (2015) ebenso wie des *Weltaktionsprogramms zur Bildung für nachhaltige Entwicklung* durch die UNESCO (2014) werden aktuell Maßnahmen ergriffen, um inter- und intragenerationale Gerechtigkeit sowie die Erhaltung und Verbesserung der natürlichen Lebensgrundlagen der Menschheit als gemeinschaftliche, globale Zielstellung der Politik zu verfolgen (◘ Abb. 1.1).

Die Sustainable Development Goals betreffen nicht nur ökologische Themen (wie beispielsweise Artenschutz, Nutzung regenerativer Energien, Erhalt von Ökosystemen), ebenso werden soziale Herausforderungen (etwa Armutsreduktion, Geschlechtergerechtigkeit, körperliche und seelische Gesundheit) und ökonomische Ziele (zum Beispiel Etablierung verantwortungsvoller Produktions- und Konsummuster, widerstandsfähige Infrastrukturen und Förderung von menschenwürdiger Arbeit für alle) adressiert (Deutsche Bundesregierung 2016). Auch qualitativ hochwertige Bildung wird dabei als ein Ziel aufgegriffen und betrifft nicht nur den generellen Zugang zu Bildung – in Ländern des globalen Südens beispielsweise insbesondere für Mädchen und Frauen, sondern bezieht sich auch auf spezielle Bedingungen einer Bildung für nachhaltige Entwicklung (BNE; vgl. auch Braßler: Hochschulbildung für eine nachhaltige Entwicklung, ▶ Kap. 7). Das BNE-Weltaktionsprogramm der UNESCO (2014) formuliert

Abb. 1.1 Die Sustainable Development Goals der UN. (Quelle: Engagement Global 2017)

fünf aktuell prioritäre Handlungsfelder, die zur globalen Implementierung einer auf Nachhaltigkeit ausgerichteten Bildung beitragen sollen: 1) Fortschreitende Einbindung und Unterstützung der Rolle von BNE durch politische Strukturen und Entscheidungen; 2) Ganzheitliche Transformation von Lern- und Lehrumgebungen hin zu nachhaltiger Entwicklung; 3) Kompetenzentwicklung bei Lehrenden und Multiplikatoren; 4) Stärkung und Mobilisierung der Jugend sowie 5) Förderung nachhaltiger Entwicklung und entsprechender Netzwerke auf lokaler Ebene, gemäß dem Motto *Global denken, lokal handeln.*

Die Relevanz, die dem Themenfeld *nachhaltige Entwicklung* zunehmend beigemessen wird, wird nicht nur durch die Maßnahmen zur Implementierung einer Deutschen Nachhaltigkeitsstrategie (Deutsche Bundesregierung 2016) als Beitrag zu den globalen Sustainable Development Goals bezeugt. Auch Förderstrukturen – beispielsweise das Programm FONA[3] des Bundesministeriums für Bildung und Forschung (BMBF 2015) – oder Agenda- und Netzwerkprozesse wie der Aufbau einer nationalen Plattform zur Bildung für nachhaltige Entwicklung unterstreichen, dass ein gesellschaftlicher Wandlungsprozess in Richtung nachhaltiger Entwicklung inzwischen auch das Wissenschafts- und Hochschulsystem erreicht hat (Schneidewind und Singer-Brodowski 2013) und immer weitere Kreise zieht. Dass das Thema dabei nicht unkritisch gesehen, sondern differenziert diskutiert und mitunter auch provokant hinterfragt wird, ist als wesentlicher Teil dieses Wandlungsprozesses aufzufassen.

1

1.3 Implikationen einer begrifflichen Einordnung

1.3.1 Besondere Herausforderungen im Umgang mit dem Nachhaltigkeitsbegriff

Es hat sich im wissenschaftlich orientierten Diskurs über Nachhaltigkeit (als Zustand oder Merkmal) beziehungsweise nachhaltige Entwicklung (als Prozess) eine Differenzierung mindestens dreier Dimensionen durchgesetzt: Ökologie, Ökonomie und Soziales, inzwischen oft ergänzt um eine kulturelle Dimension, die sich beispielsweise auf die Wahrnehmung und Reflexion von Werten, den Umgang mit Zeit und/oder ethische Standards bezieht (vgl. Michelsen und Adomßent 2014; Stoltenberg 2010; Ott und Döring 2011). Solche Dimensionsmodelle helfen, den Bezugs- und Handlungsrahmen des abstrakten Nachhaltigkeitsbegriffs kontextspezifisch zu präzisieren, bergen aber auch die Gefahr einer „Versäulung" (Ott und Döring 2011). Letztendlich besteht eine wesentliche Herausforderung nicht alleine in einer spezifischen, sondern auch in einer *integrativen Betrachtung* dieser verschiedenen Dimensionen (Tremmel 2003) sowie der Berücksichtigung systemischer Wechselwirkungen zwischen ihnen (Müller-Christ 2017; siehe auch Wilber 2001), sofern es um eine möglichst ganzheitliche, auf kontinuierliche Weiterentwicklung ausgerichtete Lösung gesellschaftlicher Probleme gehen soll (vgl. UNESCO 2014).

Eine weitere Herausforderung ergibt sich daraus, dass der Begriff *Nachhaltigkeit* alltagsweltlich und -sprachlich geprägt ist, das heißt in all seiner Abstraktheit – und durchaus mit verschiedenen Bedeutungen – in verschiedenen Kommunikationszusammenhängen des Alltags gebraucht wird. Phänomenologisch kann zwischen einer einerseits theoretisch eingebetteten, wissenschaftlich kontextualisierten und einer andererseits eher losen, alltagskontextualisierten Perspektive auf Nachhaltigkeit differenziert werden. Jenseits von Theorien und Modellen zum Konstrukt der Nachhaltigkeit beziehungsweise nachhaltiger Entwicklung aus inzwischen vielen fachwissenschaftlichen Disziplinen, wird der Begriff auch in weniger klar definierten Bedeutungszusammenhängen und dann in der Regel mit jeweils auch individuell geprägter Begriffsinterpretation verwendet. Ohne theoretische Einbettung und Präzisierung ist die Zuschreibung *nachhaltig* je nach Person, Kontext und Handlungszusammenhang zum Beispiel eher zeitlich konnotiert (im Sinne von *längerfristig, überdauernd*), ökologisch konnotiert (im Sinne von *umweltfreundlich, natürliche Ressourcen schonend*), ethisch konnotiert (im Sinne von *verantwortungsvoll, fair, gerechtigkeitsorientiert*) oder eine Mischung aus all diesen und/oder weiteren Konnotationen. Eine lose, amorphe Begriffsverwendung erschwert jedoch mitunter eine allgemeine, eindeutige Verständigung darüber, was genau gemeint und adressiert ist, wenn bestimmte Prozesse, Gegebenheiten, Handlungen etc. als mehr oder weniger nachhaltig bezeichnet beziehungsweise bewertet werden. Sofern Nachhaltigkeit nicht nur „Leerformel" mit Trendcharakter bleiben soll, sondern ihr die Funktion einer zukunftsorientierten, handlungsleitenden Orientierungsgröße auf kollektiver Ebene zugedacht ist, bedarf es einer weithin geteilten Bedeutung und Vorstellung. Diese können durch gemeinsame mentale Modelle (Klimoski und Mohammed 1994; Mathieu et al. 2000) des Qualitätsmerkmals *Nachhaltigkeit* erzeugt werden, um möglichst konkrete Ziele und Handlungsschritte für Problemlösungen und gegebenenfalls auch Verhaltensänderungen ableiten zu können. Als erster Schritt ist dabei eine grundlegende Reflexion des Nachhaltigkeitsbegriffs nötig, beispielsweise anhand individuell adressierter Fragen wie:

- Was verstehen Sie unter dem Begriff *Nachhaltigkeit?*
- Ist dieser Begriff für Sie eher positiv oder negativ konnotiert? Warum?
- Welche Assoziationen kommen Ihnen als erstes zum Begriff *Nachhaltigkeit* in den Sinn?
- Würden Sie den Begriff *Nachhaltigkeit* eher zeitlich, handlungsbezogen oder auf eine andere Art und Weise interpretieren? Warum?
- Auf einer Skala von 1 bis 10: Wie häufig nutzen Sie selbst den Begriff *Nachhaltigkeit* (beziehungsweise das Adjektiv *nachhaltig*) im – privaten oder beruflichen – Alltag? Mit welcher Bedeutung und Intention?

Wir laden Sie als LeserIn ein, diese Fragen auch für sich zu reflektieren. Selbstverständlich gibt es hier kein Richtig oder Falsch in den Antworten.

Im Kontext konkreter Organisationsentwicklungsmaßnahmen (vgl. Schmitt und Palm 2017; Werther und Jacobs 2014; siehe auch Schmitt, ▶ Kap. 6 in diesem Band) mit anderen Personen diese Fragen zu diskutieren und Gemeinsamkeiten sowie Unterschiede in der Interpretation des Nachhaltigkeitsbegriffs aufzudecken, kann dazu beitragen, geteilte mentale Modelle zu nachhaltiger Entwicklung als Grundlage für weitere Implementierungsschritte zu entwerfen. Eine weitere Möglichkeit, die oft kritisierte Unschärfe des Nachhaltigkeitsthemas (vgl. z. B. de Haan 2008) beziehungsweise -begriffs soweit zu beheben, dass möglichst allen Betroffenen in einer Organisation Ansatzpunkte für eine Auseinandersetzung mit Fragen nachhaltiger Entwicklung geboten werden können, ist der Einsatz des so genannten „Synonymbarometers Nachhaltigkeit" (Schmitt und Palm 2017). Damit lassen sich verschiedene Synonymoptionen zum Nachhaltigkeitsbegriff – etwa *Umweltfreundlichkeit, Generationengerechtigkeit, soziale Verantwortung, Ökoeffizienz, Zukunftsfähigkeit* etc. – auflisten und es fordert eine Gruppe von Akteuren dazu auf, jene Synonyme zu identifizieren, auf die sich am ehesten verständigt werden kann. Zudem kann das Synonymbarometer auch dazu anregen, sich in der weiteren Kommunikation möglichst auf die gefundenen Synonymbegriffe zu beziehen, um so die begriffliche Klarheit und Transparenz zu erhöhen und Missverständnisse in Bezug auf die Auslegung des Nachhaltigkeitskonstrukts zu vermeiden.

Als dritte wesentliche Herausforderung im Umgang mit Nachhaltigkeitsüberlegungen und -bestrebungen sehen wir den *Wertebezug* beziehungsweise den *normativen Charakter,* der mit diesen einhergeht. Sofern man davon ausgeht, dass Nachhaltigkeit – zunächst ganz abstrakt – ein in der Zukunft liegendes, positives und wünschbares Ideal darstellt, eine Idee dessen, was gut und richtig ist, lässt sie sich auch als Wert an sich bezeichnen. Ein gängiges und empirisch hinreichend fundiertes psychologisches Wertemodell (Schwartz und Bilsky 1987, 1990; Schwartz 1992, 1996; Schmitt 2014) unterscheidet zehn grundlegende menschliche Werte, die sich zwei motivationalen Dimensionen (1. Offenheit für Neues vs. Erhalten und 2. Selbstbezug vs. Selbsttranszendenz) zuordnen lassen. Gemäß diesem Modell kann Nachhaltigkeit als universalistischer Wert bezeichnet werden, der – wie Toleranz, Gerechtigkeit, Weisheit und ähnlichen – den Wertepol *Selbsttranszendenz* widerspiegelt. Nachhaltigkeit als Wert und übergeordnetes Ziel bezieht somit stets nicht nur die Eigen- beziehungsweise Selbstperspektive (etwa Werte wie Macht, Leistung, Hedonismus) ein, sondern geht darüber hinaus, wie beispielsweise an den Sustainable Development Goals deutlich wird, die als *globale* Orientierungsmaßstäbe formuliert sind und sich auf die Weltgemeinschaft als Ganzes beziehen. In diesem Sinne repräsentiert Nachhaltigkeit einen reflektierten, verantwortungsbewussten Umgang mit Gemeingütern *(commons).* Dieser Werte- und Normenbezug bringt aber auch einige

1

Schwierigkeiten mit sich: Zum einen macht er einen (rein) objektiv-wissenschaftlichen Zugang schwieriger, da mit ihm auch ethische Ansprüche verbunden sind (Was ist das Gute? Auf welche Weise und mit welchen Mitteln kann es erreicht werden?), die sich in einer pluralisierten Gesellschaft grundsätzlich einer Verobjektivierung entziehen. Ein tief greifender Wertewandel, eine Weiterentwicklung hin zu anderen ethischen Maßstäben (Transformation im Sinne des Modells transformationaler Führung; Bass und Avolio 1994; Bass und Steidlmeier 1999), hinterfragt gängige Werte, Normen und Handlungslogiken – beispielsweise bezüglich des Umgangs mit Ressourcen, Wachstumsorientierung etc. – und löst damit auch Unsicherheiten und Widerstände der etablierten Ordnung aus (vgl. Schneidewind und Singer-Brodowski 2013; Müller-Christ 2017). Zum anderen ergibt sich eine Problematik durch die Abstraktheit von Werte beziehungsweise Wertekategorien auf der einen Seite, die einer Notwendigkeit möglichst konkreter Orientierungs- und Handlungsbezüge auf der anderen Seite gegenübersteht. Wird Nachhaltigkeit als (gemeinsames) Wertideal und Ziel erkannt, bleibt die Frage, durch welche Haltungen und Handlungen eine Annäherung beziehungsweise Zielerreichung kurz-, mittel- und vor allem langfristig stattfinden kann. Eine pauschale und allgemein gültige Antwort auf diese Frage ist kaum zu finden. Vielmehr ist nachhaltigkeitsorientiertes Handeln im Alltag stets situations- und kontextbezogen zu bewerten und kann mitunter zu Dilemmasituationen führen, die es zu bewältigen gilt (Schmitt 2014).

> Beispiele, die plakativ die ökologische Dimension in den Blick nehmen, sich aber auch auf andere Dimensionen und die Verhältnisse zwischen den Dimensionen ausweiten ließen: Ist es nachhaltiger, auf Recyclingpapierausdrucke zu verzichten und stattdessen ein Dokument am Computer zu lesen, der währenddessen gegebenenfalls Atomstrom verbraucht? Ist es nachhaltiger, Wasser zu sparen, wenn dadurch existierende Abwasserkanäle nicht mehr ausreichend durchspült werden und es an anderer Stelle zu erhöhtem Wasserverbrauch kommen muss, damit das Abwassersystem einer Stadt noch funktionstüchtig bleibt? Diese und ähnliche Dilemmabeispiele werden unter anderem von Neubacher (2012) beschrieben.

Selbst wenn also Nachhaltigkeit als gemeinsames Ziel anerkannt und definiert ist, kann die Bewertung geeigneter Mittel und Wege, dieses Ziel zu erreichen, sehr unterschiedlich ausfallen und zu individuellen und kollektiven Entscheidungs- und Handlungskonflikten führen. Auch Intention – zum Beispiel Umwelt schützen – und Effekt(e) beziehungsweise Folgen entsprechen sich nicht notwendigerweise – etwa wenn ein Umstieg auf Energiesparlampen neue Probleme der Entsorgung mit sich bringt (vgl. Neubacher 2012) beziehungsweise Rebound-Effekte auftreten (vgl. Otto und Wittenberg, ▶ Kap. 16). Es zeigt sich hier das Erfordernis einer möglichst umfassenden, systemischen Perspektive, damit Handlungsfolgen weitreichend und langfristig in den Blick genommen werden und dysfunktionale Konfliktlösungen und Bewältigungsstrategien verhindert oder zumindest abgeschwächt werden können. Die damit einhergehende Zunahme an Komplexität und Unsicherheit bringt jedoch auch neue individuell-psychologische und sozial-kollektive Anforderungen mit sich, die im Kontext nachhaltiger Entwicklung zum Teil erst noch definiert, analysiert und ausgebildet werden müssen, und mit Blick auf die Zukunft (noch) nicht im Einzelnen absehbar sind. Schließlich kommt auch das genuin psychologische Phänomen der Intentions-Verhaltens-Lücke (intention beziehungsweise mind behavior gap,; Heckhausen 1990; Orbell und Sheeran 1998; Sheeran 2002) zum Tragen, das heißt dass nachhaltigkeitsbezogene Verhaltensintention – zum Beispiel Verwendung von umweltfreundlichen Produkten oder Stromsparen – nicht mit dem tatsächlich gezeigten Verhalten übereinstimmen, sei es aufgrund von anderen faktisch handlungsleitenden Werten und/oder Selbstregulationsstrategien, aufgrund von Verhalten beeinflussenden Rahmenfaktoren oder aufgrund anderer Hürden.

1.3.2 Anstelle einer Definition

Die bisherigen Ausführungen zeigen, dass eine Auseinandersetzung mit dem Thema Nachhaltigkeit beziehungsweise nachhaltiger Entwicklung einige Herausforderungen mit sich bringt, die sich nicht allein objektivierend und rein definitorisch lösen lassen, wenngleich inzwischen zahlreiche politische sowie wissenschaftliche Zugänge zum Thema erschlossen wurden und vielfältige Ansätze einer (mehr oder weniger inter- und transdisziplinären) Nachhaltigkeitsforschung vorliegen (zum Beispiel Grober 2013; Michelsen und Adomßent 2014; Ott und Döring 2011). Als Orientierungsrahmen wird dabei in der Regel auf den *Brundtland-Report* (1987) und die dort zugrunde gelegte Interpretation von Nachhaltigkeit verwiesen. Demnach geht es um eine *globale Entwicklung, die den Bedürfnissen der heutigen Generation(en) Rechnung trägt, ohne dabei die Möglichkeiten künftiger Generationen zu gefährden, ihre eigenen Bedürfnisse zu befriedigen und ihren eigenen Lebensstil zu wählen*. Mit welchen Mitteln und auf welchen Wegen eine solche Entwicklung konkret zu erreichen ist, lässt sich nur in (gesamt)gesellschaftlichen, hoch komplexen und dynamischen Aushandlungsprozessen annähernd bestimmen. Auf politischer Ebene sind die Sustainable Development Goals der UN hierfür ein Beispiel, die allerdings eine organisationale sowie individuelle Ebene (noch) nicht unbedingt widerspiegeln.

Anstelle einer eindeutigen – notwendigerweise reduktionistischen beziehungsweise Bedeutungsvielfalt reduzierenden – Definition von Nachhaltigkeit liegt es vor diesem Hintergrund nahe, auf deren *Perspektivenvielfalt und Diversität* zu verweisen, die konfliktären und zum Teil dilemmatischen Charakter hat. Eine personen- und situationsunabhängige Allgemeingültigkeit einer angemessenen Definition und Interpretation von Nachhaltigkeit lässt sich nicht konstatieren. Vielmehr sind Bewertungen und Urteile über Nachhaltigkeit stets kontextgebettet und als zeit- und menschengebunden zu betrachten. Unterschieden werden können zum Beispiel *zeitbezogene Aspekte* (in eine nähere oder fernere Zukunft gerichtet; Langfristigkeit; Dauerhaftigkeit), *qualitative Aspekte* (wünschbare Qualitäten und Merkmale; Wirksamkeit; Verantwortung; „das Gute") und *psychosoziale Aspekte* (Handlungsbezug und -regulation; gruppendynamische und politische Prozesse; intra- und interindividuelles Verhalten etc.) einer Wahrnehmung und Bewertung von Nachhaltigkeit beziehungsweise nachhaltiger Entwicklung. Hinzu kommen die bereits oben erwähnten verschiedenen Dimensionen von Nachhaltigkeit. Verwiesen werden soll an dieser Stelle außerdem auf die *Differenzierung zwischen schwacher und starker Nachhaltigkeit* (Ott und Döring 2011): Während schwache Nachhaltigkeit am Primat des Ökonomischen festhält und damit auch von einer Ersetzbarkeit der verschiedenen Dimensionen ausgeht (Wachstums-, Leistungs- und Profitorientierung), richtet sich das Konzept der starken Nachhaltigkeit vorrangig an der Erhaltung natürlich gegebener Ressourcen (Erhaltung von Naturkapital) aus, weil dieses als durch andere Kapitalformen nicht ersetzbar angesehen wird. Das Primat des Ökonomischen wird

1

dabei grundsätzlich hinterfragt und neu reflektiert (vgl. zum Beispiel Postwachstums-ökonomie; Paech 2005; Welzer 2013). Somit stehen auch unterschiedliche „Tragweiten" nachhaltiger Entwicklung zur Debatte, die es bei einer Einordnung von Theorien und Bezügen zu berücksichtigen gilt.

Obgleich Wirtschafts- und umweltwissenschaftliche Perspektiven im Bereich der Nachhaltigkeitsforschung bislang besonders ausgeprägt sind, bleibt zu fragen, welche psychologischen Perspektiven eingenommen werden können. Welche Bezüge können Psychologie und Nachhaltigkeit haben?

1.4 Psychologie und Nachhaltigkeit

Dass Fragen zur Betrachtung und Verwirklichung nachhaltiger Entwicklung weder monodisziplinär noch allein durch wissenschaftliche Perspektiven beantwortbar sind, liegt auf der Hand. Vielmehr sind globale Herausforderungen nachhaltiger Entwicklung in ihrer Komplexität und Vernetztheit nur inter- und transdisziplinär angemessen zu adressieren (Schneidewind und Singer-Brodowski 2013). Zu einem solchen Nachhaltigkeitsdiskurs vermag die Psychologie als Wissenschaft vom Erleben und Verhalten des Menschen mit vielfältigen Theorien und Befunden einen wesentlichen Beitrag zu leisten. Zudem kann sie den inter- und transdisziplinären Nachhaltigkeitsdiskurs um genuine Perspektiven bereichern und auch seine Weiterentwicklung unterstützen helfen. Dabei geht es in der Psychologie nicht nur um das *Beschreiben und Erklären von kognitiven, emotionalen und handlungsbezogenen Komponenten sowie deren Wechselspiel unterein-ander in Bezug zur Wahrnehmung und Beurteilung von Nachhaltigkeit.* Es geht ebenso um Möglichkeiten einer zukunftsgerichteten, langfristig positiven *Veränderung von Bedingungen sowie von individuellem und kollektivem Erleben und Verhalten,* das Reflexionen „des Guten" – für den Menschen, die Menschheit und den Planeten Erde – ein-schließt. Sofern man es als allgemeines Ziel der Psychologie auffasst, zur Verbesserung von Lebensbedingungen und zum Aufzeigen von individuellen und gesellschaftlichen Entwicklungspotenzialen beizutragen, impliziert dieses bereits eine Ausrichtung auf – mehr oder weniger klare – Konzeptionen und Interpretationen von Nachhaltigkeit. Dies weiterhin zu explizieren, zu verdeutlichen und zu klären, ist ein Anliegen des vorliegenden Bandes.

Insbesondere viele Ansätze der Positiven Psychologie als jüngere Schule (Seligman und Csikszentmihalyi 2000; Auhagen 2004a) adressieren bereits eine solche Zielrichtung, indem sie eine Orientierung am „Guten" sowie positive Wirkungen auf Erleben und Ver-halten als tragende Säulen formulieren (Auhagen 2004b, S. 2). Es werden beispielsweise Themen wie *Weisheit, Lebenssinn, ethische Kommunikation und Solidarität* behandelt und damit vor allem psychosoziale Aspekte von nachhaltiger Entwicklung aufgegriffen. Auch die *Umweltpsychologie beziehungsweise Ökologische Psychologie* (Homburg und Matthies 1998; Stengel 1999; siehe auch Matthies und Wallis, ► Kap. 3) lässt sich als Beispiel für einen genuinen Bezug zu Nachhaltigkeitsthemen anführen, deren Schwerpunkt dem-entsprechend die ökologische Dimension von Nachhaltigkeit beziehungsweise das Ver-hältnis von Mensch und Umwelt bildet. Aber auch andere Schulen und Teildisziplinen der Psychologie – in Grundlagen- und Anwendungsforschung gleichermaßen – können im Kontext eines globalen Nachhaltigkeitsdiskurses relevante Sichtweisen und Befunde beisteuern und ins Verhältnis zu diesem gesetzt werden. Im vorliegenden Band kann freilich nur eine ausschnitthafte Beleuchtung dessen erfolgen. Themenfelder wie beispielsweise *komplexes Problemlösen* (u. a. Dörner 1999) mit Bezug zu universalistischen Werten, der Umgang mit und die *Bewältigung von Dilemmata und Konfliktsituationen* (z. B. Bass und Steidlmeier 1999; Schmitt 2014), *psychologische Perspektiven auf Wirtschaftsethik* (z. B. Eigenstetter und Hammerl 2005), Ansätze zur *Weisheit* (Staudinger und Baltes 1996; Sternberg und Jordan 2005), *Implikationen interkultureller Psychologie* auf globale Gesellschaftsentwicklung (z. B. Thomas 1996, 2003) sowie zahlreiche andere Theorien und Befunde der Psychologie in ihrem Bezug zu nachhaltiger Entwicklung wären ebenfalls einer genaueren Betrachtung wert, müssen jedoch anderen Werken vorbehalten bleiben. Die nachfolgenden Kapitel mögen dazu dienen, eine „Psychologie der Nachhaltigkeit" in ihrer Pluralität und mit ihren Herausforderungen annähernd zu umreißen und zu verdeutlichen, wie psychologisch verankerte Perspektiven zur Lösung von Fragen und Problemen nachhaltiger Entwicklung beitragen können. Es gilt exemplarisch aufzuzeigen, welche Interpretationen sowie theoretischen und empirischen Ansatzpunkte die Psychologie bereits zum inter- und transdisziplinären Nachhaltigkeitsdiskurs bietet, in diesem Band vor allem mit Blick auf ausgewählte Organisationsformen und Anwendungskontexte (vgl. Bamberg, Schmitt, Baur, Gude, & Tanner: Theoretische Konzepte zu Nachhaltigkeit, ▶ Kap. 2). Es gilt aber auch, bestehende und weiterführende Forschungsbedarfe für nachhaltige Entwicklung zu identifizieren, dadurch Möglichkeiten aufzuzeigen, die wissenschaftliche Psychologie stärker als bisher in diesen inter- und transdisziplinären Nachhaltigkeitsdiskurs einzubinden, und letztlich Perspektiven zusammenzuführen und zu integrieren, um damit Transformationsprozesse in Richtung einer nachhaltigkeitsorientierten Zukunft gemeinsam mit anderen Disziplinen und Akteuren fördern zu können.

Literatur

Auhagen, A. E. (Hrsg.). (2004a). *Positive Psychologie: Anleitung zum „besseren" Leben*. Weinheim: Beltz.

Auhagen, A. E. (2004b). Das Positive mehren: Herausforderungen für die Positive Psychologie. In A. E. Auhagen (Hrsg.), *Positive Psychologie: Anleitung zum „besseren" Leben* (S. 1–15). Weinheim: Beltz.

Bass, B. M., & Avolio, B. J. (Hrsg.). (1994). *Improving organizational effectiveness through transformational leadership*. Thousand Oaks: Sage.

Bass, B. M., & Steidlmeier, P. (1999). Ethics, character, and authentic transformational leadership behavior. *Leadership Quaterly, 10*(2), 181–218.

Brundtland, G. H. (1987). *Report of the world commission on environment and development: Our common future*. New York: United Nations.

Bundesministerium für Bildung und Forschung (BMBF), Referat Grundsatzfragen Nachhaltigkeit, Klima, Energie. (2015). *Forschen für ein nachhaltiges Leben. Umwelt – Wirtschaft – Gesellschaft*. Bonn: BMBF.

de Haan, G. (2008). Gestaltungskompetenz als Kompetenzkonzept der Bildung für nachhaltige Entwicklung. In I. Bormann und G. de Haan (Hrsg.), *Kompetenzen der Bildung für nachhaltige Entwicklung: Operationalisierung, Messung, Rahmenbedingungen, Befunde* (S. 23–43). Wiesbaden: VS Verlag.

Deutsche Bundesregierung. (2016). Deutsche Nachhaltigkeitsstrategie: Neuauflage 2016. Frankfurt a. M. ▶ https://www.bundesregierung.de/Content/Infomaterial/BPA/Bestellservice/Deutsche_Nachhaltigkeitsstrategie_Neuauflage_2016.pdf?__blob=publicationFile&v=18.

Dörner, D. (1999). *Bauplan für eine Seele*. Reinbeck: Rowohlt.

Eigenstetter, M., & Hammerl, M. (Hrsg.). (2005). *Wirtschafts- und Unternehmensethik: ein Widerspruch in sich?* Kröning: Asanger.

Engagement Global. (2017). #17 Ziele: Unsere Verantwortung. ▶ https://17ziele.de/17ziele. Zugegriffen: 25. Aug. 2017.

Grober, U. (2013). *Die Entdeckung der Nachhaltigkeit: Kulturgeschichte eines Begriffs*. München: Kunstmann.

Heckhausen, H. (1990). *Motivation und Handeln*. Heidelberg: Springer.

Hendry, J. (2014). *Science and sustainability: Learning from indigenous wisdom*. New York: Palgrave Macmillan.

Homburg, A., & Matthies, E. (1998). *Umweltpsychologie: Umweltkrise, Gesellschaft und Individuum*. Weinheim: Juventa.

Klimoski, R., & Mohammed, S. (1994). Team mental model: Construct or metaphor? *Journal of Management, 20,* 403–437.

Mathieu, J. E., Heffner, T. S., Goodwin, G. F., Salas, E., & Cannon-Bowers, J. A. (2000). The Influence of shared mental models on team process and performance. *Journal of Applied Psychology, 85*(2), 273–283.

Michelsen, G., & Adomßent, M. (2014). Nachhaltige Entwicklung: Hintergründe und Zusammenhänge. In H. Heinrichs & G. Michelsen (Hrsg.), *Nachhaltigkeitswissenschaften* (S. 3–59). Berlin: Springer.

Müller-Christ, G. (2017). Nachhaltigkeitsforschung in einer transzendenten Entwicklung des Hochschulsystems: ein Ordnungsangebot für Innovativität. In W. Leal Filho (Hrsg.), *Innovation in der Nachhaltigkeitsforschung: Theorie und Praxis der Nachhaltigkeit* (S. 161–180). Berlin: Springer Spektrum. ► https://doi.org/10.1007/978-3-662-54359-7_9.

Neubacher, A. (2012). *Ökofimmel: Wie wir versuchen, die Welt zu retten – und was wir damit anrichten.* München: Goldmann.

Orbell, S., & Sheeran, P. (1998). 'Inclined abstainers': A problem for predicting health-related behaviour. *British Journal of Social Psychology, 37,* 151–165.

Ott, K., & Döring, R. (2011). *Theorie und Praxis starker Nachhaltigkeit*. Marburg: Metropolis.

Paech, N. (2005). Nachhaltigkeit zwischen Dematerialisierung und Ökologisierung: Hat sich die Wachstumsfrage erledigt? *Natur und Kultur, 6*(1), 52–72.

Schmitt, C. T. (2014). *Was ist Klugheit? Wertebezogenes Handeln im Führungskontext: Theorie und Praxis Wertebasierter Flexibilität*. Lengerich: Pabst.

Schmitt, C. T., & Palm, S. (2017). Sustainability at German Universities: The Universität Hamburg as a case study for sustainability-oriented organizational development. In W. Leal Filho (Hrsg.), Handbook of sustainability science and research (S. 629–645). Berlin: Springer. ► https://doi.org/10.1007/978-3-319-63007-6_39.

Schneidewind, U., & Singer-Brodowski, M. (2013). *Transformative Wissenschaft: Klimawandel im deutschen Wissenschafts- und Hochschulsystem*. Marburg: Metropolis.

Schwartz, S. H. (1992). Universals in the structure and content of values: Theoretical advances and empirical tests in 20 countries. In M. P. Zanna (Hrsg.), *Advances in Experimental Social Psychology* (S. 1–65). Orlando, FL: Academic.

Schwartz, S. H. (1996). Value priorities and behavior: Applying a theory of integrated value systems. In C. Seligman, J. M. Olson, & M. P. Zanna (Hrsg.), *The psychology of values: The ontario symposium* (Bd. 8, S. 1–24). Mahwah: Erlbaum.

Schwartz, S. H., & Bilsky, W. (1987). Toward a psychological structure of human values. *Journal of Personality and Social Psychology, 53,* 550–562.

Schwartz, S. H., & Bilsky, W. (1990). Toward a theory of the universal content and structure of values: Extensions and cross-cultural replications. *Journal of Personality and Social Psychology, 58*(5), 878–891.

Seligman, M. E. P., & Csikszentmihalyi, M. (2000). Positive psychology: An introduction. *American Psychologist, 55,* 5–14.

Sheeran, P. (2002). Intention behavior relations: A conceptual and empirical review. *European Review of Social Psychology, 12*(1), 1–36. ► https://doi.org/10.1080/14792772143000003.

Staudinger, U. M., & Baltes, P. B. (1996). Weisheit als Gegenstand psychologischer Forschung. *Psychologische Rundschau, 47,* 57–77.

Stengel, M. (1999). *Ökologische Psychologie*. München: Oldenbourg.

Sternberg, R. J., & Jordan, J. (Hrsg.). (2005). *A handbook of wisdom: Psychological perspectives*. Cambridge: University Press.

Stoltenberg, U. (2010). Kultur als Dimension eines Bildungskonzepts für eine nachhaltige Entwicklung. In O. Parodi, G. Banse, & A. Schaffer (Hrsg.), *Wechselspiele: Kultur und Nachhaltigkeit* (S. 293–311). Berlin: Sigma.

Thomas, A. (1996). *Psychologie und multikulturelle Gesellschaft: Problemanalysen und Problemlösungen*. Göttingen: Hogrefe.

Thomas, A. (2003). *Psychologie Interkulturellen Handelns* (2. Aufl.). Göttingen: Hogrefe.

Tremmel, J. (2003). *Nachhaltigkeit als politische und analytische Kategorie. Der Deutschen Diskurs um nachhaltige Entwicklung im Spiegel der Interessen der Akteure*. München: oekom.

UNESCO. (2014). UNESCO Roadmap for implementing the global action programme on education for sustainable development. ▶ https://sustainabledevelopment.un.org/content/documents/1674unescoroadmap.pdf. Zugegriffen: 17. Mai 2017.

United Nations General Assembly. (2015). Transforming our world: The 2030 agenda for sustainable development. ▶ http://www.un.org/ga/search/view_doc.asp?symbol=A/69/L.85&Lang=E. Zugegriffen: 16. Mai 2017.

Welzer, H. (2013). Selbstdenken: Eine Anleitung zu Widerstand. Frankfurt a. M.: Fischer.

Werther, S., & Jacobs, C. (2014). *Organisationsentwicklung: Freude am Change*. Berlin: Springer.

Wilber, K. (2001). *Ganzheitlich Handeln: Eine integrale Vision für Wirtschaft, Politik, Wissenschaft und Spiritualität*. Freiamt: Arbor.

Grundlagen und Theorien

Inhaltsverzeichnis

Theoretische Konzepte zu Nachhaltigkeit – unter besonderer Berücksichtigung von Handlungs- und Moraltheorien

Eva Bamberg, Claudia Thea Schmitt, Carolin Baur, Marlies Gude und Grit Tanner

© Springer Fachmedien Wiesbaden GmbH, ein Teil von Springer Nature 2018
C. T. Schmitt, E. Bamberg (Hrsg.), *Psychologie und Nachhaltigkeit*,
https://doi.org/10.1007/978-3-658-19965-4_2

2.1 Nachhaltigkeit – ein Thema mit vielen Facetten

Dieses Kapitel gibt einen Überblick zu psychologischen Konzepten, die zur Beschreibung und Erklärung von Nachhaltigkeit dienen können. Zur Veranschaulichung wird zunächst ein Beispiel vorgestellt. Es wird uns im weiteren Verlauf des Kapitels begleiten. Mithilfe des Beispiels sollen Themen und Fragen einer *Psychologie der Nachhaltigkeit* aufgezeigt werden.

Beispiel

Heinrich Hell und Sabrina Hell sind berufstätig. Herr Hell leitet das Wohnungsamt einer städtischen Behörde, Frau Hell arbeitet als Zahnärztin. Die Hells haben zwei kleine Kinder, die eine private Kindertagesstätte (Kita) besuchen. Die Kita entstand aus einer Eltern-Initiative; die beteiligten Eltern sind sehr engagiert. Sie haben Einfluss auf den Küchenplan, helfen beim Kochen, übernehmen Garten- und Renovierungsarbeiten. Mülltrennung ist in der Kita selbstverständlich. Der Kauf von regionalen Produkten und von Bioprodukten ist den Beschäftigten und den Eltern ebenfalls wichtig. Die Kita hat den Anspruch, auch den Kindern die Bedeutung von Nachhaltigkeit zu vermitteln.

In der Kita arbeiten neben zwei Erzieherinnen und einer Praktikantin zwei Aushilfen auf 450 €-Basis. Herr Hell hatte, als er die Kinder abgeholt hat, ein Gespräch mit den beiden Aushilfen. Sie bemängelten ihre Arbeitsbedingungen. Ihre Dienste seien sehr unregelmäßig, immer wieder würden unbezahlte Überstunden anfallen; häufig würden sie kurzfristig angefragt, informell hätten sie eigentlich immer Rufbereitschaft. Herr Hell diskutiert mit seiner Partnerin: Sollen sie etwas unternehmen?

Im Mittelpunkt einer Psychologie der Nachhaltigkeit steht die Frage, wie sich nachhaltigkeitsbezogene Werte, Einstellungen, Haltungen und nachhaltigkeitsorientiertes Verhalten beschreiben und erklären lassen. Der Begriff *Nachhaltigkeit* betrifft, wie die Aufzählung zeigt, unterschiedliche psychologische Kategorien und umfasst verschiedene Handlungsbereiche (vgl. ▶ Kap. 1). Nachhaltiges Verhalten in einem Bereich, wie etwa ökologische Nachhaltigkeit, muss nicht unbedingt mit Nachhaltigkeit in einem anderen Bereich – im Beispiel: soziale Nachhaltigkeit – verbunden sein. Die Vielfalt der Themen wird in einer Differenzierung von Paul Stern (2000) deutlich, die zwar für umweltbezogenes Verhalten *(environmentally significant behavior)* entwickelt wurde, sich aber auf andere Felder der Nachhaltigkeit übertragen lässt. Stern (2000) trennt zwischen umweltbezogenem Aktivismus (z. B. sich an Bäume ketten), mehr oder weniger aktiver Unterstützung umweltbezogener Aktionen (zum Beispiel durch Unterschreiben von Petitionen, Akzeptieren von spezifischen politischen Strategien), umweltbezogenes Verhalten in der Privatsphäre (zum Beispiel beim Einkaufen) und Verhalten, das umweltbezogene Implikationen hat (zum Beispiel bei der Entwicklung von Produkten). Es kann weiter getrennt werden zwischen Handlungen und Unterlassen von Handlungen oder zwischen Unterstützung von Nachhaltigkeit (zum Beispiel im pädagogischen Prozess) und ihrer Verletzung (zum Beispiel durch umweltschädigendes Verhalten). Zu unterscheiden ist schließlich, ob es sich um bekannte Themen oder Gewohnheiten handelt, die mit weitgehend automatisierten Prozessen verbunden sind, und die keine komplexen Entscheidungen erfordern, oder um Themenbereiche, die vergleichsweise neu sind, und für die Entscheidungen beziehungsweise Entscheidungskriterien erarbeitet werden müssen (in dem Beispiel die Beschäftigungsbedingungen der Aushilfskräfte).

(Forts. Beispiel)

Ökologische Nachhaltigkeit ist für Familie Hell weitgehend zur Selbstverständlichkeit geworden. Mülltrennung oder der Kauf von Bioprodukten sind für Herr und Frau Hell eingespielte Prozesse, die keines aufwendigen Entscheidungsprozesses bedürfen. Soziale Nachhaltigkeit hat in der Kita bislang kaum eine Rolle gespielt. Die Hells müssen entscheiden, ob sie die Klagen ignorieren oder ob sie etwas unternehmen. Wenn sie etwas unternehmen möchten, dann müssen sie weiter entscheiden, in welche Richtung es gehen soll, ob sie zum Beispiel die Aushilfskräfte bei ihren Bemühungen um bessere Arbeitsbedingungen unterstützen und/oder ob sie selbst versuchen, die Situation zu verändern.

Nachhaltigkeit ist also ein vielseitiges Thema, bei dem ganz unterschiedliche Kategorien und Prozesse eine Rolle spielen. *Die* psychologische Theorie der Nachhaltigkeit gibt es nicht. Es wurden aber in der Vergangenheit viele theoretische Konzepte entwickelt, die sich auf Nachhaltigkeit übertragen lassen. Dies betrifft Theorien, die sich grundlegend auf Einstellungen und Verhalten oder auf Motivation beziehen, wie zum Beispiel die *Theory of Planned Behavior* beziehungsweise der *Reasoned Action Approach* von Fishbein und Ajzen (2010). Dies gilt ferner für Konzepte, die verwandte Themenbereiche betreffen. Dazu gehören zum Beispiel entwicklungs- und sozialpsychologische Ansätze zu prosozialem Verhalten, Altruismus, Ethik, Werten, Moral und Normen.

Einschlägige Konzepte thematisieren vor allem, wie sich Werte, Einstellungen, Haltungen und Verhalten von Personen beschreiben und erklären lassen, und zielen damit auf die *individuelle Ebene* ab. Bei der Frage, welchen Einfluss soziale Situationen und der *soziale Kontext* haben, wird auch die Ebene von Gruppen und von Organisationen beziehungsweise Institutionen berücksichtigt. Viele Autoren verweisen deshalb auf die Notwendigkeit eines Mehr-Ebenen-Ansatzes (vgl. zum Beispiel Norton et al. 2015 für *employee green behavior*); so unterscheiden zum Beispiel Caruana und Chatzidakisin (2014) zwischen Mikro-, Meso-, Makro- und Supramakroebene.

Im Folgenden steht individuelles Verhalten, und damit die Mikro-Ebene im Vordergrund. Die gesellschaftliche Eingebundenheit und die soziale Determiniertheit nachhaltigkeitsbezogener Prozesse wird berücksichtigt. Nachhaltigkeit im organisationalen Kontext wird unter anderem im Beitrag von Tanner, Bamberg und Gude (▶ Kap. 10) diskutiert. Zentrale Inhalte der theoretischen Konzepte, die in den nächsten Abschnitten vorgestellt werden, sind zur Veranschaulichung abschließend grafisch zusammengefasst (◘ Abb. 2.1).

2.2 Allgemeine Handlungsmodelle

Der *Reasoned Action Approach,* beziehungsweise verwandte Konzepte wie die *Theory of Reasoned Action* und die *Theory of Planned Behavior* (Fishbein und Ajzen 2010) gehören in der aktuellen psychologischen Forschung zu den besonders häufig berücksichtigten Handlungsmodellen. Sie betonen die Bedeutung sozial-kognitiver Prozesse beim Handeln. Nach dem *Reasoned Action Approach* haben Individuen durch personale und bedingungsbezogene Faktoren beeinflusste grundlegende Annahmen *(beliefs),* die sich auf 1a) Verhalten, 1b) Normen und 1c) Kontrolle beziehen. Die grundlegenden Annahmen werden durch individuelle und soziale Faktoren bestimmt und beeinflussen ihrerseits 2a) die Einstellung gegenüber Verhaltensalternativen, zum Beispiel inwieweit mögliche Verhaltensalternativen als positiv oder negativ angesehen werden.

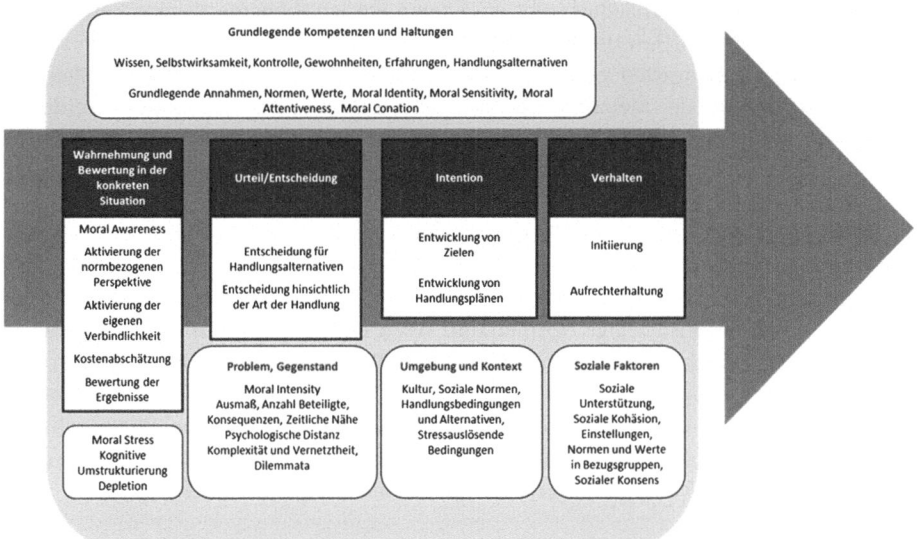

◘ Abb. 2.1 Einflussfaktoren und Prozesse nachhaltigkeitsorientierten Verhaltens. (Eigene Darstellung)

Maßgeblich ist, ob das Verhalten aus Sicht des Handelnden mit positiven oder negativen Konsequenzen und mit positiven oder negativen Erfahrungen verbunden ist; 2b) wahrgenommenen Normen und 2c) die wahrgenommene Kontrolle. Diese drei Gruppen von Haltungen (2a–2c) beeinflussen die Handlungsintention, die das Verhalten bestimmt. Für den Zusammenhang zwischen Intention und Verhalten sind die Einflussmöglichkeiten bzw. die Kontrolle des Handelnden in der jeweiligen Situation von Bedeutung. Diese sind durch Kompetenzen des Handelnden und durch die Handlungsbedingungen gegeben.

Der *Reasoned Action Approach* lässt sich auf unterschiedliche Handlungsfelder und damit auch auf die Themen Nachhaltigkeit und nachhaltige Entwicklung anwenden. Annahmen und Erwartungen zu nachhaltigkeitsbezogenem Verhalten, zu einschlägigen Normen – gegebenenfalls auch in Gegenüberstellung zu anderen Handlungsbereichen – stehen dann im Vordergrund.

(Forts. Beispiel)

Herr Hell war im Laufe seines Studiums und seines beruflichen Werdegangs mehrfach in der Interessenvertretung aktiv. Er hat Erfahrungen und Kompetenzen in diesem Handlungsbereich und weiß, dass es immer wieder erforderlich ist, sich für die eigenen Interessen und für die Interessen anderer einzusetzen. Er weiß um den Unterschied zwischen sozial abgesicherten und prekären Arbeitsverhältnissen und ist von der Wichtigkeit entwicklungsförderlicher Arbeit und angemessener Bezahlung überzeugt. Nach dem Gespräch mit den Aushilfen ist er der Meinung, dass in der Kita bei den Beschäftigungsverhältnissen der Aushilfskräfte etwas schiefläuft, und dass es Möglichkeiten gibt, dies zu ändern. Herr Hell weiß aber auch, dass er sich einige Schwierigkeiten einhandeln wird, wenn er etwas unternimmt. Viele Eltern der Kita-Kinder könnten befürchten, dass für sie Mehrkosten entstehen. Die Eltern haben die Haltung, dass von allen Beteiligten

Engagement gefragt sei, schließlich gibt es ja kaum etwas Schöneres als eine Beschäftigung mit (ihren) Kindern. Herr Hell kann sich die Auseinandersetzungen schon gut vorstellen. Er ist sich deshalb unsicher, ob und wie seine Frau und er etwas unternehmen sollten.

Seine Partnerin ist der Meinung, dass gesetzliche Regelungen eingehalten werden sollen; ansonsten sei das alles nicht so wichtig, sie wollten sich doch nicht unbeliebt machen. Da ist auch etwas dran, findet Herr Hell.

Das sozial-kognitive Handlungsmodell von Fishbein und Aijzen (2010) bietet eine Systematisierung möglicher Einflussfaktoren von Handlungen. Die inhaltliche Perspektive der Nachhaltigkeit bleibt ausgeklammert. Einige Autoren ergänzen diesen Ansatz um Nachhaltigkeit, indem sie einschlägige Normen und Werte einbeziehen (zum Beispiel Raumus und Kilmer 2007; Mishra et al. 2014). Auch S. Bamberg und Möser (2007) schlagen vor, das Konzept von Fishbein und Ajzen um moralische Normen zu ergänzen. Ähnlich argumentieren Chen und Tung (2014), die die *Theory of Planned Behavior* um moralische Verpflichtung *(moral obligation)* erweitern. Diese Ergänzungen verweisen auf die Bedeutung von Ansätzen zu Moral und Werten im Zusammenhang mit Nachhaltigkeit.

2.3 Moral und Werte

Ein Ziel nachhaltiger Entwicklung ist die generationengerechte Sicherung und Förderung von natürlichen und sozialen Ressourcen (vgl. auch ▶ Kap. 1). Die normative Komponente, die Nachhaltigkeit beziehungsweise nachhaltige Entwicklung auszeichnet, wird in Konzepten zu Moral, Ethik und Werten aufgegriffen. Diese Themen sind somit für ein Verständnis von Nachhaltigkeit zentral. „Moral systems are interlocking sets of values, virtues, norms, practices, identities, institutions, technologies, and evolved psychological mechanisms that work together to suppress or regulate selfishness and make cooperative social life possible" (Haidt und Kesebir 2010, S. 800).

Das Thema Moral wurde schon früh in der Psychologie behandelt. Nach William Stern, dem maßgeblichen Begründer der differenziellen Psychologie, ist Introzeption grundlegend für ethische Einsichten und damit für ethisches Handeln (Stern 1924). Unter Introzeption fasst Stern die Entwicklung und Selbstentfaltung von Individuen, indem sie ihre Bezüge zu und Abhängigkeiten von der Umwelt erkennen. Sie verfolgen nicht nur selbstbezogene Ziele, sondern entwickeln Interesse an sozialen Zielen und handeln entsprechend (vgl. Schmitt 2014). Introzeption wird möglich durch die Erkenntnis, dass eigenes Handeln mit den Werten und Zielen anderer verknüpft ist. Die Anerkennung und Verfolgung eines Allgemeingutes wird zum eigenen Ziel gemacht. Zentrale entwicklungspsychologische Konzepte zu moralischem Urteilen verfolgen im Kern eine ähnliche Perspektive wie Stern.

2.3.1 Entwicklungspsychologische Konzepte: Piaget und Kohlberg

Entwicklungspsychologische Konzepte zu Moral gehen von einer Abfolge aufeinander aufbauender, qualitativ unterschiedlicher Stufen aus (Pinquart 2011). So trennt Piaget (1983) mehrere moralische Stufen: eine Stufe, in der Moral keine Rolle spielt (vormoralische Stufe), eine heteronome (fremdbestimmte) Stufe und eine autonome (selbstbestimmte) Stufe. Die heteronome Stufe ist durch Regelorientierung gekennzeichnet. Die Regeln, die durch Autoritäten vorgegeben werden, werden akzeptiert; sie gelten als unanfechtbar. Die autonome Stufe ist dadurch charakterisiert, dass Normen und Regeln als relativ und veränderbar betrachtet werden. Sie sind das Ergebnis von einvernehmlichen Absprachen.

Weitere Differenzierungen sind mithilfe des Konzepts von Kohlberg (1996) möglich. Kohlberg unterscheidet drei Stadien, bei denen jeweils zwei Stufen der Orientierung des Urteils getrennt werden:

- Präkonventionelles Stadium: Orientierung 1) an Strafe und Gehorsam und 2) am Kosten-Nutzen Prinzip und an Bedürfnisbefriedigung.
- Konventionelles Stadium: Orientierung 3) an interpersonellen Beziehungen und Gegenseitigkeit und 4) an sozialer Ordnung.
- Postkonventionelles Stadium: Orientierung 5) an den Rechten aller als Prinzip und 6) an universellen ethischen Prinzipien (Kohlberg 1996; Pinquart 2011).

Je nach Stufe kommen Personen zu unterschiedlichen Urteilen und damit unter Umständen zu unterschiedlichen Handlungsintentionen. Das Stufenmodell beginnt mit einer weitgehend egoistischen Stufe und endet mit dem Aufbau eines komplexen inneren Wertesystems, das unterschiedliche Kriterien integriert. Es erfolgt eine Perspektiverweiterung – andere und die Gemeinschaft werden zunehmend berücksichtigt –, sowie eine Zunahme der Selbstbestimmung und eine bessere Begründung von Normen und Regeln (Pinquart 2011). Kritisiert wird an diesem Stufenmodell unter anderem, dass es sich letztlich an einem spezifischen (westlichen) Werte- und Menschenbild orientiert. Die Entwicklung von Personen mit liberaler Haltung wird per se höher gewertet als die von Personen, die sich an Law and Order orientieren (zum Beispiel Graham et al. 2011).

Nachhaltigkeitsorientiertes Verhalten kann, dem Modell folgend, unterschiedlich begründet oder motiviert sein. Für die Begründungen spielen Orientierungen an extrinsischen oder intrinsischen Faktoren und das Ausmaß der Selbstregulation eine wesentliche Rolle. So können sich Begründungen an Strafe, Gehorsam, Regeln oder an universellen ethischen Prinzipien orientieren (vgl. auch Norton et al. 2015).

(Forts. Beispiel)
Frau Hell lehnt unbezahlte Überstunden ab; die Aushilfskräfte könnten den ausstehenden Lohn einklagen; es könnte sich zeigen, dass aufgrund des Umfangs der Arbeitsstunden die Kita nicht berechtigt ist, die Aushilfen auf 450 €-Basis zu beschäftigten. Dies hätte negative Konsequenzen für die Kita. Frau Hell orientiert sich bei der Einschätzung der Situation der Aushilfskräfte strikt an gesetzlichen Vorgaben: Angemessen ist, was Gesetze und Verordnungen zulassen. Herr Hell ist die Einhaltung gesetzlicher Vorgaben ebenfalls wichtig. Ihm geht es darüber hinaus aber vor allem um die Frage, ob gute Arbeitsbedingungen gewährleistet sind.

2.3.2 Die Bedeutung von Normen

Normen sind im Modell von Fishbein und Ajzen explizit aufgeführt. Eine Reihe weiterer Konzepte beschäftigt sich mit dem Zusammenhang zwischen Normen und Moral. Zentral nach dem *Norm Activation Model* von Schwartz (1977) sind sogenannte *feelings of moral obligation* (subjektive moralische Verpflichtungen). Diese werden in spezifischen Situationen generiert, indem Individuen die kognitiven Strukturen der Normen und Werte aktivieren. Noch bevor sie durch Handlungen realisiert werden, können die subjektiven Verpflichtungen neutralisiert werden, etwa indem ihre Relevanz infrage gestellt wird. Das Prozessmodell von Schwartz (1977) wurde zur Erklärung von Altruismus entwickelt. Es beinhaltet vier Schritte:

1. Wahrnehmung, dass eine Situation normorientiertes Verhalten erfordert, und dass einschlägige Handlungen verfügbar sind; Wahrnehmung der eigenen Fähigkeiten.
2. Aktivierung der eigenen Verbindlichkeit und Pflicht: Aktivierung von (intrinsischen) Normen oder Entwicklung von Normen in konkreten Situationen.
3. Absicherung: Abschätzung der Kosten (sozial, materiell, psychologisch, moralisch), Bewertung der Ergebnisse, gegebenenfalls Neubewertung, gegebenenfalls Modifikation früherer Schritte.
4. Handlung: Durchführung oder Unterlassung des Verhaltens.

Auch Paul Stern (2000) entwickelte ein Prozessmodell, bei dem Normen eine wichtige Rolle spielen (vgl. Matthies und Wallis; ▶ Kap. 3). Nach der *Value-Belief-Norm (VBN) Theory of Environmentalism,* ist von einer Wirkkette von Werten (zum Beispiel Altruismus) über spezifische Annahmen (zum Beispiel hinsichtlich der Beeinflussbarkeit von Umwelt-Ressourcen) hin zu persönlichen Normen (sich verpflichtet fühlen) und letztlich unterschiedlichen Aspekten umweltbezogenen Verhaltens auszugehen. Bei der Beeinflussung umweltbezogenen Verhaltens wirken relativ zentrale und stabile Persönlichkeitsmerkmale, die spezifische Annahmen über Person-Umwelt-Beziehungen beeinflussen (Stern 2000). Stern unterscheidet vier Gruppen von Einflussfaktoren:

1. *Attitudinal factors,* wie Normen, Annahmen und Werte. Dazu gehören auch Normen und Annahmen, die sich auf Verhalten beziehen.
2. *External* oder *contextual forces:* Dazu gehören etwa Erwartungen der Umgebung, monetäre Bedingungen, Handlungshindernisse etc.
3. *Personal capabilities* sind etwa Wissen und Skills.
4. *Habit* oder *routine,* wie zum Beispiel standardisierte Verhaltensprogramme.

Zusammenfassend lässt sich festhalten: Die Bedeutung von Normen für nachhaltigkeitsorientiertes, wie zum Beispiel umweltbezogenes Verhalten wird von einer Reihe von Autoren hervorgehoben (zum Beispiel Norton et al. 2014; nach Norton et al. 2015). Die Prozessmodelle, die die Relevanz von Normen betonen, zeigen eine Reihe von Bezügen zum in ▶ Abschn. 2.2 dargestellten sozial-kognitiven Handlungsmodell von Fishbein und Ajzen.

2.3.3 Das Modell der vier Komponenten moralischen Verhaltens und dessen Erweiterungen

Rest entwickelte ein vielzitiertes Modell zu moralischem Verhalten. Es enthält vier Komponenten beziehungsweise Teil-Prozesse, die vergleichbar sind mit weiter oben genannten Konzepten: In einem ersten Schritt geht es darum zu *bewerten,* inwieweit in einer Situation das eigene Handeln das Wohlergehen anderer beeinflusst. Vor diesem Hintergrund werden in einem zweiten Schritt moralbezogene Handlungsoptionen *reflektiert.*

In einem dritten Schritt wird unter konkurrierenden Werten der wünschenswerte *ausgewählt*; es wird entschieden, ob dieser verfolgt werden soll. Schließlich wird in einem vierten Schritt die Handlung *ausgeführt* (Rest 1984, S. 20). Das Modell von Rest wurde in der mehrfach erweitert. Auf Basis des Modells und seiner Erweiterungen wurden einige Faktoren hervorgehoben, die besonders wichtig für moralisches Verhalten sind (vgl. auch ◨ Abb. 2.1).

Der Auslöser für moralbezogenes Handeln ist die Wahrnehmung und Einschätzung, dass moralbezogenes Verhalten in der Situation gefragt ist. *Awareness* (Bewusstsein) wird mit der jeweils ersten Komponente von Rest (1984) und Schwartz (1977) angesprochen. *Awareness* betrifft das Ausmaß, inwieweit eine Situation als moralische Situation gesehen wird (vgl. Reynolds 2008, S. 1027).

Sensitivity (Sensitivität) bezieht sich auf Fähigkeiten von Personen, in Situationen die moralbezogene Perspektive zu erkennen (vgl. Reynolds und Miller 2015). *Sensitivity* umfasst ferner die Wahrnehmung der Relevanz einschlägigen Verhaltens und damit die Fragen, inwieweit in Situationen die Bedeutung der moralischen Perspektive erkannt wird, und inwieweit der Beitrag des eigenen Verhaltens präsent ist. Sensitivität kann negative Wirkungen haben, wie zum Beispiel Stress (siehe ▸ Abschn. 3.5) und Inaktivität, oder positive Wirkungen, wie moralbezogenes Handeln (Lützén und Kvist 2012).

Reynolds (2008) geht davon aus, dass die Konstrukte *awareness* und *sensitivity* letztlich zu kurz greifen, da sie nur die kognitive Seite von Verhalten betonen und Anforderungen als objektiv gegeben ansehen. Wichtiger sei dagegen im Prozess soziale Konstruktionen zu berücksichtigen. Vor diesem Hintergrund wird die Bedeutung von *Attentiveness* betont, die die Berücksichtigung beziehungsweise den Stellenwert von Moral bei Themen des Alltags betrifft (Reynolds 2008; vgl. auch Reynolds und Miller 2015).

Judgement (Urteil) ist eine wichtige Komponente im Modell von Rest (1984). Das moralbezogene Urteil betrifft die Feststellung des in der Situation unter dem Aspekt der Moral adäquaten Verhaltens. Davon zu trennen ist die *Motivation* beziehungsweise *Intention*, ein spezifisches Verhalten auszuüben. *Moral Conation* ist das Vermögen, Verantwortung zu übernehmen, das heißt „the capacity to generate responsibility and motivation and to take moral action in the face of adversity and persevere through challenges" (Hannah et al. 2011, S. 664; zitiert nach Trevino et al. 2014, S. 646).

Identity (Identität), das heißt das kognitive Schema einer Person über die Bedeutung von moralischen Tugenden im eigenen Lebenskontext, ist ein wichtiger Einflussfaktor für Moral (vgl. Aquino et al. 2009; vgl. auch Shao et al. 2008). Die gleichzeitige Aktivierung von moralbezogener Identität und Eigeninteressen kann Dissonanz erzeugen (Aquino et al. 2009). Dies dürfte im Kontext von *moral stress* (siehe ▸ Abschn. 3.5) von Bedeutung sein.

Die bislang genannten Konzepte befassen sich allenfalls indirekt mit der Frage, um welchen Problembereich oder Gegenstand es sich bei moralbezogenem Verhalten handelt. Der zu behandelnde Problembereich dürfte aber einen wesentlichen Einfluss auf moralbezogene Prozesse haben. In Erweiterung der genannten Modelle hebt Jones (1991) im Rahmen des Konzeptes *Moral Intensity* (moralische Intensität) hervor, dass Merkmale der Entscheidungssituation beziehungsweise die Beurteilung dieser Merkmale Entscheidungen beeinflussen. *Moral Intensity* betrifft die Einschätzung eines Problembereichs durch die Beteiligten und damit indirekt seine bedingungsbezogenen Charakteristika.

„Six characteristics of the moral issue (magnitude of consequences, social consensus, probability of effect, temporal immediacy, proximity, and concentration of effect) will be positively related to moral decision making and behavior" (Jones 1991, S. 372). Die genannten Faktoren beeinflussen Wahrnehmung, Bewertung, Handlungsintention und Durchführen von Handlungen (vgl. dazu auch die Metaanalyse von Kish-Gephart et al. 2010). Ein wesentlicher Faktor bei *Moral Intensity* ist die psychologische Distanz, das heißt etwa zeitliche, räumliche oder soziale Distanz zum Gegenstand der Entscheidung (vgl. Trope und Liberman 2010).

(Forts. Beispiel)
Frau Hell hat im Laufe ihrer beruflichen Tätigkeit als Zahnärztin die Bedeutung von sorg-fältigem und qualitativ hochwertigem Verhalten verinnerlicht. Für ihre Identität ist korrek-tes, anforderungsgerechtes Arbeiten zentral. Bei Diskussionen über Nachhaltigkeit vertritt sie den Standpunkt, dass gute Arbeitsleistung der wichtigste Einflussfaktor von Nachhal-tigkeit sei.

Als sie erfährt, dass sich die Aushilfskräfte in der Kita beschweren, hat sie vor allem die Qualität der Arbeitsleistungen der Beteiligten im Blick: Entstehen die Überstunden vielleicht durch ineffektives Arbeitsverhalten oder durch informelle Pausen? Oder wurde die Arbeitszeit nicht richtig bemessen? Verhält sich die Kita-Leitung korrekt? Verletzt sie gesetzliche Vorgaben? Welche Folgen haben die Beschwerden der Aushilfskräfte für die Arbeitsleistung? Sind davon auch die Kinder betroffen? Diese Punkte möchte Frau Hell zunächst geklärt wissen; vorher sieht sie keinen Handlungsbedarf.

Herr Hell hat nach dem Gespräch mit den Aushilfskräften vor allem deren Beschäfti-gungsverhältnisse und die Arbeitsbedingungen im Fokus. Er ist auch der Überzeugung, dass er von allen Kita-Eltern die meisten Erfahrungen hat, wenn es um soziale Nachhal-tigkeit geht. Wer sollte sich also darum kümmern, wenn nicht er? Er hat den Anspruch, dass alle Beschäftigten der Kita berufliche Entwicklungsperspektiven haben. Aufgrund des Gesprächs ist er der Meinung, dass in der Kita soziale Normen und Werte verletzt werden, und dass dies weitreichende Folgen für die Beschäftigten hat.

2.3.4 Zwischenfazit

Die oben aufgeführten Konzepte wurden im Kontext der Themen Moral und wertegelei-tetem Verhalten, nicht aber speziell mit Bezugnahme auf Nachhaltigkeit entwickelt. Sie lassen sich aber auf Nachhaltigkeit übertragen (◉ Abb. 2.1).
1. Für nachhaltiges Verhalten sind grundlegende Annahmen und Wissen über 1) Ver-halten und dessen Wirkungen, 2) Normen und Werte und 3) die eigenen Einfluss-möglichkeiten (Selbstwirksamkeit) von Bedeutung.
2. In der konkreten Handlungssituation beeinflussen die grundlegenden Annahmen mehrere Prozesse: Bewertungen, die sich auf die normbezogene Perspektive und auf Handlungsmöglichkeiten beziehen, die Aktivierung der eigenen Verbindlich-keit, die Bewertung der Ergebnisse, einschließlich Kostenabschätzung.
3. Vor diesem Hintergrund erfolgt die Entscheidung hinsichtlich der Handlungsalter-nativen und der Art des Handelns.
4. Konkrete Ziele und ein Handlungsplan werden entwickelt.
5. Das Verhalten wird ausgeführt.

Bedingungs- und personenbezogene Faktoren beeinflussen diesen Prozess. Zu den bedingungsbezogenen Merkmalen gehören Faktoren der Umgebung und des Kontextes, soziale Faktoren sowie Charakteristika des Problembereichs. Zu den personenbezogenen Merkmalen gehören etwa Normen und Werte sowie Kompetenzen.

Alltagsbeobachtungen zeigen jedoch, dass nachhaltigkeitsorientiertes Verhalten nicht immer so rational abläuft, wie hier beschrieben. Es scheint somit eine Reihe von Merkmalen und Prozessen zu geben, die zusätzlich zu berücksichtigen sind.

2.3.5 Moral Stress

Stress liegt vor, wenn eine Situation als unangenehm erlebt wird und dieser Zustand nicht unmittelbar aufgelöst werden kann (zum Beispiel Greif 1991). *Moral Stress* basiert auf der Erfahrung, dass nicht entsprechend der eigenen ethischen Werte gehandelt werden kann, beziehungsweise dass ethische Werte nicht realisiert werden können (Lützén und Kvist 2012; Kälvemark et al. 2004). Dieses und verwandte Konstrukte wie *Moral Disstress, Emotional Disstress, Stress of Conscience, Moral Sensitivity, Moral Uncertainty, Moral Dilemma* wurden empirisch vor allem bei Pflegekräften untersucht (Hamric 2012). Gründe für *Moral/Emotional (Dis)Stress* können etwa durch Gepflogenheiten der Organisation (zum Beispiel Priorität der Ökonomie bei Umgang mit PatientInnen), durch Verhaltensstandards von Gruppen (zum Beispiel Verbergen der eigenen Fehler auf Kosten von anderen) oder durch Zeitdruck gegeben sein.

Emotional Distress wird unterteilt in *Initial* und *Reactive Distress* (Kälvemark et al. 2004) Bei *Initial Distress* weichen die Wertvorstellungen oder die von den Betroffenen definierten moral-bezogenen Handlungsanforderungen von denen der Organisation und/oder der Kollegen ab. Ursachen für *Initial Distress* liegen z. B. in bürokratischen Hindernissen und in Meinungsverschiedenheiten innerhalb des beziehungsweise mit dem sozialen Umfeld. *Reactive Distress* betrifft, wie aus der Bezeichnung hervorgeht, die Stressreaktion auf durch *Initial Distress* gegebene, nicht lösbare Widersprüche.

Bezogen auf Nachhaltigkeit könnten ebenfalls zwei Gruppen von Stress getrennt werden: *Distress* kann zum einen entstehen, wenn festgestellt wird, dass das soziale Umfeld, die Kollegen, die Familie etc. Werte der Nachhaltigkeit nicht teilt oder verletzt. Hier handelt es sich um das Erleben von Situationen, die den eigenen moralischen Ansprüchen widersprechen. *Distress* kann ferner dadurch entstehen, dass es nicht gelingt, nachhaltigkeitsbezogene Werte in subjektiv relevanten Handlungsfeldern umzusetzen. Schließlich ist eine mögliche Wirkung von *Distress* zu berücksichtigen, die im Kontext der weiter unten diskutierten Begrenzungen rationalen Verhaltens von Bedeutung ist: Durch die Antizipation von *Distress* könnten Informationen nicht gesucht oder nicht zur Kenntnis genommen werden, das heißt Personen befassen sich nicht mehr mit Problemkonstellationen (siehe ▶ Abschn. 2.4; vgl. Ehrich und Irwin 2005).

Stress kann also im mehrfachen Zusammenhang mit moralbezogenem oder nachhaltigem Verhalten stehen: Zum einen werden generell durch Stress Ressourcen reduziert (Hobfoll 1989). Dadurch stehen für die nachhaltigkeitsbezogene Selbstregulation weniger Ressourcen zur Verfügung. Auf die damit verbundenen *Depletion*-Prozesse wird im kommenden Abschnitt verwiesen. Zum anderen kann dadurch, dass nachhaltigkeitsbezogene Normen und Werten einer Person verletzt werden, *Moral Stress* entstehen.

2.4 Grenzen nachhaltigkeitsorientierter Selbstorganisation

Moralisches, ethisches und nachhaltiges Verhalten erfolgt nach den oben genannten Konzepten vor allem durch rationales step-by-step Handeln (Trevinio et al. 2014). Die Konzepte zielen auf Handlungen ab, deren Bedingungen bekannt und überschaubar sind, bei denen Normen, Werte und Ziele, und damit die Entscheidungsgrundlagen klar und eindeutig sind, so dass auf dieser Basis bewusste, zielgerichtete Entscheidungen getroffen werden können. Nun gibt es einige Phänomene, die zunächst im Widerspruch zu diesem Grundkonzept zu stehen scheinen, und die darauf hinweisen, dass diese spezifische Sichtweise unzureichend ist. So können zum Beispiel nachhaltigkeitsorientierte Interventionen unerwartete Effekte haben.

2.4.1 Spillover Effekte

Spillover Effekte bei Interventionen liegen dann vor, wenn Maßnahmen nicht nur die intendierte Zielgröße betreffen, sondern darüber hinausgehen. Bei positiven *Spillover* Effekten wird das erwünschte Verhalten generalisiert. Dies ist etwa dann der Fall, wenn eine Intervention zur Reduktion des Gebrauchs von Plastiktüten bewirkt, dass auch verstärkt Mülltrennung praktiziert wird (Truelove et al. 2014). Positive *Spillover* Effekte werden mit dem Einfluss sozialer Identität und mit einem Bedürfnis nach Konsistenz erklärt. *Spillover* kann auch negative Wirkungsrichtungen haben (siehe Kasten). Truelove et al. (2014) beziehen ihre Ausführungen auf umweltfreundliches Verhalten. Sie lassen sich aber durchaus auf andere Bereiche der Nachhaltigkeit übertragen.

Negative *Spillover* Effekte bei umweltbezogenen Interventionen
- *Rebound* Effekt
  Eine Steigerung der Effizienz der Energie-Nutzung kann zu zunehmendem Energiekonsum führen (vgl. auch Otto & Wittenberg diesem Band). Mögliche Erklärung: Spezifische energiebezogene Maßnahmen in einem Bereich (zum Beispiel Energiespar-Lampen anschaffen) führen dazu, dass auf andere energiebezogene Maßnahmen verzichtet wird (zum Beispiel wird die Beleuchtung nicht abgeschaltet).
- Single Action Bias
  Eine Problemlösehandlung führt dazu, dass auf weitere erforderliche Handlungen verzichtet wird. Mögliche Erklärung: Aufgrund von *Coping* wird das Problem als erledigt angesehen, obwohl es weiter besteht.
- Moral Licensing Effekt
  Nach einer umweltgerechten Handlung empfinden es Personen als gerechtfertigt, auf weiteres umweltgerechtes Verhalten zu verzichten. Mögliche Erklärung: Moralisches Verhalten ist zum Teil durch Selbst-Wahrnehmung des moralbezogenen Selbstbildes beeinflusst. Personen erleben eine erhöhte eigene Moralität, wenn sie sich moralisch verhalten haben. Sie verhalten sich eher moralisch, wenn ihr moralisches Selbst-Image bedroht ist und weniger moralisch, wenn es gerade durch eine moralische Handlung erhöht wurde (Truelove et al. 2014).

Im Folgenden werden Prozesse beschrieben, die diese auf den ersten Blick unerwarteten Phänomene erklären könnten.

2.4.2 Moral Disengagement

Eine Erklärung für die genannten Effekte bietet das Konzept *Moral Disengagement*. Für die individuelle Selbstorganisation sind proaktive, selbst-reflexive und selbst-regulative Prozesse von Bedeutung (Bandura 2001, 2002). Moral-bezogene Selbstregulationsprozesse können durch unterschiedliche kognitive Techniken deaktiviert werden (Trevinio et al. 2014; Moore et al. 2012). Dazu gehört etwa die Redefinition der eigenen Handlung durch Rechtfertigung, der soziale Vergleich oder die Relativierung der eigenen Rolle (Bandura 2002, S. 102). Durch diese Prozesse, die als *Moral Disengagement* bezeichnet werden, können subjektive Verpflichtungen neutralisiert werden, zum Beispiel indem ihre Relevanz infrage gestellt wird (Schwartz 1977).

(Forts. Beispiel)
Wenn Frau Hell die Situation in der Kita mit ihrem Mann diskutiert, kann sie sich durchaus seiner Meinung anschließen. Sie findet einerseits den Standpunkt, dass die Probleme der Aushilfskräfte gelöst werden sollen, plausibel. Auf der anderen Seite sieht sie es nicht als ihre Aufgabe an, sich um die Arbeitszeiten der Aushilfskräfte zu kümmern, dafür sei schließlich die Kita-Leitung zuständig. Und letztlich ist ihrer Meinung nach erst mal zu prüfen, ob die Überstunden tatsächlich anfallen. Aber häufig hat Frau Hell gar keine Zeit, sich mit der Situation der Aushilfskräfte zu befassen. Sie hat selbst so viel zu tun; wenn sie nach der Arbeit ihre Kinder abholt, dann möchte sie abschalten und sich um nichts anderes mehr kümmern. Sie ignoriert die Situation in der Kita.

2.4.3 Depletion

Selbstregulation erfordert Ressourcen. Diese können durch Anforderungen in verschiedenen Lebensbereichen beeinträchtigt oder erschöpft sein (Hobfoll 1989, siehe ► Abschn. 3.5). Damit werden *Depletion-Prozesse* angesprochen. Auch der Verzicht auf nachhaltigkeitsorientiertes Verhalten könnte demnach auf eine Beeinträchtigung der Selbstregulation im Sinne von *Depletion* zurückzuführen sein. Hier scheint Selbstkontrolle eine wichtige Rolle zu spielen (Baumeister 2002). Selbstkontrolle kann mit einem Muskel verglichen werden, der durch Beanspruchung erlahmt (Muraven und Baumeister 2000). Durch Anforderungen an Selbstregulation bei Handlungen werden die Ressourcen der Selbstkontrolle für nachfolgende Handlungen eingeschränkt (zum Beispiel Van Dam und van Trijp 2016; Whiteside und Barclay 2016; zur Kritik vgl. Bandura 1996; Carter und McCullough 2014; Hagger et al. 2016). Baumeister (2002) berichtet, dass bei KonsumentInnen aufgrund anderer Anforderungen Selbstbeobachtung beeinträchtigt wird. Probleme der Selbstkontrolle können etwa entstehen, wenn widersprüchliche Ziele eine Rolle spielen (zum Beispiel Bequemlichkeit vs. Umweltschutz) (Baumeister 2002). Ein anderes Beispiel wird von Greenbaum et al. (2014) benannt. Bei Dienstleistungsarbeit führt das unethische Verhalten von Kunden zu emotionaler Erschöpfung bei den Arbeitenden. Dadurch fehlen Ressourcen, um sich mit Anforderungen in anderen Bereichen der Arbeit auseinanderzusetzen. So berichten Courtright et al. (2016), dass der Zusammenhang zwischen *Family-Work*-Konflikt und verletzender Führung durch *Depletion* mediiert werde. Der Verlust von Ressourcen scheint hier eine wichtige Rolle zu spielen.

Ehrich und Irwing (2005) verweisen unter dem Stichwort ‚willful ignorance' darauf, dass Konsumenten besonders bei bevorstehenden Entscheidungen, die mit negativen Emotionen verbunden sein können, auf Informationen verzichten, um Entscheidungen zu vermeiden. „Consumers sometimes postpone, avoid, or in other ways protect themselves from decisions or decisional information…The status quo (i.e., inaction) is more attractive when there is more negative emotion involved in the decision" (Ehrich und Irwing 2005, S. 268). Eine Ursache dafür könnte durch auf Moral bezogenen Stress gegeben sein (siehe ▶ Abschn. 3.5).

2.4.4 Eingeschränkte Rationalität

Situationen, in denen nachhaltiges Handeln gefragt ist, sind oft unüberschaubar. So fehlen zum Beispiel beim Kauf von Produkten häufig Informationen über die Bestandteile der Produkte und über die Lieferkette. Es ist kaum möglich, sich ausreichend Informationen zu beschaffen. Bei verfügbaren Informationen ist nicht klar, ob sie verlässlich sind. Der Wert der Handlungsalternativen, Ziele und Handlungsanforderungen sind jeweils nicht eindeutig. Damit sind Charakteristika komplexer Problemsituationen gegeben. Zu diesen Charakteristika gehören Intransparenz einer Situation, Dynamik der Planungskonstellation, Komplexität und Vernetztheit. Für solche Konstellationen sind Verhaltensmuster typisch, die irrational wirken, wie etwa Informationsabwehr, Flucht im Sinne von Abkehr vom Problem oder Rückzug in überschaubare Teilprobleme; Fehler werden begünstigt (vgl. zum Beispiel Strohschneider 2016). So können frühe Symptome von Risiken nicht wahrgenommen oder nicht erkannt werden, weil Information nicht verfügbar ist, nicht gesucht wird, nicht adäquat verarbeitet wird. Individuen können ihre Handlungsmöglichkeiten unterschätzen (Jones 1991). In vielen Fällen weist die Entscheidungssituation Charakteristika eines Dilemmas auf: Die als disjunkt wahrgenommenen Handlungsalternativen sind für die betreffende Person gleichermaßen attraktiv (vgl. auch Schmitt 2014). Ein Spezialfall eines sozialen Dilemmas ist durch Allende Probleme gegeben (siehe ▶ Abschn. 2.6), die für das Thema Nachhaltigkeit von besonderem Interesse sind.

Hinzu kommt: Grundlegende Werte als Basis von moralischen Urteilen sind nicht unbedingt Ergebnis individueller Reflexionen; ihre Bedeutung kann über die Entwicklungsgeschichte von Menschen und Gesellschaften erklärt werden (Weaver et al. 2014). Ethische Entscheidungen könnten somit auf bewussten oder unbewussten (Reynolds 2006; Weaver et al. 2014) Prozessen beruhen. Haidt (2007), der die vorwiegend rationale Betrachtung moralischen Verhaltens infrage stellt, hebt hervor, dass die affektive Reaktion ein guter Prädiktor für moralisches Urteil und Verhalten sei; affektives Verhalten werde häufig *post hoc* begründet.

In diesem Kontext wird auf die Bedeutung von Intuition wird verwiesen. Intuition kann einerseits im Kontext der Affektregulierung betrachtet werden. Intuition kann aber auch im Sinne von Automatisierung vormals komplexer Handlungsregulation gesehen werden. Experten entwickeln, aufgrund von Lernprozessen und Erfahrungen, Wissen und Handlungsstrategien. Diese werden automatisiert, sind dann nicht mehr bewusstseinspflichtig und werden, gegebenenfalls als Heuristiken in spezifischen Situationen abgerufen (Volpert 2003; Gigerenzer 2008).

(Forts. Beispiel)

Vor einiger Zeit hat die Praktikantin in der Kita Herrn Hell angesprochen und ihm erzählt, dass sie manchmal nicht weiß, was sie selbst entscheiden dürfe und was nicht. Für Herrn Hell war das ganz selbstverständlich eine Aufgabe der Leitung. Ohne nachzudenken hat er mit der Praktikantin den Kitaleiter aufgesucht und ihn auf diese Lücke der Transparenz hingewiesen. Herr Hell hat in dieser Situation intuitiv gehandelt. Das kann auf seine früheren Erfahrungen zurückzuführen sein.

2.5 Soziale Prozesse

Soziale Prozesse sind beim Thema Nachhaltigkeit unter evolutionärer Perspektive und unter der Perspektive individueller Entwicklung bedeutsam (Weaver et al. 2014; unter Verweis auf Haidt 2007). Die Relevanz sozialer Prozesse betrifft den Gegenstand, beziehungsweise das Ziel. Nachhaltigkeit ist ein Zielzustand, der sich auf den sozialen Kontext bezieht, da es darum geht, die Ressourcen für andere zu sichern. Des Weiteren betrifft die Relevanz den Prozess der Nachhaltigkeit beziehungsweise nachhaltiger Entwicklung und dessen Einflussfaktoren. So sind zum Beispiel für Entstehung von Normen soziale Prozesse wichtig. Dies wird in der Trennung von *social injunctive norms* (was soll nach Meinung wichtiger anderer getan werden?), *descriptive norms* (was tun wichtige andere?) und *personal injunctive norms* (was meint eine Person selbst, tun zu müssen?) (zum Beispiel White et al. 2009) unterstrichen. *Descriptive norms* könnten mehrfachen Einfluss haben: Wichtige andere dienen als Modell für nachhaltiges Verhalten und sie beeinflussen die Ergebniserwartung bei nachhaltigem Verhalten.

Reese, Hamann, Menzel und Drews verweisen in ihrem Beitrag (▶ Kap. 4) auf die Bedeutung der sozialen Identität und damit der Gruppenzugehörigkeit. Gruppenmitglieder beeinflussen ethisches Verhalten, es findet ein Anpassungsprozess an das ethische Verhalten der Gruppe statt. Auch Menschen außerhalb der eigenen Bezugsgruppe scheinen eine Kontrollfunktion zu haben, in ihrer Anwesenheit wird weniger unethisches Verhalten gezeigt, wie eine Studie von Trevinio et al. (2014) aufzeigt. Alleine die Diskussion über ethikorientiertes Verhalten scheint dasselbe zu verstärken (allerdings auch, wenn es um Verhalten geht, das im Widerspruch zu moralischen Prinzipien steht). Die erwartete Partizipation von anderen scheint die Bereitschaft zu nachhaltigem Verhalten zu erhöhen (Sen et al. 2001). Auch Gruppenprozesse, die (zumindest vordergründig) unabhängig von Ethik sind, haben Wirkungen. Rivalität scheint demnach unethisches Verhalten zu fördern (Kilduff et al. 2016; Reese et al., in diesem Band). Weitere interpersonelle Prozesse könnten durch soziale Ansteckung gegeben sein. „Psychologists have shown that ethical and social transgressions engender negative emotional reactions in people and function to link violations of moral standards to moral behaviors" (Grappie et al. 2013, S. 1815).

(Forts. Beispiel)

In unserem Beispiel haben soziale Prozesse eine mehrfache Bedeutung. So könnte es durchaus sein, dass sich die beiden Aushilfskräfte schon mehrfach über das Problem unterhalten haben und sich gegenseitig in ihren Beschwerden bestärkt haben. Die Meinung von Frau Hell spielt für ihren Partner bei der Problemlösung ebenso eine Rolle, wie die erwartete Reaktion der anderen Eltern. Das betrifft mögliche Barrieren, aber auch Ressourcen: Die Vision, Probleme wie diese gemeinsam lösen zu können, ist für die Handlungsmotivation von Herrn Hell wichtig.

Zusammenfassend spielen soziale Prozesse bei Nachhaltigkeit unter mindestens vier Perspektiven eine Rolle: 1) Nachhaltigkeit ist eine per se soziale Zielgröße; 2) In den Prozessmodellen zu Nachhaltigkeit sind soziale Bezüge implizit oder explizit enthalten (zum Beispiel durch soziale Normen); 3) Durch andere beziehungsweise durch soziale Interaktion wird nachhaltiges Verhalten beeinflusst; 4) Interpersonelle Beeinflussung ergibt sich des Weiteren durch Prozesse der sozialen Ansteckung; 5) Nachhaltiges Verhalten ist häufig Gruppenverhalten, hier spielen die für Gruppen relevanten Prozesse eine Rolle. In diesem Kontext sei auf die Bedeutung von Organisationen verwiesen (vgl. Tanner et al., ► Kap. 10).

2.6 Resümee

Diamond stellt in seinem Buch „Kollaps" (2014) die Frage, warum Gesellschaften sich durch katastrophale Entscheidungen selbst zerstören. Er sieht einen Zusammenhang zum Versagen individueller Entscheidungsprozesse, verweist aber in erster Linie auf Probleme bei Entscheidungen in Gruppen. Diamond (2014, S. 519 ff.) sieht vier Cluster von Faktoren, die in diesem Zusammenhang von Bedeutung sein können:

- Gruppen sehen Probleme nicht voraus; sie haben dafür keine Erfahrungen, sind nicht sensibilisiert.
- Probleme werden nicht als solche wahrgenommen.
- Probleme werden zwar wahrgenommen, Lösungen werden aber nicht gesucht.
- Es gelingt nicht, eine Lösung zu finden.

Überraschend häufig tritt, nach Diamond (2014), das Cluster auf, dass Probleme zwar wahrgenommen werden, Lösungen aber nicht gesucht werden. Für dieses Phänomen kann es mehrere Gründe geben: Interessenkonflikte zwischen Menschen, das heißt was dem einen (beziehungsweise der einen Gruppe) nutzt, schadet dem anderen (beziehungsweise der anderen Gruppe). In diesem Zusammenhang wird auf die „Tragödie der Allmende" verwiesen: Bei Gemeinschaftsbesitz besteht die Gefahr der übermäßigen Beanspruchung. Dies führt dazu, dass Ressourcen nicht mehr zur Verfügung stehen. Jeder einzelne hat aber für sich das Interesse einer möglichst weitgehenden Nutzung der Ressourcen, was letztlich zu deren Ausbeutung führt. Lösungen bestehen etwa in Quotenregelungen oder in der Zuschreibung von Verantwortlichkeit und Nutzungsrechten. Interessenkonflikte bestehen auch dann, wenn die Gesamtgesellschaft ein langfristiges Interesse an Ressourcen hat, die wichtigsten Verbraucher aber nicht, oder wenn die Interessen der Gesellschaft im Widerspruch zu den Interessen der Machthaber stehen. In all diesen Fällen ist es für einige Menschen von Nutzen, wenn Probleme nicht beseitigt werden. Diamond (2014) verweist darauf, dass es auch Fälle gibt, in denen Lösungen aufgrund irrationalen Verhaltens unterbleiben.

Ohne die Bedeutung von sozialen Interaktionen, von Gruppeninteressen und von Macht infrage zu stellen, bleibt das individuelle Verhalten beim Thema Nachhaltigkeit relevant. Dies umfasst bewusste, rationale Entscheidungen, bei denen ähnlich wie bei Problemlöseprozessen Handlungserfordernisse abgewogen, Normen und Verbindlichkeiten aktiviert, Möglichkeiten wahrgenommen, Barrieren geprüft werden müssen. Dies betrifft auch emotionsgeleitete und intuitive Entscheidungen, bei denen Heuristiken und Verhaltensprogramme häufig automatisiert abgerufen werden.

Auf die unterschiedlichen Möglichkeiten nachhaltigen Verhaltens wurde eingangs verwiesen. Es gibt, wie gezeigt, unterschiedliche theoretische Ansätze zur Erklärung des Verhaltens. Damit ist eine gute Grundlage gegeben, um dieses Thema in seiner Vielfalt weiter zu bearbeiten.

Literatur

Aquino, K., Freeman, D., Reed, A., Lim, V. K. G., & Felps, W. (2009). Testing a social-cognitive model of moral behavior: The interactive influence of situations and moral identity centrality. *Journal of Personality and Social Psychology, 97*(1), 123–141. ► https://doi.org/10.1037/a0015406.

Bamberg, S., & Möser, G. (2007). Twenty years after Hines, Hungerford, and Tomera: A new meta-analysis of psycho-social determinants of pro-environmental behaviour. *Journal of Environmental Psychology, 27*(1), 14–25. ► https://doi.org/10.1016/j.jenvp.2006.12.002.

Bandura, A. (1996). Failures in self-regulation: Energy depletion or selective disengagement? *Psychological Inquiry, 7*(1), 20–24. ► https://doi.org/10.1207/s15327965pli0701_3.

Bandura, A. (2001). Social cognitive theory: An agentic perspective. *Annual Review of Psychology, 52,*1–26. ► https://doi.org/10.1146/annurev.psych.52.1.1.

Bandura, A. (2002). Selective moral disengagement in the exercise of moral agency. *Journal of Moral Education, 31*(2), 101–119. ► https://doi.org/10.1080/0305724022014322.

Baumeister, R. F. (2002). Yielding to temptation: Self-control failure, impulsive purchasing, and consumer behavior. *Journal of Consumer Research, 28*(4), 670–676.

Carter, E. C., & McCullough, M. E. (2014). Publication bias and the limited strength model of self-control: Has the evidence for ego depletion been overestimated? *Frontiers in Psychology, 5*(823), 1–11. ► https://doi.org/10.3389/fpsyg.2014.00823.

Caruana, R., & Chatzidakis, A. (2014). Consumer social responsibility (CnSR): Toward a multi-level, multi-agent conceptualization of the "other CSR". *Journal of Business Ethics, 121*(4), 577–592. ► https://doi.org/10.1007/s10551-013-1739-6.

Chen, M.-F., & Tung, P.-J. (2014). Developing an extended theory of planned behavior model to predict consumers' intention to visit green hotels. *International Journal of Hospitality Management, 36,* 221–230. ► https://doi.org/10.1016/j.ijhm.2013.09.006.

Courtright, S. H., Gardner, R. G., Smith, T. A., McCormick, B. W., & Colbert, A. E. (2016). My family made me do it: A cross-domain, self-regulatory perspective on antecedents to abusive supervision. *Academy of Management Journal, 59*(5), 1630–1652. ► https://doi.org/10.5465/amj.2013.1009.

Dam, Y. K. van, & Trijp, H. C. van. (2016). Interventions to encourage sustainable consumption. *Applied Studies in Agribusiness and Commerce, 10*(2–3), 51–58.

Diamond, J. (2014). *Collapse: How societies choose to fail or succeed.* New York: Penguin.

Ehrich, K. R., & Irwin, J. R. (2005). Willful ignorance in the request for product attribute information. *Journal of Marketing Research, 42*(3), 266–277.

Fishbein, M., & Ajzen, I. (2010). *Predicting and changing behavior: The reasoned action approach.* New York: Taylor & Francis.

Gigerenzer, G. (2008). *Bauchentscheidungen: Die Intelligenz des Unbewussten und die Macht der Intuition.* München: Goldmann.

Graham, J., Nosek, B. A., Haidt, J., Iyer, R., Koleva, S., & Ditto, P. H. (2011). Mapping the moral domain. *Journal of Personality and Social Psychology, 101*(2), 366–385. ► https://doi.org/10.1037/a0021847.

Grappi, S., Romani, S., & Bagozzi, R. P. (2013). Consumer response to corporate irresponsible behavior: Moral emotions and virtues. *Journal of Business Research, 66*(10), 1814–1821. ► https://doi.org/10.1016/j.jbusres.2013.02.002.

Greenbaum, R. L., Quade, M. J., Mawritz, M. B., Kim, J., & Crosby, D. (2014). When the customer is unethical: The explanatory role of employee emotional exhaustion onto work-family conflict, relationship conflict with coworkers, and job neglect. *Journal of Applied Psychology, 99*(6), 1188–1203. ► https://doi.org/10.1037/a0037221.

Greif, S. (1991). Streß in der Arbeit: Einführung und Grundbegriffe. In S. Greif, E. Bamberg, & N. Semmer (Hrsg.), *Psychischer Streß am Arbeitsplatz* (S. 1–28). Göttingen: Hogrefe.

Hagger, M. S., Chatzisarantis, N. L. D., Alberts, H., Anggono, C. O., Batailler, C., Birt, A. R., (…), & Zwienenberg, M. (2016). A multilab preregistered replication of the ego-depletion effect. *Perspectives on Psychological Science, 11*(4), 546–573. ► https://doi.org/10.1177/1745691616652873.

Haidt, J. (2007). The new synthesis in moral psychology. *Science, 316*(5827), 998–1002. ► https://doi.org/10.1126/science.1137651.

Haidt, J., & Kesebir, S. (2010). Morality. In S. T. Fiske, D. T. Gilbert, & G. Lindzey (Hrsg.), *Handbook of social psychology* (5. Aufl., S. 797–832). Hoboken: Wiley.

Hamric, A. B. (2012). Empirical research on moral distress: Issues, challenges, and opportunities. *HEC Forum, 24*(1), 39–49. ► https://doi.org/10.1007/s10730-012-9177-x.

Hannah, S. T., Avolio, B. J., & May, D. R. (2011). Moral maturation and moral conation: a capacity approach to explaining moral thought and action. *Academie Management Review, 36*(4), 663–585.

Hobfoll, S. E. (1989). Conservation of resources: A new attempt at conceptualizing stress. *American Psychologist, 44*(3), 513–524. ► https://doi.org/10.1037/0003-066X.44.3.513.

Jones, T. M. (1991). Ethical decision making by individuals in organizations: An issue-contingent model. *Academy of Management Review, 16*(2), 366–395.

Kälvemark, S., Höglund, A. T., Hansson, M. G., Westerholm, P., & Arnetz, B. (2004). Living with conflicts – ethical dilemmas and moral distress in the health care system. *Social Science and Medicine, 58*(6), 1075–1084.

Kilduff, G. J., Galinsky, A. D., Gallo, E., & Reade, J. J. (2016). Whatever it takes to win: Rivalry increases unethical behavior. *Academy of Management Journal, 59*(5), 1508–1534. ► https://doi.org/10.5465/amj.2014.0545.

Kish-Gephart, J. J., Harrison, D. A., & Trevino, L. K. (2010). Bad apples, bad cases, and bad barrels: Meta-analytic evidence about sources of unethical decisions at work. *Journal of Applied Psychology, 95*(1), 1–31. ► https://doi.org/10.1037/a0017103.

Kohlberg, L. (1996). *Die Psychologie der Moralentwicklung*. Frankfurt a. M.: Suhrkamp.

Lützén, K., & Kvist, B. E. (2012). Moral distress: A comparative analysis of theoretical understandings and inter-related concepts. *HEC Forum, 24*(1), 13–25. ► https://doi.org/10.1007/s10730-012-9178-9.

Mishra, D., Akman, I., & Mishra, A. (2014). Theory of reasoned action application for green information technology acceptance. *Computers in Human Behavior, 36*, 29–40. ► https://doi.org/10.1016/j.chb.2014.03.030.

Moore, C., Detert, J. R., Trevino, L. K., Baker, V. L., & Mayer, D. M. (2012). Why employees do bad things: Moral disengagement and unethical organizational behavior. *Personnel Psychology, 65*(1), 1–48.

Muraven, M., & Baumeister, R. F. (2000). Self-regulation and depletion of limited resources: Does self-control resemble a muscle? *Psychological Bulletin, 126*(2), 247–259.

Norton, T. A., Parker, S. L., Zacher, H., & Ashkanasy, N. M. (2015). Employee green behavior: A theoretical framework, multilevel review, and future research agenda. *Organization & Environment, 28*(1), 103–125. ► https://doi.org/10.1177/1086026615575773.

Norton, T. A., Zacher, H., & Ashkanasy, N. M. (2014). Organisational sustainability policies and employee green behavior: The mediating role of work climate perceptions. *Journal of Environmental Psychology, 38*, 49–54. ► https://doi.org/10.1016/j.jenvp.2013.12.008.

Piaget, J. (1983). *Das moralische Urteil beim Kinde*. Stuttgart: Klett-Cotta.

Pinquart, M. (2011). Moralische Entwicklung. In M. Pinquart, G. Schwarzer, & P. Zimmermann (Hrsg.), *Entwicklungspsychologie: Kindes- und Jugendalter* (S. 221–242). Göttingen: Hogrefe.

Ramus, C. A., & Killmer, A. B. C. (2007). Corporate greening through prosocial extrarole behaviours: A conceptual framework for employee motivation. *Business Strategy and the Environment, 16*(8), 554–570. ► https://doi.org/10.1002/bse.504.

Rest, J. R. (1984). Research on moral development: Implications for training counseling psychologists. *The Counseling Psychologist, 12*(3), 19–29.

Reynolds, S. J. (2006). A neurocognitive model of the ethical decision-making process: Implications for study and practice. *Journal of Applied Psychology, 91*(4), 737–748. ► https://doi.org/10.1037/0021-9010.91.4.737.

Reynolds, S. J. (2008). Moral attentiveness: Who pays attention to the moral aspects of life? *Journal of Applied Psychology, 93*(5), 1027–1041. ► https://doi.org/10.1037/0021-9010.93.5.1027.

Reynolds, S. J., & Miller, J. A. (2015). The recognition of moral issues: Moral awareness, moral sensitivity and moral attentiveness. *Current Opinion in Psychology, 6*, 114–117. ► https://doi.org/10.1016/j.copsyc.2015.07.007.

Schmitt, C. T. (2014). *Was ist Klugheit? Wertebezogenes Handeln im Führungskontext*. Lengerich: Pabst.

Schwartz, S. H. (1977). Normative influences on altruism. In L. Berkowitz (Hrsg.), *Advances in Experimental Social Psychology* (Bd. 10, S. 221–279). New York: Academic Press. ► https://doi.org/10.1016/S0065-2601(08)60358-5.

Sen, S., Gürhan-Canli, Z., & Morwitz, V. (2001). Withholding consumption: A social dilemma perspective on consumer boycotts. *Journal of Consumer Research, 28*(3), 399–417. ► https://doi.org/10.1086/323729.

Shao, R., Aquino, K., & Freeman, D. (2008). Beyond moral reasoning: A review of moral identity research and its implications for business ethics. *Business Ethics Quarterly, 18*(4), 513–540. ► http://www.jstor.org/stable/27673251.

Stern, P. C. (2000). Toward a coherent theory of environmentally significant behavior. *Journal of Social Issues, 56*(3), 407–424.

Stern, W. (1924). *Person und Sache: System des kritischen Personalismus*. Leipzig: Johann Ambrosius Barth.

Strohschneider, S. (2016). Ja, mach nur einen Plan. In B. Boothe, W. Marx, & T. Wehner (Hrsg.), *Panne – Irrtum – Missgeschick: Die Psychopathologie des Alltagslebens in interdisziplinärer Perspektive* (S. 127–144). Lengerich: Pabst.

Trevino, L. K., Nieuwenboer, N. A. den, & Kish-Gephart, J. J. (2014). (Un)ethical behavior in organizations. *Annual Review of Psychology, 65*, 635–660. ► https://doi.org/10.1146/annurev-psych-113011-143745.

Trope, Y., & Liberman, N. (2010). Construal-level theory of psychological distance. *Psychological Review, 117*(2), 440–463. ► https://doi.org/10.1037/a0018963.

Truelove, H. B., Carrico, A. R., Weber, E. U., Raimi, K. T., & Vandenbergh, M. P. (2014). Positive and negative spillover of pro-environmental behavior: An integrative review and theoretical framework. *Global Environmental Change, 29,* 127–138. ► https://doi.org/10.1016/j.gloenvcha.2014.09.004.

Volpert, W. (2003). *Wie wir handeln – was wir können: Ein Disput als Einführung in die Handlungspsychologie* (3., vollst. überarb. Aufl). Sottrum: Artefact.

Weaver, G. R., Reynolds, S. J., & Brown, M. E. (2014). Moral intuition. *Journal of Management, 40*(1), 100–129. ► https://doi.org/10.1177/0149206313511272.

White, K. M., Smith, J. R., Terry, D. J., Greenslade, J. H., & McKimmie, B. M. (2009). Social influence in the theory of planned behaviour: The role of descriptive, injunctive, and in-group norms. *The British Journal of Social Psychology, 48*(1), 135–158. ► https://doi.org/10.1348/014466608X295207.

Whiteside, D. B., & Barclay, L. J. (2016). When wanting to be fair is not enough: The effects of depletion and self-appraisal gaps on fair behavior. *Journal of Management.* ► https://doi.org/10.1177/0149206316672531.

Was kann die Umweltpsychologie zu einer nachhaltigen Entwicklung beitragen?

Umweltpsychologische Forschung zu globalen Umweltproblemen und Ressourcenkonsum

Ellen Matthies und Hannah Wallis

© Springer Fachmedien Wiesbaden GmbH, ein Teil von Springer Nature 2018
C. T. Schmitt, E. Bamberg (Hrsg.), *Psychologie und Nachhaltigkeit*,
https://doi.org/10.1007/978-3-658-19965-4_3

3

3.1 40 Jahre Umweltpsychologie zu globalen Umweltthemen

Seit den Siebzigerjahren des letzten Jahrhunderts (etwa Maloney und Ward 1973) hat sich eine schnell wachsende psychologische Forschungstradition mit Fragen des menschlichen Erlebens und Verhaltens im Zusammenhang mit der Umweltkrise befasst. Wurzeln hat diese Tradition einerseits in der Umweltpsychologie, die, aus der Architektur- und Ökologischen Psychologie stammend, sich breit mit Fragen des Erlebens und Verhaltens bezogen auf die soziophysische Umwelt befasst. Andererseits befasst sich die angewandte Sozialpsychologie mit Fragen der Gemeingut- und Ressourcennutzung. Anfänglich wurde die neu entstehende Tradition der Erforschung menschlichen Erlebens und Handelns bezüglich globaler Umweltprobleme als „Umweltschutzpsychologie" abgegrenzt (Kaminski 1997), seit Jahren besteht jedoch Konsens, dass diese Fragen nun zum Kern der Umweltpsychologie gehören (Bonnes und Bonaiuto 2002).

Ein Schwerpunkt der Forschung ist die Erklärung von umweltschonendem Verhalten und seine gezielte Förderung. Investitionen in erneuerbare Energien und politischer Protest gegen Umweltverschmutzung finden hier ebenso ihre Betrachtung wie alltägliche Verhaltensweisen, die mit Umweltverbrauch verbunden sind, also etwa Verkehrsmittelwahl oder die tägliche Mülltrennung. Seit den Neunzigerjahren des letzten Jahrhunderts wird die Auswahl von Themen auch vom sich entwickelnden Nachhaltigkeitsdiskurs bestimmt, zunächst verstanden als Klimaschutz und effizientere Nutzung von Energie (Matthies et al. 2006). Nachhaltigkeitsbewusstsein oder nachhaltiger Konsum im weiteren Sinne werden erst seit wenigen Jahren explizit zum Forschungsgegenstand gemacht (etwa Hanss und Böhm 2010; einen aktuellen Überblick geben Morren und Grinstein 2016).

Der vorliegende Beitrag betrachtet die Leistungen der umweltpsychologischen Tradition und deren Beiträge zu Themen der nachhaltigen Entwicklung. Wir orientieren uns dabei an den Leitfragen der Umweltpsychologie, wie sie von Homburg und Matthies (1998) formuliert wurden, das heißt wir befassen uns zunächst mit der Wahrnehmung von nachhaltigkeitsrelevanten Umweltproblemen, danach mit der Erklärung von nachhaltigkeitsrelevanten Verhaltensweisen und mit Möglichkeiten ihrer Steuerung.

3.2 Die Wahrnehmung nachhaltigkeitsrelevanter globaler Umweltprobleme als (umwelt-) psychologisches Untersuchungsfeld

Da der Klimawandel die Lebensgrundlagen global und generationenübergreifend bedroht, ist seine Begrenzung ein wesentlicher Aspekt von nachhaltiger Entwicklung (WBGU 2014). Das Thema Klimawandel wurde in der Umweltpsychologie direkt nach der Rio-Konferenz 1992 aufgegriffen, wobei insbesondere die Einschätzung der Bedrohlichkeit und Bereitschaft zum klimaschonenden Handeln interessierte.

Obwohl von Land zu Land unterschiedlich ausgeprägt (Capstick et al. 2015), zeichnet sich international eine ausgeprägte Problem- bzw. Risikowahrnehmung für den Klimawandel ab (zum Beispiel Lorenzoni und Pidgeon 2006). Dabei scheint eine reine Kenntnis der physikalischen Gesetze des Treibhauseffekts aber keinen bedeutenden Einfluss auf die individuelle Wahrnehmung der Bedrohlichkeit zu haben (Shi 2016). *Konkreteres Problemwissen über kausale Ursachen* (zum Beispiel Beitrag des Menschen) und *Konsequenzen* (z. B. Schmelzen des Polareises) des Klimawandels hängt hingegen sehr wohl damit zusammen, wie intensiv der Klimawandel als Risiko wahrgenommen wird (Sundblad et al. 2007). Verschiedene Studien weisen zudem darauf hin, dass insbesondere *umweltrelevante Werte und Normen* vorhersagen, wie stark Menschen den Klimawandel als Risiko einschätzen (zum Beispiel van der Linden 2014) bzw. Aktionen zur Begrenzung des Klimawandels unterstützen (Dietz et al. 2007). Dieses Ergebnis steht im Einklang mit empirischen Metaanalysen (zum Beispiel Bamberg und Möser 2007), aus denen abgeleitet werden kann, dass umweltrelevante Werte und Normen eine wichtige Voraussetzung für umweltbewusstes Handeln sind.

Auch *externe Bedingungen* sind relevant, wenn es um Determinanten der Wahrnehmung des Klimawandels geht. Wie stark Menschen den Klimawandel als Risiko wahrnehmen, hängt beispielsweise davon ab, wie nah sie an der Küste leben (Brody et al. 2008).

Wie stark der Effekt von wahrgenommenen Wetterschwankungen auf die Wahrnehmung der Klimakrise ist, scheint unklar. Einige Studien weisen darauf hin, dass längerfristig wahrgenommene Anomalien im Wetter mit einem stärker wahrgenommenen Klimawandel-Risiko zusammenhängen (zum Beispiel Mase et al. 2015). In anderen Studien werden keine Zusammenhänge zwischen vergangenen Temperaturen und Risikowahrnehmungen berichtet (zum Beispiel Brody et al. 2008).

Klimaskeptizismus, also das Leugnen des Klimawandels und seiner anthropogenen Verursachung, wird insbesondere in der US-amerikanischen Forschung untersucht. Klimaskeptizismus korreliert dort mit einer rechten politischen Orientierung (zum Beispiel Botzen et al. 2016; Leiserowitz 2006; siehe auch Kapitel von Reese et al., ▶ Kap. 4.) sowie mit einer höheren Befürwortung des freien Marktes (zum Beispiel Heath und Gifford 2006). Hoffman (2015) vermutet daher, dass es in der Debatte um den Klimawandel um entgegengesetzte kulturelle Werte und *worldviews* geht; dabei zeigt sich der wahrgenommene wissenschaftliche Konsens zum Klimawandel und dessen Ursachen als Schlüsseldeterminante der öffentlichen Meinung zum Klimaschutz (van der Linden et al. 2017).

3.3 Wie lässt sich nachhaltigkeitsrelevantes Verhalten erklären?

War zu Beginn der Beschäftigung mit umweltbewusstem Handeln vor allem politisches Engagement gemeint (Maloney und Ward 1973), so wendete man sich in der umweltpsychologischen Forschung zunehmend dem alltäglichen Ressourcenkonsum zu. Frühe Themenbereiche waren Energiekonsum (zum Beispiel Stern et al. 1983) und Recycling (zum Beispiel Porter et al. 1995), später gewann das Thema der Mobilität (Verkehrsmittelwahl) an Bedeutung (siehe Metaanalyse von Osbaldiston und Schott 2012). Energiekonsum und Mobilitätsgewohnheiten können als Kernthemen eines nachhaltigen Lebensstils angesehen werden. Seit 2010 haben sich UmweltpsychologInnen zudem mit der Erklärung nachhaltigen Konsums im Sinne des Konsums fair gehandelter Produkte und Lebensmittel befasst (zum Überblick siehe Morren und Grinstein 2016).

Übergreifend kann festgehalten werden, dass umweltbezogene bzw. soziale Werthaltungen das entsprechende Handeln zu einem gewissen Teil erklären können. Die Erklärungskraft ist dabei höher, wenn statt Werthaltungen oder einem generellen Umweltbewusstsein handlungsspezifische persönliche und soziale Normen hinzugenommen werden (Stern 2000). In den Neunzigerjahren wurden daher vielfach *Normaktivationsmodelle* für die Erklärung von Umwelthandeln herangezogen. Dabei wird davon ausgegangen, dass Werthaltungen in aktivierte Verpflichtungsgefühle überführt werden müssen, damit sie handlungswirksam werden, und teilweise in Konkurrenz zu sozialen Erwartungen (subjektiven Normen) stehen (einen Überblick zu umweltpsychologischen Handlungsmodellen gibt Klöckner 2015). Dies wird von *integrierten Handlungsmodellen* wie etwa dem modifizierten Normaktivationsmodell (Matthies 2003), der Value Belief Norm (VBN) Theory (Stern 2000) oder dem Comprehensive Action Determination Model (CADM) (Klöckner und Blöbaum 2010) berücksichtigt.

Allerdings ist die Erklärungskraft je nach Verhaltensbereich und genauerer Konkretisierung des Verhaltens unterschiedlich stark (vgl. Poortinga et al. 2003). Bereits in den Neunzigerjahren wurde im Rahmen der sogenannten „Low Cost Hypothese" (Diekmann und Preisendörfer 1992) vermutet, dass der Einfluss von umweltschutzbezogenen Normen und Werten auf das umweltrelevante Handeln nur bei geringen Verhaltenskosten zum Tragen kommt, dieses ansonsten aber stärker von externen Faktoren, also Verfügbarkeit, Ressourcen zur Kompensation von Zeit- oder Komfortverlust, bestimmt wird. Auch Habitualisierungen, also das Ausmaß, in dem ein Verhalten bzw. eine Verhaltensentscheidung routiniert ist, stellen eine Begrenzung für die Umsetzung von internen umweltschützenden Motiven in entsprechendes Handeln dar (Klöckner und Matthies 2004). Es stellt sich daher die Frage, ob man nicht spezifische Modelle für konkrete Verhaltensweisen entwickeln sollte. Dafür sprechen zwei Argumente:

1. Bereits Hirsch (1993) wies darauf hin, dass Ressourcennutzung nur in Ausnahmefällen ausschließlich von Umweltschutzmotiven bestimmt wird – etwa bei der Beteiligung an einer konkreten Umwelthilfsmaßnahme, wie dem Beseitigen von *littering*. Die meisten unserer ressourcenrelevanten Verhaltensweisen (Autofahren, Konsum von Energie und anderen Gütern) dienen einem anderen Zweck als der Nutzung von Ressourcen; etwa Autofahren dem Zweck der Mobilität, der Kauf von nicht nachhaltig produzierter Kleidung der Befriedigung von Qualitäts- sowie Komfortbedürfnissen oder auch Selbstinszenierungswünschen. Erst in der systemischen Betrachtung und sozial vermittelt kann das Individuum wahrnehmen, dass es negative ökologische Handlungsfolgen gibt; diese werden also eher in Kauf genommen, aber nicht direkt beabsichtigt. Hirsch spricht von einem ökologischen Nebeneffekt von ansonsten vielfältig sozial motivierten Verhaltensweisen. Thøgersen und Crompton (2009) betonen, dass umweltrelevantes Handeln immer aus multiplen Motiven gespeist wird, gerade wenn es um Alltagshandlungen geht. Dabei können ganz unterschiedliche interne und externe Faktoren jeweils handlungsrelevant sein. Ob wir uns an Recycling beteiligen, ist zwar auch von unserem Umweltbewusstsein abhängig, aber besonders von unserer Kenntnis des Wertstoffsystems und unserer Alltagsorganisation. Bei der Entscheidung für oder gegen den Kauf eines Elektroautos spielen andere Aspekte eine Rolle. Es dient der Bewältigung von Mobilitätserfordernissen und muss im Einklang mit der vorstellbaren Wegeplanung und der angenommenen Infrastruktur stehen; zudem spielen Erwerbskosten eine wichtige Rolle (Bobeth und Matthies 2016).

2. Eine Differenzierung von Verhaltensweisen und Konsumentscheidungen ist auch sinnvoll, wenn man deren konkrete Relevanz bezüglich des gesellschaftlichen Problems der nachhaltigen Entwicklung betrachtet. Mit der Entwicklung der Umweltwissenschaften wissen wir immer besser, dass es Handlungsbereiche in unserem ökologischen Fußabdruck gibt, die mehr zum Problem beitragen als andere. So ist die Wahl der Wohnungsgröße, des Energiesystems oder die Anschaffung eines Pkws mit Blick auf den Klimaschutz bedeutsamer als die Beteiligung am derzeitigen Recyclingsystem.

Hier sprechen wir von der „*Impact*perspektive" (vgl. Fischer et al. 2012), das heißt, es interessiert das Ausmaß der nachhaltigkeitsrelevanten Wirkung des Konsumverhaltens (siehe auch Beitrag von Gude, ▶ Kap. 12).

Aber ist es der normativen Natur des Konzepts einer nachhaltigen Entwicklung angemessen, sich nur mit konkretem, ressourcenrelevantem Alltagshandeln zu befassen? Stern (2000) formulierte bereits zu Beginn dieses Jahrtausends, dass für die Lösung globaler Umweltprobleme neben *privatem umweltrelevantem Alltagsverhalten* (sog. „private sphere behaviors", S. 410) auch *politisches Umweltengagement* und *weitere Verhaltensweisen im öffentlichen Bereich* bedeutsam sind, wie etwa das Zeichnen von Petitionen und Unterstützen von Umweltschutzmaßnahmen, sowie *Handlungen in weiteren Lebensbereichen* (etwa das Eintreten für Umweltschutz im Betrieb). Gerade für politisches Umweltengagement, für Pioniertum und die Unterstützung von Umweltschutzmaßnahmen in verschiedenen Kontexten scheinen Werthaltungen und Normen deutlich relevanter zu sein als für das, auch von vielen anderen Faktoren bestimmte, umweltrelevante Handeln im Alltag (Stern 2000). Dies zur Kenntnis zu nehmen ist wichtig, wenn wir psychologisches Wissen zur Entwicklung einer nachhaltigen Gesellschaft nutzen wollen. Sowohl die Unterstützung der Entwicklung nachhaltigkeitsrelevanter Werte und Motive ist sinnvoll (sog. *Intent*perspektive; vgl. Fischer et al. 2012), als auch die konkrete Einflussnahme auf einzelne relevante Handlungsentscheidungen (*Impact*perspektive).

3.4 Wie lässt sich der Ressourcenkonsum steuern?

Dass man durch entsprechende Steuerungsmaßnahmen auf Verhalten Einfluss nehmen kann, ist Kernthema der psychologischen Interventionsforschung und wird auch im Bereich des Umwelt- und Klimaschutzes von UmweltpsychologInnen reflektiert (etwa Mosler und Tobias 2007). Standen zu Beginn der umweltpsychologischen Interventionsforschung noch der Nachweis der Wirksamkeit und der Vergleich unterschiedlicher Techniken im Vordergrund (Dwyer et al. 1993), so geht es in jüngeren Arbeiten eher um die Entwicklung von Empfehlungen für eine effiziente Steuerung größerer Konsumbereiche (Kaufmann-Hayoz et al. 2012). Wichtige Befunde der frühen Forschungsphase sind etwa, dass das Bereitstellen von Probleminformationen zwar das Wissen fördert, aber keine direkte Verhaltensänderung; hierfür bedarf es differenzierter Rückmeldung und/oder einer konkreten Zielsetzung (Abrahamse und Matthies 2012). Wenn wir die oben geschilderten Befunde zur Erklärung von Umweltverhalten ernst nehmen, so sollte auch bei der Steuerung nach Handlungstypen und *Impact* differenziert werden. Erforderlich ist dies unter anderem auch mit Blick auf die Rechtfertigung der politischen Kosten und der Durchsetzbarkeit von Maßnahmen (WBGU 2016).

In vielen impactstarken Verhaltensbereichen, wie etwa den Wohn- oder Mobilitätsentscheidungen (vgl. Stern 2011) scheint es starke Beschränkungen zu geben, an denen man mit sogenannten *hard measures,* also Regulierungen und Anreizen (Kaufmann-Hayoz et al. 2012) ansetzen könnte. Es lohnt sich etwa, angesichts der enormen Dekarbonisierungspotenziale, zur Förderung der Elektromobilität Infrastruktur umzugestalten, Regulierungen zur Motorisierung und Kaufanreize für neue Antriebstechnologien einzuführen und die damit verknüpften politischen Kosten in Kauf zu nehmen. Doch auch in diesen impactstarken Verhaltensbereichen haben intrapersonelle Faktoren, wie soziale Normen,

noch einen Einfluss (Matthies 2017; Barth et al. 2016). Regulierung und Förderung sollten daher immer Raum für Pionierprojekte lassen und die nachhaltigkeitsbezogenen
erwünschten Konsequenzen explizit betonen.

In weniger impactstarken Verhaltensbereichen, etwa bei der Ernährung oder beim
Stromkonsum im Haushalt, haben Umweltschutzmotive einen stärkeren Einfluss. Hier
ist es sinnvoll, durch Schaffung von Problemwissen und Aufzeigen von Handlungsmöglichkeiten, selbst initiierte Veränderungen zu fördern. Auch wenn der *Impact* solch einzelner Verhaltensweisen eher gering ist, wurden gerade für *low-cost*-Verhaltensweisen
starke *spillover*-Effekte gefunden (Lanzini und Thøgersen 2014), insbesondere wenn aus
diesen Verhaltensweisen eine gemeinsame kollektive Bemühung entsteht (siehe Kapitel
von Reese et al., ▶ Kap. 4). Hier lohnt sich die Steuerung über die Förderung der Motivation also auch deswegen, weil indirekt weitere Verhaltensweisen gefördert werden. So
gibt es einen *spillover* zwischen grünem Einkaufsverhalten und energiesparenden Verhaltensweisen im Haushalt.

Wegen des potenziell starken *Impacts* von politischem Engagement und Pioniertum
sollten auch Nachhaltigkeitsinitiativen, die sich *bottom-up* entwickeln, anerkannt und
unterstützt werden, und dies auch, wenn sie aktuell kaum impactrelevante Verhaltensbe-
reiche adressieren.

3.5   Wie lässt sich der Ressourcenkonsum langfristig beeinflussen?

Zur langfristigen Förderung eines nachhaltigen Ressourcenkonsums ist die Familie eine
der primären Verbreitungs- bzw. Förderungsinstanzen (Grønhøj und Thøgersen 2009;
Matthies et al. 2012). Kinder sind im Alltag intensiv mit dem Verhalten ihrer Eltern kon-
frontiert, weshalb neben Schule, Medien und *Peer*-Einflüssen insbesondere Eltern eine
primäre Rolle für Ressourcenkonsum spielen (Grusec und Maayan 2008; John 1999).
Hier liefern psychologische Theorien und Forschungsergebnisse sowohl mit Blick auf
Umweltbewusstsein *(Intent)*, als auch auf wirkungsvolles umweltrelevantes Verhalten
(Impact) Hinweise zu relevanten Verbreitungsmechanismen (Matthies und Wallis 2015).

Aus einer Impactperspektive heraus erklären etwa die Theorie des sozialen Lernens
von Bandura (1971) und Annahmen zum normativen Einfluss des Verhaltens anderer
(zum Beispiel Cialdini et al. 1990), unter welchen Umständen Kinder umweltrelevantes Verhalten entwickeln. Erste quantitative Studien zu dieser Thematik belegen, dass
Jugendliche (ca. 10–24 Jahre alt) gerade dann berichten, spezifische Energiesparverhal-
tensweisen auszuführen (Wallis 2017), allgemein zu recyceln und Bioprodukte zu kaufen (Grønhøj und Thøgersen 2009, 2012), wenn sie dieses Verhalten bei ihren Eltern
beobachten. Auch Kinder (ca. 8–12 Jahre alt) berichten, häufiger zu recyceln, wenn ihre
Eltern selbst häufig recyceln (Matthies et al. 2012).

Aus einer Intentperspektive heraus fällt der Blick auf Theorien zur Selbst- bzw.
Fremdwahrnehmung (Bem 1972), in denen angenommen wird, dass das reine Ausführen und Beobachten von zum Beispiel eigenem oder fremdem umweltrelevantem
Verhalten zur Entwicklung von Intent beitragen kann. Kinder können etwa aus
den Wahrnehmungen verschiedener elterlicher Verhaltensweisen Rückschlüsse auf
elterliche Intentionen ziehen. Dass die Entwicklung von umweltrelevantem Verhalten
und *Intent* eng verknüpft ist, wird durch Befunde gestützt, die zeigen, dass Einstellungen

Jugendlicher etwa zu Recyceln, Energiesparen und Bioprodukten stark vom Verhalten der Eltern abhängen (zum Beispiel Grønhøj und Thøgersen 2009, 2012).

Empirisch zeigt sich außerdem, dass Kontextfaktoren, wie Beobachtbarkeit des Verhaltens und andere Barrieren, Übertragungsprozesse in Familien einschränken (Wallis 2017). Deshalb spielt auch Kommunikation eine Rolle für die langfristige Förderung eines nachhaltigen Ressourcenkonsums. Gezielte Problemkommunikation kann ein Mittel sein, um umweltbewusste Normen zu aktivieren und Verhaltensweisen zu fördern; auch solche, die sich nur eingeschränkt durch andere Mechanismen, wie Modelllernen, verbreiten (Matthies und Wallis 2015).

3.6 Vom Umweltbewusstsein zu solidarischer Lebensqualität – eine Herausforderung

Im vorliegenden Beitrag haben wir überlegt, inwiefern sich Erkenntnisse und Methoden der umweltpsychologischen Forschung zur Wahrnehmung globaler Umweltrisiken und darauf bezogenes Handeln auf den Themenbereich Nachhaltigkeit übertragen lassen. Wenn damit nachhaltige Entwicklung und der Erhalt der globalen Lebensgrundlagen gemeint ist, so sind große Teile der umweltpsychologischen Forschung zu Klimaschutz, Energiekonsum und Dekarbonisierung ein integrativer Teil psychologischer Forschung zur Nachhaltigkeit. Mit dem normativen Konstrukt der nachhaltigen Entwicklung ist aber auch der Aspekt der Gerechtigkeit in Handelsbeziehungen (Fair Trade) gemeint. Und es gibt auch das Verständnis, dass Nachhaltigkeit generell eine gemeinsame Betrachtung von ökonomischen, sozialen und ökologischen Folgen bedeutet, die auch auf lokale Entscheidungen anzuwenden ist (etwa nachhaltiges Wirtschaften eines Betriebs). Es rückt daher explizit der Aspekt der Gerechtigkeit, der materiellen Teilhabe und des kooperativen Handelns in den Fokus einer Nachhaltigkeitspsychologie. Nachhaltiges Handeln ist dann im Kern sozial motiviert und ökologische Teilziele ergeben sich nur aus anthropozentrischer Perspektive. Für die Weiterentwicklung einer Psychologie der Nachhaltigkeit ist daher vorzuschlagen, sich stärker als bisher mit Aspekten der globalen und lokalen Solidarität zu befassen (vgl. auch Beitrag von Reese et al., ▸ Kap. 4). In eigenen Arbeiten wurde dafür der Begriff solidarischer Lebensstil geprägt (Matthies 2017).

Literatur

Abrahamse, W., & Matthies, E. (2012). Informational strategies to promote pro-environmental behaviours: Changing knowledge, awareness, and attitudes. In L. Steg, A. E. van den Berg, & J. I. M. de Groot (Hrsg.), *Environmental psychology: An introduction* (S. 232). Chichester: Wiley-Blackwell.

Bamberg, S., & Möser, G. (2007). Twenty years after Hines, Hungerford, and Tomera: A new meta-analysis of psycho-social determinants of pro-environmental behaviour. *Journal of Environmental psychology, 27*(1), 14–25. ▸ https://doi.org/10.1016/j.jenvp.2006.12.002.

Bandura, A. (1971). *Social learning theory*. Morristown: General Learning Press.

Barth, M., Jugert, P., & Fritsche, I. (2016). Still underdetected – Social norms and collective efficacy predict the acceptance of electric vehicles in Germany. *Transportation Research Part F: Traffic Psychology and Behaviour, 37*, 64–77. ▸ https://doi.org/10.1016/j.trf.2015.11.011.

Bem, D. J. (1972). Self-perception theory. *Advances in Experimental Social Psychology, 6*, 1–62. ▸ https://doi.org/10.1016/S0065-2601(08)60024-6.

Bobeth, S., & Matthies, E. (2016). *New opportunities for electric car adoption: The case of range myths, misdirected money, and social norms* (under review).

Bonnes, M., & Bonaiuto, M. (2002). Environmental psychology: From spatial-physical environment to sustainable development. In R. B. Bechtel & A. Churchman (Hrsg.), *Handbook of environmental psychology* (S. 28–54). New York: Wiley.

Botzen, W. J. W., Michel-Kerjan, E., Kunreuther, H., De Moel, H., & Aerts, J. C. J. H. (2016). How political affiliation affects adaptation to climate risks: Evidence from New York City. *Climatic Change Letters, 138*(1), 353–360. ► https://doi.org/10.1007/s10584-016-1735-9.

Brody, S. D., Zahran, S., Vedlitz, A., & Grover, H. (2008). Examining the relationship between physical vulnerability and public perceptions of global climate change in the United States. *Environment and behavior, 40*(1), 72–95. ► https://doi.org/10.1177/00139165062988000.

Capstick, S., Whitmarsh, L., Poortinga, W., Pidgeon, N., & Upham, P. (2015). International trends in public perceptions of climate change over the past quarter century. *Wiley Interdisciplinary Reviews: Climate Change, 6*(1), 35–61. ► https://doi.org/10.1002/wcc.321.

Cialdini, R. B., Reno, R. R., & Kallgren, C. A. (1990). A focus theory of normative conduct: Recycling the concept of norms to reduce littering in public places. *Journal of Personality and Social Psychology, 58*(6), 1015–1026. ► https://doi.org/10.1037/0022-3514.58.6.1015.

Diekmann, A., & Preisendörfer, P. (1992). Persönliches Umweltverhalten: Diskrepanzen zwischen Anspruch und Wirklichkeit. *Kölner Zeitschrift für Soziologie und Sozialpsychologie, 44*(2), 226–251.

Dietz, T., Dan, A., & Shwom, R. (2007). Support for climate change policy: Social psychological and social structural influences. *Rural Sociology, 72*(2), 185–214 ► http://dx.doi.org/10.1526/003601107781170026.

Dwyer, W. O., Leeming, F. C., Cobern, M. K., Porter, B. E., & Jackson, J. M. (1993). Critical review of behavioral interventions to preserve the environment research since 1980. *Environment and Behavior, 25*(5), 275–321. ► http://dx.doi.org/10.1177%2F0013916593255001.

Fischer, D., Michelsen, G., Blättel-Mink, B., & Di Giulio, A. (2012). Sustainable consumption: How to evaluate sustainability in consumption acts. In R. Defila, A. Di Giulio, & R. Kaufmann-Hayoz (Hrsg.), *The nature of sustainable consumption and how to achieve it* (S. 67–80). München: Oekom.

Grønhøj, A., & Thøgersen, J. (2009). Like father, like son? Intergenerational transmission of values, attitudes, and behaviours in the environmental domain. *Journal of Environmental Psychology, 29*(4), 414–421. ► https://doi.org/10.1016/j.jenvp.2009.05.002.

Grønhøj, A., & Thøgersen, J. (2012). Action speaks louder than words: The effect of personal attitudes and family norms on adolescents' pro-environmental behaviour. *Journal of Economic Psychology, 33*(1), 292–302. ► https://doi.org/10.1016/j.joep.2011.10.001.

Grusec, J. E., & Maayan, D. (2008). Socialization in the Family. The roles of parents. In J. E. Grusec & P. D. Hastings (Hrsg.), *Handbook of socialization: Theory and research* (S. 284–308). New York: Guilford Press.

Hanss, D., & Böhm, G. (2010). Can I make a difference? The role of general and domain-specific self-efficacy in sustainable consumption decisions. *Umweltpsychologie, 14*(2), 46–74.

Heath, Y., & Gifford, R. (2006). Free-market ideology and environmental degradation the case of belief in global climate change. *Environment and Behavior, 38*(1), 48–71. ► https://doi.org/10.1177/0013916505277998.

Hirsch, G. (1993). Wieso ist ökologisches Handeln mehr als eine Anwendung ökologischen Wissens? Überlegungen zur Umsetzung ökologischen Wissens in ökologisches Handeln. *GAIA – Ecological Perspectives for Science and Society, 2*(3), 141–151.

Hoffman, A. (2015). *How culture shapes the climate change debate.* Standford: Stanford University Press.

Homburg, A., & Matthies, E. (1998). *Umweltpsychologie: Umweltkrise, Gesellschaft und Individuum.* Weinheim: Beltz Juventa.

John, D. R. (1999). Consumer socialization of children: A retrospective look at twenty-five years of research. *Journal of Consumer Research, 26*(3), 183–213. ► https://doi.org/10.1086/209559.

Kaminski, G. (1997). Psychologie und Umweltschutz. *Umweltpsychologie, 1*(1), 8–24.

Kaufmann-Hayoz, R., Brohmann, B., Defila, R., Di Giulio, A., Dunkelberg, E., Erdmann, L., Fuchs, D., Gölz, S., Homburg, A., Matthies, E., Nachreiner, M., Tews, K., & Weiß, J (2012). Social steering of consumption towards sustainability. In R. Defila, A. Di Giulio, & R. Kaufmann-Hayoz (Hrsg.), *The nature of sustainable consumption and how to achieve it* (S. 113–142). München: Oekom.

Klöckner, C. A. (2015). *The psychology of pro-environmental communication: Beyond standard information strategies.* Berlin: Springer.

Klöckner, C. A., & Blöbaum, A. (2010). A comprehensive action determination model: Toward a broader understanding of ecological behaviour using the example of travel mode choice. *Journal of Environmental Psychology, 30*(4), 574–586. ► https://doi.org/10.1016/j.jenvp.2010.03.001.

3

Klöckner, C. A., & Matthies, E. (2004). How habits interfere with norm-directed behaviour: A normative decision-making model for travel mode choice. *Journal of Environmental Psychology, 24*(3), 319–327. ▶ http://dx.doi.org/10.1016/j.jenvp.2004.08.004.

Lanzini, P., & Thøgersen, J. (2014). Behavioural spillover in the environmental domain: An intervention study. *Journal of Environmental Psychology, 40,* 381–390. ▶ https://doi.org/10.1016/j.jenvp.2014.09.006.

Leiserowitz, A. (2006). Climate change risk perception and policy preferences: The role of affect, imagery, and values. *Climatic Change, 77*(1), 45–72. ▶ https://doi.org/10.1007/s10584-006-9059-9.

Lorenzoni, I., & Pidgeon, N. F. (2006). Public views on climate change: European and USA perspectives. *Climatic Change, 77*(1), 73–95. ▶ https://doi.org/10.1007/s10584-006-9072-z.

Linden, S. van der. (2014). The social-psychological determinants of climate change risk perceptions: Towards a comprehensive model. *Journal of Environmental Psychology, 41,* 112–124.

Linden, S. van der., Leiserowitz, A., Rosenthal, S., & Maibach, E. (2017). Inoculating the public against misinformation about climate change. *Global Challenges, 1*(2) (Artikel ohne Seitenangaben).

Maloney, M. P., & Ward, M. P. (1973). Ecology: Let's hear from the people: An objective scale for the measurement of ecological attitudes and knowledge. *American Psychologist, 28*(7), 583–586. ▶ https://doi.org/10.1037/h0034936.

Mase, A. S., Cho, H., & Prokopy, L. S. (2015). Enhancing the Social Amplification of Risk Framework (SARF) by exploring trust, the availability heuristic, and agricultural advisors' belief in climate change. *Journal of Environmental Psychology, 41,* 166–176. ▶ https://doi.org/10.1016/j.jenvp.2014.12.004.

Matthies, E. (2003). One to bind them all: How the modified moral decision making model can be used for the integration of measures to promote pro-environmental travel mode choices. In T. Craig (Hrsg.), *Crossing boundaries: The value of interdisciplinary research* (S. 103–109). Aberdeen: Robert Gordon University.

Matthies, E. (2017). Vom Umweltbewusstsein zur solidarischen Lebensqualität: Ein Blick in jüngste Vergangenheit und Zukunft der Umweltpsychologie. *Umweltpsychologie, 20*(1), 94–100.

Matthies, E., Krömker, D., & Schweizer-Ries, P. (2006). From environmental psychology to sustainable psychology? *Introduction into the main topic. Umweltpsychologie, 10*(1), 114–117.

Matthies, E., Selge, S., & Klöckner, C. A. (2012). The role of parental behaviour for the development of behaviour specific environmental norms: The example of recycling and re-use behaviour. *Journal of Environmental Psychology, 32*(3), 277–284. ▶ https://doi.org/10.1016/j.jenvp.2012.04.003.

Matthies, E., & Wallis, H. (2015). Family socialization and sustainable consumption. In L. A. Reisch & J. Thøgersen (Hrsg.), *Handbook of research on sustainable consumption* (S. 268–284). Cheltenham: Edward Elgar Publishing.

Mosler, H. J., & Tobias, R. (2007). Umweltpsychologische Interventionsformen neu gedacht. *Umweltpsychologie, 11*(1), 35–54.

Morren, M., & Grinstein, A. (2016). Explaining environmental behavior across borders: A meta-analysis. *Journal of Environmental Psychology, 47,* 91–106. ▶ https://doi.org/10.1016/j.jenvp.2016.05.003.

Osbaldiston, R., & Schott, J. P. (2012). Environmental sustainability and behavioral science: Meta-analysis of proenvironmental behavior experiments. *Environment and Behavior, 44*(2), 257–299. ▶ http://dx.doi.org/10.1177%2F0013916511402673.

Poortinga, W., Steg, L., Vlek, C., & Wiersma, G. (2003). Household preferences for energy-saving measures: A conjoint analysis. *Journal of Economic Psychology, 24*(1), 49–64. ▶ https://doi.org/10.1016/S0167-4870%2802%2900154-X.

Porter, B. E., Leeming, F. C., & Dwyer, W. O. (1995). Solid waste recovery: A review of behavioral programs to increase recycling. *Environment and Behavior, 27*(2), 122–152. ▶ https://doi.org/10.1177/0013916595272002.

Shi, J. (2016). *Public risk perception of climate change and mitigation decisions: The role of knowledge and values across countries,* Doktorthesis, Eidgenössische Technische Hochschule, Zürich.

Stern, P. C. (2000). New environmental theories: Toward a coherent theory of environmentally significant behavior. *Journal of social issues, 56*(3), 407–424. ▶ https://doi.org/10.1111/0022-4537.00175.

Stern, P. C. (2011). Contributions of psychology to limiting climate change. *American Psychologist, 66*(4), 303–314. ▶ https://doi.org/10.1037/a0023235.

Stern, P. C., Black, J. S., & Elworth, J. T. (1983). Responses to changing energy conditions among Massachusetts households. *Energy, 8*(7), 515–523. ▶ https://doi.org/10.1016/0360-5442(83)90077-4.

Sundblad, E. L., Biel, A., & Gärling, T. (2007). Cognitive and affective risk judgements related to climate change. *Journal of Environmental Psychology, 27*(2), 97–106. ▶ https://doi.org/10.1016/j.jenvp.2007.01.003.

Thøgersen, J., & Crompton, T. (2009). Simple and painless? The limitations of spillover in environmental campaigning. *Journal of Consumer Policy, 32*(2), 141–163. ► https://doi.org/10.1007/s10603-009-9101-1.

Wallis, H. (2017). *Diffusion nachhaltigen Konsums im familiären Kontext,* Dissertation, Otto-von-Guericke-Universität, Magdeburg.

WBGU – Wissenschaftlicher Beirat der Bundesregierung Globale Umweltveränderungen. (2014). *Klimaschutz als Weltbürgerbewegung* (Sondergutachten). Berlin: WBGU.

WBGU – Wissenschaftlicher Beirat der Bundesregierung Globale Umweltveränderungen. (2016). *Entwicklung und Gerechtigkeit durch Transformation: Die vier großen I* (Sondergutachten). Berlin: WBGU.

3

Soziale Identität und nachhaltiges Verhalten

Gerhard Reese, Karen R. S. Hamann, Claudia Menzel und Stefan Drews

© Springer Fachmedien Wiesbaden GmbH, ein Teil von Springer Nature 2018
C. T. Schmitt, E. Bamberg (Hrsg.), *Psychologie und Nachhaltigkeit,*
https://doi.org/10.1007/978-3-658-19965-4_4

Gruppen definieren unser Selbst und wir definieren uns über Gruppen. Sie geben uns Bedeutung und durch sie können Ziele erreicht werden, die Individuen versagt sind. Nachhaltige Entwicklung ist per Definition eine Gruppenangelegenheit, da Nachhaltigkeit nur durch gemeinsame Anstrengungen erreicht werden kann. In diesem Beitrag wird beschrieben, welchen Einfluss soziale Identität – das „Wir" in jeder und jedem von uns – auf nachhaltiges Verhalten hat. So viel sei vorweggenommen: Soziale Identität hat einen substanziellen Einfluss, der spätestens nach der Lektüre dieses Beitrags in seiner Bandbreite klar sein wird. Im Folgenden wird dargelegt, welche Rolle sozialpsychologische Theorien im Bereich des nachhaltigen Verhaltens spielen und welche konkreten Ansätze es dazu bereits gibt.

4.1 Soziale Identität – das „Wir" in mir

Wir Menschen tragen ein stark ausgeprägtes Streben nach Gruppenzugehörigkeit in uns, sodass wir uns über unsere Lebensspanne hinweg zu vielen verschiedenen Gruppen hingezogen fühlen. Wir können uns aktiv einer Gruppe anschließen und dieser längerfristig angehören, wie zum Beispiel einer lokalen Umweltgruppe oder einer Nachhaltigkeitskommission innerhalb eines Unternehmens. Über andere Gruppenzugehörigkeiten haben wir wiederum keinerlei Kontrolle. Wir können beispielsweise nicht entscheiden, mit welchem Geschlecht wir geboren werden oder in welcher Nation wir aufwachsen. Entscheidend ist, wie viel Bedeutung wir diesen Gruppen für unser Selbst und in unserem Leben geben. Mit Gruppen, die für uns wichtiger sind, werden wir uns stärker identifizieren als mit Gruppen, die wir als weniger wichtig empfinden. Die sogenannte „Identifikation mit der Eigengruppe" geht mit realen Konsequenzen für unser Verhalten einher.

Die Essenz des Ansatzes der sozialen Identität ist, dass Gruppen einen wichtigen Teil unserer Identität ausmachen; sie tragen zu unserem Selbstkonzept bei und geben uns durch Normen (Matthies und Wallis, ▶ Kap. 3), Werte und Ziele Bedeutung (Reicher und Haslam 2010; Reicher 2004; Tajfel und Turner 1979). Wir können uns auf verschiedenen, ineinander verschachtelten Ebenen Gruppen zuordnen. Wenn Sie zum Beispiel in Thüringen geboren und aufgewachsen sind, dann sehen Sie sich selbst möglicherweise als ThüringerIn. Zugleich sind die ThüringerInnen Teil der übergeordneten Gruppe der Deutschen, die sich wiederum in der übergeordneten Gruppe der EuropäerInnen wiederfinden können. Diese ineinander verschachtelten Identitäten sind bis zur Ebene der sozialen Gruppe „Menschheit" denkbar (Turner et al. 1987; Rosenmann et al. 2016; McFarland et al. 2012). Was passiert nun, wenn wir einer Gruppe angehören und uns mit ihr identifizieren? Wir sehen uns der Gruppe und den ihr zugehörigen Gruppenmitgliedern verpflichtet und handeln für die Gruppe und ihre Ziele, da die Gruppenzugehörigkeit ein zentraler Teil unseres Selbst wird (Tajfel und Turner 1979; Turner et al. 1987; Reicher und Haslam 2010).

4.2 Welches „Wir"?

Es gibt Gruppen, die „handlungs-orientierter" sind als andere. Zwar wurden bisher hauptsächlich soziale Gruppen, die auf Geschlecht, Ethnie, Religion oder geografischem Hintergrund basieren, besonders intensiv im Hinblick auf kollektive Handlungen untersucht (zum Beispiel Dovidio et al. 2012), aber solche bestehenden Kategorien sind per se nicht immer relevant für tatsächliches Verhalten. Ein aktueller Ansatz der Sozialpsychologie beinhaltet, dass insbesondere dann die Identifikation mit der Gruppe in zielgerichtetes Verhalten mündet, wenn sich die Gruppenmitgliedschaft durch gemeinsam geteilte Meinungen charakterisieren lässt (Bliuc et al. 2007). So macht es zum Beispiel einen Unterschied, ob Menschen der Gruppe „EuropäerInnen" angehören oder sich tatsächlich als pro-europäische Gruppe wahrnehmen, die gemeinsame Ziele verfolgt und Meinungen teilt. Letztere ist eine sogenannte „meinungsbasierte Gruppe". Bliuc und KollegInnen argumentieren, dass vor allem diese Form der Identifikation sozialpolitisches Verhalten, wie zum Beispiel die Teilnahme an Demonstrationen, vorhersagt.

Die Frage, wie derartige handlungsfähige Identitäten entstehen und aufrechterhalten werden können, ist ein wichtiger Aspekt in der Forschung zur sozialen Identität im Kontext von nachhaltigem Verhalten. Meinungsbasierte Gruppen verändern sich dauernd, je nach Umsetzung oder Annäherung ihrer Ziele, und entstehen und verfestigen sich vor allem dann, wenn Menschen mit grundlegend ähnlichen Meinungen interagieren und konkrete Strategien entwickeln (Thomas et al. 2009). Das „Wir" wird dann durch die gegenseitige Validierung gemeinsamer Ansichten verstärkt. Dies trifft besonders auf Situationen zu, in denen Gruppenmitglieder das Gefühl haben, dass der status quo ihrer Meinung nach geändert werden sollte (Smith et al. 2015). Dieser Prozess wird von Smith und KollegInnen sehr anschaulich anhand der „#OccupyWallstreet" Bewegung illustriert. Hier zeigte sich bei der Analyse von über 5000 Facebook-Beiträgen, dass die Bewegung insbesondere durch das Teilen und Diskutieren von gewünschtem Wandel und dem Ziel des Wandels eine große, meinungsbasierte Gruppe formierte, welche sich letztlich in sozialem Protest auf den Straßen niederschlug.

Eine große Stärke meinungsbasierter Gruppen liegt in ihrer Dynamik und Flexibilität. So können meinungsbasierte Gruppen bestehende Gruppen „in den Hintergrund drängen", wenn in diesen die Meinungen über bestimmte Sachverhalte auseinandergehen. Fielding und Hornsey (2016) beschreiben beispielsweise eine eher ungewöhnliche Allianz von Umweltgruppen, LandwirtInnen, konservativen PolitikerInnen und MedienvertreterInnen, deren gemeinsame Ablehnung von Fracking eine verbindende und identitätsstiftende Meinung bildet. Meinungsbasierte Gruppen lassen sich also auch in Situationen bilden und einsetzen, in denen sich grundverschiedene Akteure auf gemeinsame Meinungen und Ziele verständigen können. Im Folgenden legen wir dar, wie diese und andere Gruppen nachhaltiges Verhalten beeinflussen.

4.3 Das „Wir" bestimmt unser (nachhaltiges) Verhalten

Welchen Beitrag kann die soziale Verankerung unseres Handelns für eine nachhaltige Entwicklung leisten? Kollektive oder soziale Identitäten sind Vehikel für sozialen Wandel (oder für Widerstand gegen Wandel; Rosenmann et al. 2016). In ähnlicher Weise wird der sozial-ökologische Wandel zu einer nachhaltigen Gesellschaft erst durch die menschliche Fähigkeit, sich über Gruppen zu definieren, ermöglicht. So bestimmt unsere Gruppenzugehörigkeit zu großen Teilen, ob wir Umweltprobleme überhaupt als solche wahrnehmen und als Problem bewerten (Fielding und Hornsey 2016; Fritsche et al. 2018). Forschung aus den USA zeigt, dass die politische Gruppenzugehörigkeit (Konservative vs. Liberale) mit der Wahrnehmung und Bewertung des Klimawandels zusammenhängt (McCright und Dunlap 2008; siehe auch Matthies und Wallis, ▶ Kap. 3). Zum Beispiel sind Konservative, im Vergleich zu Liberalen, weniger davon überzeugt, dass der Klimawandel bereits begonnen hat und menschengemacht ist. Sie glauben jedoch eher, dass er von den Medien übertrieben dargestellt wird (für ähnliche Befunde in Europa, Poortinga et al. 2011; McCright et al. 2016). Capstick, Whitmarsh, Poortinga, Pidgeon und Upham (2015) zeigen, dass die Zugehörigkeit zu kulturell unterschiedlichen Gruppen, zum Beispiel Nationen, mit Unterschieden in der Bedrohungswahrnehmung des Klimawandels einhergeht.

Gruppenzugehörigkeit beeinflusst nicht nur die Wahrnehmung und Bewertung umweltrelevanter Themen, sondern auch das Ausmaß, in dem wir nachhaltig handeln. So ist es sicher wenig überraschend, dass Menschen, die sich selbst als Mitglieder der Gruppe der „Umweltbewussten" sehen oder sich mit einer „Umweltbewegung" identifizieren, eher bereit sind, sich für Umweltschutz und Nachhaltigkeit einzusetzen (Dono et al. 2010; Fielding et al. 2008) oder umweltbewusst zu konsumieren (zum Beispiel Bartels und Hoogendam 2011; Cook et al. 2002). Darüber hinaus kann soziale Identität auch dann ein wichtiger Vorhersagefaktor für Umweltverhalten sein, wenn wir uns mit Gruppen identifizieren, die nicht per se durch Umweltschutz charakterisiert sind oder dafür gegründet wurden. So zeigt Forschung aus dem Bereich des ehrenamtlichen Engagements, dass bereits die Identifikation mit bestimmten sozialen Gruppen pro-soziales Verhalten motiviert (Simon et al. 2000). Ähnliche Ergebnisse finden sich auch im Kontext von (natürlichen) Ressourcen. Zum Beispiel fand Van Vugt (2001) in einer Feldstudie in Großbritannien heraus, dass soziale Identifikation auf kommunaler Ebene die Übernutzung vorhandener Wasserressourcen verhindert hat, obwohl es dafür keinerlei finanzielle Anreize gab. Diese Befunde machen sichtbar, dass eine starke Gruppenidentifikation egoistischem Handeln und dessen negativen Konsequenzen in sogenannten „sozialen Dilemmasituationen", das heißt Situationen, in denen Eigenwohl im Gegensatz zu Gemeinwohl steht, entgegenwirken kann.

4.4 Wenn die gesamte Menschheit das „Wir" wird

Dass soziale Identität auch auf globaler Ebene ein wichtiger Faktor für nachhaltiges Verhalten sein kann, illustriert Forschung zu globaler Identität (oder auch „global citizenship", etwa Reysen und Katzarska-Miller 2013). Wie oben bereits angedeutet, ist eine übergeordnete Gruppe „Menschheit" denkbar – quasi eine globale Eigengruppe. Wenn wir uns mit dieser Gruppe identifizieren und uns als Teil der gesamten Menschheit sehen, dann sollten wir auch im Sinne der gesamten Menschheit handeln. Dies wurde bereits in zahlreichen Studien gezeigt (für eine Übersicht, Rosenmann et al. 2016). So zeigen Menschen, die sich stark global identifizieren, beispielsweise eine größere Bereitschaft, sich für die Einhaltung von Menschenrechten einzusetzen oder an global tätige Hilfsorganisationen zu spenden (McFarland et al. 2012; Reese et al. 2015). Sie sind eher gewillt, sich für globale Gerechtigkeit einzusetzen (Reese et al. 2014) und entscheiden sich mit höherer Wahrscheinlichkeit für eine fair gehandelte Produktalternative (Reese und Kohlmann 2015). Auch ökologisch nachhaltige Einstellungen und Verhalten können durch globale Identität vorhergesagt werden: Daten der „World Value Surveys" (Welle 5 und 6) belegen, dass sich global identifizierte Menschen eher mit höheren Umweltschutzsteuern arrangieren können und eher an Umweltorganisationen spenden als weniger global identifizierte Menschen (Rosenmann et al. 2016). Ebenso gehen mit globaler Identität nachhaltigkeitsorientierte Einstellungen (Reysen und Katzarska-Miller 2013), sowie die Bereitschaft zu verstärkter transnationaler Kooperation einher (Buchan et al. 2011; Batalha und Reynolds 2012).

Vermutlich sagt globale Identität nachhaltige Einstellungen und Verhalten konsistent vorher, weil die Sicherung der natürlichen Lebensgrundlagen eine notwendige Bedingung für das Überleben der Menschheit ist. Inwiefern die Zusammenhänge zwischen globaler Identität und nachhaltigem Verhalten aber tatsächlich über altruistische oder eher biosphärische Motive (Schultz 2001) vermittelt werden, ist bis dato nicht hinreichend untersucht. Zudem wissen wir bisher auch wenig darüber, wie sich eine globale Identität stärken beziehungsweise ausbilden lässt. Es gibt erste experimentelle Studien, die darauf hindeuten, dass sich die Identifizierung mit der gesamten Menschheit zumindest in bestimmten Situationen erhöhen lässt, etwa indem wir positiven Kontakt mit Menschen aus anderen Ländern haben (Römpke et al. 2017) oder auf unsere Verbundenheit mit der Menschheit hingewiesen werden (Reese et al. 2015). Zudem zeigen Renger und Reese (2017) in einer Umfragestudie, dass unsere globale Identität stärker ausgeprägt ist, wenn wir uns von anderen Menschen mit Respekt und auf Augenhöhe behandelt fühlen. Es braucht nicht viel Fantasie, sich vorzustellen, dass diese Form menschlicher Interaktion tatsächlich hilft, um sich auf die Gemeinsamkeiten und gemeinsamen Ziele unserer Spezies zu fokussieren.

So vielversprechend dieses Forschungsfeld für nachhaltiges Verhalten ist, sollte man nicht ignorieren, dass es mit einer globalen Eigengruppe alleine natürlich nicht getan ist. Zwar ist es konzeptuell und von einem humanistischen Menschenbild ausgehend bemerkenswert, dass es einen gemeinsamen psychologischen Kern geben könnte, der uns Menschen auf der Welt psychologisch verbindet. Im Sinne der Nachhaltigkeit, die die globale und intergenerationale Gerechtigkeit miteinschließt, ist dieser Ansatz durchaus wünschenswert und auch bereits in der politisch-psychologischen Debatte angekommen (unter anderem Batalha und Reynolds 2012). So wird etwa argumentiert, dass eine globale Identität auch damit einhergehen müsste, allen Menschen auf der Welt gleiche Rechte und Pflichten zuzugestehen (Reese 2016). Tatsächlich gibt es empirische Evidenz, dass eine globale Identität mit stärkeren globalen Gerechtigkeitsvorstellungen einhergeht (zum Beispiel Reese et al. 2015; Reese und Kohlmann 2015). Allerdings gibt es auch Grund zur Annahme, dass globale Identität für viele Menschen auf der Welt mit einer *westlichen* Vorstellung von Identität verbunden ist und diese etwa Konsumorientierung und individuelle Freiheit übermäßig propagiert. Zudem sind eine Reihe konzeptueller Fragen offen, die der Empirie Stand halten müssen (für eine ausführliche und kritische Betrachtung von globaler Identität, Rosenmann et al. 2016).

4.5 Kollektive Wirksamkeit als Motivator für nachhaltiges Verhalten

Psychologische Forschung zeigt, dass ein Gefühl der Wirksamkeit für Umwelteinstellungen und -verhalten besonders wichtig ist. Habe ich selbst das Gefühl, etwas für den Klimaschutz tun zu können, indem ich zum Beispiel mit dem Fahrrad zur Arbeit fahre? Werden wir als Umweltgruppe mit unserer Demonstration das nächste (potentiell schädliche) Freihandelsabkommen abwehren können? Wie die Identität lässt sich auch das Wirksamkeitserleben auf individueller Ebene (Selbstwirksamkeit) und Gruppenebene (kollektive Wirksamkeit) finden. Unter Selbstwirksamkeit versteht man dabei die Überzeugung, individuell erfolgreich handeln zu können, um bestimmte (Umweltschutz-)Ziele zu erreichen (Bandura 1997). Davon abzugrenzen ist die kollektive Wirksamkeit – die Wahrnehmung, durch gemeinsame Anstrengungen ein Gruppenziel erreichen zu können (ebd.).

Sowohl Selbstwirksamkeit als auch kollektive Wirksamkeit scheinen für die Vorhersage von Umweltverhalten wichtig zu sein (Bamberg und Möser 2007; van Zomeren et al. 2008). Während Selbstwirksamkeit bisher eher bei individuellem Umweltverhalten herangezogen wurde (zum Beispiel nachhaltiger Konsum; Hanss und Böhm 2010), wurde kollektive Wirksamkeit vor allem im Bereich kollektiver Aktionen angewendet (zum Beispiel bei Protestteilnahme und Petitionsunterzeichnungen; van Zomeren et al. 2008). In einigen Studien ist die Vorhersagekraft der kollektiven Wirksamkeit der Selbstwirksamkeit stark überlegen (Homburg und Stolberg 2006). Diese Befunde passen zu der Annahme, dass Umweltkrisen, als kollektive Probleme, besonders durch kollektive Kräfte gelöst werden können. Um einen Menschen zu nachhaltigem Handeln zu bewegen, wäre demnach die Überzeugung, dass „wir als Gruppe" das vegetarische Angebot in der Kantine verbessern können, wichtiger als die Überzeugung, dass „ich als Individuum" dieses Ziel erreichen kann. Andere ForscherInnen nehmen wiederum an, dass kollektive Wirksamkeit erst in Selbstwirksamkeit übersetzt werden muss, damit sie sich auf individuelles Verhalten auswirken kann (Jugert et al. 2016; Reese und Junge 2017). So könnte ein Gefühl von kollektiver Wirksamkeit während einer Fahrrad-Demonstration für fahrradfreundlichere Straßen uns das Gefühl geben, dass auch unser persönliches Mobilitätsverhalten im Alltag Auswirkungen hat, und uns so dazu bewegen, das Fahrrad häufiger für den Weg zur Arbeit zu nutzen.

Während der Zusammenhang von kollektiver Wirksamkeit und (die Bereitschaft zu) Umweltverhalten schon mehrfach untersucht wurde, ist noch wenig über die Faktoren bekannt, die kollektive Wirksamkeit beeinflussen. Laut Bandura (1997) werden unsere Selbstwirksamkeit und kollektive Wirksamkeit gestärkt, wenn wir Erfolg erleben oder verbal überzeugt werden, dass wir einer Aufgabe gewachsen sind, zum Beispiel durch positives Feedback. In den wenigen dazu bestehenden Studien erweisen sich die Aufgabenschwierigkeit und die Annahme über das Verhalten anderer Menschen als wichtig (Reese und Junge 2017; van Zomeren et al. 2004).

4.6 Schlussfolgerung

Nachhaltige Entwicklung ist eine kollektive Aufgabe und damit nur als gemeinsame Anstrengung umzusetzen. Das bedeutet nicht, dass individuelles Verhalten unnötig ist. Ganz im Gegenteil weisen neuere Forschungsbefunde darauf hin, dass unser individuelles nachhaltiges Verhalten wesentlich auf unseren Gruppenmitgliedschaften fußt (Fielding und Hornsey 2016; Fritsche et al. 2018). Wir entscheiden also unter anderem aufgrund unserer Gruppenmitgliedschaften und ihren zugrunde liegenden Normen und Werten sowohl bewusst als auch unbewusst, inwiefern wir uns nachhaltig verhalten. Dabei spielt die Selbstkategorisierung eine zentrale Rolle: Wir sehen und fühlen uns als Gruppenmitglieder und agieren im Sinne dieser Gruppe und ihrer Werte. Durch das Auge der Gruppenmitgliedschaft nehmen wir Sachverhalte entsprechend wahr und reagieren auf diese. Das kann selbst auf der höchsten Ebene gelingen – als Mitglied der Gruppe „Menschheit", die einem verdeutlichen kann, dass wir allen Menschen die gleichen Rechte und Pflichten zuschreiben müssen. Umweltrelevante Identitäten zu stärken und auf ihren verschiedenen Ebenen ein Gefühl kollektiver Wirksamkeit zu erreichen, scheint ein vielversprechender Weg, nachhaltiges Verhalten zu motivieren. Darüber hinaus spielt es eine Rolle, wie sich Gruppen überhaupt bilden. So können wir uns aufgrund gemeinsamer Ansichten zu wirkungsvoll agierenden Gruppen zusammenschließen, etwa über die Feststellung, dass eine Lücke klafft zwischen dem was wir wollen und dem wie es ist.

Damit ist klar: Gruppen leisten einen entscheidenden Beitrag zu einer gelingenden sozial-ökologischen Transformation, hin zu einem nachhaltigen Gesellschaftsmodell. Als Vehikel des Wandels sind es „wir", die es in der Hand haben, dass die Welt nicht vor die Hunde geht.

Literatur

Bamberg, S., & Möser, G. (2007). Twenty years after Hines, Hungerford, and Tomera: A new meta-analysis of psycho-social determinants of pro-environmental behaviour. *Journal of Environmental Psychology, 27,* 14–25.

Bandura, A. (1997). *Self-efficacy: The exercise of control.* New York: Freeman & Company.

Bartels, J., & Hoogendam, K. (2011). The role of social identity and attitudes toward sustainability brands in buying behaviours for organic products. *Journal of Brand Management, 18,* 697–708.

Batalha, L., & Reynolds, K. J. (2012). ASPIRing to mitigante climate change: Superordinate identity in global climate negotiations. *Political Psychology, 33,* 743–760.

Bliuc, A. M., McGarty, C., Reynolds, K., & Muntele, D. (2007). Opinion-based group membership as a predictor of commitment to political action. *European Journal of Social Psychology, 37,* 19–32.

Buchan, N. R., Brewer, M. B., Grimalda, G., Wilson, R. K., Fatas, E., & Foddy, M. (2011). Global social identity and global cooperation. *Psychological Science, 22,* 821–828.

Capstick, S., Whitmarsh, L., Poortinga, W., Pidgeon, N., & Upham, P. (2015). International trends in public perceptions of climate change over the past quarter century. *Wiley Interdisciplinary Reviews: Climate Change, 6*(1), 35–61.

Cook, A. J., Kerr, G. N., & Moore, K. (2002). Attitudes and intentions towards purchasing GM food. *Journal of Economic Psychology, 23,* 557–572.

Dono, J., Webb, J., & Richardson, B. (2010). The relationship between environmental activism, pro-environmental behaviour and social identity. *Journal of Environmental Psychology, 30,* 178–186.

Dovidio, J., Gaertner, S., Ditlmann, R., & West, T. (2012). Intergroup relations in post-conflict context. How the past influences the present (and Future). In K. J. Jonas & T. A. Morton (Hrsg.), *Restoring civil societies. The psychology of intervention and engagement following crisis. Series social issues and interventions* (S. 135–155). Chichester: Wiley-Blackwell.

Fielding, K. S., McDonald, R., & Louis, W. R. (2008). Theory of planned behaviour, identity and intentions to engage in environmental activism. *Journal of Environmental Psychology, 28,* 318–326.

Fielding, K. S., & Hornsey, M. J. (2016). A social identity analysis of climate change and environmental attitudes and behaviors: Insights and opportunities. *Frontiers in Psychology, 7,* Artikel 121, ohne Seitenzahlen.

Fritsche, I., Barth, M., Jugert, P., Masson, T., & Reese, G. (2018). A social identity model of pro-environmental action (SIMPEA). *Psychological Review, 125,* 245–269.

Hannah, S. T., Avolio, B. J., & May, D. R. (2011). Moral maturation and moral conation: a capacity approach to explaining moral thought and action. *Academy Management Review, 36,* 663–685.

Hanss, D., & Böhm, G. (2010). Can I make a difference? The role of general and domain-specific self-efficacy in sustainable consumption decisions. *Umweltpsychologie, 14,* 46–74.

Homburg, A., & Stolberg, A. (2006). Explaining pro-environmental behavior with a cognitive theory of stress. *Journal of Environmental Psychology, 26,* 1–14.

Jugert, P., Greenaway, K. H., Barth, M., Büchner, R., Eisentraut, S., & Fritsche, I. (2016). Collective efficacy increases pro-environmental intentions through increasing self efficacy. *Journal of Environmental Psychology, 48,* 12–23.

McCright, A. M., & Dunlap, R. E. (2008). The nature and social bases of progressive social movement ideology: Examining public opinion toward social movements. *The Sociological Quarterly, 49,* 825–848.

McCright, A. M., Dunlap, R. E., & Marquart-Pyatt, S. T. (2016). Political ideology and views about climate change in the European Union. *Environmental Politics, 25*(2), 338–358.

McFarland, S., Webb, M., & Brown, D. (2012). All humanity is my ingroup: A measure and studies of identification with all humanity. *Journal of Personality and Social Psychology, 103,* 830–853.

Poortinga, W., Spence, A., Whitmarsh, L., Capstick, S., & Pidgeon, N. F. (2011). Uncertain climate: An investigation into public scepticism about anthropogenic climate change. *Global Environmental Change, 21*(3), 1015–1024.

Reese, G. (2016). Common human identity and the path to global climate justice. *Climatic Change, 134,* 521–531.

Reese, G., & Junge, E. A. (2017). Keep on rockin'in a (plastic-)free world: Collective efficacy and pro-environmental intentions as a function of task difficulty. *Sustainability, 9*(2), 200.

Reese, G., & Kohlmann, F. (2015). Feeling global, acting ethically: Global identification and fair-trade consumption. *The Journal of Social Psychology, 155,* 98–106. ▶ https://doi.org/10.1080/00224545.2014.992850.

Reese, G., Proch, J., & Cohrs, J. C. (2014). Individual differences in responses to global inequality. *Analyses of Social Issues and Public Policy, 14*(1), 217–238.

Reese, G., Proch, J., & Finn, C. (2015). Identification with all humanity: The role of self-investment and self-definition. *European Journal of Social Psychology, 45,* 426–440.

Reicher, S. (2004). The context of social identity: Domination, resistance, and change. *Political Psychology, 25,* 921–945. ▶ https://doi.org/10.1111/j.1467-9221.2004.00403.x.

Reicher, S., & Haslam, S. A. (2010). A social psychology of collective solidarity and social cohesion. In S. Stürmer & M. Snyder (Hrsg.), *The psychology of prosocial behavior: Group processes, intergroup relations, and helping* (S. 289–309). Malden: Wiley-Blackwell.

Renger, D., & Reese, G. (2017). From Equality-Based Respect to Environmental Activism: Antecedents and Consequences of Global Identity. *Political Psychology, 38*(5), 867–879.

Reysen, S., & Katzarska-Miller, I. (2013). A model of global citizenship: Antecedents and outcomes. *International Journal of Psychology, 48,* 858–870.

Römpke, A., Fritsche, I., & Reese, G. (2017). Get together, act together, feel together: International personal contact increases identification with humanity and global collective action. Unveröffentlichtes Manuskript.

Rosenmann, A., Reese, G., & Cameron, J. (2016). Social identities in a globalized world: Challenges and opportunities for collective action. *Perspectives on Psychological Science, 11,* 202–221.

Schultz, P. W. (2001). The structure of environmental concern: Concern for self, other people, and the biosphere. *Journal of Environmental Psychology, 21,* 327–339.

Simon, B., Stürmer, S., & Steffens, K. (2000). Helping individuals or group members? The role of individual and collective identification in AIDS volunteerism. *Personality and Social Psychology Bulletin, 26,* 497–506.

Smith, L. G., Gavin, J., & Sharp, E. (2015). Social identity formation during the emergence of the occupy movement. *European Journal of Social Psychology, 45*(7), 818–832.

Tajfel, H., & Turner, J. C. (1979). An integrative theory of intergroup conflict. In W. G. Austin & S. Worchel (Hrsg.), *The social psychology of intergroup relations* (S. 33–48). Monterey: Brooks/Cole.

Thomas, E. F., McGarty, C., & Mavor, K. I. (2009). Aligning identities, emotions, and beliefs to create commitment to sustainable social and political action. *Personality and Social Psychology Review, 13*(3), 194–218.

Turner, J. C., Hogg, M. A., Oakes, P. J., Reicher, S. D., & Wetherell, M. S. (1987). *Rediscovering the social group: A self – categorization theory.* Oxford: Basil Blackwell.

Vugt, M. van. (2001). Community identification moderating the impact of financial incentives in a natural social dilemma: Water conservation. *Personality and Social Psychology Bulletin, 27,* 1440–1449.

Zomeren, M. van, Postmes, T., & Spears, R. (2008). Toward an integrative social identity model of collective action: A quantitative research synthesis of three socio-psychological perspectives. *Psychological Bulletin, 34,* 504–535.

Zomeren, M. van, Spears, R., Fischer, A. H., & Leach, C. W. (2004). Put your money where your mouth is! Explaining collective action tendencies through group-based anger and group efficacy. *Journal of Personality and Social Psychology, 87,* 649–664.

4

Zielgruppen/Anwendungskontexte

Inhaltsverzeichnis

Nachhaltigkeit in primären und sekundären Bildungseinrichtungen

Gerechtigkeit als nachhaltigkeitsrelevantes psychologisches Konstrukt

Natalie Ehrhardt-Madapathi, Carla Bohndick, Anne-Katrin Holfelder und Manfred Schmitt

© Springer Fachmedien Wiesbaden GmbH, ein Teil von Springer Nature 2018
C. T. Schmitt, E. Bamberg (Hrsg.), *Psychologie und Nachhaltigkeit*,
https://doi.org/10.1007/978-3-658-19965-4_5

5.1 Nachhaltigkeit, Gerechtigkeit und Bildung

Laut Nachhaltigkeitsverständnis der Vereinten Nationen soll durch nachhaltige Entwicklung intra- und intergenerationelle Gerechtigkeit erreicht werden (UNEP 1992). In diesem Sinne ist Nachhaltigkeit als eine Maßgabe zu verstehen, die allen Menschen der heute und in Zukunft lebenden Generationen unabhängig von ihrer Herkunft, ihres Geschlechts oder ihres sozioökonomischen Status einen gerechten Zugang zu Ressourcen ermöglichen soll (ebd.). Herausforderungen, die die Leitidee der Gerechtigkeit mit sich bringt, sind – neben der Frage, was als gerecht gelten kann – Möglichkeiten einer globalen Verteilungsgerechtigkeit und dem damit verbundenen Umgang mit räumlicher und zeitlicher Ferne (Schwegler 2016). Bildung im Kontext von Nachhaltigkeit soll SchülerInnen auf diese Herausforderungen vorbereiten. Das Konzept BNE (Bildung für nachhaltige Entwicklung) soll den Erwerb von Kompetenzen ermöglichen, die benötigt werden, um eine nachhaltige Zukunft mitgestalten zu können (de Haan 2008).

Als eine wichtige Kompetenz im Kontext einer Bildung für nachhaltige Entwicklung muss auch die Aushandlung von Gerechtigkeit gelten. Zu ihrer Förderung können psychologische Erkenntnisse beitragen: In der Psychologie werden die subjektiv erfahrene Gerechtigkeit beziehungsweise deren Wahrnehmung und ihre Folgen für das Individuum und soziale Interaktionen untersucht (Gollwitzer und van Prooijen 2016). Es geht nicht – anders als in der Ethik – um eine normative Definition dessen, was als gerecht gelten *soll,* sondern um das individuelle Erleben von Gerechtigkeit und deren Effekte. Dieser Beitrag fokussiert die gelebte Gerechtigkeitspraxis in Schulen und ihre nachhaltigkeitsrelevanten Effekte. Die psychologischen Erkenntnisse hierzu werden genutzt, um die Bedeutung und Möglichkeiten der Förderung nachhaltigkeitsrelevanter Kompetenzen zu diskutieren.

5.2 Wahrnehmung von Gerechtigkeit und Prinzipien der Verteilungsgerechtigkeit

Laut Austauschtheorien (zum Beispiel Adams 1965) beurteilen Menschen das Ausmaß der Gerechtigkeit einer Situation anhand des Verhältnisses zwischen dem eigenen Beitrag und dem eigenen Ertrag im Vergleich zu diesem Verhältnis einer Vergleichsperson in einer ähnlichen Situation. Ob ein Ertrag in dieser Relation als gerecht bewertet wird, hängt davon ab, welche Gerechtigkeitsformen vorliegen und welche Gerechtigkeitsprinzipien Anwendung finden.

Gerechtigkeitsformen beschreiben Anwendungskontexte und Gruppen von Situationen, die als gerechtigkeitsrelevant angesehen werden. Vor allem die distributive, interaktionale, prozedurale und retributive Gerechtigkeit haben sich als verhaltensrelevant erwiesen (Sabbagh und Schmitt 2016). *Distributive Gerechtigkeit* liegt vor, wenn eine begrenzte Ressource gerecht unter verschiedenen Parteien verteilt wird (Jasso et al. 2016). Im Schulkontext handelt es sich bei Ressourcen um Lob und Tadel, Aufmerksamkeit der Lehrperson, Beurteilungen, Lerngelegenheiten und Bestrafungen (Ehrhardt et al. 2016). *Interaktionale Gerechtigkeit* ist das Ausmaß, in dem soziale Interaktionen gerecht sind (Vermunt und Steensma 2016). Wenn SchülerInnen von ihrer Lehrperson mit Respekt und Würde behandelt werden, liegt interaktionale Gerechtigkeit vor. *Prozedurale Gerechtigkeit* ist das Ausmaß, in dem Prozesse als fair wahrgenommen werden, die zu einem bestimmten Ergebnis führen (ebd.). Wenn eine Lehrperson Klassenarbeiten konsistent und unabhängig von den jeweiligen SchülerInnen, anhand vorher festgelegter Kriterien beurteilt, wird der Benotungsprozess als gerecht angesehen. *Retributive Gerechtigkeit* ist das Ausmaß, in dem das Strafen eines Normverstoßes angemessen ist (Wenzel und Okimoto 2016). Wenn ein Kind einem anderen Kind etwas kaputt gemacht hat, kann die Strafe nach Kriterien retributiver Gerechtigkeit wie ihrer Angemessenheit bewertet werden. Diese Beispiele verdeutlichen, wie groß die Bandbreite gerechtigkeitsrelevanter Situationen ist. SchülerInnen wie auch Lehrpersonen werden in der Schule alltäglich mit gerechtigkeitsrelevanten Situationen konfrontiert, in denen sie handeln müssen (Connell 1993). Obwohl Lehrpersonen und SchülerInnen gleichermaßen hohen Wert auf Schulgerechtigkeit legen, geben etwa die Hälfte der SchülerInnen an, unter Ungerechtigkeit in der Schule zu leiden (Dalbert 2011). Als häufigste Quellen von Ungerechtigkeit nennen SchülerInnen a) Bestrafungen (retributive Gerechtigkeit), b) soziale Interaktionen zwischen Lehrperson und SchülerInnen oder zwischen *Peers* (interaktionale Gerechtigkeit), und c) Beurteilungen/Benotungen (distributive und prozedurale Gerechtigkeit) (Israelashvili 1997).

Der Nachhaltigkeitsdiskurs ist per se von der Frage nach distributiver Gerechtigkeit geprägt, da es um die Verteilung von Ressourcen für menschliches Leben geht, die durch „planetare Leitplanken" begrenzt sind (Rockström et al. 2009). Dies zeigt sich auch in den „Zielen für nachhaltige Entwicklung", in denen die Bundesregierung plant, sich für Verteilungsgerechtigkeit und für eine „enkelgerechte" Zukunft einzusetzen (Bundesregierung 2017, S. 11). *Wie* die begrenzten Ressourcen aufgeteilt werden sollten beziehungsweise *welches Gerechtigkeitsprinzip* dabei angewendet werden sollte, sind Kernfragen im Nachhaltigkeitsdiskurs.

Die Psychologie verfügt über empirische Erkenntnisse dazu, welches Gerechtigkeitsprinzip in welcher Situation als angemessen empfunden wird. Vor allem drei Prinzipien gelten als gründlich erforscht: a) Das Gleichheitsprinzip, b) das Leistungsprinzip und c) das Bedürfnisprinzip (Jasso et al. 2016). Nach dem *Gleichheitsprinzip* ist eine Ressource gerecht verteilt, wenn alle gleich viel erhalten. Nach dem *Leistungsprinzip* steht allen Beteiligten proportional so viel zu, wie sie an Leistung beigetragen haben. Nach dem *Bedürfnisprinzip* ist eine Verteilung gerecht, wenn jede/r so viel bekommt, wie er/sie benötigt.

Je nach Situation und Person kann die Anwendung eines dieser Gerechtigkeitsprinzipien als mehr oder weniger gerecht wahrgenommen werden (Jasso et al. 2016). Während in intimen Gruppen, wie Familien, häufig das Gleichheitsprinzip bevorzugt wird, gilt in kompetitiven Kontexten, wie im Sport oder Berufsleben, primär das Leistungsprinzip und in fürsorglichen Kontexten, wie dem Gesundheitswesen, eher das Bedürfnisprinzip (Deutsch 1985).

In Bildungskontexten sind sowohl a) die Ressourcen, die es zu verteilen gilt, als auch b) die Funktion der Organisation für die Anwendung der Gerechtigkeitsprinzipien ausschlaggebend. a) Das Gleichheitsprinzip regelt den Zugang zu Bildung, das Leistungsprinzip findet bei der Benotung Anwendung, das Bedürfnisprinzip wird von Lehrpersonen bei der Verteilung von Unterstützung bevorzugt (Ehrhardt et al. 2016). b) In der KiTa und im Grundschulbereich ist das Bedürfnisprinzip vorherrschend, da hier Basiskompetenzen vermittelt werden und jedes Kind entsprechend seiner jeweiligen Bedürfnisse unterstützt werden soll (Berti et al. 2010). Demgegenüber übernehmen weiterführende Schulen auch andere Aufgaben neben der Fürsorge für ihre SchülerInnen. Eine dieser Aufgaben ist die Selektion, durch die sichergestellt werden soll, dass beispielsweise teure universitäre Ausbildungen den leistungsstärksten SchülerInnen zur Verfügung gestellt werden können (Resh und Sabbagh 2016). Daher kommt in weiterführenden Schulen nicht nur das Bedürfnisprinzip zur Anwendung, sondern häufig eine Mischform aus Gleichheits-, Bedürfnis- und Leistungsprinzip. Ob diese Art der Selektion gerecht und nachhaltig ist, wird kontrovers diskutiert (ebd.).

5.3 Effekte erlebter Gerechtigkeit in der Schule

Erlebte Gerechtigkeit begünstigt nachhaltiges Verhalten. Zahlreiche Studien haben gezeigt, dass die wahrgenommene Gerechtigkeit am Arbeitsplatz das Wohlbefinden und Engagement von MitarbeiterInnen positiv beeinflusst (Colquitt et al. 2001, 2013). Diese Befunde lassen sich auf den Bildungskontext übertragen. In Schulen trägt die Lehrperson Verantwortung dafür, dass die Verteilung von Noten, Lob, Tadel und Aufmerksamkeit gerecht erfolgt (Resh und Sabbagh 2014). Zudem ist die Lehrperson eine wichtige Informationsquelle, entwickelt mit den SchülerInnen Klassenregeln, sorgt für deren Einhaltung und stellt sicher, dass Verfahren gerecht ablaufen.

Die von SchülerInnen wahrgenommene Fairness ihrer Lehrpersonen wirkt sich positiv auf das Klassenklima, die Leistungen der SchülerInnen, ihre Motivation, ihr Wohlbefinden, ihr regelkonformes Verhalten und ihre Hilfsbereitschaft in der Klasse aus (Dalbert 2013; Dalbert und Stoeber 2005; Donat et al. 2012; Wubbels und Brekelmans 2005). Außerdem sind SchülerInnen, die Gerechtigkeit erleben, motiviert, sich selbst gerecht zu verhalten (Dalbert 2011). Zudem haben SchülerInnen, die NutznießerInnen eines ungerechten Vorteils wurden, das Bedürfnis, sich für mehr Gerechtigkeit in der Schule einzusetzen (Pretsch et al. 2016).

Insgesamt zeigen vorliegende Studien, dass Erfahrungen mit gerechtigkeitsrelevanten Situationen die Entwicklung des Gerechtigkeitssinns von SchülerInnen beeinflussen. Primäre und sekundäre Bildungseinrichtungen sind somit Sozialisationsinstanzen (Sustek 1996), die im Kontext der Bildung für nachhaltige Entwicklung einen wesentlichen Beitrag zur Bildung von Gerechtigkeitskompetenz leisten können.

5.4 Individuelle Unterschiede

Wie sich (Un)Gerechtigkeit in der Schule auf SchülerInnen auswirkt, hängt auch von deren Persönlichkeit ab (Pretsch et al. 2016). Menschen unterscheiden sich in ihrer Ungerechtigkeitssensibilität und in ihrem Glauben an eine gerechte Welt. Als Ungerechtigkeitssensibilität wird die Tendenz bezeichnet, Ungerechtigkeit wahrzunehmen und auf diese emotional und mit Verhalten (zum Beispiel Protest) zu reagieren (Baumert und Schmitt 2016). Dabei wird zwischen der Opfer-, Beobachter-, Täter- und Nutznießersensibilität unterschieden. *Opfersensible* Menschen haben Angst, ausgenutzt zu werden und neigen bei ungerechter Behandlung zu Vergeltung. *Beobachter-, täter- und nutznießersensible* Menschen hingegen kümmern sich stärker um die gerechte Behandlung anderer, beispielsweise indem sie unschuldigen Opfern helfen, um so Gerechtigkeit wiederherzustellen (Schmitt et al. 2005).

Als Glaube an eine gerechte Welt wird die Erwartung bezeichnet, dass es auf der Welt im Großen und Ganzen gerecht zugeht, dass Menschen bekommen, was sie verdienen und verdienen, was sie bekommen (Lerner 1980). Menschen mit einem starken Gerechte-Welt-Glauben leiden, wenn sie Ungerechtigkeit wahrnehmen (Hafer und Sutton 2016). Wenn möglich, bemühen sie sich darum, einem Opfer zu helfen oder einen Täter zu bestrafen, um so Gerechtigkeit wiederherzustellen. Falls diese Möglichkeiten nicht bestehen, tendieren Menschen mit hohem Gerechte-Welt-Glauben zu einer Reinterpretation der Situation, um ihren Glauben an Gerechtigkeit zu schützen, beispielsweise indem sie dem Opfer eines Verbrechens eine Mitschuld geben. Wie sich Ungerechtigkeitssensibilität und Gerechte-Welt-Glauben bei Kindern entwickeln, ist bislang unzureichend geklärt. Erste Studien bestätigen aber die Vermutung, dass Ungerechtigkeitssensibilität und Gerechte-Welt-Glauben durch Gerechtigkeitserfahrungen in der Schule beeinflusst werden (Bondü et al. 2016; Dalbert und Stoeber 2006).

Für Nachhaltigkeit spielen Ungerechtigkeitssensibilität und Gerechte-Welt-Glauben eine wichtige Rolle. In einer globalisierten Welt sind Menschen oft ohne direktes Zutun Nutznießer von Menschen, die unter prekären Umständen leben. Nur wer in der Lage ist, Ungerechtigkeit aus der Nutznießerperspektive wahrzunehmen, wird dazu bereit sein, auf eigene Privilegien zu verzichten und sich solidarisch mit Benachteiligten zu verhalten. Andererseits könnte ein hoch ausgeprägter Gerechte-Welt-Glauben bei Menschen, die keine Möglichkeit sehen, soziale Gerechtigkeit zu erreichen, auch zur Rechtfertigung sozialer Ungerechtigkeiten führen, die sie von der Pflicht zum Engagement für Nachhaltigkeit entbindet. Menschen mit hoch ausgeprägtem Gerechte-Welt-Glauben neigen beispielsweise eher dazu, arme Menschen abzuwerten, reiche Menschen zu bewundern und eher persönliche als strukturelle Probleme als Ursache für Armut anzusehen (Smith 1985). Des Weiteren zeigt sich ein negativer Zusammenhang zwischen dem Gerechte-Welt-Glauben und positiven Einstellungen gegenüber Menschen mit körperlichen Beeinträchtigungen (Keller und Siegrist 2010).

5.5 Mögliche Lösungsansätze und Fazit

In der Darstellung bisheriger Theorien und Befunde der psychologischen Forschung wurde deutlich, dass Gerechtigkeit im Schulalltag einen hohen Stellenwert einnimmt und sich die Erfahrung mit Gerechtigkeit bzw. Ungerechtigkeit im schulischen Kontext maßgeblich auf das eigene gerechtigkeitsbezogene Verhalten auswirkt. Insgesamt zeigt sich eine Vielzahl von Ansatzpunkten, wie Bildungsinstitutionen unter Beachtung der Gerechtigkeitssozialisation zu einer nachhaltige(re)n und damit gerechteren Gesellschaft beitragen können. Auch wenn ein weiterhin hoher Forschungsbedarf in Bezug auf Gerechtigkeit in Bildungsorganisationen konstatiert werden kann, lassen sich schon zum jetzigen Zeitpunkt Implikationen für die Lehrerbildung und Schulpraxis ableiten, die dazu führen könnten, dass gerechtes Verhalten und die Motivation sich für Gerechtigkeit einzusetzen, im Schulalltag gefördert werden.

5.5.1 Lehrerbildung

In Bezug auf die Wahrnehmung von Gerechtigkeit bieten bisherige Studien Hinweise darauf, welche Aspekte von Schule von den SchülerInnen als ungerecht empfunden werden. Dazu gehören Bestrafungen, Interaktionen und Beurteilungen. Das Wissen darüber, welche Situationen zu Ungerechtigkeitserfahrungen führen, kann von BildungsakteurInnen genutzt werden, um für solche Situationen sensibel zu sein bzw. diese zu vermeiden. Im Arbeitskontext ist es bereits gelungen, Führungskräfte im gerechten Umgang mit MitarbeiterInnen zu trainieren (Greenberg und Cohen 2014) und so die organisationale Gerechtigkeit zu erhöhen. Der gezielte Einsatz von gerechter Behandlung zur Ermöglichung von Nachhaltigkeit ist eine Möglichkeit, das Lehramtscurriculum zu ergänzen.

Nicht nur Lehramtsstudierende könnten von den Erkenntnissen der Gerechtigkeitspsychologie profitieren, um zur Nachhaltigkeitsbildung in der Schule beizutragen. Auch kontinuierliche, berufsbegleitende Weiterbildung von Lehrkräften könnte den Umgang mit Gerechtigkeit in der Schule verbessern. Da die Gerechtigkeitsurteile von Lehrpersonen und SchülerInnen stark divergieren (Ehrhardt et al. 2016), könnte ein möglicher Ansatz sein, den Lehrpersonen die Gerechtigkeitseinschätzungen ihrer SchülerInnen rückzumelden und sie so für Unterrichtsgerechtigkeit zu sensibilisieren.

5.5.2 Gestaltung von Schule

Neben der Sensibilisierung bzw. Ausbildung von Lehrkräften hinsichtlich eines gerechten Umgangs mit SchülerInnen, ist als eine weitere Möglichkeit die Gestaltung von Schule selbst zu nennen. Ein Ansatzpunkt, der die meisten der vorgeschlagenen Ideen aufgreift und zusammenfasst, sind die von Kohlberg (1985) entwickelten sogenannten *Just Communities*. *Just Communities* sind Projektschulen, in denen SchülerInnen die Gelegenheit gegeben wird, sich an Entscheidungen zu beteiligen und die an der Schule gelebten (gerechtigkeitsrelevanten) Regeln mitzubestimmen. In den *Just Communities* setzen sich die SchülerInnen sowohl mit hypothetischen moralischen Dilemmata als auch mit echten moralischen Konflikten in ihrer Klassengemeinschaft auseinander. Diskussionen über Moral und Gerechtigkeit werden dabei fest in den Schulalltag integriert.

Bis heute gibt es *Just Communities,* in denen es SchülerInnen ermöglicht wird, sich praktisch mit Gerechtigkeitsproblemen zu beschäftigen. Dabei können sie die Erfahrung machen, dass sie selber in der Lage sind, zu einem gerechten Miteinander beizutragen und sowohl die Bring- als auch die Holschuld von Gerechtigkeit zu erfüllen (Oser et al. 2008). Die *Just Communities* haben sowohl zu Forschung inspiriert als auch die Praxis beeinflusst. In den 1990er Jahren fanden *Just Communities* Einzug in die ErzieherInnenausbildungen mehrerer Ausbildungsinstitute (Glasstetter 2005). Eine flächendeckende Übernahme dieses Konzepts in die Regelschulen fand allerdings nicht statt. Dennoch stellen *Just Communities* ein Konzept dar, aus denen sich einzelne Aspekte für die Regelschulpraxis ableiten lassen.

5.5.3 Fazit

Schule als ein wichtiger Ort der Sozialisierung ist prägend für die Wahrnehmung von Gerechtigkeit und den Einsatz für diese. Sie eignet sich deshalb als ein Raum, in dem angehende BürgerInnen Kompetenzen im Umgang mit gerechtigkeitsrelevanten Situationen erwerben können. Gestaltungskompetente Menschen sollten gerechtigkeitssensibel sein und auch dazu fähig, Gerechtigkeit auszuhandeln. Die hierfür notwendigen Grundlagen können in einer gerechten Gestaltung der Bildungsinstitution Schule gelegt werden. Die Organisation von Bildungsinstitutionen kann deshalb einen wichtigen Beitrag zu einer nachhaltig(er)en Gesellschaft leisten. Im Kontext Bildung für nachhaltige Entwicklung sollte sich nicht ausschließlich auf die didaktische Gestaltung konkreter Bildungsinterventionen fokussiert werden, sondern auch auf die Sensibilisierung von

Lehrkräften und Organisation der Bildungseinrichtungen. Beide Aspekte können zu einer positiven Förderung der gerechtigkeitsbezogenen Sozialisation beitragen. Hierzu können sowohl die Politik treibenden als auch die Lehramtsausbildenden, die Lehrpersonen und SchülerInnen selbst beitragen.

Literatur

Adams, J. S. (1965). Inequity in social exchange. In L. Berkowitz (Hrsg.), *Advances in experimental social psychology* (Bd. 2, S. 267–299). New York: Academic.

Baumert, A., & Schmitt, M. (2016). Justice sensitivity. In C. Sabbagh & M. Schmitt (Hrsg.), *Handbook of Social Justice Theory and Research* (S. 161–180). New York: Springer.

Berti, C., Molinari, L., & Speltini, G. (2010). Classroom justice and psychological engagement: Students' and teachers' representations. *Social Psychology of Education, 13*(4), 541–556.

Bondü, R., Hannuschke, M., Elsner, B., & Gollwitzer, M. (2016). Inter-individual stabilization of justice sensitivity in childhood and adolescence. *Journal of Research in Personality, 64,* 11–20. ▶ https://doi.org/10.1016/j.jrp.2016.06.021.

Bundesregierung. (2017). Die Deutsche Nachhaltigkeitsstrategie. ▶ https://www.bundesregierung.de/Webs/Breg/DE/Themen/Nachhaltigkeitsstrategie/1-die-deutsche-nachhaltigkeitsstrategie/_node.html. Zugegriffen: 3. Apr. 2017.

Colquitt, J. A., Conlon, D. E., Wesson, M. J., Porter, C. O. L. H., & Ng, K. Y. (2001). Justice at the millennium: A meta-analytic review of 25 years of organizational justice research. *Journal of Applied Psychology, 86*(3), 425–445. ▶ https://doi.org/10.1037/0021-9010.86.3.425.

Colquitt, J. A., Scott, B. A., Rodell, J. B., Long, D. M., Zapata, C. P., Conlon, D. E., & Wesson, M. J. (2013). Justice at the millennium, a decade later: A meta-analytic test of social exchange and affect-based perspectives. *Journal of Applied Psychology, 98*(2), 199–236. ▶ https://doi.org/10.1037/a0031757.

Connell, R. W. (1993). *Schools & Social Justice.* Sydney: Pluto Press.

Dalbert, C. (2011). Warum die durch die Schüler und Schülerinnen individuell und subjektiv erlebte Gerechtigkeit des Lehrerhandelns wichtig ist. *Zeitschrift für Pädagogische Psychologie, 25*(1), 5–18.

Dalbert, C. (2013). *Gerechtigkeit in der Schule.* Wiesbaden: Springer.

Dalbert, C., & Stoeber, J. (2005). The belief in a just world and distress at school. *Social Psychology of Education, 8*(2), 123–135.

Dalbert, C., & Stoeber, J. (2006). The personal belief in a just world and domain-specific beliefs about justice at school and in the family: A longitudinal study with adolescents. *International Journal of Behavioral Development, 30,* 200–207.

Deutsch, M. (1985). *Distributive justice: A social-psychological perspective.* New Haven: Yale University Press.

Donat, M., Umlauft, S., Dalbert, C., & Kamble, S. V. (2012). Belief in a just world, teacher justice, and bullying behavior: BJW and bullying behavior. *Aggressive Behavior, 38*(3), 185–193.

Ehrhardt, N., Pretsch, J., Herrmann, I., & Schmitt, M. (2016). Observing justice in the primary school classroom. *Zeitschrift Für Erziehungswissenschaft, 19*(1), 157–190. ▶ https://doi.org/10.1007/s11618-015-0664-0.

Glasstetter, S. (2005). *„Moralerziehung nach Lawrence Kohlberg" – Über die Effizienz und Auswirkungen der „Just-Community" in einem geschlossenen Heim für delinquente Jugendliche.* Diplomarbeit, Universität Landau, Landau.

Gollwitzer, M., & Prooijen, J.-W. van (2016). Psychology of justice. In C. Sabbagh & M. Schmitt (Hrsg.), *Handbook of Social Justice Theory and Research* (S. 61–82). New York: Springer.

Greenberg, J., & Cohen, R. L. (2014). *Equity and justice in social behavior.* New York: Academic.

Haan, G. de (2008). Gestaltungskompetenz als Kompetenzkonzept der Bildung für nachhaltige Entwicklung. In I. Bormann & G. de Haan (Hrsg.), *Kompetenzen der Bildung für nachhaltige Entwicklung: Operationalisierung, Messung, Rahmenbedingungen, Befunde* (S. 23–44). Wiesbaden: VS Verlag.

Hafer, C. L., & Sutton, R. (2016). Belief in a just world. In C. Sabbagh & M. Schmitt (Hrsg.), *Handbook of Social Justice Theory and Research* (S. 145–160). New York: Springer Science + Business Media.

Israelashvili, M. (1997). Situational determinants of school students' feelings of injustice. *Elementary School Guidance & Counseling, 31*(31), 283–292.

Jasso, G., Törnblom, K. Y., & Sabbagh, C. (2016). Distributive justice. In C. Sabbagh & M. Schmitt (Hrsg.), *Handbook of Social Justice Theory and Research* (S. 201–218). New York: Springer Science + Business Media.

Keller, C., & Siegrist, M. (2010). Psychological resources and attitudes toward people with physical disabilities. *Journal of Applied Social Psychology, 40*(2), 389–401.

Kohlberg, L. (1985). The just community approach to moral education in theory and practice. In M. Berkowitz & F. K. Oser (Hrsg.), *Moral education: Theory and application* (S. 27–88). Hillsdale: Erlbaum.

Lerner, M. J. (1980). *The Belief in a just world.* Boston: Springer.

Oser, F. K., Althof, W., & Higgins-D'Alessandro, A. (2008). The just community approach to moral education: System change or individual change? *Journal of Moral Education, 37*(3), 395–415. ▶ https://doi.org/10.1080/03057240802227551.

Pretsch, J., Ehrhardt, N., Engl, L., Risch, B., Roth, J., Schumacher, S. & Schmitt, M. (2016). Injustice in school and students' emotions, well-being, and behavior: A longitudinal study. *Social Justice Research, 29*(1), 119–138. ▶ https://doi.org/10.1007/s11211-015-0234-x.

Resh, N., & Sabbagh, C. (2014). Justice, belonging and trust among Israeli middle school students. *British Educational Research Journal, 40*(6), 1036–1056.

Resh, N., & Sabbagh, C. (2016). Justice and education. In C. Sabbagh & M. Schmitt (Hrsg.), *Handbook of Social Justice Theory and Research* (S. 349–367). New York: Springer Science + Business Media.

Rockström, J., Steffen, W., Noone, K., Persson, Å., Chapin, F. S., Lambin, E., Lenton, T. M., Scheffer, M., Folke, C., Schellnhuber, H. J., Nykvist, B., Wit, C. A. de, Hughes, T., Leeuw, S. van der, Rodhe, H., Sörlin, S., Snyder, P. K., Costanza, R., Svedin, U., Falkenmark, M., Karlberg, L., Corell, R. W., Fabry, V. J., Hansen, J., Walker, B., Liverman, D., Richardson, K., Crutzen, P., & Foley, J. A. (2009). A safe operating space for humanity. *Nature, 461,* 472–475.

Sabbagh, C., & Schmitt, M. (Hrsg.). (2016). *Handbook of Social Justice Theory and Research.* New York: Springer Science + Business Media.

Schmitt, M., Gollwitzer, M., Maes, J., & Arbach, D. (2005). Justice sensitivity. *European Journal of Psychological Assessment, 21*(3), 202–211. ▶ https://doi.org/10.1027/1015-5759.21.3.202.

Schwegler, C. (2016). Das Argument „zukünftige Generationen" in umweltethischen Konflikten: Funktionen des Ungeborenen. In T. Breyer & O. Müller (Hrsg.), *Funktionen des Lebendigen* (S. 123–157). Berlin: De Gruyter.

Smith, K. B. (1985). Seeing justice in poverty: The belief in a just world and ideas about inequalities. *Sociological Spectrum, 5*(1–2), 17–29. ▶ https://doi.org/10.1080/02732173.1985.9981739.

Sustek, H. (1996). Rituale in der Schule. *Pädagogische Welt, 50*(1), 34–38.

UNEP. (1992). Agenda 21. ▶ http://www.un.org/depts/german/conf/agenda21/agenda_21.pdf. Zugegriffen: 16. Febr. 2017.

Vermunt, R., & Steensma, H. (2016). Procedural justice. In C. Sabbagh & M. Schmitt (Hrsg.), *Handbook of Social Justice Theory and Research* (S. 219–236). New York: Springer Science + Business Media.

Wenzel, M., & Okimoto, T. G. (2016). Retributive Justice. In C. Sabbagh & M. Schmitt (Hrsg.), *Handbook of Social Justice Theory and Research* (S. 237–256). New York: Springer Science + Business Media.

Wubbels, T., & Brekelmans, M. (2005). Two decades of research on teacher-student relationships in class. *International Journal of Educational Research, 43*(1), 6–24.

5

Transformation und Nachhaltigkeit: Perspektiven für eine nachhaltigkeitsorientierte Hochschul-, Organisations- und Personalentwicklung

Claudia Thea Schmitt

© Springer Fachmedien Wiesbaden GmbH, ein Teil von Springer Nature 2018
C. T. Schmitt, E. Bamberg (Hrsg.), *Psychologie und Nachhaltigkeit*,
https://doi.org/10.1007/978-3-658-19965-4_6

6.1 Transformation des Wissenschaftssystems

Die globalgesellschaftliche Umbruchsituation des gegenwärtigen Anthropozäns bringt auch das Wissenschaftssystem in einen veränderten Bezugsrahmen. Das Verhältnis von Wissenschaft und Gesellschaft vor diesem Hintergrund zu hinterfragen und – national wie global – nach Neuausrichtungen dieses Verhältnisses zu suchen, liegt nahe (Schneidewind und Singer-Brodowski 2013; Wilkinson 2014; Lenzen 2015). Dabei verlaufen Paradigmenwechsel und Systemumbrüche in der Regel nicht reibungslos, sondern stoßen auf Widerstände und sind konfliktgeladen, da sie ein Aushandeln und Etablieren neuer Wertebezüge und Handlungsweisen erfordern. Konflikt- beziehungsweise Spannungsverhältnisse von Wissenschaftsfreiheit und Hochschulautonomie, also Selbststeuerung einerseits, und gesellschaftspolitischen Forderungen, also Fremdbeeinflussung andererseits, sind erkennbar (Schneidewind und Singer-Brodowski 2013). Ein weiteres Spannungsverhältnis, in dem sich ein Erhalten von Traditionen und die Einführung von Neuerungen und Innovationen gegenüberstehen, manifestiert sich ebenfalls, ist aber nicht auf den Wissenschafts- und Hochschulkontext beschränkt. Das Konzept der Transformativen Wissenschaft (ebd.) wird in diesem Zusammenhang als eine Möglichkeit diskutiert, um Hochschulen und andere Wissenschaftsinstitutionen (stärker) darauf auszurichten, mit diesen und anderen Herausforderungen nachhaltiger Entwicklung umzugehen. Transformative Wissenschaft weist dabei über herkömmliche und bislang etablierte Paradigmen hinaus und umfasst Formen der Forschung, der Lehre und des betrieblichen Managements, die gesellschaftliche Wandlungsprozesse konstruktiv befördern können. Vor allem die Auflösung reduktionistischer Betrachtungsweisen zugunsten holistischer und systemischer Perspektiven sowie grenzüberwindendes Denken und Agieren – beispielsweise durch Inter- und Transdisziplinarität, Interaktion, Partizipation, Kooperation, Öffnungstendenzen und gegenseitiges Lernen auf „höherer Ebene" (vgl. Argyris und Schön 1978, 1996; Wilber 2001; Disterheft et al. 2015; Müller-Christ 2017) – spielen im Kontext transformativer Wissenschaft eine zentrale Rolle. Wie wird nachhaltige Entwicklung im Wissenschafts- und Hochschulsystem aktuell adressiert?

6.2 Nachhaltigkeit an Hochschulen: entwickeln – vernetzen – berichten

Hochschulen sind Bildungseinrichtungen, denen eine Vorbildrolle für Gesellschaftsentwicklung im Allgemeinen zugeschrieben werden kann (Paleari et al. 2015; Wilkinson 2014). In Hochschulen werden nicht nur künftige Generationen von AkademikerInnen und Führungskräften geprägt, gebildet und ausgebildet. Auch Forschung und Wissenschaftstransfer wirken interaktiv in die Gesellschaft hinein und beeinflussen damit soziale Gefüge auf lokaler, nationaler und/oder internationaler Ebene. Zudem sind Hochschulen beziehungsweise Universitäten ebenso (öffentliche) Institutionen und Arbeitgeber, das heißt sie richten sich an bestimmten Prinzipien von Kultur, *Governance*, Organisation sowie (Campus-)Betrieb aus.

Lenzen (2015) verweist auf kulturell unterschiedliche (postsekundäre) Bildungsbeziehungsweise Hochschulsysteme – das kontinental-europäische, das atlantische (anglo-amerikanische) sowie das ostasiatisch-konfuzianische. In Abgrenzung zum aktuell dominierenden, stark ökonomistisch geprägten angloamerikanischen Hochschulsystem plädiert er für ein Welthochschulsystem, in das Konvergenzen der beiden anderen System-arten balancierend eingebracht werden, insbesondere Maßgaben humanistischer sowie gemeinwohlorientierter Bildung (gemeinsames Ziel der Höherentwicklung von Gesellschaft und Menschheit). Ein solches Rahmenkonzept wie das eines Welthochschulsystems (ebd.) kann im Zuge der Transformationsprozesse in der Wissenschaft (siehe ▶ Abschn. 6.1) Orientierung bieten, Neuausrichtungen ermöglichen und erlaubt, Nachhaltigkeit als über-greifendes Leitthema von und für Hochschulentwicklung aufzufassen – auf theoretischer, konzeptioneller und strategischer Ebene.

Zunächst stellt sich damit für Hochschulen die Frage, ob (und in welchem Ausmaß) sie als Gesellschaftsakteure und Organisationen ein nachhaltigkeitsorientiertes Leitbild entwerfen und verfolgen möchten. Sofern dies der Fall ist, ist davon auszugehen, dass einzelne nachhaltigkeitsbezogene Projekte und Aktionen hierbei ein Anfang sein kön-nen, diese allein jedoch nicht für einen tiefgreifenden System- und Organisationswan-del hin zu Nachhaltigkeit ausreichend sind (Leal Filho 2015). In alltagspraktischer und operativer Hinsicht ist dann also ferner zu fragen, *wie* sich Hochschulen im Allgemei-nen (als Orte der Manifestation von Bildungs- und Wissenschaftssystem) beziehungs-weise eine konkrete Hochschule im Speziellen an einem Leitbild (oder verschiedenen Leitbildern?) nachhaltiger Entwicklung ausrichten kann (angewandte, operative Ebene, Ebene der Implementierung; Leal Filho 2011). Gemäß der klassischen Aufgaben von Hochschulen ergeben sich dabei als Reflexions- und Handlungsfelder für eine Imple-mentierung von Nachhaltigkeitsbezügen vor allem Forschung sowie Lehre und Bildung. Darüber hinaus sind aber auch jene Anwendungsfelder relevant, die Hochschulver-waltung und -betrieb sowie Campusmanagement und Wissens-/Technologietransfer betreffen (vgl. Bassen et al. 2016). Inzwischen existiert eine zunehmende Zahl konkreter (Fall-)Beispiele, wie Hochschulen in einzelnen Anwendungsfeldern, integriert im Sinne eines „Whole Institution Approach" (UNESCO 2014) – das heißt die Gesam-tinstitution auf allen Handlungsebenen durchdringend – oder in spezifischer Fokus-sierung ihres Profils das Thema nachhaltige Entwicklung adressieren (vgl. Rath und Schmitt 2017). Solche Beispiele reichen von *Green Campus Development* (zum Beispiel Bellantuono et al. 2016; Finlay und Massey 2012; Atherton und Giurco 2011) über Betei-ligungsprozesse von Studierenden und anderen *Change Agents* (zum Beispiel Tappeser und Meyer 2012; Brinkhurst et al. 2011) bis hin zu mono- und interdisziplinären Bei-trägen der natur- und sozialwissenschaftlichen Forschung (zusammenfassend zum Bei-spiel Leal Filho 2011, 2015; Leal Filho und Zint 2016; Heinrichs und Michelsen 2014) sowie curricularen und anderen Bildungsmaßnahmen zu Fragen und Herausforderun-gen nachhaltiger Entwicklung (Bildung für nachhaltige Entwicklung, BNE; siehe zum Beispiel Stoltenberg 2010; Barth et al. 2011; Barth und Rieckmann 2016; Otte et al. 2014; siehe auch Braßler, ▶ Kap. 7).

Zur Veranschaulichung und Konkretisierung einige Beispiele der entsprechenden Aktivitäten an der Universität Hamburg:

Beispiel Universität Hamburg (UHH)

Seit 2011 existiert an der UHH das Kompetenzzentrum Nachhaltige Universität (KNU), das als fakultätsübergreifende Beratungs- und Projektwerkstatt im Sinne eines *Whole Insti-tution Approach* die Herausforderungen nachhaltigkeitsorientierter Prozesse in Wissen-schafts- und Hochschulentwicklung innerhalb (und zum Teil auch außerhalb) der UHH adressiert (▶ www.nachhaltige.uni-hamburg.de). Konkrete Initiativen, die das KNU hervor bringt oder die vom KNU unterstützt und gebündelt werden, sind unter anderem:

6

- im Bereich *Green Campus Development* die Förderung studentischer Urban Gardening Projekte auf dem Campus, die Befassung mit Fragestellungen nachhaltigen Veranstaltungsmanagements an der UHH oder die Initiierung und Mitumsetzung eines „Klimasparbuchs für Hamburger Studierende"
- für den Bereich Forschung die Herausgabe einer digitalen „Forschungslandkarte Nachhaltigkeit", in der verschiedenste wissenschaftliche Projekte der UHH zu Themenfeldern nachhaltiger Entwicklung im Allgemeinen und den Sustainable Development Goals im Speziellen ersichtlich werden; konkret finden sich hier etwa Forschungsprojekte unter anderem zu Bezügen zwischen Nachhaltigkeit und Mehrsprachigkeit, zu *Corporate Social Responsibility,* zum Klimawandel und seinen Folgen, zur Friedensforschung, zum Umweltrecht und zahlreichen anderen Inhalten
- mit Blick auf den Bereich Bildung für nachhaltige Entwicklung (BNE) sind neben Studiengängen, die Nachhaltigkeit unmittelbar adressieren – wie beispielsweise der Master *Integrated Climate System Sciences* oder der *Master of International Business and Sustainability* – an der UHH auch die interdisziplinäre BNE-AG sowie ein Team innerhalb des KNU anzuführen, das sich schwerpunktmäßig mit Nachhaltigkeit in Lehre und Studium befasst und gemeinsame Positionen zur Abbildung von Nachhaltigkeit in der Lehre an der UHH verfasst hat

Die Vielfalt der Ansätze und Bezüge zu nachhaltiger Entwicklung an Hochschulen ist inzwischen enorm und kaum noch zu überblicken. Indes, die in ▶ Kap. 1 (Schmitt und Bamberg) genannten Schwierigkeiten im Umgang mit dem Nachhaltigkeitskonstrukt und -begriff bleiben bislang weitestgehend bestehen. Und wie Transformationsprozesse in Richtung Nachhaltigkeit so gestaltet werden können, dass sie nicht nur Einzelne (Personen, Disziplinen, Abteilungen etc.) erreichen, sondern die Organisation in ihrer Gesamtheit – das heißt ihre Organisationskultur (vgl. Schein 1995; Schmitt et al. 2014) – umfassend durchdringen und verändern (*Whole Institution Approach;* UNESCO 2014; McMillin und Dyball 2009), scheint derzeit weder generalisierend noch einzelfallbezogen hinreichend beantwortbar.

Vor diesem Hintergrund existiert seit November 2016 in Deutschland ein Zusammenschluss von 11 Hochschulen, die sich im Rahmen des vom Bundesministerium für Bildung und Forschung (BMBF) geförderten Verbundprojekts „Nachhaltigkeit an Hochschulen: entwickeln – vernetzen – berichten (HOCH[N])"[1] gemeinsam dem Ziel widmen, aus interdisziplinärer Perspektive Förder- und Hemmfaktoren einer Implementierung von nachhaltigkeitsbezogenen Entwicklungsprozessen an Hochschulen zu erforschen und ein Netzwerk deutscher Hochschulen zu etablieren, das auf eine Systematisierung und Professionalisierung nachhaltigkeitsorientierter Hochschulentwicklung hinarbeitet (Bassen et al. 2017). Analog der oben genannten Handlungsfelder werden in diesem Projekt Implementierungsfragen zu Nachhaltigkeit in Forschung, Lehre, Betrieb und Transfer thematisiert. Darüber hinaus werden aber auch ergänzende beziehungsweise querschnittsbezogene Handlungsfelder – nämlich Nachhaltigkeitsgovernance, Nachhaltigkeitsberichterstattung (siehe Schmitt & Sassen, ▶ Kap. 15; in diesem Band) und Vernetzung zu Themen nachhaltiger Entwicklung – berücksichtigt. HOCH[N] wurde vom Kompetenzzentrum Nachhaltige Universität (KNU) der Universität Hamburg initiiert und wird von dort aus koordiniert. Neben konkretisierenden Forschungserkenntnissen aus den einzelnen HOCH^N-Handlungsfeldern und ihren Überschneidungsbereichen werden als Projektergebnis Orientierungs- und Handlungsleitfäden entstehen, die der Unterstützung einer Implementierung von nachhaltiger Entwicklung an Hochschulen dienen. Während Zwischenergebnisse des HOCH^N-Projekts an dieser Stelle (noch) nicht berichtet werden können, mag der nachfolgende Abschnitt dennoch einen kurzen Überblick darüber bieten, von welchen Förder- und Hemmfaktoren bezüglich einer Implementierung von Maßnahmen zu Nachhaltigkeit an Hochschulen auszugehen ist.

6.3 Förder- und Hemmfaktoren von Nachhaltigkeit an Hochschulen: Ein Überblick

Erste vereinzelte Untersuchungen zur mittel- und langfristigen Implementierung von nachhaltigkeitsbezogenen Prozessen an Hochschulen verweisen auf die Rolle persönlichen Engagements von Personen, die sich des Themas Nachhaltigkeit annehmen, insbesondere auf Leitungsebene (Ávila et al. 2017; Lozano et al. 2015). Bleibt ein Commitment der (Hochschul-)Führung zu nachhaltiger Entwicklung – und damit eine klare Leitbildformulierung sowie politische und ressourcielle Unterstützung – aus, können entsprechende Implementierungen nicht oder nur sehr schwer umgesetzt werden, und nachhaltigkeitsbezogene Initiativen lassen sich so kaum in eine Systemstruktur überführen. Als Hemmfaktor für eine substanzielle Verankerung von Maßnahmen nachhaltiger Entwicklung an Hochschulen wird in den genannten Studien zudem ein Mangel an ganzheitlicher Perspektive, an Systemdenken sowie an integrierten Ansätzen identifiziert. „Silodenken" und ausgeprägte Spezialisierungen innerhalb der Wissenschaft(en) und ebenso der Administration behindern übergreifende (inter- und transdisziplinäre) Zusammenarbeit und somit einen Blick für das große Ganze, wie es für nachhaltigkeitsbezogene Themen von Nöten ist. Ávila et al. (2017) identifizieren als Barrieren für Veränderungsprozesse an Hochschulen darüber hinaus die hohe Diversität an Zielgruppen (Studierende, wissenschaftliches Personal, Verwaltungspersonal), die zur Umsetzung eines *Whole Institution Approach* angesprochen werden müssen, sowie die generelle Limitiertheit von Ressourcen (Zeit, Mittel etc.), die eine Prioritätensetzung erfordert, welche häufig zu Ungunsten einer Befassung mit nachhaltiger Entwicklung ausfällt. Dies geschieht erfahrungsgemäß vor allem, weil kurzfristig oft andere, als akuter wahrgenommene Themen im Betriebsalltag von Hochschulen in den Vordergrund rücken und eine langfristige Zukunftsgerichtetheit, wie sie für Nachhaltigkeit erforderlich ist, durch die Schnelllebigkeit unserer Zeit erschwert wird. Als größte Hürde einer Implementierung von Nachhaltigkeitsaktivitäten ergab die Studie von Ávila et al. (2017) jedoch eine mangelnde administrative Unterstützung entsprechender Initiativen. Die Auswertung des Datensets von 301 befragten Nachhaltigkeitsakteuren an insgesamt 172 Hochschulen weltweit deutet darauf hin, dass administrative Strukturen eine Schlüsselrolle für die Förderung beziehungsweise Behinderung einer Implementierung integraler Aktivitäten nachhaltiger Entwicklung bilden. Zu ähnlichen Ergebnissen kommen auch Lozano et al. (2015), die in ihrer Untersuchung das Vorhandensein eines Nachhaltigkeitsbüros oder -zentrums (beziehungsweise ähnlicher Einrichtungen) als bedeutenden Förderfaktor für die Verankerung nachhaltiger Entwicklung an Hochschulen ebenso ermitteln wie die Durchführung von Nachhaltigkeitsberichterstattung (siehe Schmitt und Sassen, ▶ Kap. 15), und damit einhergehend die Planung und Umsetzung konkreter

Maßnahmen, die zu einer harmonischen Orchestrierung und Verstärkung verschiedener nachhaltigkeitsbezogener Aktivitäten beitragen.

Insgesamt scheinen somit vor allem (hochschul-)politische, strukturelle und „manageriale" Rahmenfaktoren bekannt, die zu einer Förderung oder Hemmung nachhaltigkeitsorientierter Hochschulentwicklung beitragen. Da angenommen werden kann, dass genuin psychologische Faktoren – wie beispielsweise Motivation(en), Persönlichkeitsvariablen, konkrete Kognitionen, Emotionen und Verhaltensweisen sowie Interaktions- und Kommunikationsformen – ebenfalls eine bedeutende Rolle spielen, sollten künftig auch diese stärker in der Forschung berücksichtigt werden. Auch identitätsbildende und Selbstinterpretationsprozesse (vgl. Laux 2008), verschiedene Problemlösungsstile, Umgangsformen mit Konflikten und Dilemmasituationen, relevante Einstellungen, Kompetenzen und Tugenden könnten deutlicher in Bezug zu einer Implementierung nachhaltiger Entwicklung gesetzt werden. Hier kann also weiterführender psychologischer sowie interdisziplinärer Forschungsbedarf festgestellt werden, genauso wie etwa bezüglich der Besonderheiten von Entwicklungs- und Gestaltungsprozessen an Hochschulen (und über Hochschulen hinaus), die inhaltlich und strukturell auf eine Transformation hin zu gesteigerter Corporate Social Responsibility (siehe auch Tanner et al., ▶ Kap. 10) und „starker Nachhaltigkeit" (Ott und Döring 2011) ausgerichtet sind. Zudem ergibt sich weiterführender Forschungsbedarf auch im Hinblick auf eine kontextuelle Übertragbarkeit: Inwiefern sind Problemlösungen und Maßnahmen zur Förderung nachhaltiger Entwicklung beispielsweise in Unternehmen übertragbar auf universitäre und/oder andere staatliche Organisationen? Welche Spezifika sind für Hochschulen allgemein, und für jede einzelne Hochschule, die sich einer Verankerung nachhaltiger Entwicklung verpflichtet fühlt, zu berücksichtigen? Hier gehen Theorien, Konzepte und Forschungsarbeit in praktische Fragen der Hochschulberatung und angewandten Personal- und Organisationsentwicklung (PE und OE) zu Nachhaltigkeit über. Die Kernfrage hierbei lautet: Wie und mit Hilfe welcher (personen- und teambezogenen) Maßnahmen lässt sich nachhaltige Entwicklung an Hochschulen systematisch fördern, mit welchen Wirkungen und Nebenwirkungen? Auf diese angewandte Seite wird im nachfolgenden Abschnitt kurz eingegangen.

6.4 Nachhaltigkeitsorientierte Personal- und Organisationsentwicklung

Hochschulentwicklung beschränkt sich nicht allein auf Personal- und Organisationsentwicklung, beide können aber als wesentlicher Bestandteil von Hochschulentwicklung allgemein sowie nachhaltigkeitsorientierter Hochschulentwicklung im Speziellen betrachtet werden (vgl. NAP-BNE 2017). Natürlich sind zunächst strategische Klärungen sowie eine Einleitung allgemeiner Change-Management Prozesse, die eine Implementierung eines Nachhaltigkeitsleitbildes an Hochschulen als Zielperspektive definieren, vorauszusetzen (Ceulemans et al. 2015). Personal- und Organisationsentwicklung stellen dann aber in einem nächsten Schritt operativ zentrale Implementierungsfelder dar, mit Hilfe deren Instrumente sich Wertausrichtungen und Organisationskultur systematisch und längerfristig in Richtung des jeweiligen Leitbilds verändern lassen (vgl. Werther und Jacobs 2014; Schültz et al. 2014). Eine kritische Fremd- und Selbstreflexion der jeweiligen Wertausrichtungen und Kultur, auch und vor allem in ethischer Hinsicht (siehe Bamberg et al., ▶ Kap. 2), muss dabei selbstverständlich Bestandteil sein, um einer opportunistischen Instrumentalisierung von Organisationsentwicklung und Personalentwicklung im Dienste „zweifelhafter" Werte entgegenzuwirken.

6.4.1 Verschiedene Kategorien von Nachhaltigkeitsbezug der Personal- und Organisationsentwicklung

Dass für die Frage, welche konkreten Verknüpfungen sich zwischen der Förderung von humanen Ressourcen und nachhaltiger Entwicklung ergeben, mindestens drei Perspektiven beziehungsweise Kategorien zu berücksichtigen sind, liegt gerade vor dem Hintergrund der alltagsbegrifflichen Geprägtheit des Nachhaltigkeitskonstrukts (siehe Schmitt und Bamberg, ▶ Kap. 1) nahe (Schmitt 2016):

(1) Nachhaltigkeit und Nachhaltigkeitsthemen als expliziter Inhalt von Personal- und Organisationsentwicklungsmaßnahmen (Sensibilisierung, Information, Wissensvermittlung)

Das Thema Nachhaltigkeit wird in der Fort-, Aus-, Weiterbildung, in Einzelcoachings, Workshops, Teamtrainings oder anderen Formaten explizit aufgegriffen – zum Beispiel durch Vermittlung von Theorien, Rahmeninformationen, Befunden aus der interdisziplinären und/oder disziplinären Nachhaltigkeitsforschung und –praxis. Schulungen zu umweltfreundlichem und energiesparendem Verhalten am Arbeitsplatz fallen beispielsweise ebenso unter diese Kategorie wie Fortbildungsprogramme zum Umwelt-, Sozial- und Gesundheitsmanagement (vgl. Sustainable Development Goals; siehe Schmitt und Bamberg, ▶ Kap. 1) oder Informationsveranstaltungen zu fachspezifischen Entwicklungen ressourcenschonender Rohstoffgewinnung, fairem Handel, Corporate Social Responsibility, Wirtschaftsethik und ähnlichen Themen. Hier handelt es sich um punktuelle Maßnahmen, die sich inhaltlich direkt mit dem Konstrukt Nachhaltigkeit im weitesten Sinne befassen.

(2) Entwicklung nachhaltigkeitsrelevanter Haltungen und Kompetenzen durch gezielte Maßnahmen (Capacity Building; Persönlichkeitsentwicklung)

Hier steht die Befähigung zu einem Handeln im Mittelpunkt, das sich an reflektierten Leitprinzipien der Nachhaltigkeit orientiert und eine gemeinsame Bewältigung künftiger Herausforderungen ermöglicht, die zu einem Großteil heute noch gar nicht genau absehbar sind. Wissens- beziehungsweise Informationsvermittlung zu Nachhaltigkeitsthemen allein reicht dabei nicht aus, vielmehr müssen Haltungen und Kompetenzen entwickelt werden, die wertereflektiert und zukunftsgerichtet zugleich sind. Die Ausbildung von Gestaltungskompetenzen (de Haan 2008; vgl. auch Braßler, ▶ Kap. 7) kann hier als Beispiel ebenso subsumiert werden wie Maßnahmen zu den „Five Minds for the Future" nach Gardner (2007) oder Coaching-Workshops zu Wertebasierter Flexibilität (Schmitt 2014, 2016). Persönlichkeitsentwicklung, Wertereflexion und die Stärkung sozial-konstruktiver, transformationaler (Problem-)Bewältigungsmöglichkeiten bilden den Fokus dieser Kategorie.

(3) Nachhaltigkeit als Qualitätsmerkmal und Wirkung von Personal- beziehungsweise Organisationsentwicklungsmaßnahmen (Lerneffekte und -transfer)

Hier geht es um die Frage, wie überdauernd und wirkungsvoll Inhalte beziehungsweise Kompetenzen durch Personal- und Organisationsentwicklungsmaßnahmen gefördert werden. Professionelle Personal- und Organisationsentwicklungsmaßnahmen sind in der Regel stets darauf ausgelegt, möglichst langfristige Lern- und Transfereffekte zu erzielen. Zunächst unabhängig vom jeweils adressierten Inhalt, geht es dabei um die effektive Wirkung einer bestimmten Maßnahme im Hinblick auf den Arbeits- und/oder Lebensalltag der Teilnehmenden. Aus der Lerntransfer- und Bildungsforschung ist bekannt, dass die Langfristigkeit von Lerneffekten und deren Übertragung in Alltagssettings von zahlreichen Faktoren abhängig ist, beispielsweise von der spezifischen Motivation der Teilnehmenden, der didaktisch-methodischen Ausgestaltung der Maßnahme sowie unterstützenden beziehungsweise hemmenden Faktoren im Transferumfeld (Holton III und Baldwin 2003; Kirkpatrick 1998; Schmitt 2006). Evaluationsstudien (vgl. auch Scheffler, ▶ Kap. 14) dienen dazu, kurz-, mittel- und langfristige Lern- und Transfereffekte von entsprechenden Maßnahmen zu erfassen, um damit Aussagen über deren Nachhaltigkeit im Sinne von *langfristiger Transferwirkung* treffen zu können. Allerdings wird hier vorgeschlagen, in solchen Fällen künftig besser von Qualität, Wirkung und/oder Lern- und Transfereffekten statt von Nachhaltigkeit einer entsprechenden Maßnahme zu sprechen, um Missverständnisse zu vermeiden. Die gewissenhafte Anwendung von (psychologischen) Methoden und Operationalisierungen, (vgl. auch ▶ Kap. 5) spielt hier eine entscheidende Rolle.

Diese drei Kategorien sind zu differenzieren und zu spezifizieren, um verschiedenen Blickwinkeln nachhaltiger Entwicklung innerhalb der Personal- und Organisationsentwicklung gerecht werden zu können, auch wenn sie nicht unbedingt als trennscharf anzusehen sind (Überschneidungen zwischen den Kategorien sind durchaus möglich und auch wahrscheinlich). Insgesamt kann eine originär nachhaltigkeitsbezogene Personal- sowie Organisationsentwicklung vor dem Hintergrund der aktuellen gesellschaftlichen Herausforderungen als neuartiges, interdisziplinäres Forschungs- und Anwendungsfeld aufgefasst werden, das viel Raum lässt, um es weiter auszuloten und zu professionalisieren (vgl. auch Adams 2011; Laszlo und Castro Laszlo 2011; Lozano 2015; Ceulemans et al. 2015; Schmitt und Palm 2017).

6.4.2 Konkrete Maßnahmen, Methoden und Instrumente einer nachhaltigkeitsorientierten Organisations- und Personalentwicklung

Es soll zunächst angeregt werden, von *nachhaltigkeitsorientierter* Organisations- und Personalentwicklung nur dann zu sprechen, wenn dabei entweder integrale Themen nachhaltiger Entwicklung ausdrücklich und umfassend adressiert werden – siehe oben Kategorie 1 – oder zumindest eindeutig und differenziert herausgearbeitet wird, in welchem konkreten sonstigen Bezug zu Werten, Theorien und Befunden der Nachhaltigkeitsforschung der jeweilige Prozess steht. Neben einer allgemeinen Kategorisierung verschiedener Nachhaltigkeitsbezüge von Organisationsentwicklung und Personalentwicklung wie oben vorgeschlagen, bietet es sich an, konkrete Maßnahmen, Methoden und Instrumente im Kontext einer weiteren Spezifizierung von explizit auf nachhaltige Entwicklung ausgerichteter Personal- und Organisationsentwicklungsprozesse zu betrachten:

Die Vielfalt an möglichen Maßnahmen, Methoden und Instrumenten, um Reflexionen, Verhaltens- sowie Systemveränderungen hin zu mehr sozial geteilter Verantwortung und nachhaltigkeitsbewussteren Lebensstilen zu unterstützen (*Organizational Change Management for Sustainable Development,* OCMSD; Lozano 2015; Pischetsrieder 2010), ist enorm. Sowohl für den Hochschul- als auch den Unternehmenskontext existieren hier inzwischen zahlreiche Beispiele (vgl. unter anderem Leal Filho 2011; Lozano 2013; Müller-Christ 2016), wobei sich im Sinne der obigen Kategorie von Lern- und Transfereffekten selbstverständlich stets die Frage nach systematischen und Langzeitwirkung valide erfassenden Evaluationskriterien beziehungsweise Evaluationen stellt, die in Forschung sowie Praxis aus verschiedenen Gründen oft nur schwer umzusetzen sind (vgl. auch Scheffler, ▶ Kap. 14). Lässt man Fragen nach einer qualitativen und/oder quantitativen Wirkungs- und Transferevaluation jedoch zunächst offen, können verschiedene Themen nachhaltiger Entwicklung innerhalb der Personal und Organisationsentwicklung in verschiedensten Formen, Ausprägungen und Spielarten angesprochen werden, von Informationsveranstaltungen und Schulungsmaßnahmen über Trainings bis hin zu Coachings im Einzel-, Team- oder Gruppensetting (vgl. zu Coaching auch Mühlberger et al., ▶ Kap. 20) oder gar als Persönlichkeitscoaching (Riedelbauch und Laux 2011). Ebenso zahlreich und bunt können die konkreten Methoden sein, die im Rahmen solcher Maßnahmen zum Einsatz kommen – angefangen von klassischen Vorträgen und Übungen, über analytische sowie kreative Methoden, bis hin zum Projektlernen oder dem Einsatz von performativen und mimetischen Verfahren (vgl. Laux und Schmitt 2011; Dornaus et al. 2015). Insbesondere systemische Methoden (Radatz 2006; Schmid 2014; Müller-Christ 2016; Müller-Christ et al. 2015) scheinen im Zusammenhang mit Themen nachhaltiger Entwicklung geeignet, um neue Perspektiven und Lernerfahrungen zu ermöglichen und so Transformationsprozesse zu unterstützen. Aber auch hier können weitere Forschungs- und Evaluationsbedarfe festgestellt werden, die unterschiedliche Kombinationen, Zielgruppen, Intensitätsstufen etc. der angeführten Methoden berücksichtigen. Gleiches gilt auch für den Einsatz konkreter Instrumente, die einer nachhaltigkeitsorientierten Organisations- und Personalentwicklung zur Verfügung stehen (siehe beispielsweise Dunphy et al. 2003; Pischetsrieder 2010; Müller-Christ 2011; Schmitt und Palm 2017).

Exemplarisch für solche Instrumente wurden an anderer Stellen (siehe Schmitt und Bamberg, ▶ Kap. 1) bereits das sogenannte *Synonymbarometer Nachhaltigkeit* sowie eine Sammlung von Reflexionsfragen vorgestellt, die als Einstieg in Organisations- und Personalentwicklungsprozesse zum Thema Nachhaltigkeit dienen können. Als weiteres exemplarisches Instrument zur Konkretisierung und Verankerung von nachhaltigkeitsbezogenem Handeln in Organisationen kann das *ATIS-Modell* (Schmitt und Palm 2017) angeführt werden: Sollen Nachhaltigkeitsprozesse in einer Organisation umfassend und unter Partizipation aller Organisationsmitglieder implementiert werden, tauchen erfahrungsgemäß Fragen und Wünsche danach auf, entsprechende konkrete Handlungs- und Verhaltensweisen zu spezifizieren. Da diese je nach Kontext, Anwendungsfeld und Zielgruppe sehr unterschiedlich ausfallen können, kann es hilfreich sein, in Form von Einzel- und/oder Gruppenberatungen, die jeweiligen Bezüge und Handlungsmöglichkeiten genauer zu analysieren, um daraus Verhaltensänderungsbedarfe abzuleiten. Das ATIS (Arbeitsplatz – Tätigkeit – Individuum – Struktur/Soziales)-Modell bietet hierfür ein

Nachhaltigkeitsorientiertes Handeln im Arbeitskontext

(1) Verhalten am **ARBEITSPLATZ** (örtlich)	**(3) INDIVIDUUM** (persönliche Verhaltensaspekte)
(2) TÄTIGKEIT (inhaltlich)	**(4) STRUKTUR / KOLLEKTIV** (soziale Bedingungen und Rahmenfaktoren)

⬛ Abb. 6.1   ATIS-Modell. (Eigene Darstellung; vgl. Schmitt und Palm 2017)

rudimentäres Orientierungsschema, das einzel- beziehungsweise gruppenfallbezogen Systematisierungen und Konkretisierungen erlaubt (⬛ Abb. 6.1).

Ausgehend von der Leitfrage, wo und wie sich Bezüge zwischen dem eigenen Arbeitskontext und dem Thema Nachhaltigkeit/nachhaltige Entwicklung herstellen lassen, um daraus im Weiteren konkrete Handlungsoptionen abzuleiten, werden vier relevante Analysefelder für nachhaltigkeitsorientiertes Handeln unterschieden:

1) Arbeitsplatz Betrifft den konkreten Ort und die Räumlichkeit der Arbeitstätigkeit; beschränkt sich dabei nicht nur auf ökologische Kriterien (zum Beispiel Licht ausschalten beim Verlassen des Arbeitsplatzes; Nutzung von Energiesparmodi bei technischen Geräten und dergleichen), sondern umfasst beispielsweise auch Fragen nach effizienten Organisationsprozessen sowie wechselseitigen Umgangsformen (etwa in „Ehrenkodizes" beschriebenes, ethisch reflektiertes Verhalten).

2) Tätigkeit Betrifft konkrete Arbeitsinhalte und damit die Verknüpfung zwischen Beruf/Aufgabe/fachlicher Expertise und dem Thema Nachhaltigkeit. Hier kann ein Bezug mehr oder weniger auf der Hand liegen: Bei jemandem, der oder die beispielsweise in einer Abteilung für Umweltschutz tätig ist, sind die Verknüpfungen zum Thema Nachhaltigkeit offensichtlicher als bei jemandem, der oder die beispielsweise der Abteilung Rechnungswesen angehört. Dennoch lassen sich auch im letzteren Fall durchaus Verknüpfungen zum Thema herstellen, siehe zum Beispiel das Thema nachhaltiges Investment (unter anderem Puaschunder, ► Kap. 11). Insbesondere im wissenschaftlichen Arbeitsbereich sind an dieser Stelle nicht nur einzelne Tätigkeitsaspekte – zum Beispiel Forschung, Lehre, Organisation/Führung – gemeint, sondern ebenso die disziplinäre, fachspezifische Verknüpfung zum Nachhaltigkeitskontext.

3) Individuum Betrifft persönliche Einstellungen, Interessen und Motive; umfasst damit die individuelle Verhaltensebene und Nachhaltigkeitsorientierung. Konkretisierende Leitfragen an dieser Stelle sind: Was tue ich schon und was kann ich selbst (individuell) tun, um nachhaltige Entwicklung zu unterstützen, sowohl in ökologischer, sozialer als auch ökonomischer/effizienzbezogener Hinsicht? Welche – kleineren oder größeren – Schritte bin ich bereit zu gehen, um selbst zur Aufrechterhaltung des Gemeinwohls und zum verantwortungsvollen Umgang mit natürlichen und humanen

Ressourcen beizutragen? Angesprochen sind hier unter anderem psychische Regulationsmechanismen. Inbegriffen sind auf dieser Ebene auch die Bereitschaft sowie die Fähigkeit zu wohlwollend-kritischer Fremd- und vor allem Selbstreflexion. Es geht um eigene, individuelle Handlungsoptionen, Entscheidungen und Verantwortlichkeiten einschließlich deren Weiterentwicklung.

4) Struktur/Kollektiv Betrifft die soziale Einbettung individuellen Handelns, das heißt strukturelle Gegebenheiten (zum Beispiel in Form von politischen Bedingungen, Gesetzen, Vorgaben etc.) ebenso wie kollektive Einflüsse auf Verhalten. Hierzu zählen etwa Bedingungsfaktoren wie die aus der Sozialpsychologie bekannten Gruppenphänomene (*Group-Think,* Anonymisierungseffekte, Trittbrettfahrerphänomen usw.) aber auch die Rolle von *Alignment* (das heißt eine Übereinstimmung/Stimmigkeit von Person- und Umfeldfaktoren) innerhalb des jeweiligen Berufsfeldes (vgl. Gardner et al. 2001), die Verhaltensmodellfunktion anderer sowie übrige soziale Dynamiken, wie etwa die systematische Schaffung von materiellen und/oder immateriellen Anreizen für bestimmtes Handeln. Es geht in diesem Feld um soziale, kollektive Handlungsmuster sowie systemische Prozesse und Veränderungsbedarfe.

Dieses Vier-Felder-Schema kann also im Rahmen von Organisations- und Personalentwicklung als Instrument Anwendung finden, um konkrete nachhaltigkeitsorientierte Handlungsmöglichkeiten (ebenso wie Konflikte innerhalb und zwischen den Feldern) zu identifizieren und entsprechende Aktionen in den Arbeitsalltag zu integrieren. Auch wenn dies lediglich ein ausgewähltes, analytisch fokussiertes Beispiel repräsentiert und von weiteren Notwendigkeiten auszugehen ist, solche und ähnliche Instrumente zur gezielten Unterstützung von nachhaltigkeitsbewusstem und nachhaltigkeitsorientiertem Handeln zu schärfen sowie weiterzuentwickeln, zeigt es dennoch ausschnitthaft auf, wie die Praxis einer Organisations- und Personalentwicklung unter anderem aussehen kann, die einen Beitrag zur Implementierung von Nachhaltigkeit an Hochschulen und anderen Institutionen zu leisten vermag.

6.5 Fazit und Ausblick

Das globale Gesellschaftssystem befindet sich in einem immer schneller werdenden Wandel. Damit geht unter anderem auch ein Wandel des Wissenschafts- und Hochschulsystems einher. Versteht man Transformation als transzendente Höherentwicklung (Wilber 2001; Müller-Christ 2017; vgl. auch Bass und Steidlmeier 1999), lassen sich verschiedene Leitbilder einer nachhaltigkeitsorientierten Hochschullandschaft entwerfen. Trotz aller Konflikthaftigkeit und Problematiken des Themas können durchaus Konvergenzen hin zur Perspektive eines integralen Hochschulsystem festgestellt werden (vgl. Wilber 2001; Lenzen 2015; Müller-Christ 2017).

Einzelne Studien zu Förder- und Hemmfaktoren einer Implementierung von Nachhaltigkeitsprozessen an Hochschulen (und auch anderen Einrichtungen) existieren bereits. Von einem umfassenden, ganzheitlichen Bild davon, welche Hürden und Hebel in diesen Prozessen – auf verschiedenen Ebenen, mit Bezug auf verschiedene Akteursgruppen sowie Organisationen und mit welchen Effekten genau – wirken, kann derzeit noch nicht die Rede sein. Wie (jenseits von Einzelfallbeispielen) das Thema nachhaltige

Entwicklung in Organisationen wirksam, flexibel und überdauernd zugleich adressiert und verankert werden kann, lässt sich kaum pauschal beantworten. Das Bundesministerium für Bildung und Forschung fördert mit dem Verbundprojekt HOCH[N] derzeit allerdings eine Kooperation von verschiedenen Hochschulen, die sich gemeinsam der Herausforderung widmen, nachhaltigkeitsbezogenes Handeln weiter in ihren jeweiligen Strukturen und als Netzwerk zu verankern.

Spezifisch an Fragen der Nachhaltigkeit ausgerichtete Hochschul-, Organisations- und Personalentwicklung darf als relativ neues Forschungs- und Anwendungsfeld aufgefasst werden. Genauere Systematisierungen und Differenzierungen scheinen nötig, um einen Boden für starke Nachhaltigkeit (Ott und Döring 2011) zu schaffen. Handlungsbedarfe, die auf politischer, interkultureller, organisationaler sowie individueller Ebene gesehen werden (können), gilt es mit Hilfe weiterführender Studien und praktischer Explorationen detaillierter zu identifizieren, zu analysieren, zu evaluieren. Es gilt beispielsweise zudem zu fragen, wie nachhaltigkeits- beziehungsweise werteorientierte und innovationsorientierte Prozesse zusammenhängen (vgl. Schmitt 2014; Schmitt und Palm 2017; Ávila et al. 2017; Müller-Christ 2017). Inwiefern gibt es hier Parallelen und Unterschiede, und welche Konsequenzen hat dies in verschiedenen Kontexten für Anwendung und Praxis? Gerade Synergien sowie Abgrenzungen zwischen innovations- und nachhaltigkeitsorientierten Veränderungsprozessen scheinen bisher noch nicht hinreichend analysiert, um profunde Aussagen zur Implementierung und Wirkung von Zielen nachhaltiger Entwicklung – insgesamt und auf verschiedene Organisationsformen und -kulturen bezogen – treffen zu können. Konkrete Maßnahmen, Methoden und Instrumente einer nachhaltigkeitsorientierten Organisations- und Personalentwicklung wären auf dieser Basis (weiter) zu entwickeln, zu erproben und einzusetzen, wobei auch bereits gegebene Instrumente genutzt werden können.

Müller-Christ (2017) skizziert in seiner Arbeit eine zukunftsorientierte, innovative Nachhaltigkeitsforschung (in Abgrenzung zur bewährten Nachhaltigkeitsforschung) anhand verschiedener Aspekte, die auf sich stetig erweiternde Perspektiven und Lösungsräume bezüglich Ressourcenwahrnehmung und Nebenwirkungsvermeidung hinauslaufen. Als zentral für den Fortschritt von Nachhaltigkeitsprozessen – nicht nur in der Hochschullandschaft – sieht er letztlich die Persönlichkeitsentwicklung von Forschenden. Dass hierbei die Psychologie als Wissenschaft und Anwendungsfeld für den weiteren interdisziplinären Nachhaltigkeitsdiskurs wesentliche Beiträge leisten kann und sollte, liegt auf der Hand.

Literatur

Adams, J. D. (2011). Working today as if tomorrow mattered: A challenge to the profession. *OD Practitioner – Journal of the Organization Development Network, 43*(4), 33–39.

Argyris, C., & Schön, D. A. (1978). *Organizational learning: A theory of action perspective.* Reading: Addison-Wesley.

Argyris, C., & Schön, D. A. (1996). *Organizational learning II: Theory, method, and practice.* Redwood City: Addison-Wesley.

Atherton, A., & Giurco, D. (2011). Campus sustainability: Climate change, transport and paper reduction. *International Journal of Sustainability in Higher Education, 12*(3), 269–279.

Ávila, L., Leal Filho, W., Brandli, L., MacGregor, C., Molthan-Hill, P., Özuyar, P. G., & Moreira, R. M. (2017). Barriers to innovation and sustainability at universities around the world. *Journal of Cleaner Production, 164,* 1268–1278.

Barth, M., & Rieckmann, M. (Hrsg.). (2016). *Empirische Forschung zur Bildung für nachhaltige Entwicklung: Themen, Methoden und Trends.* Berlin: Opladen.

Barth, M., Rieckmann, M., & Sanusi, Z. A. (Hrsg.). (2011). *Higher education for sustainable development: Looking back and moving forward.* Bad Homburg: VAS.

Bass, B. M., & Steidlmeier, P. (1999). Ethics, character, and authentic transformational leadership behavior. *Leadership Quaterly, 10*(2), 181–218.

Bassen, A., Frost, J., Held, H., Horstmann, A., Schmitt, C. T., & Schramme, T. T. (2016). Zwischen Wissenschaftsfreiheit und gesellschaftlicher Verantwortung: Die Universität Hamburg auf dem Weg zu einer Universität der Nachhaltigkeit: Positionsbestimmung. ▶ https://www.nachhaltige.uni-hamburg.de/downloads/1_7-positionspapiere/knu-positionspapier-2-aufl-april-2016.pdf. Zugegriffen: 12. Juli 2017.

Bassen, A., Schmitt, C. T., & Stecker, C. (2017). Nachhaltigkeit an Hochschulen: entwickeln – vernetzen – berichten (HOCH[N]). *UmweltWirtschaftsForum, 25,*139–146.

Bellantuono, N., Pontrandolfo, P., Scozzi, B., & Dangelico, R. M. (2016). Assessing resources and dynamic capabilities to implement the „Green Campus" project. In W. L. Filho, & M. Zint (Hrsg.), *The Contribution of Social Sciences to Sustainable Development at Universities* (pp. 213–227). Bern: Springer.

Brinkhurst, M., Rose, P., Maurice, G., & Ackerman, J. D. (2011). Achieving campus sustainability: Top-down, bottom-up, or neither? *International Journal of Sustainability in Higher Education, 12*(4), 338–354.

Ceulemans, K., Lozano, R., & Alonso-Almeida, M. (2015). Sustainability reporting in higher education: Interconnecting the reporting process and organisational change management for sustainability. *Sustainability, 7,* 8881–8903.

de Haan, G. (2008). Gestaltungskompetenz als Kompetenzkonzept der Bildung für nachhaltige Entwicklung. In I. Bormann & G. de Haan (Hrsg.), *Kompetenzen der Bildung für nachhaltige Entwicklung: Operationalisierung, Messung, Rahmenbedingungen, Befunde* (S. 23–43). Wiesbaden: VS Verlag.

Disterheft, A., Azeiteiro, U. A., Leal Filho, W., & Caeiro, S. (2015). Participatory processes in sustainable universities: What to assess? *International Journal of Sustainability in Higher Education, 16*(5), 748–771.▶ https://doi.org/10.1108/IJSHE-05-2014-0079.

Dornaus, C., Staples, R., Wendelken, A., Wolf, D., Danzinger, F., Dumbach, M., Möslein, K., Schmitt, C. T., Schütz, A., Trinczek, R., & Wabro, S. (2015). *Innovationspotenziale entdecken, wertschätzen, nutzen!* Erlangen: FAU University Press.

Dunphy, D., Griffith, A., & Benn, S. (2003). *Organizational Change for Corporate Sustainability.* London: Routledge.

Finlay, J., & Massey, J. (2012). Eco-campus: Applying the ecocity model to develop green university and college campuses. *International Journal of Sustainability in Higher Education, 13*(2), 150–165.

Gardner, H. (2007). *5 minds for the future.* New York: McGraw-Hill.

Gardner, H., Csikszentmihalyi, M., & Damon, W. (2001). *Good Work! Für eine neue Ethik im Beruf.* Stuttgart: Klett-Cotta.

Heinrichs, H., & Michelsen, G. (Hrsg.). (2014). *Nachhaltigkeitswissenschaften.* Berlin: Springer.

Holton III, E. F., & Baldwin, T. T. (Hrsg.). (2003). *Improving learning transfer in organizations.* San Francisco: Jossey-Bass.

Kirkpatrick, D. L. (1998). *Evaluating training programs: The four levels* (2. Aufl.). San Francisco: Berrett-Koehler.

Laszlo, A., & Castro Laszlo, K. (2011). Systemic sustainability in OD practice: Bottom line and top line reasoning. *OD Practitioner – Journal of the Organization Development Network, 43*(4), 10–16.

Laux, L. (2008). *Persönlichkeitspsychologie* (2. Aufl.). Stuttgart: Kohlhammer.

Laux, L., & Schmitt, C. T. (2011). Performatives Verstehen durch histrionische Darstellung: Liebe in der Vorlesung. In M. Zenck & M. Jüngling (Hrsg.), *Erzeugen und Nachvollziehen von Sinn* (S. 431–450). München: Fink.

Leal Filho, W. (2011). Applied sustainable development: A way forward in promoting sustainable development in higher education institutions. In W. Leal Filho (Hrsg.), *World trends in education for sustainable development* (S. 9–29). Frankfurt: Lang.

Leal Filho, W. (2015). Education for sustainable development in higher education: reviewing needs. In W. Leal Filho (Hrsg.), *Transformative approaches to sustainable development at universities: Working across disciplines* (S. 3–12). Cham: Springer. ▶ https://doi.org/10.1007/978-3-319-08837-2

Leal Filho, W., & Zint, M. T. (2016). *The contribution of social sciences to sustainable development at universities.* Bern: Springer.

Lenzen, D. (2015). *Eine Hochschule der Welt: Plädoyer für eine Welthochschule.* Wiesbaden: Springer.

Lozano, R. (2013). Are companies planning their organisational changes for corporate sustainability?: An analysis of three case studies on resistance to change and their strategies to overcome it. *Corporate Social Responsibility and Environmental Management, 20*(5), 275–295.

Lozano, R. (2015). A holistic perspective on corporate sustainability drivers. *Corporate Social Responsibility and Environmental Management, 22*, 32–44.

Lozano, R., Ceulemans, K., Alonso-Almeida, M., Huisingh, D., Lozano, F. J., Waas, T., Lambrechts, W., Kovačič Lukman, R., & Hugé, J. (2015). A review of commitment and implementation of sustainable development in higher education: Results from a worldwide survey. *Journal of Cleaner Production, 108*, 1–18.

McMillin, J., & Dyball, R. (2009). Developing a whole-of-university approach to educating for sustainability. *Journal of Education for Sustainable Development, 3*(1), 55–64. ▶ https://doi.org/10.1177/097340820900300113.

Müller-Christ, G. (2011). Nachhaltigkeit in der Hochschule: Ein Konzept für die interne Selbstüberprüfung. In Deutsche UNESCO-Kommission e. V. (Hrsg.), *Hochschulen für eine nachhaltige Entwicklung: Nachhaltigkeit in Forschung, Lehre und Betrieb* (S. 60–71). Bonn: VAS.

Müller-Christ, G. (2016). Wie kommt das Neue in die Welt? Systemaufstellungen als Instrument eines forschungsorientierten Lernens in der Managementlehre. In G. Weber & C. Rosselet (Hrsg.), *Organisationsaufstellungen: Grundlagen, Settings, Anwendungsfelder* (S. 285–299). Heidelberg: Carl-Auer.

Müller-Christ, G. (2017). Nachhaltigkeitsforschung in einer transzendenten Entwicklung des Hochschulsystems: ein Ordnungsangebot für Innovativität. In W. Leal Filho (Hrsg.), *Innovation in der Nachhaltigkeitsforschung: Ein Beitrag zur Umsetzung der UNO Nachhaltigkeitsziele* (S. 161–180). Berlin: Springer Spektrum.

Müller-Christ, G., Liebscher, A. K., & Hußmann, G. (2015). Nachhaltigkeit lernen durch Systemaufstellungen. *Zeitschrift für Wirtschafts- und Unternehmensethik, 16*(1), 29–51.

Nationale Plattform Bildung für nachhaltige Entwicklung (NAP-BNE). (Hrsg.). (2017). Nationaler Aktionsplan Bildung für nachhaltige Entwicklung: Der deutsche Beitrag zum UNESCO-Weltaktionsprogramm. ▶ https://www.bmbf.de/files/Nationaler_Aktionsplan_Bildung_fuer_nachhaltige_Entwicklung.pdf. Zugegriffen: 14. Aug. 2017.

Ott, K., & Döring, R. (2011). *Theorie und Praxis starker Nachhaltigkeit.* Marburg: Metropolis.

Otte, I., Prien-Ribcke, S., & Michelsen, G. (2014). Hochschulbildung auf der Höhe des 21. Jahrhunderts. In C. von Müller & C.-P. Zinth (Hrsg.), *Managementperspektiven für die Zivilgesellschaft des 21. Jahrhunderts* (S. 183–203). Wiesbaden: Springer.

Paleari, S., Donina, D., & Meoli, M. (2015). The role of the university in twenty-first century European Society. *Journal of Technological Transfer, 40*, 369–379. ▶ https://doi.org/10.1007/s10961-014-9348-9.

Pischetsrieder, G. (Hrsg.). (2010). *Werte – Wertschätzung – Wertschöpfung: Für Beruf und Unternehmen.* Hamburg: GPO.

Radatz, S. (2006). *Einführung in das systemische Coaching.* Heidelberg: Carl-Auer.

Rath, K., & Schmitt, C. T. (2017). Sustainability at universities: Degrees of institutionalization for sustainability at german higher education institutions: A categorization pattern. In W. Leal Filho, L. Brandli, P. Castro, & J. Newman (Eds.), *Handbook of Theory and Practice of Sustainable Development in Higher Education* (Bd. 1, S. 451–470). Berlin: Springer.

Riedelbauch, K., & Laux, L. (2011). *Persönlichkeitscoaching: Acht Schritte zur Führungsidentität.* Weinheim: Beltz PVU.

Schein, E. H. (1995). *Unternehmenskultur.* Frankfurt a. M.: Campus.

Schmid, B. (Hrsg.). (2014). *Systemische Organisationsentwicklung: Change und Organisationskultur gemeinsam gestalten.* Stuttgart: Schäffer-Poeschel.

Schmitt, C. T. (2006). *Die Analyse der Faktoren des Transfers von Teamentwicklungsmaßnahmen in die organisatorische Praxis.* Unveröffentlichte Diplomarbeit, Universität Regensburg, Regensburg.

Schmitt, C. T. (2014). *Was ist Klugheit? Wertebezogenes Handeln im Führungskontext: Theorie und Praxis Wertebasierter Flexibilität.* Lengerich: Pabst.

Schmitt, C. T. (2016). Leitthema Nachhaltigkeit: Aufgabe für die Personalentwicklung?! *Wirtschaftspsychologie aktuell, 2*, 17–20.

Schmitt, C. T., & Palm, S. (2017). Sustainability at German Universities: The Universität Hamburg as a Case Study for Sustainability-oriented Organizational Development. In W. Leal Filho (Hrsg.), *Handbook of Sustainability Science and Research.* Berlin: Springer.

6

Schmitt, C. T., Strothmann, P., & Goepel, M. (2014). Dauerhaft innovationsfähig?! Ein idealtypisches Modell transformationaler Kultur. In B. Schültz, P. Strothmann, C. T. Schmitt, & L. Laux (Hrsg.), *Innovationsorientierte Personalentwicklung: Konzepte, Methoden und Fallbeispiele für die Praxis* (S. 267–291). Wiesbaden: Springer-Gabler.

Schneidewind, U., & Singer-Brodowski, M. (2013). *Transformative Wissenschaft: Klimawandel im deutschen Wissenschafts- und Hochschulsystem*. Marburg: Metropolis.

Schültz, B., Strothmann, P., Schmitt, C. T., & Laux, L. (Hrsg.). (2014). *Innovationsorientierte Personalentwicklung: Konzepte, Methoden und Fallbeispiele für die Praxis*. Wiesbaden: Springer-Gabler.

Stoltenberg, U. (2010). Kultur als Dimension eines Bildungskonzepts für eine nachhaltige Entwicklung. In O. Parodi, G. Banse, & A. Schaffer (Hrsg.), *Wechselspiele: Kultur und Nachhaltigkeit* (S. 293–311). Berlin: Sigma.

Tappeser, V., & Meyer, A. (2012). Change-agents in sustainability governance: Institutional transformation at three institutions of higher education. In W. Leal Filho (Hrsg.), *Sustainable development at universities: New horizons* (S. 395–404). Frankfurt: Lang.

UNESCO. (2014). UNESCO roadmap for implementing the global action programme on education for sustainable development. ▶ https://sustainabledevelopment.un.org/content/documents/1674unescoroadmap.pdf. Zugegriffen: 4. Aug. 2017.

Werther, S., & Jacobs, C. (2014). *Organisationsentwicklung: Freude am Change*. Berlin: Springer.

Wilber, K. (2001). *Ganzheitlich Handeln: Eine integrale Vision für Wirtschaft, Politik, Wissenschaft und Spiritualität*. Freiamt: Arbor.

Wilkinson, J. (2014). Verantwortung und Aufgaben von Universitäten als Institutionen in der Zivilgesellschaft im 21. Jahrhundert. In C. von Müller & C.-P. Zinth (Hrsg.), *Managementperspektiven für die Zivilgesellschaft des 21. Jahrhunderts* (S. 67–80). Wiesbaden: Springer.

Hochschulbildung für eine nachhaltige Entwicklung: Wie kann man Nachhaltigkeit wirksam lehren und lernen?

Mirjam Braßler

© Springer Fachmedien Wiesbaden GmbH, ein Teil von Springer Nature 2018
C. T. Schmitt, E. Bamberg (Hrsg.), *Psychologie und Nachhaltigkeit*,
https://doi.org/10.1007/978-3-658-19965-4_7

7.1 Das UNESCO Weltaktionsprogramm Bildung für nachhaltige Entwicklung

Es ist eine zentrale Aufgabe von Hochschulen, Studierende darauf vorzubereiten, die Gegenwart und Zukunft so zu gestalten, dass die heutige Gesellschaft und auch die nachfolgenden Generationen mit sozialen, ökonomischen und ökologischen Herausforderungen umgehen können (BMBF 2010; Deutsche UNESCO-Kommission e. V. 2014). Bereits im Jahre 2002 rief die Generalversammlung der Vereinten Nationen die Weltdekade *Bildung für eine nachhaltige Entwicklung* (BNE) für die Jahre 2005 bis 2014 aus. Das zentrale Ziel der UN-Dekade BNE war die Verankerung von nachhaltiger Entwicklung als Leitbild in allen Bildungsbereichen, damit globale Probleme wie Klimawandel, Armut oder Raubbau an der Natur gelöst werden können. Innerhalb von zehn Jahren wurden Good-Practice Beispiele identifiziert, Netzwerke gebildet und gewonnenes Wissen mithilfe von diversen Publikationen weitergetragen. Im Anschluss rief die UNESCO das Weltaktionsprogramm Bildung für nachhaltige Entwicklung von 2015 bis 2019 aus. Auch die Bundesregierung beteiligt sich mit Unterstützung des Bundesministeriums für Bildung und Forschung daran (Zur Übersicht: BNE Portal 2017).

Eine erfolgreiche Umsetzung des Weltaktionsprogramms Bildung für nachhaltige Entwicklung in einer Hochschule erfordert im Wesentlichen zwei Dinge: 1) eine curriculare Einbindung des Lehr-Lern-Gegenstands Nachhaltigkeit, also die Möglichkeit über Nachhaltigkeit zu lernen (inhaltlich-thematischer Aspekt), und 2) eine wirksame Ausgestaltung von Lehre, die es Studierenden ermöglicht, jetzt und in Zukunft die Welt nachhaltig zu gestalten, und dies auch zeitlich überdauernd zu lernen (Qualitätsaspekt) (Kompetenzzentrum Nachhaltige Universität der Universität Hamburg 2015). Der vorliegende Beitrag zeigt auf, welche Erkenntnisse aus der Kognitions-, Entwicklungs- und pädagogischen Psychologie vorliegen, die erklären helfen, wie Studierende nachhaltig lernen können und welche Implikationen sich daraus für die Einbindung des Lehr-Lern-Gegenstands Nachhaltigkeit in die Lehr-Lern-Praxis an Hochschulen ergeben.

7.2 Nachhaltigkeit wirksam lehren und lernen

Die Forschung zum Thema Lehren und Lernen hat in der Psychologie eine lange Tradition. Lernen kann als Lernen durch Verstärkung (Behaviorismus; Vertreter: Pavlov, Watson, Skinner), Lernen durch Einsicht und Erkenntnis (Kognitivismus; Vertreter: Bandura) oder als Lernen durch persönliches Erfahren, Erleben und Interpretieren (Konstruktivismus; Vertreter: Piaget, Vygotsky) gesehen werden, oder aber auch als eine Mischung aus diesen drei Ansätzen (Pragmatismus; Vertreter: James) (zur Übersicht: Hasselhorn und Gold 2013).

In der heutigen Diskussion um die Gestaltung von Lernumgebungen wird zwischen zwei Sichtweisen unterschieden: 1) Lernende rezipieren passiv, was ein Lehrender verständlich darbietet/erklärt/instruiert (technologische Position, in Tradition des Kognitivismus) und 2) Lernende konstruieren aktiv und werden durch Lehrende unterstützt (konstruktivistische Position, in Tradition des Konstruktivismus) (zur Übersicht: Reinmann und Mandl 2006).

Welche Position trägt nun aber zu nachhaltig wirksamem Lernen bei? Erkenntnisse aus der Kognitionspsychologie zeigen, dass die Wissensvermittlung an der Hochschule via reiner Instruktion im Sinne der technologischen Position dazu führt, dass Studierende später dieses Wissen nicht in die Praxis transferieren und komplexe Probleme nicht lösen können (Gruber et al. 2000). Um dieses träge Wissen, also die Kluft zwischen Wissen und Handeln, zu vermeiden, wird eine Balance zwischen Instruktion und Konstruktion vorgeschlagen. Das bedeutet, dass der/die Lehrende den geeigneten Lehr-Lern-Raum schafft (instruiert), damit Studierende in diesem angemessen lernen (konstruieren) können. Dies entspricht einer gemäßigt konstruktivistischen Position, aus der sich folgende Leitlinien für die Gestaltung der Lehre ableiten: Situiert und anhand authentischer Probleme lernen, in multiplen Kontexten lernen, unter multiplen Perspektiven lernen, in einem sozialen Kontext lernen und mit instruktionaler Unterstützung lernen (Reinmann und Mandl 2006). Diese Prinzipien werden beispielsweise in den Lernumgebungen des Problembasierten Lernens (PBL), Projektbasierten Lernens (PjBL), Fallbasierten Lernens (FBL) und Forschenden Lernens (FL) umgesetzt. Die empirische Lehr-Lern-Forschung im Sinne einer Evidenzorientierung in Bezug auf einen Vergleich von traditioneller ‚Instruktionslehre' im Gegensatz zu situierter, studierenden-zentrierter Lehre (wie im PBL, PjBL, FBL und FL) ist bis dato spärlich. Die Befundlage deutet auf widersprüchliche Ergebnisse im Wissenserwerb hin (Scholkmann 2016). Während Problembasiertes Lernen im Vergleich zur traditionellen Lehre keine Unterschiede aufweist, findet im Fallbasierten Lernen und Forschenden Lernen ein höherer Wissenserwerb statt (Loyens und Rikers 2011). Gleichzeitig führt jedoch Problembasiertes Lernen im Vergleich zu einem erhöhten Erwerb von Methodenkompetenzen (Scholkmann und Küng 2016), Kommunikationskompetenzen (Braßler und Dettmers 2016) und Problemlösefähigkeiten (Cohen-Schotanus et al. 2008).

Im Gegensatz zu einem reinen Wissenserwerb geht es bei dem Erwerb von Kompetenzen um den Aufbau von „kognitiven Fähigkeiten und Fertigkeiten, um bestimmte Probleme zu lösen, sowie die damit verbundenen motivationalen, volitionalen und sozialen Bereitschaften und Fähigkeiten, um die Problemlösungen in variablen Situationen erfolgreich und verantwortungsvoll nutzen zu können" (Weinert 2001, S. 27). Eine volitionale Bereitschaft beschreibt eine willentliche Bereitschaft Handlungen und Handlungsabsichten zu steuern. Ganz im Sinne der Prävention der Anhäufung trägen Wissens wird heute in der Hochschullehre, besonders nach den Forderungen des Bologna-Prozesses, eine Kompetenzorientierung angestrebt (Schaper 2012). Um kompetenzorientierte Lehre erfolgreich zu gestalten, empfiehlt Schaper (2012), sich an das Prinzip des *Constructive Alignments* des pädagogischen Psychologen Biggs zu halten. Dieses Prinzip sagt aus, dass die Lernziele klar definiert und den Studierenden kommuniziert werden und die Lehr-Lern-Methoden und Prüfungsmethoden im Einklang mit den Lernzielen stehen sollen (Biggs und Tang 2007).

7.3 Lernziel: Gestaltungskompetenz

Während im anglo-amerikanischen Bildungsraum Konzepte wie die Action Kompetenz (Mogensen und Schnack 2010), das Gestaltswitching (Wals 2010) oder die fünf Kernkompetenzen aus systemisch Denken, partizipatorischen, normativen, strategischen und interpersonellen Kompetenzen zur Nachhaltigkeit (Wiek et al. 2011) diskutiert werden, wird im deutschen Bildungsraum im Rahmen des Bildungsansatzes BNE oft die Gestaltungskompetenz als Lernziel definiert (Rieckmann 2016). Das Konzept der Gestaltungskompetenz

☑ Tab. 7.1	Die zwölf Teilkompetenzen der Gestaltungskompetenz
Teilkompetenz 1	Weltoffen und neue Perspektiven integrierend Wissen aufbauen
Teilkompetenz 2	Vorausschauend Entwicklungen analysieren und beurteilen können
Teilkompetenz 3	Interdisziplinär Erkenntnisse gewinnen und handeln
Teilkompetenz 4	Risiken, Gefahren und Unsicherheiten erkennen und abwägen können
Teilkompetenz 5	Gemeinsam mit anderen planen und handeln können
Teilkompetenz 6	Zielkonflikte bei der Reflexion über Handlungsstrategien berücksichtigen können
Teilkompetenz 7	An kollektiven Entscheidungsprozessen teilhaben können
Teilkompetenz 8	Sich und andere motivieren können, aktiv zu werden
Teilkompetenz 9	Die eigenen Leitbilder und die anderer reflektieren können
Teilkompetenz 10	Vorstellungen von Gerechtigkeit als Entscheidungs- und Handlungsgrundlage nutzen können
Teilkompetenz 11	Selbstständig planen und handeln können
Teilkompetenz 12	Empathie für andere zeigen können

wurde im Rahmen des Schulmodelprogramms der Bund-Länder-Kommission für Bildungsplanung und Forschungsförderung *21* von de Haan und Harenberg erarbeitet und im Folgeprogramm *Transfer 21* weiterentwickelt (☑ Tab. 7.1). Schließlich wurde es in einem interdisziplinären Team der Einzelwissenschaften Pädagogik, Ökonomie und Philosophie auf zwölf Teilkompetenzen erweitert (de Haan 2008).

Das Prinzip des *Constructive Alignments* legt nahe, geeignete Lehr-Lern-Methoden zu identifizieren, welche zu dem definierten Lernziel passen: der (Weiter-)Entwicklung der Gestaltungskompetenz.

7.4 Lehr-Lern-Methoden zur Nachhaltigkeit: Interdisziplinäre Formate als Beispiele

Die Lernumgebung muss also derart gestaltet werden, dass Studierende die einzelnen Teilkompetenzen der Gestaltungskompetenz entwickeln können. Hierzu bedarf es – im Sinne der gemäßigt konstruktivistischen Position – Probleme als Lernanlässe, welche Studierende in Lerngruppen in möglichst verschiedenen Anwendungskontexten und aus möglichst unterschiedlichen Perspektiven betrachten, während der/die Lehrende den Gruppenprozess unterstützt. Sowohl das Problembasierte Lernen (PBL) als auch das Projektbasierte Lernen (PjBL), das Fallbasierte Lernen (FBL) und das Forschende Lernen (FL) eignen sich in ihrer klassischen monodisziplinären Ausrichtung als Lernumgebung (Scholkmann 2016). Da aber Probleme aus dem Themenfeld der Nachhaltigkeit zu komplex sind, um von einer einzelnen Disziplin allein angemessen gelöst werden zu können und zudem eine Teilkompetenz der Gestaltungskompetenz Interdisziplinarität adressiert (Teilkompetenz 3), wird im Folgenden eine mögliche interdisziplinäre Durchführung von Lehr-Lern-Formaten zum Thema Nachhaltigkeit beschrieben. Im

Anschluss wird auf die Kohärenz mit den entsprechenden Teilkompetenzen der Gestaltungskompetenz verwiesen.

Im *interdisziplinären Problembasierten Lernen (iPBL)* bearbeiten Studierende in interdisziplinären Teams über ein Semester hinweg 5 komplexe Problemstellungen aus dem Themenfeld der Nachhaltigkeit (Braßler und Dettmers 2016). Diese bearbeiten die Teams mit jeweils 8 Arbeitsschritten: 1) Begriffe und Konzepte zwischen den Disziplinen klären, 2) interdisziplinäres Problem definieren, 3) multidisziplinäres Brainstorming unterschiedlicher Perspektiven der Disziplinen, 4) interdisziplinäres Strukturieren der Ideen, 5) interdisziplinäre Lernziele formulieren, 6) Fachliteratur aus allen beteiligten Disziplinen lesen, 7) multidisziplinäre Diskussion der gelesenen Inhalte und 8) interdisziplinäres Team-Statement mit Lösungsansätzen und praktischen Implikationen schriftlich fixieren.

Im *interdisziplinären Projektbasierten Lernen (iPjBL)* arbeiten Studierende in einem interdisziplinären Team über ein Semester hinweg an einem Projekt. Wie auch in der realen Arbeitswelt durchlaufen sie in ihrem Team Arbeitsschritte des Projektmanagements, Aufgabenanalyse sowie Identifikation und Umsetzung von Lösungen. Eine Form des PjBLs ist das *Service Learning*, im deutschen Sprachraum auch *Lernen durch Engagement (LdE)* genannt, welches die Projektarbeit Studierender in bestehenden gemeinnützigen Projekten beschreibt (Seifert et al. 2012).

Im *interdisziplinären Fallbasierten Lernen (iFBL)* bearbeiten Studierende in einem interdisziplinären Team einen realen Fall aus der beruflichen Praxis. Im Gegensatz zum interdisziplinären Problembasierten Lernen wird im interdisziplinären Fallbasierten Lernen nicht mit den strengen 8 Stufen gearbeitet wird, sondern die Studierenden gestalten ihre Arbeit frei.

Im *interdisziplinären Forschenden Lernen (iFL)* stellen sich die Studierenden im interdisziplinären Team eine eigene Forschungsfrage. Analog zum realen Forschungsprozess werden Hypothesen aufgestellt, gegebenenfalls Daten erhoben oder ein Experiment durchgeführt. Die Hypothesen werden getestet und im Anschluss werden die Ergebnisse interpretiert, aufbereitet und in einem Forschungsbericht oder sogar einer Veröffentlichung präsentiert.

Durch die gemeinsame Arbeit in einem interdisziplinären Team handeln und planen die Studierenden in allen vorgestellten Lehr-Lern-Formaten gemeinsam (Teilkompetenz 5), gewinnen interdisziplinäre Erkenntnisse und handeln interdisziplinär (Teilkompetenz 3), indem sie gemeinsame Entscheidungen treffen (Teilkompetenz 7) und die verschiedenen Sichtweisen ihrer Disziplinen in ihren Lösungsansätzen integrieren (Teilkompetenz 1). Um das interdisziplinäre Potenzial auszuschöpfen, kommt es stark auf die Zusammenstellung der jeweiligen Teams an. Um Probleme auf globaler Ebene zu betrachten (Teilkompetenz 1), braucht es Disziplinen, die sich mit übernationalen Problemen beschäftigen (beispielsweise Politikwissenschaft, Ökonomie oder Kulturwissenschaft). Um Zielkonflikte zwischen ökologischen Notwendigkeiten, ökonomischen Interessen und sozial erwünschten Entwicklungen abwägen zu können (Teilkompetenz 6), bedarf es Disziplinen, welche diese Perspektiven wissenschaftlich betrachten, damit Studierende ihre eigenen Leitbilder, Werte und damit verbundenen Maße und Annahmen von Gerechtigkeit vor dem Hintergrund ihrer Disziplinzugehörigkeit reflektieren können (Teilkompetenz 9, Teilkompetenz 10). In der Abwägung von Gefahren, Risiken und Unsicherheiten (Teilkompetenz 4) geht es um den Umgang mit Wahrscheinlichkeiten; somit sind Kenntnisse in Methoden der Stochastik nützlich (beispielsweise durch die Disziplinen Mathematik oder Psychologie). Auch in der Abschätzung zukünftiger Entwicklungen (Teilkompetenz 2) ist es zielführend, Prognose- und Simulationsmethoden der Natur- und Sozialwissenschaften zu kombinieren. Um die Motivation (Teilkompetenz 8) und die Empathie (Teilkompetenz 12) der Studierenden zu fördern, ist es entscheidend, dass die Themen der gewählten Probleme/Fälle/Projekte einen persönlichen und personalisierten Bezug zu den Studierenden haben. Nur wenn die Studierenden in ihrem persönlichen Leben abgeholt werden, können sie das in der Lernsituation Erlebte in ihren eigenen Lebensstil integrieren und weiterhin eigenständig planen und handeln (Teilkompetenz 11).

7.5 Prüfungsmethoden zur Nachhaltigkeit

Damit Prüfungen einen wirkungsvollen Kompetenzerwerb unterstützen, sollten sich die Prüfungsmethoden und -anforderungen im Sinne des *Constructive Alignments* an dem angestrebten Lernziel, hier also der Gestaltungskompetenz, orientieren (Biggs und Tang 2007). Um eine (Weiter-)Entwicklung der Gestaltungskompetenz von Lernenden aufzeigen zu können, eignen sich weniger wissensreproduzierende Prüfungsaufgaben als vielmehr prozess- und handlungsorientierte Prüfungsformate (für eine Übersicht: Schaper et al. 2013). Exemplarisch werden im Folgenden drei Prüfungsformate vorgestellt.

Im Prüfungsformat *Studientagebuch/Lernjournal* reflektieren Studierende individuell ihren eigenen Lernprozess mithilfe von Tagebucheinträgen. Diese Einträge können mit Lernfragen unterstützt werden. In Bezug auf die Gestaltungskompetenz könnten das folgende Fragen sein: Welchen neuen Perspektiven (kulturell, disziplinär, lokal/global) zur Nachhaltigkeit bist Du begegnet und welche Anschlusspunkte ergeben sich? (TK1). Wie steht es in 10/20/30 Jahren um dein behandeltes Thema der Nachhaltigkeit? (TK2).

In einer *interdisziplinären mündlichen Gruppenprüfung* erhalten Studierende in einem interdisziplinären Team als Thema ein verkürztes Problem oder einen verkürzten Fall, das beziehungsweise den sie gemeinsam als Team analog zum methodischen Vorgehen in der Lehrveranstaltung bearbeiten. Beispielsweise durchläuft ein interdisziplinäres Team in der mündlichen Gruppenprüfung die gleichen Stufen wie im Lehr-Lern-Format des interdisziplinären Problembasierten Lernens. Dies ermöglicht es den Studierenden zum Beispiel zu zeigen, dass sie interdisziplinär Erkenntnisse gewinnen (TK3) und gemeinsam planen und handeln können (TK5).

In einem *interdisziplinären Projektbericht* beschreiben Studierende gemeinsam in einem interdisziplinären Team ihr Projekt, indem sie eine Projektskizze (Projektplanung, Vorgehen, Methoden, Zeit- und Arbeitsplan) anfertigen sowie ihre Ergebnisse darstellen und reflektieren. Analog zum Vorgehen des Studientagebuchs/Lernjournals können Lehrende den Studierenden Leitfragen für den Projektbericht geben. Für die Projektskizze könnten es folgende Fragen sein: Welche Methoden habt ihr aus welchen Disziplinen genutzt? Konntet ihr Ansätze integrieren? (TK3). Für die Reflexion könnten es folgende Fragen sein: Welche Zielkonflikte sind euch begegnet und wie seid ihr mit ihnen umgegangen? (TK6). Wie habt ihr euch und andere motiviert? (TK8). Welche Vorstellungen von Gerechtigkeit liegen euren Entscheidungen zugrunde? (TK10).

Ganz entscheidend ist es, die jeweiligen Benotungskriterien in Bezug auf die Gestaltungskompetenz festzulegen und diese am Anfang des Semesters zu kommunizieren, damit die Studierenden ihr Lernverhalten darauf ausrichten und somit tatsächlich ihre Gestaltungskompetenz erweitern können (Schaper et al. 2013).

7.6 Aktuelle Herausforderungen

Beide anfangs eingeführten Bedingungen für eine erfolgreiche Umsetzung des Weltaktionsprogramms *Bildung für eine nachhaltige Entwicklung* sind bis dato an Hochschulen nur eingeschränkt erfüllt.

7.6.1 Curriculare Einbindung des Lehr-Lern-Gegenstands

Die curriculare Einbindung des Lehr-Lern-Gegenstands Nachhaltigkeit ist an Hochschulen noch nicht weit verbreitet. Im Rahmen der *Nationalen Plattform des Bundesministeriums für Bildung und Forschung* erarbeitet das Fachforum Hochschule zurzeit einen *Nationalen Aktionsplan für Hochschulen* (BNE Portal 2017). Die Implementation von BNE benötigt einen holistischen Ansatz der Hochschulentwicklung und das Commitment aller Hochschulakteure auf drei Ebenen:
- *Mikroebene* (Lehrveranstaltungen; Lehrende, Studierende): Identifikation von disziplinären und interdisziplinären Lehr-Lern-Gegenständen der Nachhaltigkeit; kompetenzorientierte Lehrplanung
- *Mesoebene* (Studiengänge; ProfessorInnen, Wissenschaftliche MitarbeiterInnen, StudierendenvertreterInnen): kompetenzorientierte Modulplanung; Verankerung von fachübergreifenden Modulen zu BNE in Bachelor- und Masterstudiengängen; Berücksichtigung von BNE in Berufungsverfahren
- *Makroebene* (Hochschule; PräsidentIn, VizepräsidentIn, Dekane, StudierendenvertreterInnen): Verankerung von interdisziplinärer BNE im Leitbild der Lehre und im Hochschulprofil; Implementation einer überfakultativen Institution zur Unterstützung der Planung und Umsetzung von interdisziplinärer BNE; Bedarfsanalyse zur Weiterbildung von Lehrenden; Monetäre Anreizsetzung zu interdisziplinärer BNE

7.6.2 Ausgestaltung der Lehre in Form der Kompetenzorientierung

Auch die Ausgestaltung der Lehre in Form der Kompetenzorientierung ist an deutschen Hochschulen bislang nicht weit verbreitet (Schaper 2012). In der Praxis sind die vorgestellten interdisziplinären Lehr-Lern-Formate – wie das interdisziplinäre Problembasierte Lernen, das interdisziplinäre Projektbasierte Lernen, das interdisziplinäre Fallbasierte Lernen als auch das interdisziplinäre Forschende Lernen, – bis dato eher unüblich. Statt prozess- und handlungsorientierten Prüfungsformaten – wie das Studientagebuch/Lernjournal, die interdisziplinäre mündliche Gruppenprüfung als auch der interdisziplinäre Projektbericht – kommen eher Multiple-Choice-Prüfungen zum Einsatz. Aufgrund von monodisziplinär geprägten Strukturen und mangelnder (monetärer) Wertschätzung interdisziplinärer Lehrveranstaltungen an Hochschulen scheuen sich Lehrende vor deren Umsetzung (Braßler 2017).

Im Hinblick auf die Lehr-Lern-Forschung zur Wirkung von BNE bedarf es einer Operationalisierung relevanter Kompetenzen als Erfolgsindikatoren von BNE, um die Kompetenzentwicklung im Sinne des *Design-Based Research* messen zu können (BMBF 2012; Barth und Rieckmann 2016). Bis dato fehlt eine fundierte Kompetenzmodellierung in der Bildung für eine nachhaltige Entwicklung (Rieckmann 2016). Besonders in Bezug auf das Konstrukt der Gestaltungskompetenz ist zunächst eine theoretische Klärung erforderlich, um herzuleiten, wie sich die Teilkompetenzen zueinander verhalten, ob sie zusammenwirken oder kompensatorisch sind (Gräsel et al. 2012). Um der Komplexität aus kognitiven und non-kognitiven Elementen gerecht zu werden (Rieckmann 2016), ist eine interdisziplinäre Zusammenarbeit zwischen der pädagogischen Psychologie und den Erziehungswissenschaften notwendig. Gemeinsam können geeignete Testaufgaben und Instrumente zur Messung der subjektiven Selbsteinschätzung identifiziert und entwickelt werden.

7.7 Fazit

In der Umsetzung der Hochschulbildung für eine nachhaltige Entwicklung bedarf es neben einer curricularen Einbindung des Lehr-Lern-Gegenstands Nachhaltigkeit (inhaltlich-thematisch) einer auf Wirksamkeit und Transfer ausgerichteten Ausgestaltung der Lehre (methodisch-didaktisch). Folgt man dem Prinzip des *Constructive Alignments* der pädagogischen Psychologie, so kann das Lernziel der (Weiter-)Entwicklung der Gestaltungskompetenz insbesondere dann erreicht werden, wenn das Lernziel den Studierenden kommuniziert und die Lehr-Lern-Methoden und Prüfungsmethoden im Einklang zu der Gestaltungskompetenz gewählt werden. Sowohl das interdisziplinäre Problembasierte Lernen (iPBL), das interdisziplinäre Projektbasierte Lernen (iPjBL), das interdisziplinäre Fallbasierte Lernen (iFBL) und das interdisziplinäre Forschende Lernen (iFL) sind Lernumgebungen, die es Studierenden ermöglichen, gemeinsam interdisziplinäre Erkenntnisse zu gewinnen, gemeinsam Entscheidungen zu treffen, indem sie verschiedene Sichtweisen abwägen und integrieren, Entwicklungen auf globaler Ebene zu betrachten, zu antizipieren und zu reflektieren. Diese erworbenen Teilkompetenzen der Gestaltungskompetenz können in prozess- und handlungsorientierten Prüfungsformaten wie zum Beispiel einem Studientagebuch/Lernjournal, einer interdisziplinären mündlichen Gruppenprüfung oder einem interdisziplinären Projektbericht gezeigt und entsprechend bewertet werden.

Aktuell ist das Potenzial von wirksamem Lehren und Lernen in der Hochschulbildung für eine nachhaltige Entwicklung durch die mangelnde curriculare Einbindung des Lehr-Lern-Gegenstands Nachhaltigkeit und der fehlenden Kompetenzorientierung in der Lehre noch nicht voll ausgeschöpft. Eine Implementation von BNE benötigt einen holistischen Ansatz der Hochschulentwicklung. Alle Akteure –Studierende, Lehrende, WissenschaftlerInnen, Dekane ebenso wie PräsidentIn – sind aufgerufen, sich im Rahmen ihrer Möglichkeiten für eine Hochschulbildung für eine nachhaltige Entwicklung einzusetzen.

Auch im Hinblick auf die Lehr-Lern-Forschung zu BNE gibt es Handlungsbedarf. Da bis dato fundierte Kompetenzmodellierungen zu BNE fehlen, braucht es eine interdisziplinäre Zusammenarbeit zwischen WissenschaftlerInnen der pädagogischen Psychologie und den Erziehungswissenschaften, um relevante Teilkompetenzen gemeinsam theoretisch herzuleiten und im Anschluss gemeinsam zu operationalisieren.

Literatur

Barth, M., & Rieckmann, M. (2016). *Empirische Forschung zur Bildung für nachhaltige Entwicklung: Themen, Methoden und Trends.* Leverkusen-Opladen: Budrich.

Biggs, J. B., & Tang, C. (2007). *Teaching for quality learning at university.* Berkshire: Open University Press & MCGraw-Hill Education.

BMBF. (2010). UNI 21: Hochschulbildung für nachhaltige Entwicklung. ► http://www.gesundheitsfoerdernde-hochschulen.de/Inhalte/B_Basiswissen_GF/B9_Materialien/B9_Dokumente/Dokumente_national/Studie_UNI21_Hochschulbildung_nachhaltige_Entw.pdf. Zugegriffen: 11. Apr. 2017.

BMBF. (2012). Bildung für eine nachhaltige Entwicklung: Beiträge der Bildungsforschung. ► https://www.bmbf.de/pub/Bildungsforschung_Band_39.pdf. Zugegriffen: 14. Apr. 2017.

BNE Portal. (2017). UNESCO-Weltaktionsprogramm: Bildung für nachhaltige Entwicklung. ► http://www.bne-portal.de/de/einstieg. Zugegriffen: 31. Juli 2017.

Braßler, M. (2017). Sieben Empfehlungen für ein interdisziplinäres Team Teaching. In M. Braßler, A. Holdschlag, & I. van den Berk (Hrsg.), *Nachhaltige Zukunftsperspektiven: Erstellung von Open Educational Resources (OER) in der Hochschullehre* (S. 197–206). Frankfurt a. M.: pedocs.

Braßler, M., & Dettmers, J. (2016). Interdisziplinäres Problembasiertes Lernen: Kompetenzen fördern, Zukunft gestalten. *Zeitschrift für Hochschulentwicklung, 11*(3), 17–37.

Cohen-Schotanus, J., Muijtjens, A. M. M., Schönrock-Adema, J., Geertsma, J., & Vleuten, C. P. M. van der. (2008). Effects of conventional and problem-based learning on clinical and general competencies and career development. *Medical Education, 42*(3), 256–265.

Deutsche UNESCO-Kommission e. V. (2014). Hochschulen für eine nachhaltige Entwicklung: Netzwerke fördern, Bewusstsein verbreiten. ► http://www.bne-portal.de/sites/default/files/20140928_UNESCO_Broschuere2014_web.pdf. Zugegriffen: 14. Apr. 2017.

Gräsel, C., Bormann, I., Schütte, K., Trempler, K., Fischbach, R., & Asseburg, R. (2012). Perspektiven der Forschung im Bereich Bildung für nachhaltige Entwicklung. In BMBF (Hrsg.), *Bildung für eine nachhaltige Entwicklung: Beiträge der Bildungsforschung* (S. 7–24). ► https://www.bmbf.de/pub/Bildungsforschung_Band_39.pdf. Zugegriffen: 14. Apr. 2017.

Gruber, H., Mandl, H., & Renkl, A. (2000). Was lernen wir in Schule und Hochschule: Träges Wissen? In H. Mandl & J. Gerstenmaier (Hrsg.) *Die Kluft zwischen Wissen und Handeln: Empirische und theoretische Lösungsansätze* (S. 139–156). Göttingen: Hogrefe.

Haan, G. de. (2008). Gestaltungskompetenz als Kompetenzkonzept der Bildung für nachhaltige Entwicklung. In I. Bormann und G. de Haan (Hrsg.), *Kompetenzen der Bildung für nachhaltige Entwicklung: Operationalisierung, Messung, Rahmenbedingungen, Befunde* (S. 23–43). Wiesbaden: VS Verlag.

Hasselhorn, M., & Gold, A. (2013). *Pädagogische Psychologie: Erfolgreiches Lernen und Lehren.* Stuttgart: Kohlhammer.

Kompetenzzentrum Nachhaltige Universität der Universität Hamburg. (2015). Was kann Nachhaltigkeit im Blick auf Lehre und Studium bedeuten? Positionspapier von Team 2 des Kompetenzzentrums Nachhaltige Universität (KNU) der Universität Hamburg. ► https://www.nachhaltige.uni-hamburg.de/downloads/2015-04nachhaltigkeitskonzept-knu-team2-endfassung.pdf. Zugegriffen: 14. Apr. 2017.

Loyens, S. M. M., & Rikers, R. M. J. P. (2011). Instruction based on inquiry. In R. E. Mayer & P. A. Alexander (Hrsg.), *Handbook of research on learning and instruction* (S. 361–381). New York: Routledge.

Mogensen, F., & Schnack, K. (2010). The action competence approach and the ,new' discourses of education for sustainable development, competence and quality criteria. *Environmental Education Research, 16*(1), 59–74.

Reinmann, G., & Mandl, H. (2006). Unterrichten und Lernumgebungen gestalten. In A. Krapp & B. Weidenmann (Hrsg.), *Pädagogische Psychologie* (S. 613–658). Weinheim: BeltzPVU.

Rieckmann, M. (2016). Kompetenzentwicklungsprozesse in der Bildung für nachhaltige Entwicklung erfassen: Überblick über ein heterogenes Forschungsfeld. In M. Barth & M. Rieckmann (Hrsg.), *Empirische Forschung zur Bildung für nachhaltige Entwicklung: Themen, Methoden und Trends* (S. 89–109). Leverkusen-Opladen: Budrich.

Schaper, N. (2012). *Fachgutachten zur Kompetenzorientierung in Studium und Lehre.* Bonn: HRK.

Schaper, N., Hilkenmeier, F., & Bender, E. (2013). *Umsetzungshilfen für kompetenz-orientiertes Prüfen.* Bonn: HRK.

Scholkmann, A. (2016). Forschend-entdeckendes Lernen: (Wieder-)Entdeckung eines didaktischen Prinzips. In B. Berendt, A. Fleischmann, N. Schaper, B. Szczyrba, & J. Wildt (Hrsg.), *Neues Handbuch Hochschullehre* (S. A 3.17; 1–36). Berlin: DUZ Verlags- und Medienhaus GmbH.

Scholkmann, A., & Küng, M. (2016). Studentischer Kompetenzerwerb durch Problembasiertes Lernen: Reflexion von Evaluationsergebnissen im Spiegel existierender Vergleichsdaten. *Zeitschrift für Evaluation, 15*(1), 60–82.

Seifert, A., Zentner, S., & Nagy, F. (2012). *Praxisbuch Service-Learning: „Lernen durch Engagement" an Schulen.* Weinheim: Beltz.

Wals, A. E. J. (2010). Mirroring, gestaltswitching and transformative social learning: Stepping stones for developing sustainability competence. *International Journal of Sustainability in Higher Education, 11*(4), 380–390.

Weinert, F. E. (2001). *Leistungsmessungen in Schulen.* Weinheim: Beltz.

Wiek, A., Withycombe, L., & Redman, C. L. (2011). Key competencies in sustainability: A reference framework for academic program development. *Sustainability Science, 6*(2), 203–218.

7

Medien und ihre Wirkung auf umwelt- und gesundheitsbezogenes Verhalten

Ortwin Renn

© Springer Fachmedien Wiesbaden GmbH, ein Teil von Springer Nature 2018
C. T. Schmitt, E. Bamberg (Hrsg.), *Psychologie und Nachhaltigkeit*,
https://doi.org/10.1007/978-3-658-19965-4_8

8.1 Entwicklung der Medien und daraus resultierende Selektionseinflüsse

Medien sind seit dem Buchdruck zu einem festen Bestandteil der öffentlichen Meinungsbildung geworden. Luhmann (1994) sah in den Massenmedien eine Möglichkeit der Vergrößerung sprachlicher Redundanz, die das, was vermittelt wird, zu einem Allgemeingut des Verstehens der Welt macht. Der Umbruch durch die neuen Onlinemedien und die zunehmende Globalisierung von Kommunikationsinhalten führt aber darüber hinaus zu einer subjektbezogenen Selektionsfunktion. Bestimmten bei den herkömmlichen Massenmedien professionelle Meinungseliten, was als redundante, für alle verfügbare Information zu gelten habe, so ermöglicht das Internet eine für jede Deutungssicht der Welt eingerichtete Redundanzblase, die eine nie zuvor gesehene Vielfalt an sozial verstärkten und kommunikativ verfestigten Deutungen der Welt zur Verfügung stellt (Ingrams 2017). Beide Formen der Kommunikation wirken auf individuelle und kollektive Wahrnehmungs- und Bewusstseinsbildungsprozesse ein. Sowohl die stärker von Meinungseliten ausgehenden Kommunikationsformen wie die quasi anarchisch und anonym über sozialen Medien evolutiv entwickelten Deutungshoheiten schaffen ein Spannungsverhältnis zwischen den konventionellen und neuen sozialen Medien, in dem auch die Fragen nach Umwelt und Gesundheit einen prominenten Platz einnehmen, aber durchaus unterschiedlich akzentuiert werden. Psychische Wahrnehmungsmuster spielen in beiden Medienwelten eine wichtige Rolle, sie sind aber im Internet wegen der besonderen Wirkung von Echoräumen stärker ausgeprägt als in den konventionellen Medien (Pohl 2004).

Der Medienbegriff in den Sozialwissenschaften ist vielschichtig. In der soziologischen Tradition sind Medien zunächst Austauschmedien. Parsons nennt Geld, Macht, Einfluss und Wertbindung als Beispiele (Parsons 1951). Für Luhmann (2004), der an Parsons (1951) anknüpft, sind Medien evolutionäre Errungenschaften, die an den Bedingungen der Kommunikation ansetzen und „dazu dienen, Unwahrscheinliches in Wahrscheinliches zu transformieren" (Luhmann 2004, S. 220). Dieser Transformationsprozess führt zum einen dazu, dass Beobachtungen und Bewertungen zwischen Akteuren ausgetauscht werden, zum anderen dient er dazu, gemeinsame Deutungsmuster zu entwickeln, bis hin zur Ausbildung von Deutungsgemeinschaften. Auch die aktuelle Debatte um eine *post-factual* oder *post-truth* Gesellschaft ist von dem Grundgedanken getragen, dass über die Medien vermittelt Quasi-Gemeinschaften entstehen, die in Zustimmung zu dem, was sie ohnehin schon zu glauben wissen, oder in gemeinsamer Ablehnung gegenüber dem, was ihren vorgefassten Meinungen widersprechen könnte, ihre Identität in einem pluralen gesellschaftlichen Umfeld entwickeln[1].

Die moderne Medienforschung nahm inzwischen die Kommunikationskette, beginnend mit dem Anlass der Berichterstattung über die Kodierung einer Botschaft durch die JournalistInnen bis zum Verständnis der ausgesandten Botschaften bei den Medienkonsumierenden eingehend unter die Lupe[2]. Dabei vermitteln JournalistInnen weder ein Abbild der Realität noch übernehmen die Medienkonsumierenden genau die Deutung, die JournalistInnen mit ihrer Botschaft verbanden. JournalistInnen nehmen wie jeder Mensch

---

1   Ursprünglich wurde dieser Begriff von Keyes (2004) verwandt. Inzwischen wurde er zum Wort des Jahres gewählt.
2   Für die folgenden Ausführungen orientierte ich mich stark an Bonfadelli et al. (2010b).

physische Signale (etwa als Augenzeugen eines Ereignisses) und kommunikative Signale (Interviews mit Betroffenen, Hintergrundberichte, Stellungnahmen) auf und verarbeiten sie zu ihren eigenen Deutungsmustern (speziell zu Risiken siehe Renn 2014; Dunwoody 1992). Dieser Prozess journalistischer Deutungszuschreibungen ist einerseits von individuellen Vorlieben und Interpretationsmustern der jeweiligen JournalistInnen geprägt, aber viel stärker noch von den kollektiv wirksamen Konventionen des Journalismus (Marcinkowski und Marr 2010). Das sind Auswahl- und Interpretationsmuster, die zum professionellen Standard von JournalistInnen gehören und nach denen sich der Nachrichtenwert einer Information bewertet (Kepplinger 2011). Diese Standards sind zum großen Teil für alle Medien gültig, zum Teil sind sie medienspezifisch (Schanne 1996). Diese Muster der Selektion und Verstärkung beeinflussen die Wahl und Relevanz der öffentlich wirksamen Themen (*Gatekeeper*-Funktion) und bestimmen weitgehend die Prioritäten für den öffentlichen Diskurs (Rössler 1997; speziell für Naturrisiken siehe Sood et al. 1987).

Dieser Beitrag zielt darauf ab, die Mechanismen der Selektion von Nachrichten durch die Medien wie auch die Mechanismen der Rezeption von Medienkonsumierenden näher zu beleuchten. Dabei werden synoptisch die Erkenntnisse aus beiden Forschungsbereichen zusammengetragen und vor allem auf die Frage nach den Wirkungen der Berichterstattung über Umwelt- und Gesundheitsrisiken bezogen. Diese Thematik ist für die Frage nach der Transformation hin zu einer nachhaltigen Gesellschaft zentral.

8.2 Nachrichtenwert als Selektionsmerkmal

Zunächst gibt es formale Selektionskriterien, die den Nachrichtenwert einer Meldung ausmachen. Meldungen müssen aktuell, unerwartet, in ihren (vor allem sozialen) Auswirkungen weitreichend und im Rahmen des jeweiligen Kontextes außergewöhnlich sein (Kepplinger 2011; siehe dazu auch die Aufstellung von Selektionsmechanismen in Breakwell 2007). Das lässt sich etwa an der Situation im Irak oder Syrien illustrieren. In den ersten Tagen dieser Bürgerkriege wurde jedes Selbstmordattentat auf Seite 1 der Tageszeitung gesetzt. Nach einiger Zeit hatte man sich aber so an diese Ereignisse gewöhnt, dass nur noch außergewöhnliche Attentate mit vielen hunderten Toten auf den ersten Seiten der Tageszeitungen oder am Anfang der Fernsehnachrichten Eingang fanden. Medienkonsumierende gewöhnen sich relativ schnell an neue Ausgangssituationen, selbst wenn sie unangenehm sind. Das Gleiche trifft auf die Medien zu. Auch diese sind in einem sogenannten Aufmerksamkeitszyklus gefangen (Kolb 2005; die Aufmerksamkeitszyklen gehen auf den klassischen Aufsatz von Downs 1972 zurück). Wenn keine wirklich neuen Informationen mehr folgen, verliert jedes Thema schnell an Attraktivität und wird schließlich ganz aus dem öffentlichen Bewusstsein verschwinden, auch wenn das dahinterliegende Problem keinesfalls gelöst ist.

Zu den medienspezifischen Routinen gehört auch, dass Medien meist aktuelle Ereignisse aufgreifen und kontinuierliche Entwicklungen eher aussparen (Breakwell 2007). So wird etwa über die Stickstoff-Emissionen aus Kraftfahrzeugen in aller Breite berichtet, dagegen werden die laufenden technischen Verbesserungen von Motoren zur Reduktion von Stickoxiden kaum von den Medien aufgegriffen. Mit dem Dieselskandal bei VW ist dieser Trend zu aktuellen Sensationen noch weitaus deutlicher geworden. Schon die Tatsache, dass die Medien über ein Thema besonders häufig kommunizieren, führt bei den Rezipienten oft zu der Vermutung, dieses Thema sei besonders umstritten und deshalb sei erhöhte Vorsicht geboten (Mazur 1984).

Medien sind darüber hinaus in einem engmaschigen und auf Effizienz getrimmten Produktionskreislauf eingebunden. Aus Kostengründen werden zunehmend Redaktionen ausgedünnt und die entsprechenden Artikel oder Sendungen von freiberuflichen Journalisten erstellt (Siegert et al. 2010; siehe auch Gardner et al. 2001). Da diese andauernd im Wettbewerb zueinander stehen, gerät die Recherche oft genug zu einer nur oberflächlichen Suche nach Argumenten und Daten. Bei der verzweifelten Suche nach einzigartigen und sensationellen Vorkommnissen werden gelegentlich sogar Ereignisse inszeniert, um einen entsprechenden Eindruck bei den Redaktionen zu hinterlassen. So jubelte beispielsweise der Filmemacher Michael Born Günther Jauchs „Stern TV"-Redaktion als freier Mitarbeiter von 1992 bis 1994 gefälschte Filme unter. Mal sendete das Fernsehmagazin ein angebliches Ku-Klux-Klan-Treffen in der Eifel, das Born mit Freunden inszeniert hatte. Ein anderes Mal ließ der Fälscher angebliche Kindersklaven in Indien für Ikea Teppiche knüpfen (Focus Online 2008). Gleichzeitig legten empirische Untersuchungen in der Bundesrepublik Deutschland offen, dass Medien journalistisch gut aufgemachte Presseerklärungen von Industrie und staatlichen Organen oft ungeprüft in Zeitung und Funkmedien als Nachricht übernehmen, dies jedoch bei Umweltverbänden unterlassen oder sich erst bei Behörden oder Industrievertretern rückversichern, ob das alles so seine Richtigkeit habe (Peters 1990). Auf diese Weise ist die gebotene Neutralität der Medienberichterstattung natürlich gefährdet.

Doch mit der Neutralität ist es nicht so einfach, wie es auf den ersten Blick erscheint. Denn man hat es, wie oben schon anklang, bei Medienberichten immer mit Deutungen zu tun, die Menschen aus den vielen Signalen, die sie verarbeiten, herauslesen und selektiv verstärken (Vreese 2012; siehe auch Price et al. 1997). Wie US-amerikanische Untersuchungen nahelegen, sind Häufigkeit und Länge der Berichterstattung über Katastrophen weniger von deren unmittelbaren Folgen, etwa Zahl der Toten oder Verletzten, bestimmt als vom sozialen und politischen Kontext der Katastrophe (Adams 1986). Gelten die Ursachen der Katastrophe oder einer Krankheitsepidemie als nicht vom Menschen beeinflusst, wie etwa bei einem Erdbeben, dann sinkt das Interesse der Medien an diesem Ereignis sehr schnell, es sei denn, es gäbe Versäumnisse bei der Katastrophennachsorge zu vermelden (Breakwell 2007). Vermutet man dagegen menschliches Versagen oder sogar schuldhaftes Verhalten, dann kann man sicher sein, dass hier die Medien nicht lockerlassen werden, selbst wenn das Ereignis wenig folgenschwer ist (Rubin 1987). Der Dieselskandal ist hier das beste Beispiel. Je mehr Konflikte mit einem Ereignis verbunden sind, desto interessanter ist dieses Thema für die Medien. Für die Medienkonsumierenden ist jedoch die häufige Berichterstattung ein Zeichen dafür, dass hier ein großes Risiko für Umwelt und Gesundheit vorliegen muss.

8.3 Das Expertendilemma in den Medien

Ein weiterer wichtiger Selektionsmechanismus besteht darin, dass die Medien bei Unsicherheit oder Mehrdeutigkeit über gesundheitliche Risiken oder Umweltbelastungen die Pluralität der in der Gesellschaft vorhandenen Deutungsmuster aufgreifen und sie als Konflikt der Experten inszenieren (Peltu 1985; Dunwoody und Peters 1992). So heißt es häufig: Während der Chemiekonzern X auf seiner Pressekonferenz betonte, dass vom Produkt Y keinerlei Gefahren ausgehen, kritisierte der Sprecher des Umweltverbandes Z den Konzern X und wies auf eigene Studien hin, die ein erhebliches Risiko nach Kontakt mit dem Produkt Y nachgewiesen hatten. Selten werden in den Medien bewusst Daten gefälscht oder wichtige Argumente einfach ausgespart, um die Medienkonsumierenden zu manipulieren. Im Gegenteil: Die meisten JournalistInnen suchen immer wieder nach Experten, die unterschiedliche Auffassungen vertreten, um die gesamte Bandbreite der möglichen Interpretationen zu übermitteln (Weingart und Pansegrau 1997; Peters 1991). Dies ist nach journalistischer Tradition ein Gebot der Fairness. Wenn ein/e Experte/in eine Behauptung aufstellt oder eine neue Studie vorstellt, dann suchen die JournalistInnen fieberhaft nach einem Gegenüber, der diese Ergebnisse infrage stellt oder andere Interpretationen der Daten liefert.

Bei der Übermittlung der Pluralität von Deutungen und Schlussfolgerungen kommt es in der Berichterstattung der Medien weder darauf an, den Grad der Gewissheit der jeweiligen Behauptung zu erläutern (wie abgesichert ist das Urteil?), noch MedienrezipientInnen darüber zu informieren, ob die jeweiligen Zitate und Zuschreibungen den Standpunkt der Mehrheit der Fachleute oder lediglich die Position eines absoluten Außenseiters widerspiegeln (Renn 2008). Dies ist auch leicht nachzuvollziehen, da die meisten JournalistInnen ebenso wenig Fachleute auf dem jeweiligen Gebiet sind wie die meisten ihrer LeserInnen oder ZuhörerInnen. Sie können weder die Gültigkeit von Positionen im Sinne wissenschaftlicher Beweisführung noch die Repräsentativität einer abweichenden Meinung beurteilen (Röglin 1994; für ein Fallbeispiel siehe Sharlin 1987). Sie haben keine Möglichkeit, die Aussagen der jeweiligen ExpertInnen im Einzelnen nachzuprüfen. Daher beschränken sie sich meist darauf, nur die Standpunkte und die damit verbundenen Konflikte an die Medienkonsumierenden weiterzuleiten.

Medien reflektieren also die soziale Resonanz von Ereignissen, weniger die physischen Abläufe. Wenn sich also Akteure in einer Konfliktsituation über die notwendigen Formen der Umwelt- und Gesundheitspolitik streiten, wie dies etwa bei der Frage nach den erforderlichen Maßnahmen beim Ausbruch der EHEC Epidemie der Fall war (Berthod et al. 2012), oder wenn sich die betroffenen Parteien gegenseitig die Schuld an negativen Ereignissen zuweisen, dann sind diese sozialen Ereignisse wichtige Auslöser und Verstärker für die Berichterstattung der Medien (Breakwell und Barnett 2001). Ob es sich bei dem Streit nur um ein Scheingefecht handelt oder ob der Anlass des Streits ein wirkliches Risiko darstellt, spielt für die Medientauglichkeit eines Ereignisses kaum eine Rolle. Medien reagieren auf die soziale Konstruktion der Wirklichkeit, nicht auf die Wirklichkeit selbst oder ihre naturwissenschaftliche Erfassung (Wilkins und Patterson 1987).

Die Selektionskräfte der Medien verstärken also Pluralität, Konfliktwahrnehmung und Moralisierung. Dahinter versteckt sich kein böser Wille oder sogar eine finstere Verschwörungstheorie. Im Prinzip bedienen die Medien mit ihren Angeboten das, was die Medienkonsumierenden bewusst oder unbewusst nachfragen: Sensation, soziale Anerkennung durch die Rückversicherung, dass die eigene Weltanschauung auch von anderen geteilt wird, und Möglichkeiten für Projektion und Schuldzuweisung. Die ProduzentInnen von Medieninhalten und deren AbnehmerInnen spielen also auf der gleichen Seite des Klaviers – der eine auf den schwarzen und der andere auf den weißen Tasten.

Für die Öffentlichkeit entsteht dabei der Eindruck, dass alle Aussagen zu gesundheitlichen Auswirkungen oder Umweltbelastungen umstritten sind und, wenn sich die Aussagen tatsächlich widersprechen, zumindest ein Teil der ExpertInnen entweder unwissend oder bestochen sein muss. Für die Medienkonsumierenden hat dieser Hang zur Pluralität weitreichende Folgen. Sie erhalten bei der Berichterstattung über Risiken eine Fülle von unterschiedlichen Deutungsmustern, aus denen sie das für sie passende

Muster auswählen können[3]. Wirken dann die Mechanismen der kognitiven Dissonanz (das bedeutet: Vermeidung von Widersprüchen zur eigenen Meinung[4]), so ist klar, wohin die Reise geht. Aus der Fülle der Standpunkte, die einem die Medien auf dem Tablett präsentieren, nimmt man natürlich genau die heraus, die den eigenen Einstellungen zu diesem Thema entsprechen. Die meisten werden sich aus einer Gegenüberstellung von Zitaten unterschiedlicher ExpertInnen das Zitat heraussuchen und in Erinnerung behalten, das im Sinne der kognitiven Dissonanzreduktion die eigene Denkweise bestärkt. Nur das Zitat erscheint glaubwürdig, das genau das wiedergibt, was man selbst glaubt. Wenn ich also der festen Überzeugung bin, dass die chemische Industrie aus reiner Profitsucht giftige Chemikalien herstellt und vertreibt, dann werde ich mir bei Zeitungsberichten über negative Folgen von Chemikalien natürlich diejenige Expertise auswählen, die genau diese verantwortungslose Haltung der Industrie anprangert oder zumindest nahelegt. Oder umgekehrt, wenn ich der Meinung bin, dass Umweltverbände immer alles übertreiben, dann freue ich mich, in der Zeitung zu lesen, dass Experte X die Unhaltbarkeit der Anschuldigungen durch Umweltverband Y nachwies. Da die Medien die Pluralität von Meinungen, aber nicht deren Proportionalität und Treffgenauigkeit widerspiegeln, findet man auch in den meisten Berichten genügend Deutungsangebote, um all das bestätigt zu finden, was man ohnehin schon glaubt oder ahnt zu wissen.

Dazu kommt noch, dass die meisten Medienkonsumierenden der Ansicht sind, sie seien gegen gefärbte Berichterstattung in den Medien immun[5]. Sie sind der festen Überzeugung, dass sie selber in der Lage sind, mögliche Verzerrungen zu erkennen. Nur die anderen Medienkonsumierenden würden leicht Opfer ihrer Gutgläubigkeit und ließen sich durch die Medien über Gebühr beeinflussen. Diese Überzeugung wirkt wie eine Immunisierung. Wenn andere anders denken, ließen sie sich von den (natürlich falschen) Medien in eine falsche Richtung manipulieren. Das kann „uns" nicht passieren. Und so kann man beruhigt bei der Meinung bleiben, die man immer schon hatte.

8.4 Der Echoeffekt

Die Gefahr der Einkapselung in die eigene Deutungswelt wird durch die Internet-basierten Medien, vor allem die sozialen Medien, noch verstärkt. Sie schaffen eine dritte Form der Realität, die sich parallel zur objektiv umgebenden Realität und deren Repräsentation in individuelle und kollektiven Deutungsmuster entwickelt. Diese virtuelle Realität folgt ihren eigenen Regeln und Gesetzmäßigkeiten[6]. Um die Aufmerksamkeit der Nutzer zu gewinnen, wird in den Online-Nachrichten und Informationsseiten auf der einen Seite das Außergewöhnliche und Sensationelle betont,

---

3   Dies wird vor allem von der *Framing Theorie* der Medienwirkungsforschung aufgegriffen. Siehe dazu allgemein: Bonfadelli et al. (2010a).

4   Einen guten Überblick über die *Cognitive Dissonanztheorie* gibt Cooper (2007).

5   Dieser sogenannte Dritt-Person-Effekt *(Third Person Effect)* ist eines der empirisch bestgesicherten Ergebnisse der internationalen Medienforschung. Siehe dazu Tsfati und Cohen (2013). Der Effekt ist vergleichbar mit dem *better-than-average-effect*. Danach schätzen Personen sich selbst besser ein als andere, weil sie ihre eigenen Stärken besser zu kennen glauben als die der anderen. Siehe dazu Alicke et al. (2005).

6   Einführungen dazu: Biocca et al. (1995); Benedikt (1991); eine Einführung in deutscher Sprache zu diesem Thema bietet Krämer (1998).

auf der anderen Seite sind die sozialen Medien auf authentische Alltagserlebnisse hin ausgerichtet (Allgemein dazu siehe Perse und Lambe 2016; zu den Effekten der neuen Medien speziell Valkenburg et al. 2016). Aber anders als in Romanen oder Zeitungen verwischt sich mit dem Medium Internet zunehmend die Grenze zwischen erlebter und konstruierter Realität, zwischen Fiktion und Wirklichkeit und zwischen Projektion und faktischer Analyse (Bühl 1997; allgemein dazu Ellis 1993). Die postmoderne Devise „Alles geht" ist hier zu einer eigenen, in sich geschlossenen Wirklichkeit geworden. Das gilt im besonderem Maße für die Internet-Welt, die neben dem Mittel der selektiven Bildgestaltung auch die Möglichkeiten der Simulation und Collage für die von ihr erzeugten Welten verwendet. Figuren im Internet müssen weder die Gesetzmäßigkeiten der Physik noch die komplexen Strukturen menschlicher Gemeinschaften berücksichtigen. Ihre Plausibilität ziehen sie vor allem aus ihrer psychologischen Attraktivität, das heißt aus ihrer gezielten Ausrichtung auf die Bedürfnisse des Menschen und ihrer (pseudo)-realistischen Nachbildung uns vertrauter Kulissen und stereotyper Abläufe (Westphahl 2007; siehe auch Pansegrau und Weingart 2004). Dadurch entstehen eigenen Welten in parallelen Universen von Deutungsmustern (Schmidt 1996). Da Bilder den Eindruck von Objektivität und Unparteilichkeit vermitteln, haben sie eine hohe Suggestionskraft (Lüthe 2007). Dabei sind diese Bilder keineswegs repräsentativ für das, was sie vorgeben widerzuspiegeln.

Zum einen sind wir durch die heutige Medienwelt so weltweit vernetzt, dass die meisten Katastrophen, die irgendwo auf der Welt stattfinden, in Sekundenschnelle auf allen Bildschirmen erscheinen oder im Internet zu finden sind (Kübler 2003). Auf diese Weise verstärkt sich der Eindruck, dass es in der Welt nur so von Katastrophen wimmelt und die Menschen zunehmend gefährlich leben. Früher blieben diese Katastrophen entweder völlig unbeachtet, weil keine BeobachterInnen in der Nähe waren, um sie uns zu berichten, oder sie wurden nur im lokalen Umfeld verbreitet. Heute ist die globale Menschheit Zeuge einer globalisierten Wirklichkeit. Doch diese globale Präsenz vermittelt eine Wirklichkeit, die überwiegend aus Gewalt, Naturkatastrophen, Zusammenbrüchen und Tragödien besteht[7]. Vielen erscheint die eigene kleine Welt um sie herum wie eine Insel der Seligen, die von lauter Brandungen dramatischer Ereignisse umgeben ist. Dies entspricht kaum der Wirklichkeit. Nahezu überall in der Welt steigt die Lebenserwartung und immer weniger Menschen werden Opfer von Unglücken. Dass statistisch gesehen die Welt immer sicherer wird, ist angesichts der virtuellen Realität, in der es nur so von Risiken und Katastrophen wimmelt, einfach nicht nachzuvollziehen. Insofern ist es auch nicht verwunderlich, dass die Mehrzahl der Menschen, in Umfragen angeben, sich zwar in ihrer lokalen Umgebung meist sicher fühlt, dass aber für die anderen draußen in der Welt die Situation immer bedrohlicher wird (Wissenschaftlicher Beirat der Bundesregierung Globale Umweltveränderungen 1999). Hier kontrastiert die eigene

---

7 Mehr und mehr Medien haben sich von ihren früheren Trägern – politischen Parteien und Verbänden, Kirchen oder einzelnen Verlegerfamilien – gelöst und sind zu Unternehmen mit Renditeerwartung geworden. „Dies bedeutet, dass die einst politischen Kriterien der Auswahl und Interpretation von Ereignissen durch solche abgelöst wurden, die sich an den Aufmerksamkeits- und Unterhaltungsbedürfnissen der Medienkonsumenten orientieren", analysiert Imhof. Und Katastrophen seien nun einmal spektakuläre Vorgänge von hohem News -Wert: „Sie lassen sich ausgezeichnet visualisieren, und sie schaffen Betroffenheit aufseiten des Publikums, die wieder effektvoll bewirtschaftet werden kann" (Schnabel 2008).

sinnliche Wahrnehmung innerhalb der überschaubaren Nahperspektive mit der nur kommunikativ vermittelten Wirklichkeit von Katastrophen und Risikoanfälligkeiten an all den Orten, die den Medienkonsumierenden nur über die Medien zugänglich sind.

Zum anderen werden die Nutzer der neuen Medien Opfer des sogenannten Echoeffekts. Wie es ins in Internet schalt, so schalt es auch heraus. Das hat zwei Ursachen: Erstens unterstützt das Internet den Hang zur Beliebigkeit in der Begründung von Urteilen. In der Fülle der Milliarden von Informationen wird man immer Belege dafür finden, dass man selber Recht hat (Rammert 1995). Wie man aus der Fülle der Informationen die zuverlässigen und gültigen herausfiltern kann, ist bis heute nicht wirklich schlüssig gelöst. Internetportale, die sich neutrale, ausgewogene und faire Berichterstattung auf ihre Fahnen schreiben, halten häufig nicht das, was sie versprechen (entsprechende Beispiele für die Bereiche Wirtschaft, Politik und Wissenschaft finden sich bei Firnkes 2015; Schaar 2015).

Zweitens kann das Internet, vor allem die Suche über Suchmaschinen, zu einer Verzerrung der Außenwelt beitragen, sofern die Suchmaschine im Lernmodus betrieben wird und die Treffer nach den bisherigen Suchgewohnheiten anordnet[8]. Diese Funktion ist bei Suchmaschinen in der Regel voreingestellt. Wenn man in eine Suchmaschine einen Begriff eingibt, dann ist die Wahrscheinlichkeit groß, dass unter den ersten fünf Treffern überwiegend solche Einträge erscheinen, die genau die Einschätzung reflektieren, die man selber hat. Der Lernmodus der Suchmaschine will erreichen, dass die Nutzer vordringlich genau die Informationen erhalten, die ihrem bisherigen Auswahlverhalten entsprechen. Diese Einsicht wächst dann noch über die Zeit, weil die Suchmaschine erst langsam lernt, welche Vorlieben der Internet-Nutzer verfolgt. So entsteht der Eindruck, dass sich die Fachwelt offenkundig mehr und mehr der eigenen Anschauung annähert, weil zunehmend nur noch einstellungsunterstützende Treffer von der Suchmaschine angezeigt werden. Dabei hatte sich die Welt in dieser Frage keineswegs bewegt, die Suchmaschine filtert nur das heraus, was der betreffende Nutzer gerne sehen will.

8.5 Gefahr für Transformationsprozesse

Der Hang zur Selbstisolation, der bereits bei den Medienwirkungen im klassischen Medienbereich zu beobachten ist, kann sich also durch die Nutzung von Onlinemedien weiter verstärken (Löffelholz und Altmeppen 1994). Wenn man immer nur Bestätigungen erhält, die einem rückversichern, dass die eigene Sicht der Welt von allen maßgeblichen Quellen gedeckt ist, dann entsteht ein Weltbild, das einem jede kognitive Dissonanz vom Leibe hält. Als die Theorie der kognitiven Dissonanz entwickelt wurde, waren die Forscher noch fest davon überzeugt, dass Menschen alltäglich mit kognitiven Dissonanzen umgehen müssen. In der modernen Internet-Welt ist es aber durchaus möglich, dass Menschen erst gar nicht in die Stresssituation der kognitiven Dissonanz geraten, weil sie sich in eine Welt ohne Widersprüche hineinversetzen können, die all das, an das sie ohnehin glauben, stets bestätigt – ein guter Beleg für diese These ist eine Studie von Carmichael et al. (2017) zum Thema Klimawandel, bei dem der Echoeffekt deutlich nachgewiesen wurde. Dies führt im sozialen Leben natürlich dazu, dass sich die

---

8 Wie stark die Individualisierung des Suchmodus die Auswahl der Treffer beeinflusst ist in Fachkreisen noch umstritten (SEO Sweet 2011).

Menschen von Andersdenkenden abschirmen und meist – wiederum über das Internet – nur die Freunde und Kommunikationspartner suchen, die nichts anderes als Klone der eigenen Haltungen sind.

Was kann man tun, um aus diesem Gefängnis der eigenen Wahrnehmungsprozesse auszubrechen und nicht in die Falle der Echokammer zu laufen?

Der *erste Schritt* zur Überwindung dieser Situation ist die bewusste Kenntnis der Wirkungsweisen der Medien und der Internet-Foren. Einsichten, die uns mehr über uns selbst und unsere Wahrnehmungs- und Urteilsprozesse verdeutlichen, können dazu beitragen, in der täglichen Lebenspraxis mit den Herausforderungen einer komplexen Sachlage, vor allem im Hinblick auf Umwelt- und Gesundheitsauswirkungen, besser fertig zu werden. Das Muster ständiger Selbstbeobachtung verhilft nicht nur zu besseren Einsichten, sondern auch zu einem insgesamt risikoärmeren und gesünderen Leben.

Der *zweite Schritt* auf dem Weg zu einem medienbewussten Nutzer lautet gezielte und ausgewogene Informationsaufnahme. Jeder und jede ist zwar einer Flut an Informationen ausgesetzt, aber häufig lässt sich der Wahrheitsgehalt dieser Angebote nicht überprüfen und die Seriosität der Quelle nicht beurteilen. In diesem Dilemma helfen drei Strategien:

a) Informationen, die ihre eigenen Quellen benennen und transparent über die eigene Urteilsbildung berichten, sind eher zu trauen als Informationen, die das Blaue vom Himmel verkünden, ohne auch nur eine der Behauptungen zu belegen.

b) Informationen, die bei Risiken Grundkenntnisse stochastischer Risikoerfassung vermissen lassen, zum Beispiel vollständige Sicherheit versprechen oder eine bloße Auflistung von (tragischen) Beispielen vornehmen, sind prinzipiell wenig vertrauenswürdig.

c) Informationen, die bewusst Mittel zur gezielten Beeinflussung der Kommunikationskonsumierenden einsetzen, sind zumindest auf den ersten Blick mit besonderer Vorsicht zu genießen. Möglicherweise tun sie das ja in guter Absicht, aber meistens brauchen gute Absichten keine manipulativen Techniken, um überzeugend zu wirken.

Zur ausgewogenen Informationsaufnahme gehört auch, sich in der Pluralität der Angebote die eher polarisierenden Informationen auszuwählen und nebeneinanderzustellen. Wenn es etwa um die Wirkung von Lebensmittelzusätzen auf die Gesundheit geht, sollte man sich die Informationen der Lebensmittelhersteller, von Foodwatch und vom Bundesinstitut für Risikobewertung über deren Homepages ansehen. Das reicht in der Regel schon aus, um sich einen guten Überblick zu verschaffen.

Zum Dritten ist gerade bei den webbasierten Medien auf deren Kompetenz zu achten. Bis auf wenige Medien, die ausgebildete Wissenschaftsredakteure haben, stammen die Meldungen zu Umwelt- und Gesundheitsgefahren entweder aus vorformulierten Presseerklärungen oder aus Interviews mit Personen unterschiedlicher Couleur. Ansonsten sind es oft Meinungsbilder interessierter Kreise (Industrie oder Umweltschützer). Dass etwas in der Zeitung steht oder darüber im Fernsehen berichtet wurde, ist kein Wahrheitsbeweis.

Zum Vierten sollte man, wenn einen das Thema wirklich berührt, zu den basalen Grunddaten gehen. Die meisten Daten, die man dafür benötigt, sind auf der Homepage des Statistischen Bundesamtes, der EU oder der Weltgesundheitsorganisation (WHO) gespeichert. Auch wenn alle Aussagen, selbst die statistischen Daten, letztendlich Interpretationen und gesellschaftliche Deutungen darstellen, so kann man doch den dort aufgenommenen Zahlen vertrauen. Wenn beispielsweise eine Zeitreihe eindeutig nach unten weist, kann eine Meldung, dieses Risiko würde ständig zunehmen, nicht stimmen. Und das kommt wesentlich häufiger vor, als man denkt, wie etwa bei der Entwicklung der Schwerkriminalität in Deutschland[9].

Eine kritische und selbstkritische Haltung zu den Inhalten der Medien tut also not. Es gibt viele Risiken zu Umwelt- und Gesundheitsauswirkungen, die in den Medien hochgespielt und künstlich aufgeladen werden (etwa Mord und Totschlag in Deutschland), während andere Risiken wie Klimawandel oder zunehmende Resistenz gegen Antibiotika zwar immer wieder erwähnt, aber kaum handlungsrelevant behandelt werden (Renn 2014). Von daher ist ein Ausharren in den bequemen Echoräumen der öffentlichen Kommunikation ein großes Problem für das Gemeinwohl. Der Echoeffekt steht nämlich nicht nur den wichtigen Prozessen des sozialen Lernens entgegen, der gerade für die Transformation zu einer nachhaltigen Entwicklung von essenzieller Bedeutung ist, er unterminiert auch die Wurzeln des demokratischen Umgangs miteinander. Der öffentliche Diskurs in einer Demokratie lebt vom Respekt gegenüber Andersdenkenden. Erst wenn jeder anerkennt, dass andere auch andere Ansichten und Einsichten vertreten, die man selber nicht teilt, können demokratische Meinungsbildungsprozesse konstruktiv ablaufen und zum Erfolg einer von allen getragenen Entscheidung führen. Gerade die Starrsinnigkeit mit der im Internet Behauptungen aufgestellt und mögliche Andersdenkende diffamiert werden, ist ein problematisches Anzeichen einer neuen politischen Kultur, die nur noch in Gesinnungsgemeinschaften zerfällt. Dagegen offen anzugehen, ist eine wichtige Aufgabe aller Akteure in der Gesellschaft.

Literatur

Adams, W. C. (1986). Whose lives count? TV coverage of natural disasters. *Communication, 36*(2), 113–122.

Alicke, M. D., Dunning, D., & Krueger, J. I. (2005). *The self in social judgment*. New York: Psychology Press.

Benedikt, M. (1991). Cyberspace: Some proposals. In M. Benedikt (Hrsg.), *Cyberspace: First steps* (S. 119–224). Cambrige: MIT Press.

Berthod, O., Müller-Seitz, G., & Sydow, J. (2012). Über Risiken hinaus? Interorganisationale Antworten auf Unsicherheit am Beispiel des EHEC-Ausbruchs 2011. *Führung + Organisation, 81*(4), 230–236.

Biocca, F., Kim, T., & Levy, M. (1995). The vision of virtual reality. In F. Biocca & M. Levy (Hrsg.), *Communication in the age of virtual reality* (S. 3–14). Hillsdale: Lawrence Erlbaum Associates.

Bonfadelli, H., Friemel, T. N., & Wirth, W. (2010a). Medienwirkungsforschung. In H. Bonfadelli, O. Jarren, & G. Siegert (Hrsg.), *Einführung in die Publizistikwissenschaft* (3. Aufl., S. 605–656). Bern: Haupt.

Bonfadelli, H., Jarren, O., & Siegert, G. (Hrsg.). (2010b). *Einführung in die Publizistikwissenschaft* (3. Aufl.). Bern: Haupt.

Breakwell, G. M. (2007). *The psychology of risk*. Cambridge: Cambridge University Press.

Breakwell, G. M., & Barnett, J. (2001). *The impact of social amplification on risk communication: Research report 322/2001*. Sudbury: HSE Books.

Bühl, A. (1997). Die virtuelle Gesellschaft: Ökonomie, Politik und Kultur im Zeichen des Cyberspace. In L. Gräf & M. Krajewski (Hrsg.), *Soziologie des Internet: Handeln im elektronischen Web-Werk* (S. 39–59). Frankfurt a. M.: Campus.

Bundeskriminalamt. (2017). Polizeiliche Kriminalstatistik [Jahrbuch 2010, 2012, 2014, 2015, 2016]. ▶ https://www.bka.de/DE/AktuelleInformationen/StatistikenLagebilder/PolizeilicheKriminalstatistik/pks_node.html. Zugegriffen: 11. Apr. 2017.

---

9   Die Daten zur Schwerkriminalität werden in den PKS Jahrbüchern jährlich erfasst. Danach sind bis 2015 die Zahlen für Schwerkriminalität gesunken, nicht gestiegen; im Jahre 2016 gab es einen leichten Anstieg (Bundeskriminalamt 2017).

Carmichael, J. T., Brulle, R. J., & Huxster, J. K. (2017). The great divide: Understanding the role of media and other drivers of the partisan divide in public concern over climate change in the USA, 2001–2014. *Climatic Change, 141*(4), 599–612.

Cooper, J. (2007). *Cognitive dissonance: Fifty years of a classic theory*. Los Angeles: Sage.

Downs, A. (1972). Up and down with ecology: The 'issue-attention cycle'. *The Public Interest, 28,* 38–50.

Dunwoody, S. (1992). The media and public perception of risk: How journalists frame risk stories. In D. W. Bromley & K. Segerson (Hrsg.), *The social response to environmental risk policy formulation in an age of uncertainty* (S. 75–100). Boston: Kluwer.

Dunwoody, S., & Peters, H. P. (1992). Mass media coverage of technological and environmental risks: A survey of research in the United States and Germany. *Public Understanding of Science, 1*(2), 199–230.

Ellis, S. R. (1993). Pictorial communication: Pictures and the synthetic universe. In S. R. Ellis (Hrsg.), *Pictorial communication in virtual and real environments* (2. Aufl., S. 22–40). Washington, D.C.: Taylor & Francis.

Firnkes, M. (2015). *Das gekaufte Web: Wie wir online manipuliert werden*. München: Heise.

Focus Online. (2008). Erst Sensation dann Skandal: zu was journalistische Schlamperei führen kann. ▶ http://www.focus.de/panorama/vermischtes/medienskandale-erst-sensation-dann-skandal-zu-was-journalistische-schlamperei-fuehren-kann_aid_297175.html. Zugegriffen: 11. Apr. 2017.

Gardner, H., Csikszentnihaly, M., & Damon, W. (2001). *Good work: When excellence and ethics meet*. New York: Basic.

Ingrams, A. (2017). Connective action and the echo chamber of ideology: Testing a model of social media use and attitudes toward the role of government. *Journal of Information Technology & Politics, 14*(1), 1–15.

Kepplinger, H. M. (2011). Der prognostische Gehalt der Nachrichtenwerttheorie. In H. M. Kepplinger (Hrsg.), *Journalismus als Beruf* (S. 77–99). Wiesbaden: VS Verlag.

Keyes, R. (2004). *The Post-Truth Era*. New York: St. Martin's.

Kolb, S. (2005). *Mediale Thematisierung in Zyklen: Theoretischer Entwurf und empirische Anwendung*. Köln: Halem.

Krämer, S. (1998). *Medien, Computer, Realität: Wirklichkeitsvorstellungen und Neue Medien*. Frankfurt a. M.: Suhrkamp.

Kübler, H.-D. (2003). *Kommunikation und Medien: Eine Einführung*. Münster: LIT.

Löffelholz, M., & Altmeppen, K.-D. (1994). Kommunikation in der Informationsgesellschaft. In K. Merten, S. J. Schmidt, & S. Weischenberg (Hrsg.), *Die Wirklichkeit der Medien: Eine Einführung in die Kommunikationswissenschaft* (S. 570–591). Opladen: Westdeutscher Verlag.

Luhmann, N. (1994). *Die Gesellschaft der Gesellschaft*. Frankfurt a. M.: Suhrkamp.

Luhmann, N. (2004). *Die Realität der Massenmedien*. Wiesbaden: VS-Verlag.

Lüthe, R. (2007). Die Wirklichkeit der Bilder: Überlegungen zur Wahrheit bildlicher Darstellung. In W.-A. Liebert & T. Metten (Hrsg.), *Mit Bildern lügen* (S. 50–63). Köln: Halem.

Marcinkowski, F., & Marr, M. (2010). Medieninhalte und Medieninhaltsforschung. In H. Bonfadelli, O. Jarren, & G. Siegert (Hrsg.), *Einführung in die Publizistikwissenschaft* (3. Aufl., S. 477–518). Bern: Haupt.

Mazur, A. (1984). The journalist and technology: Reporting about love canal and three mile Island. *Minerva, 22*(1), 45–66.

Pansegrau, P., & Weingart, P. (2004). Von Menschenzüchtern, Weltbeherrschern und Abenteurern: Die Wissenschaft im Spiegel Hollywoods. *Forschung an der Universität Bielefeld, 27,* 23–30.

Parsons, T. (1951). *The social system*. New York: Free Press.

Peltu, M. (1985). The role of communications media. In H. Otway, & M. Peltu (Hrsg.), *Regulating industrial risks* (S. 128–148). London: Butterworth.

Perse, E. M., & Lambe, J. (2016). *Media effects and society*. London: Routledge.

Peters, H. P. (1990). Technik-Kommunikation: Kernenergie. In H. Jungermann, B. Rohrmann, & P. M. Wiedemann (Hrsg.), *Technik-Konzepte, Technik-Konflikte, Technik-Kommunikation: Monographien des Forschungszentrums Jülich* (Bd. 3, S. 59–148). Jülich: KFA.

Peters, H. P. (1991). Durch Risikokommunikation zur Technikakzeptanz? Die Konstruktion von Risiko ‚wirklichkeiten' durch Experten, Gegenexperten und Öffentlichkeit. In J. Krüger & St. Ruß-Mohl (Hrsg.), *Risikokommunikation* (S. 11–67). Berlin: Edition Sigma.

Pohl, R. F. (2004). *Cognitive illusions: A handbook on fallacies and biases in thinking, Judgment and memory*. New York: Taylor & Francis.

Price, V., Tewksbury, D., & Powers, E. (1997). Switching trains of thought: The impact of news frames on readers' cognitive responses. *Communication Research, 24*(2), 481–506.

Rammert, W. (1995). Computerwelten: Vollendung der Moderne oder Epochenbruch zur Postmoderne? *Soziologische Revue, 18*(1), 39–46.

Renn, O. (2008). *Risk governance: Coping with uncertainty in a complex world*. London: Earthscan.

Renn, O. (2014). *Das Risikoparadox: Warum wir uns vor dem Falschen fürchten*. Frankfurt a. M.: Fischer.

Röglin, H.-C. (1994). *Technikängste und wie man damit umgeht*. Düsseldorf: VDI Verlag.

Rössler, P. (1997). *Agenda-Setting: Theoretische Annahmen und empirische Evidenzen einer Medienwirkungshypothese*. Opladen: Westdeutscher Verlag.

Rubin, D. M. (1987). How the news media reported on three mile Island and Chernobyl. *Communication, 37*(3), 42–57.

Schaar, P. (2015). *Das digitale Wir: Unser Weg in die transparente Gesellschaft*. Hamburg: Edition Körber.

Schanne, M. (1996). Bausteine zu einer Theorie der Risiko-Kommunikation in publizistischen Medien. In W. A. Meier & M. Schanne (Hrsg.), *Gesellschaftliche Risiken in den Medien* (S. 207–226). Zürich: Seismo.

Schmidt, S. J. (1996). *Die Welt der Medien: Grundlagen und Perspektiven der Medienbeobachtung*. Wiesbaden: Vieweg.

Schnabel, U. (2008). Die Konjunktur der Ängste. Zeit Online. ► http://www.zeit.de/2008/26/U-Risikowellen. Zugegriffen: 11. Apr. 2017.

SEO Sweet. (2011). Individualisierung von Suchergebnissen. ► http://www.seosweet.de/blog/2011/12/22/individualisierung-von-suchergebnissen/. Zugegriffen: 11. Apr. 2017.

Sharlin, H. I. (1987). Macro-risks, micro-risks, and the media: The EDB case. In V. T. Covello & B. B. Johnson (Hrsg.), *The social and cultural construction of risk* (S. 183–197). Dordrecht: Reidel.

Siegert, G., Meier, W. A., & Trappel, J. (2010). Auswirkungen der Ökonomisierung auf Medien und Inhalte. In H. Bonfadelli, O. Jarren, & G. Siegert (Hrsg.), *Einführung in die Publizistikwissenschaft* (3. Aufl., S. 519–547). Stuttgart, Bern: UTB, Haupt.

Sood, R., Stockdale, G., & Rogers, E. M. (1987). How the news media operate in natural disasters. *Communication, 37*(3), 27–41.

Tsfati, Y., & Cohen, J. (2013). Perceptions of media and media effects: The third-person effect, trust in media, and hostile media perceptions. In A. N. Valdivia & E. Scharrer (Hrsg.), *The international encyclopedia of media studies: Media effects/media psychology: Theories and processes/processing: Theories of/about effects* (1. Aufl.). London: Blackwell.

Valkenburg, P. M., Peter, J., & Walther, J. B. (2016). Media effects: Theory and research. *Annual Review of Psychology, 67*, 315–338.

Vreese, C. H. de. (2012). New avenues for framing research. *American Behavioral Scientist, 56*, 365–375.

Weingart, P., & Pansegrau, P. (1997). Von der Hypothese zur Katastrophe: die Verarbeitung wissenschaftlicher Unsicherheit in den Medien. *ZiF-Mitteilungen, 2*, 25–32.

Westphahl, K. (2007). Täuschend echt: Reflexionen über neue Hör- und Bildräume. In W.-A. Liebert & T. Metten (Hrsg.), *Mit Bildern lügen* (S. 141–155). Köln: Halem.

Wilkins, L., & Patterson, P. (1987). Risk analysis and the construction of news. *Communication, 37*(3), 80–92.

Wissenschaftlicher Beirat der Bundesregierung Globale Umweltveränderungen. (1999). *Welt im Wandel: Umwelt und Ethik*. Marburg: Metropolis (Sondergutachten 1999).

8

Nachhaltigkeit in der ehrenamtlichen Hilfe

Hans-Werner Bierhoff

© Springer Fachmedien Wiesbaden GmbH, ein Teil von Springer Nature 2018
C. T. Schmitt, E. Damberg (Hrsg.), *Psychologie und Nachhaltigkeit*,
https://doi.org/10.1007/978-3-658-19965-4_9

Im ersten Teil dieses Beitrags wird ehrenamtliche Hilfe und Nachhaltigkeit thematisiert. Im Anschluss daran befassen wir uns mit der Frage, wie sich die große Bereitschaft der Menschen ehrenamtliche Hilfe zu leisten erklären lässt. Abschließend gehen wir auf sozialwissenschaftliche Ansätze, die sich auf die Bedeutung der Zivilgesellschaft für die Demokratie beziehen, und praktische Konsequenzen, die sich aus der Kenntnis über die psychologischen Triebfedern des ehrenamtlichen Engagements ergeben, ein.

9.1 Was ist ehrenamtliche Hilfe?

Ehrenamtliche Tätigkeit ist eine „freiwillige, nicht auf Entgelt ausgerichtete Tätigkeit im Rahmen von Institutionen und Vereinigungen" (Roth und Simoneit 1993, S. 143). Sie ist durch folgende Merkmale gekennzeichnet:

- Intention, anderen Personen eine Wohltat zu erweisen,
- Freiwilligkeit der Entscheidung für die Tätigkeit und für ihre Aufrechterhaltung,
- Fehlen einer beruflichen Verpflichtung oder einer direkten Bezahlung der Tätigkeit,
- längerfristige Perspektive, die persönliches Engagement über einen größeren Zeitraum einschließt,
- Bindung an eine Organisation, die sich mit der Lösung ökologischer, gesellschaftlicher, sozialer oder individueller Probleme befasst.

Diese Definition ehrenamtlicher Tätigkeit stimmt in den ersten drei Komponenten mit der allgemeinen Definition prosozialen Verhaltens überein: Intention, Freiwilligkeit, jenseits der beruflichen Verpflichtung (Bierhoff 2010). Die zwei weiteren Komponenten (längerfristige Perspektive, Bindung an eine Organisation) beschreiben spezifische Merkmale ehrenamtlicher Hilfe. Die längerfristige Perspektive kann von einigen Wochen bis zu vielen Jahren reichen. Die Bindung an eine Organisation verweist darauf, dass ehrenamtliche Hilfe in organisierter Form stattfindet. Dabei kann es sich um große Organisationen handeln, die in der ganzen Bundesrepublik oder auch im Ausland tätig sind, oder auch um kleine Organisationen, die nur im lokalen Bereich wirken (Beispiel: Baum-Patenschaften in der Heimatstadt) oder die nur ein eng begrenztes Ziel verfolgen (Beispiel: Selbsthilfegruppen).

Nachhaltigkeit bezieht sich darauf, dass die Befriedigung der Bedürfnisse der gegenwärtigen Generation nicht die Befriedigung der Bedürfnisse zukünftiger Generationen einschränkt (s. unten). Ehrenamtliche Arbeit findet sich in allen Handlungsfeldern der Nachhaltigkeit, so zum Beispiel im Natur- und Umweltschutz. Hier sind verschiedene große Organisationen aktiv, die ehrenamtliche Arbeit ermöglichen. Darunter fallen unter anderem

- der Naturschutzbund Deutschland (NABU) mit der Jugendorganisation Naturschutzjugend (NAJU)
- der Bund für Umwelt und Naturschutz Deutschland (BUND) einschließlich der Jugendorganisation BUNDjugend
- der World Wide Fund for Nature (WWF)

Neben diesen großen Organisationen engagieren sich ehrenamtliche Helfer auch in vielen kleinen ökologischen Gruppen, die sich mit speziellen Problemen des Naturschutzes befassen. Erwähnenswert ist auch das Freiwillige Ökologische Jahr (FÖJ) für

16–27-Jährige, das bei verschiedenen dieser Organisationen abgeleistet werden kann und durch das Gesetz zur Förderung von Jugendfreiwilligendiensten von 2008 geregelt ist. Es beinhaltet ein Taschengeld und kostenlose Unterkunft für die Teilnehmer. Da eine finanzielle Unterstützung und Sachleistungen vorgesehen sind, lässt sich das FÖJ allerdings nur bedingt der ehrenamtlichen Tätigkeit zuordnen.

Außerhalb von Umwelt- und Naturschutz gibt es noch viele andere Bereiche, in denen ehrenamtliche Hilfe stattfindet: Hausaufgabenhilfe für Kinder, Gruppenleitung in einer Jugendorganisation, Besuche bei einsamen Menschen im Altenheim oder im Gefängnis, Telefonseelsorge, Sammlung für einen guten Zweck, Betreuung von politisch Verfolgten und Asyl suchenden, Bergwacht und Wasserwacht, Betreuung von Kranken und HIV-Betroffenen. Die Unterschiedlichkeit dieser Tätigkeiten spricht dafür, dass die Personen, die sich in ihnen engagieren, auch durch die Besonderheiten einer bestimmten, ehrenamtlichen Tätigkeit angesprochen werden. So kann Hausaufgabenhilfe für Kinder das Bildungsinteresse der ehrenamtlichen Helfer ansprechen, während Gruppenleitung in einer Jugendorganisation das Organisationstalent der ehrenamtlichen Helfer herausfordern kann.

9.2 Nachhaltigkeit des Handelns

Die Nachhaltigkeit einer Leistung lässt sich als menschliche Aktivität, die Ressourcen der Erde nicht beeinträchtigt oder verbraucht, charakterisieren. Unter nachhaltiger Entwicklung versteht man die Befriedigung der Bedürfnisse der jetzigen Generation, ohne die Fähigkeit zukünftiger Generationen zu beeinträchtigen, ihre Bedürfnisse zu befriedigen (Hohn 2016). In diesem Zusammenhang kommt dem Recycling von Materialien, der Minimalisierung von Luft- und Wasserverschmutzung und dem Schutz der natürlichen Wasserwege und der Vielzahl von Pflanzen und Tieren eine große Bedeutung zu.

Wenn das Thema Nachhaltigkeit auf ehrenamtliche Hilfe angewandt wird, dann ist an erster Stelle auf den Umwelt- und Naturschutz hinzuweisen, der dazu beiträgt, den Globus auch für die kommenden Generationen lebenswert zu erhalten. Wie wir gesehen haben, sind in diesem Bereich sowohl national als auch international eine Anzahl bedeutender Organisationen tätig, die Hunderttausende von Mitgliedern haben. Somit erhält der Umwelt- und Naturschutz eine hohe Beachtung in modernen Zivilgesellschaften.

9.3 Erklärungsmodelle der ehrenamtlichen Hilfe

Hilfsbereitschaft wird sowohl von äußeren Bedingungen als auch von Persönlichkeitseigenschaften beeinflusst (Bierhoff 2010). Ersteres kommt zum Beispiel darin zum Ausdruck, dass die Migrantenkrise 2015 eine Welle von Hilfeleistungen ausgelöst hat, die auch nach zwei Jahren spürbar ist. Besonders aufschlussreich für die Suche nach Persönlichkeitsmerkmalen und Erklärungsmodellen sind Vergleiche von Helfern und Nicht-Helfern. Solche Vergleiche erlauben Schlussfolgerungen darauf, welche besonderen Einstellungs- und Persönlichkeitsmerkmale erwiesene Helfer, die sich langfristig engagiert haben, auszeichnen.

Die wohl bekannteste Studie, in der Helfer mit Nicht-Helfern verglichen wurden, ist die von Oliner und Oliner (1988), die in einer sorgfältig geplanten Analyse Helfer von

Juden in Europa während der Naziherrschaft mit Nicht-Helfern verglichen. Wichtige Unterschiede zwischen Helfern und Nicht-Helfern beziehen sich auf Wertvorstellungen, da Helfer weniger materialistisch, leistungsorientiert und gehorsam sind, dafür aber mehr Fairness, Wohlwollen und persönliche Verantwortung betonen. Weiterhin gilt, dass Helfer höhere internale Kontrollüberzeugung, mehr soziale Verantwortung und mehr Empathie in bestimmten Bereichen (auf Schmerz anderer bezogen) aufweisen.

Der Einfluss der Persönlichkeit kommt in individuellen Unterschieden in der Hilfsbereitschaft zum Ausdruck. Es geht um die Frage, welche Eigenschaften für hilfsbereite Menschen ausschlaggebend sind. Einerseits übernehmen sie die Perspektive anderer und versetzen sich mitfühlend in deren Notlage hinein. Andererseits verfügen sie über den Glauben, dass sie die Ereignisse in ihrer Umwelt beeinflussen können und dass sie sich auf ihre Fähigkeiten verlassen können. Darüber hinaus verweisen sie darauf, dass es ihnen wichtig ist, dass es in der Welt gerecht zugeht. Besonders hilfsbereite Menschen orientieren ihr Handeln an Gerechtigkeit und Moral. Sie sind mitfühlend, empathisch, ehrlich und herzlich. Sie können sich selbst kontrollieren, vertrauen ihren Fähigkeiten und glauben daran, dass sie ihr Schicksal beeinflussen können. Diese Ergebnisse beruhen auf einem Vergleich von Helfern mit Nicht-Helfern bei Verkehrsunfällen (Bierhoff et al. 1991).

Der Gerechte-Welt-Glaube ist auf Hilfeleistung bezogen allerdings zwiespältig (Dalbert 2001). Einerseits, wenn es um die Hilfe gegenüber einer konkreten Person geht, motiviert er prosoziales Verhalten. Andererseits, wenn es um die Hilfe gegenüber Hunderten oder Tausenden geht, reduziert der Glaube an die gerechte Welt das prosoziale Verhalten (Miller 1977). Der Gerechte-Welt-Glaube kann also auch prosoziales Verhalten verringern (Ehrhardt, Bohndick, Holfelder, & Schmitt, in diesem Band). Menschen können realistischer Weise erwarten, dass sie die Notlage einer konkreten Person reduzieren können, während sie bei Hunderten von Betroffenen davon ausgehen müssen, dass deren Notlage durch einen einzelnen nicht behoben werden kann. Die Wahrnehmung von Ungerechtigkeit lässt sich auf zwei Wegen vermeiden: Durch Hilfe, die den Schaden kompensiert und wiedergutmacht oder durch kognitive Manöver der Verleugnung der Notlage oder Abwertung der Opfer; vor allem, wenn die Hilfe die Bedrohung der gerechten Welt nicht vollständig aufheben kann. Letzteres ist aber der Fall, wenn Hunderte zu Opfern geworden sind. Dann wird eher zu psychologischen Rechtfertigungen gegriffen, um den Gerechte-Welt-Glauben aufrechterhalten zu können. Wenn hingegen eine begrenzte Notlage, wie ein Verkehrsunfall, vorliegt, wird eher Hilfe gegeben, um die wahrgenommene Ungerechtigkeit zu reduzieren.

Die Frage nach der Entstehung und Aufrechterhaltung eines langfristigen Engagements im Bereich der Hilfeleistung ist bisher nur unzureichend beantwortet worden. Theoretische Überlegungen in diesem Bereich umfassen Entscheidungsmodelle (Schneider 1988), Handlungsmodelle (Lück 1988), systemische Ansätze (Montada et al. 1988) und Ansätze, die Persönlichkeitsfaktoren einbeziehen (s. oben). Theoretische Ansätze, die auf Einstellungen und Motiven beruhen, werden im Folgenden ausführlicher dargestellt.

Als motivationale Grundlage der ehrenamtlichen Hilfe lassen sich altruistische und egoistische Bedürfnisse unterscheiden. Grundsätzlich sind beide Bedürfnisse gleichermaßen wichtig. Aber je nach individueller Bedürfnisstruktur überwiegen entweder altruistische oder egoistische Anliegen. Somit stellt sich die weitergehende Frage, inwieweit die Einstellungen und Motive der ehrenamtlichen Helfer und die besonderen Merkmale einzelner ehrenamtlicher Aufgaben zusammenpassen.

Die Unterscheidung zwischen altruistischen und egoistischen Bedürfnissen kommt in der Differenzierung der Triebfedern zum Ausdruck, die ehrenamtliche Hilfe motivieren. Unsere Untersuchungen (Bierhoff et al. 2007) zeigen, dass sechs Triebfedern bzw. Bedürfnisse besondere Beachtung verdienen:

- *Soziale Verantwortung* als Gefühl der Verpflichtung zu helfen.
- *Politische Verantwortung* hinsichtlich der Sensibilität für gesellschaftliche Missstände und bezogen auf den Wunsch, diese zu verändern.
- *Selbstwert/Anerkennung* im Sinne von Selbstwertsteigerung und sozialer Anerkennung.
- *Soziale Bindung* durch das Erleben von Gemeinschaft und den Kontakt mit anderen Helfern.
- *Selbsterfahrung* als Wunsch, authentische Erfahrungen aus erster Hand zu sammeln.
- *Karriere,* um das eigene berufliche Fortkommen und den Erwerb von beruflichen Kompetenzen zu fördern.

Diese Bedürfnisse lassen sich zwei grundlegenden Dimensionen zuordnen, die sich als altruistische und egoistische Orientierung interpretieren lassen: Auf dem altruistischen Faktor weisen die Skalen soziale Verantwortung und Politische Verantwortung hohe Ladungen auf, auf dem egoistischen Faktor laden alle anderen Skalen hoch (Soziale Bindung, Selbsterfahrung, Selbstwert/Anerkennung und Karriere). Dieses Zuordnungsmuster gilt sowohl für die Einstiegsmotive als auch für die Motive dafür, das gegenwärtige Engagement aufrechtzuerhalten. Letztere entwickeln sich oft später, nachdem der Einstieg in ein ehrenamtliches Engagement vollzogen worden ist.

Weitere Daten sollten erhoben werden, um Fragen wie die folgenden zu beantworten: Welche Gruppen sind besonders aufgeschlossen für ehrenamtliche Hilfe: Jüngere, Statushöhere, Frauen? Welche Personen engagieren sich eher in den traditionellen Organisationen der ehrenamtlichen Hilfe und welche bevorzugen Selbsthilfegruppen? Welche Erwartungen haben die Mitglieder in den Organisationen und welche Bedeutung kommt neben den altruistischen Motiven den egoistischen Faktoren zu? Wie ist der Zusammenhang zwischen Motiven und Zufriedenheit mit der Arbeit in der Organisation?

Bezogen auf den Umweltschutz gilt, dass Verantwortung als Prädiktor für die Bereitschaft, Aufwand für den Umweltschutz auf sich zu nehmen, eine zentrale Rolle spielt (Kals und Montada 1994). Wenn beim Thema Luftverschmutzung nach den Determinanten der ökologischen Verantwortung gefragt wird, werden Einflüsse der Wirtschaft, des Staates und der Bürger genannt. Darüber hinaus spielen persönliche Verursachung und das Ausmaß der Luftverschmutzung eine wichtige Rolle. Somit kommt es neben der wahrgenommenen Verantwortung/Verursachung auch auf das Ausmaß der Luftverschmutzung an. Das wahrgenommene Ausmaß der Luftverschmutzung wirkt sich direkt auf die Bereitschaft, Gegenmaßnahmen zu ergreifen, aus, aber auch vermittelt über die ökologische Verantwortung.

Spätere Untersuchungen (Kals et al. 1999) zeigen, dass eine Analyse auf Basis von Ursachen von Umweltverschmutzung und Verantwortung für die Natur durch das Thema der emotionalen Betroffenheit ergänzt werden muss. Schließlich ist der Erhalt der Natur ein sehr emotionales Thema, viele Menschen empfinden eine emotionale Nähe zur Natur. Diese emotionale Nähe hängt positiv mit der Bereitschaft zum Naturschutz zusammen und ist ihrerseits davon abhängig, wie viel sich die befragte Person in der Natur aufgehalten hat. Menschen setzen sich also sowohl aufgrund ihrer wahrgenommenen Verantwortung als auch auf der Grundlage ihrer emotionalen Nähe zur Natur für den Naturschutz ein.

Wie lässt sich erklären, dass ein längerfristiges Engagement für eine gute Sache aufrechterhalten wird? Lydon und Zanna (1990, 1992) entwickelten ein Bezugssystem für die Entstehung einer längerfristigen Bindung, das im Folgenden dargestellt wird.

Ein Verhalten bekommt für eine Person individuellen Wert durch Erfahrung. Die Erfahrung wird in der Regel positive und negative Elemente beinhalten. Insbesondere negative Ergebnisse haben für Menschen einen hohen Erklärungsbedarf. Zentral für die Entstehung einer längerfristigen Bindung sind Wahlfreiheit, Verantwortungsübernahme für die Konsequenzen des Verhaltens, das Auftreten positiver *und* negativer Konsequenzen und ein Bezug zum Wert- und Glaubenssystem der Person. Durch die Bindung an ein persönliches Projekt verleiht eine Person ihrem Tun Sinn. Dabei lässt sich vermuten, dass die Intensität der Bindung auch von der Bedeutung der Handlung für die Person abhängt.

Die Entwicklung der Bindung an das Projekt verläuft phasenweise. Auf eine erste positive Phase, in der die Hilfeleistung mit positiven Verstärkungen verbunden ist, folgt eine negative Phase des Helfens, deren Überwindung zu einer gefestigten Bindung führt. Eine hohe Bindung an ein Projekt entsteht durch erfolgreiche Arbeit, die auch die erfolgreiche Überwindung von Schwierigkeiten beinhaltet.

Ehrenamtliche Hilfe ruft in der Regel sowohl positive als auch negative Gefühle hervor. Das Erreichen einer Synthese zwischen diesen Gefühlen sollte dazu führen, dass die Absicht entsteht, die Hilfeleistung längerfristig aufrechtzuerhalten (Brickman et al. 1987). Voraussetzung dafür ist, dass die ehrenamtliche Tätigkeit die eigenen Werte zum Ausdruck bringt.

Diese beiden Hypothesen lassen sich im Bereich der ehrenamtlichen Hilfe adäquat prüfen, weil diese häufig längerfristig angelegt ist. Lydon und Zanna (1990) führten einen solchen Test durch, der sich auf eine achtwöchige ehrenamtliche Tätigkeit bezog (zum Beispiel Unterstützung von körperlich oder geistig behinderten Personen oder von alten Menschen). Sie konnten zeigen, dass die Bindung und die Intention, die Freiwilligenarbeit fortzusetzen, am größten war, wenn die ehrenamtliche Tätigkeit die eigenen Werte zum Ausdruck brachte und auch mit Schwierigkeiten verbunden war, die überwunden werden mussten.

9.4 Sozialwissenschaftliche Perspektiven

Ehrenamtliche Tätigkeit ist ein aktiver Beitrag zur Demokratie und fördert die Identifikation des Einzelnen mit der Gesellschaft. Sie stellt ein Phänomen dar, das in vielen Gesellschaften wie in Australien, Deutschland, England, Niederlande, Schweden oder in den Vereinigten Staaten von Amerika eine lange Tradition besitzt (vgl. Heinze und Strünck 2000). In diesem Zusammenhang wurde die Frage gestellt, ob ein funktionierender Sozialstaat überhaupt auf ehrenamtliche Hilfe setzen sollte, da er die Mittel zur Verfügung habe, die Grundbedürfnisse der Bürger zu befriedigen. Das entspricht der historischen Tradition in Deutschland, die dem Wirken des Staates Priorität einräumt (Kreuzer 2004). Dabei spielte sowohl die Reformation des 16. Jahrhunderts als auch die Bismarck'schen Sozialreformen des späten 19. Jahrhunderts eine wichtige Rolle. Die Demokratie wies dem Bürger im Wesentlichen die Aufgabe zu, regelmäßig zur Wahl zu gehen, während den staatlichen Eliten die zentrale Führungsaufgabe zukam (Kreuzer 2004). Die Aufgabe des Einzelnen bestand vor allem darin, nach ökonomischem Erfolg zu streben.

Seit den 1990er Jahren wurde die Bedeutung des bürgerlichen Engagements in demokratischen Gesellschaften umfassender erkannt, wie es dem Ansatz der Zivilgesellschaft entspricht (Beck 2000b). Die Entwicklung der Zivilgesellschaft wird als wichtige Voraussetzung für die Bewältigung der zahlreichen Herausforderungen der spätmodernen Gesellschaft angesehen, in der sich ein umfassender sozialer, kultureller und technologischer Wandel abspielt (Giddens 2009). Damit einher geht eine Strukturveränderung der ehrenamtlichen Arbeit von einer regelmäßigen Tätigkeit in einer Hilfsorganisation hin zu einer zeitlich befristeten Tätigkeit, die der Mitarbeit in bestimmten Projekten gewidmet ist (Heinze und Strünck 2000). Darunter fallen zum Beispiel Umwelt- und Naturschutzprojekte oder Projekte zur Verteidigung der Menschenrechte.

Giddens (2009) beschreibt die Zivilgesellschaft, die er als wesentliche Voraussetzung für eine lebendige Demokratie ansieht, als zwischen Staat und Marktkräften lokalisiert. Wenn es um „die Zukunft von Arbeit und Demokratie" (Beck 2000a) geht, kommt der ehrenamtlichen Arbeit eine zentrale Bedeutung zu. Repräsentative Umfragen zeigen, dass sich tatsächlich eine große Bereitschaft zu ehrenamtlichem Engagement finden lässt. Ehrenamtliches Engagement stellt einen wichtigen Baustein für eine nachhaltige Entwicklung der Gesellschaft dar.

In Umfragen wird berichtet, dass ca. ein Drittel der Erwachsenen in Deutschland einer ehrenamtlichen Tätigkeit nachgehen, nachdem ein Anstieg dieser Tätigkeit zwischen den 1980er und 1990er Jahren stattgefunden hat (Heinze und Strünck 2000). Regelmäßige Befragungen haben ergeben, dass ehrenamtliches Engagement seitdem auf einem hohen Niveau verläuft. Der Deutsche Freiwilligensurvey, der wiederholt durchgeführt wurde, liegt in der neuesten Ausgabe für das Jahr 2014 vor (Simonson et al. 2017). Die Ergebnisse sind beeindruckend: Ca. 40 % der Befragten waren schon einmal ehrenamtlich tätig. Das Engagement ist positiv mit dem Bildungsniveau assoziiert. In diesem Zusammenhang ist auch erwähnenswert, dass die Überrepräsentation von Männern in der ehrenamtlichen Tätigkeit abgenommen hat, während die ehrenamtliche Tätigkeit von Frauen überproportional zugenommen hat. In anderen Ländern ist die Beteiligung an ehrenamtlicher Hilfe ebenfalls durch eine lange Tradition gekennzeichnet (siehe oben). So ergaben Befragungen in den USA eine hohe Beteiligung der Menschen an ehrenamtlicher Hilfe, die dort mit dem Begriff „volunteering" bezeichnet wird und sich über zahlreiche gesellschaftliche Sektoren erstreckt (Heinze und Strünck 2000).

9.5 Praktische Maßnahmen

Um die Freiwilligenarbeit zu verstärken, ist es wichtig zu klären, wie ihre psychologischen Triebfedern angesprochen werden können.

- Soziale Beteiligung leistet einen wichtigen Beitrag. Ein soziales Netzwerk von Gleichgesinnten sorgt für positive Rückmeldung und Ermutigung. Damit wird das Streben der ehrenamtlichen Helfer nach Anerkennung und sozialer Bindung befriedigt.
- Die Passung zwischen den Motiven der ehrenamtlichen Helfer und den Aufgaben, mit denen sie sich auseinandersetzen, trägt mit dazu bei, dass die Freiwilligenarbeit positiv erlebt wird (s. oben). Das betrifft vor allem die Selbsterfahrung und die berufliche Orientierung.

- Zufriedene Helfer relativieren das Ausmaß ihrer persönlichen Verantwortung für das Schicksal der Hilfeempfänger, sodass sie eine persönliche Distanz herstellen können und von der Tätigkeit nicht „aufgefressen" werden. Gleichzeitig gilt: Viele Helfer möchten ihren moralischen Verpflichtungsgefühlen entsprechen, die aus der wahrgenommenen sozialen Verantwortung einerseits und der politischen Verantwortung andererseits resultieren. Daher profitieren sie davon, wenn der gesellschaftliche Stellenwert ihrer Freiwilligenarbeit hervorgehoben wird. Dadurch erhalten sie eine soziale Wertschätzung, die ihre Zufriedenheit erhöht.
- Die Ausübung von ehrenamtlicher Tätigkeit kann durch Werte gefördert werden, die damit übereinstimmen. Dazu zählen vor allem Gerechtigkeit (Fladerer 2016), Nächstenliebe (Kohlmann 2016), Verantwortung (Kaschner 2016) und Zivilcourage (Gerhardinger 2016).

Eine weitere Anwendungsmöglichkeit der Kenntnis über die Triebfedern der Freiwilligenarbeit besteht darin, Konflikte zwischen hauptamtlichen und ehrenamtlichen Mitarbeitern von Hilfsorganisationen zu vermeiden. In diesem Zusammenhang ist die Unterscheidung von altruistischen und egoistischen Motiven bedeutsam, da das Profil der Motive von Hauptamtlichen egoistischer ist als das von Ehrenamtlichen (Bierhoff 2012). Diese Unterschiede können überbrückt werden, um Missverständnisse und Spannungen zu vermeiden. Dazu gehören Kommunikationen, in denen der Stellenwert der Ehrenamtlichen in den Hilfsorganisationen hervorgehoben wird. Das betrifft Aufgabenstellungen, Entscheidungsabläufe und nicht zuletzt auch die Zuschreibung von Verantwortlichkeiten (Biedermann 2012). Gute Team-Führung einschließlich einer Anerkennungskultur trägt zur Lösung dieser Probleme bei (Bierhoff 2004). Dazu gehört auch die Betonung der gemeinsamen Ziele, die die Ehrenamtlichen mit den Hauptamtlichen teilen. Dann kann Nachhaltigkeit ihres Handelns in der Zivilgesellschaft erreicht werden.

Literatur

Beck, U. (Hrsg.). (2000a). *Die Zukunft von Arbeit und Demokratie*. Frankfurt: Suhrkamp.

Beck, U. (2000b). Die Seele der Demokratie: Bezahlte Bürgerarbeit. In U. Beck (Hrsg.), *Die Zukunft von Arbeit und Demokratie* (S. 416–447). Frankfurt: Suhrkamp.

Biedermann, C. (2012). Freiwilligen-Management: Die Zusammenarbeit mit Freiwilligen organisieren. In D. Rosenkranz & A. Weber (Hrsg.), *Freiwilligenarbeit* (2. Aufl., S. 57–66). Weinheim: Beltz.

Bierhoff, H. W. (2004). Organisation und Kommunikation in Nonprofit-Einrichtungen. In Gemeinschaftswerk der Evangelischen Publizistik (Hrsg.), *Öffentlichkeitsarbeit für Nonprofit-Organisationen* (S. 427–454). Wiesbaden: Gabler.

Bierhoff, H. W. (2010). *Psychologie prosozialen Verhaltens*. Stuttgart: Kohlhammer.

Bierhoff, H. W. (2012). Wie entsteht soziales Engagement und wie wird es aufrechterhalten? In D. Rosenkranz & A. Weber (Hrsg.), *Freiwilligenarbeit* (2. Aufl., S. 36–45). Weinheim: Beltz.

Bierhoff, H. W., Klein, R., & Kramp, P. (1991). Evidence for the altruistic personality from data on accident research. *Journal of Personality, 59*, 263–280.

Bierhoff, H. W., Schülken, T., & Hoof, M. (2007). Skalen der Einstellungsstruktur ehrenamtlicher Helfer. *Zeitschrift für Personalpsychologie, 6*, 12–27.

Brickman, P., Janoff-Bulman, R., & Rabinowitz, V. C. (1987). Meaning and value. In C. B. Wortman & R. Sorrentino (Hrsg.), *Commitment, conflict, and caring* (S. 59–105). Englewood Cliffs: Prentice-Hall.

Dalbert, C. (2001). *The justice motive as a personal resource*. New York: Kluwer & Plenum.

Fladerer, M. P. (2016). Gerechtigkeit. In D. Frey (Hrsg.), *Psychologie der Werte* (S. 79–93). Berlin: Springer.

Gerhardinger, F. (2016). Zivilcourage. In D. Frey (Hrsg.), *Psychologie der Werte* (S. 295–306). Berlin: Springer.

Giddens, A. (2009). *Sociology* (6. Aufl.). Madden: Polity.

9

Heinze, R. G., & Strünck, C. (2000). Die Verzinsung des sozialen Kapitals: Freiwilliges Engagement im Strukturwandel. In U. Beck (Hrsg.), *Die Zukunft von Arbeit und Demokratie* (S. 171–216). Frankfurt: Suhrkamp.

Hohn, T. (2016). Nachhaltigkeit. In D. Frey (Hrsg.), *Psychologie der Werte* (S. 103–115). Berlin: Springer.

Kals, E., & Montada, L. (1994). Umweltschutz und die Verantwortung der Bürger. *Zeitschrift für Sozialpsychologie, 25,* 326–337.

Kals, E., Schumacher, D., & Montada, L. (1999). Emotional affinity toward nature as a motivational basis to protect nature. *Environment & Behavior, 31,* 178–202.

Kaschner, T. (2016). Verantwortung. In D. Frey (Hrsg.), *Psychologie der Werte* (S. 237–245). Berlin: Springer.

Kohlmann, F. (2016). Nächstenliebe. In D. Frey (Hrsg.), *Psychologie der Werte* (S. 117–123). Berlin: Springer.

Kreuzer, T. (2004). Entwicklung und Aufgaben des Dritten Sektors. In Gemeinschaftswerk der Evangelischen Publizistik (Hrsg.), *Öffentlichkeitsarbeit für Nonprofit-Organisationen* (S. 3–13). Wiesbaden: Gabler.

Lück, H. E. (1988). Prosoziales Verhalten: Feld- und handlungstheoretische Perspektiven. In H. W. Bierhoff & L. Montada (Hrsg.), *Altruismus: Bedingungen der Hilfsbereitschaft* (S. 36–54). Göttingen: Hogrefe.

Lydon, J. E., & Zanna, M. P. (1990). Commitment in the face of adversity: A value-affirmation approach. *Journal of Personality and Social Psychology, 58,* 1040–1047.

Lydon, J. E., & Zanna, M. P. (1992). The cost of social support following negative life events: Can adversity increase commitment to caring in close relationships? In L. Montada, S. H. Filipp, & M. J. Lerner (Hrsg.), *Life crises and experiences of loss in adulthood* (S. 461–475). Hillsdale: Lawrence Erlbaum.

Miller, D. T. (1977). Altruism and threat to a belief in a just world. *Journal of Experimental Social Psychology, 13,* 113–124.

Montada, L., Dalbert, C., & Schmitt, M. (1988). Ist prosoziales Handeln im Kontext Familie abhängig von situationalen, personalen oder systemischen Faktoren? In H. W. Bierhoff & L. Montada (Hrsg.), *Altruismus: Bedingungen der Hilfsbereitschaft* (S. 179–205). Göttingen: Hogrefe.

Oliner, S. P., & Oliner, P. M. (1988). *The altruistic personality: Rescuers of Jews in Nazi-Europe.* New York: Free Press.

Roth, S., & Simoneit, G. (1993). Vergesellschaftung durch ehrenamtliche Tätigkeit im sozialen Bereich. In M. Kohli, H.-J. Freter, M. Langehennig, S. Roth, G. Simoneit, & S. Tregel (Hrsg.), *Engagement und Ruhestand: Rentner zwischen Erwerb, Ehrenamt und Hobby* (S. 143–179). Opladen: Leske + Budrich.

Schneider, H. D. (1988). Helfen als Problemlöseprozess. In H. W. Bierhoff & L. Montada (Hrsg.), *Altruismus: Bedingungen der Hilfsbereitschaft* (S. 7–35). Göttingen: Hogrefe.

Simonson, J., Vogel, C., & Tesch-Römer, C. (Hrsg.). (2017). *Freiwilliges Engagement in Deutschland – Der Deutsche Freiwilligensurvey 2014.* Wiesbaden: Springer VS.

Corporate Social Responsibility: Verständnis, Bedingungen und Wirkungen

Grit Tanner, Eva Bamberg und Marlies Gude

© Springer Fachmedien Wiesbaden GmbH, ein Teil von Springer Nature 2018
C. T. Schmitt, E. Bamberg (Hrsg.), *Psychologie und Nachhaltigkeit*,
https://doi.org/10.1007/978-3-658-19965-4_10

Organisationen, vor allem des produzierenden und verarbeitenden Gewerbes, hinterlassen durch ihr Wirken Fußabdrücke auf diesem Planeten (zum Beispiel durch Ein-
griffe in die Natur, Einflüsse auf Lokalpolitik). In der öffentlichen Wahrnehmung hat
daher in den letzten Jahrzehnten der verantwortungsvolle und nachhaltige Umgang von
Organisationen mit ökologischen und sozialen Ressourcen mehr und mehr Relevanz
bekommen. Aus diesem Grund werden Themen der Corporate Social Responsibility
(CSR) – der gesellschaftlichen Verantwortung von Unternehmen – in den Organisationen und auch in der Politik stärker gefordert und gefördert. In diesem Beitrag geht es
darum darzustellen, was unter CSR zu verstehen ist und welche Wirkungen von CSR
angenommen werden.

10.1 Definition von CSR

Für CSR gestaltet sich das Finden einer einheitlichen Definition schwierig (vgl. Dahlsrud
2008; Taneja et al. 2011). Es gibt verschiedene Aspekte, welche für CSR wichtig zu sein
scheinen, jedoch variiert ihr Einbezug in den Definitionen stark. Um sich einer Definition von CSR zu nähern, werden hier zunächst einige theoretische Ansätze beziehungsweise Grundlagen vorgestellt.

10.1.1 Theoretische Grundlagen

10

Unternehmerische Verantwortung wird häufig assoziiert mit dem Begriff Nachhaltigkeit beziehungsweise nachhaltigem Handeln durch Organisationsmitglieder. Nach dem
Konzept von Elkington (1994) umfasst Nachhaltigkeit von Organisationen drei Bereiche *(Triple-Bottom-Line)*, die durch wirtschaftliche, umweltbezogene und soziale Ziele
gekennzeichnet sind. Nur die gleichberechtigte Umsetzung dieser drei Bereiche führt
zu einem langfristigen Erfolg der Organisation. Diese gleichberechtigte Umsetzung
wird allerdings zum Teil als recht inadäquat angesehen. Es wird argumentiert, dass in
der praktischen Anwendung der *Triple-Bottom-Line* eigentlich nur die wirtschaftlichen
Ziele beachtet werden und hinsichtlich sozialer und umweltbezogener Ziele ein vages
Commitment besteht, sodass eine effektive Verfolgung der letztgenannten Ziele nicht
realisiert werden kann (Norman und MacDonald 2004). Andere sehen gerade in der
flexiblen Anwendung des Ansatzes seine Stärke, da Organisationen das Konzept ihren
Bedürfnissen entsprechend anpassen können (Slaper 2011).

Ein Modell, welches sich konkreter mit der gesellschaftlichen Verantwortung von
Organisationen auseinandersetzt, ist das *Pyramidenmodell* von Carroll (1979, 1991).
Dieses unterscheidet vier Ebenen von Verantwortung. Die Basis bildet die ökonomische
Verantwortung, welche besagt, dass Organisationen mindestens kostendeckend wirtschaften sollen. Darauf aufbauend besteht eine gesetzliche Verantwortung, nach welcher
von Organisationen erwartet wird, die gesetzlichen Bestimmungen einzuhalten. Auf der
dritten Ebene befindet sich die ethische Verantwortung. Diese beschreibt die Erwartung, dass Organisationen fair, ethisch und schädigungslos über den gesetzlichen Rahmen hinaus handeln. Die oberste Ebene, die philanthropische Verantwortung, beschreibt
ein karitatives Engagement zur Verbesserung der allgemeinen Lebensqualität. Carroll
(1979) betont dabei, dass die gesellschaftliche Verantwortung von Organisationen über
die ökonomische und gesetzliche Ebene hinausgeht. Damit kommen der ethischen sowie

der philanthropischen Verantwortung in diesem Modell eine besondere Bedeutung zu. Gleichzeitig sind ökonomische und gesetzliche Verantwortung eine Art Basis für die oberen Ebenen, welche gegeben sein müssen, um die anderen Ebenen ausführen zu können.

Einen weiteren zentralen Ansatz stellt die *Stakeholder-Theorie* (Freeman 1994) dar. Diese geht davon aus, dass der langfristige wirtschaftliche Erfolg einer Organisation davon abhängt, inwieweit diese die Interessen ihrer Stakeholder berücksichtigt beziehungsweise in der Lage ist die Beziehungen zu diesen verschiedenen Interessensgruppen zu vereinbaren. Unter dem Begriff Stakeholder sind dabei sowohl Teilhaber, Aktionäre oder Gesellschafter, als auch Kunden, Beschäftigte oder Gemeinden zu verstehen. Damit stellt diese Theorie eine Erweiterung der *Shareholder-Theorie* (Friedman 13. September 1970) dar, welche eine Verantwortung ausschließlich gegenüber finanziellen Teilhabern (zum Beispiel Aktionären, Gesellschaftern) sieht.

Diese drei kurz dargestellten Ansätze bilden die wesentlichen Grundlagen für das Verständnis von CSR. Zusammenfassend lassen sich folgende Implikationen ableiten: 1) CSR geht über eine wirtschaftliche Verantwortung von Organisationen hinaus und 2) CSR bezieht die Interessen der relevanten Stakeholder mit ein.

10.1.2 Anwendung von CSR-Definitionen

Um die Frage nach einer allgemeingültigen Definition von Corporate Social Responsibility zu beantworten, untersuchte Dahlsrud (2008) in einer Studie mehrere mögliche Definitionen systematisch inhaltsanalytisch. Als Resultat können fünf Dimensionen identifiziert werden, welche bei mindestens 50 % der einbezogenen Definitionen zugrunde lagen: Umweltbezug (59 %), soziale Aspekte (88 %), ökonomische Faktoren (86 %), Interessen von Stakeholdern (88 %) sowie Freiwilligkeit (80 %). Insgesamt zeigt sich, dass mindestens drei dieser Dimensionen bei 97 % der Definitionen enthalten waren. Darüber hinaus wurde die Definition der EU-Kommission aus dem Jahre 2001 am häufigsten genutzt: „[CSR ist] ein Konzept, das den Unternehmen als Grundlage dient, auf freiwilliger Basis soziale Belange und Umweltbelange in ihre Unternehmenstätigkeit und in die Wechselbeziehungen mit den Stakeholdern zu integrieren. Sozial verantwortlich handeln heißt nicht nur, die gesetzlichen Bestimmungen einhalten, sondern über die bloße Gesetzeskonformität hinaus ‚mehr' investieren in Humankapital, in die Umwelt und in die Beziehungen zu anderen Stakeholdern" (EU-Kommission 2001, S. 7). Von den von Dahlsrud (2008) identifizierten Dimensionen enthält diese Definition vier Facetten (Freiwilligkeit, Soziales, Umwelt, Stakeholder) und spart die ökonomische Facette aus. Damit entspricht die Definition der EU-Kommission aus dem Jahre 2001 dem Anliegen von Carroll (1979), welcher meint, dass CSR über ökonomische Verantwortung hinausgeht. Die Wirtschaftlichkeit wird eher als Rahmenbedingung für CSR verstanden, und damit die sozialen und ökologischen Beiträge von CSR in den Vordergrund gestellt. Auch Turker (2009) schließt sich der Auffassung an, dass die ökonomische Komponente eher als Grundvoraussetzung, und nicht als Bestandteil von CSR verstanden werden soll.

Die EU-Kommission definiert CSR jedoch seit 2011 in einer abgeänderten Version: CSR wird definiert als „die Verantwortung von Unternehmen für ihre Auswirkungen auf die Gesellschaft" (EU-Kommission 2011, S. 7); „Unternehmen können sozial verantwortlich handeln durch: a) die Einhaltung des Gesetzes; b) Integration von sozialen, umweltbezogenen, ethischen Anliegen sowie Anliegen von KonsumentInnen, und Menschenrechten in die Unternehmensstrategie und -prozesse" (EU-Kommission 2017).

Laut Gröneweg und Matiaske (im Druck) ist den Definitionen von 2001 und ab 2011 die Wechselwirkung zwischen Unternehmen und deren Umwelt gemeinsam. Dies zeigt eine deutliche Verbindung zur *Stakeholder-Theorie* von Freeman (1994) auf. Deutlich weniger präsent zeigt sich in der Definition seit 2011 das Engagement über gesetzliche Vorgaben hinaus. Dies könnte zum einen darauf zurückzuführen sein, dass die EU-Kommission nun stärker auch die unteren Ebenen der organisationalen Verantwortung von Carroll (1991) positiv betonen und fördern möchte. Zum anderen geht die Umsetzung von CSR oftmals mit einem finanziellen Aufwand für die Organisation einher. Gröneweg und Matiaske (im Druck) führen dementsprechend an, dass vor allem ressourcenstarke Akteure in der Lage sind, ihre (wirtschaftlichen) Interessen mithilfe von CSR durchzusetzen. Die EU-Kommission hat mit der Definitionserweiterung – absichtlich oder unabsichtlich – nun die Möglichkeit von finanziell schwächeren Organisationen (zum Beispiel KMUs) erhöht, an den wettbewerblichen Vorteilen von CSR (zum Beispiel Erhöhung der Reputation; Fombrun und Shanley 1990) zu partizipieren. Der Debatte, ob die gesetzliche Verantwortung mit zu CSR gehört, begegnen Torugsa et al. (2013) mit der Unterscheidung in *reactive* und *proactive* CSR. *Reactive* CSR bedeutet dabei die Erfüllung vorgegebener Regelungen, während *proactive* CSR ein freiwilliges Engagement darüber hinaus beschreibt.

Für Organisationen werden verschiedene Gründe postuliert, warum sie CSR-Aktivitäten durchführen (vgl. Zerbini 2015): 1) CSR wird als Wettbewerbsvorteil angesehen, indem die Reputation der Organisation langfristig verbessert wird *(Resource-Based-View & Agency-Theorie)*; 2) CSR wird als Mittel zur unternehmerischen Selbstverwirklichung eingestuft *(Stewardship-Theorie)*; 3) CSR wird durchgeführt, um den Erwartungen anderer Marktteilnehmer zu entsprechen *(Institutional-Theorie)*; 4) CSR wird umgesetzt, um die Interessen der Stakeholder zu bedienen *(Stakeholder-(Management-)Theorie)*. Darüber hinaus gibt es die von Gröneweg und Matiaske (im Druck) zugrunde gelegte *Resource-Dependence-Theorie* (Pfeffer und Salancik 1978), welche der Analyse von Beziehungen zwischen Organisation und Umwelt dient. Gröneweg und Matiaske gehen davon aus, dass „Organisationen eine Verminderung externer Einflüsse auf die interne Entscheidungsfindung und die Reduktion von Unsicherheiten anstreben. Organisationen folgen [daher] nicht ohne weiteres mehr oder weniger unverbindlichen Regelungen (zum CSR), sondern sind nur dann bereit an ihrer Etablierung mitzuwirken und diese nachhaltig [im Sinne von langfristig] zu verfolgen, wenn sie Nutzen aus diesen Aktivitäten ziehen können." (Gröneweg und Matiaske im Druck). Damit messen Gröneweg und Matiaske der *Stewardship-Theorie* keinerlei Relevanz zu und auch die *Stakeholder-Theorie* spielt ihrer Ansicht nach eine untergeordnete Rolle.

Die genannten unterschiedlichen Gründe für die Durchführung von CSR-Aktivitäten in Organisationen und die verschiedenen Ziele, die mit CSR verbunden sind, können eine einheitliche Definition von CSR erschweren, denn es ist davon auszugehen, dass Absichten und Ziele Definitionen maßgeblich mitbestimmen.

10.2 CSR-Aktivitäten

Laut der EU-Kommission (2001) lassen sich bei der Ausrichtung von CSR-Aktivitäten zwei Fokusse unterscheiden: Dies ist zum einen der externe Fokus, also alle Aktivitäten, welche auf Akteure außerhalb der eigenen Organisation gerichtet sind; des Weiteren gibt es den internen Fokus, bei welchem sich die Aktivitäten auf intraorganisationale Prozesse sowie auf Beschäftigte konzentrieren.

10.2.1 Externe CSR-Aktivitäten

Die EU-Kommission (2001) verweist auf verschiedene Einflüsse, welche Organisationen auf lokale Gemeinschaften haben können. So gehen mit der Ansiedlung von Organisationen in Gemeinden auf der einen Seite zum Beispiel ein erhöhtes Verkehrsaufkommen, Lärmbelastung oder aufwendige Abfallentsorgung einher, auf der anderen Seite ergeben sich aber auch zum Beispiel zusätzliche Ausbildungsplätze oder Sponsoring von lokalen Sport- und Kulturereignissen.

Des Weiteren kommen Organisationen auch ihrer gesellschaftlichen Verantwortung nach, wenn sie langfristige Beziehungen zu ihren Geschäftspartnern, zum Beispiel Zulieferern, und zu ihren Kunden aufbauen, zum Beispiel durch hohe Qualität der Produkte oder guten Service. Unter Kunden sind hierbei zum einen Endverbraucher, aber auch Organisationen in der nachgelagerten Wertschöpfungskette zu verstehen. Laut der EU-Kommission ist durch eine bestehende Geschäftsbeziehung per se eine Wechselwirkung zwischen den Organisationen und den Aktivitäten beziehungsweise Bereichen ihrer Verantwortungsübernahme gegeben. Insbesondere im Fall von ausgelagerten Produktionsstätten wird Organisationen ein zusätzlicher Anteil an sozialer Verantwortung zugeschrieben (EU-Kommission 2001).

Globaler Umweltschutz ist ein weiterer Bereich externer CSR-Aktivitäten: „Bedingt durch die grenzüberschreitenden Auswirkungen vieler wirtschaftlich bedingter Umweltprobleme und den Verbrauch von Ressourcen aus allen Teilen der Welt sind die Unternehmen auch Akteure im globalen Umweltszenario." (EU-Kommission 2001, S. 17).

Schließlich nimmt die Einhaltung von Menschenrechten eine wesentliche Stellung innerhalb von CSR ein. Mittlerweile gibt es zahlreiche Abkommen und Verhaltenskodizes, welche die Einhaltung dieser grundlegenden Rechte absichern sollen; und der Druck auf Organisationen durch Politik, Gesellschaft und Medien wächst (EU-Kommission 2001). Dennoch verweist die EU-Kommission auf einige schwierige Fragen in diesem Kontext, zum Beispiel: Wie kann die Abgrenzung von Verantwortlichkeiten zwischen Organisationen und Regierungen geregelt werden? Wie kann die Einhaltung von Regelungen sinnvoll überprüft werden? Es gibt des Weiteren einen Diskurs darüber, ob die Freiwilligkeit von CSR ein Problem darstellt. Gröneweg und Matiakse (im Druck) argumentieren, dass Sanktionen bei Nichteinhaltung von Normen eine essentielle Voraussetzung für die Einhaltung eben dieser darstellen. Im Sinne des Freiwilligkeitsprinzips wird bei CSR zu positiven Beiträgen motiviert, Verstöße werden jedoch nicht sanktioniert. Dies kann die Einhaltung der „Norm CSR" maßgeblich erschweren (für eine detailliertere Erläuterung siehe Gröneweg und Matiakse im Druck).

10.2.2 Interne CSR-Aktivitäten

Auf interne Aktivitäten im Bereich CSR wird in der Außendarstellung von Organisationen eher selten verwiesen. Vor allem Gesundheitsförderung wird in Verbindung mit CSR kaum beachtet (Monachino und Moreira 2014). Doch gerade Arbeitssicherheit und Gesundheitsschutz stellen elementare Bedürfnisse von Beschäftigten dar und definieren sich dadurch, dass sie Interessen von Stakeholdern verkörpern, als ein Bereich von CSR (entsprechend der *Stakeholder-Theorie* von Freeman 1994). Auch die Aufgabenbereiche des Humanen-Resources-Managements spiegeln wesentliche Interessen der Beschäftigten wider, wie zum Beispiel Chancengleichheit, Arbeitsplatzsicherheit oder berufliche

Qualifizierung, welche die Arbeitsmotivation von Beschäftigten bedingen. Daher stellt Human-Resources-Management nach der EU-Kommission (2001) einen weiteren Bereich von intern ausgerichteter CSR dar. Die Anpassungsfähigkeit im organisationalen Wandel wird als zusätzlicher Bereich interner CSR-Aktivitäten gesehen und betrifft die Interessen verschiedener Stakeholder, indem bei einem erfolgreichen Change-Management die Sicherheitsbedürfnisse alldererjenigen in den Mittelpunkt gestellt werden, welche durch die Veränderungsprozesse betroffen sind (zum Beispiel Beschäftigte, Aktieninhaber). Veränderungen sind immer mit Unsicherheiten verknüpft, daher ist das Reduzieren von Unsicherheit ein zentrales Anliegen für eine erfolgreiche Umsetzung von Veränderungsprozessen (Larkin und Larkin 1994). Zur Erreichung dieses Ziels zeigt sich vor allem die Partizipation von Stakeholdern als geeigneter Ansatzpunkt (Lines 2004). Grundlage hierfür bilden eine fortlaufende Information und die Berücksichtigung der Bedürfnisse aller Beteiligten.

Nicht zuletzt zählt zu den internen Aktivitäten auch die Umweltverträglichkeit und Bewirtschaftung der natürlichen Ressourcen einer Organisation. Hierzu gehören Reduzierung des Ressourcenverbrauchs, der Umweltverschmutzung und der Abfallproduktion (EU-Kommission 2001). Eine Abgrenzung zur externen Aktivität des globalen Umweltschutzes besteht darin, dass hierbei ein stärkerer Bezug zur eigenen Produktion gegeben ist. Dennoch gehen diese Aktivitäten Hand in Hand.

Die genannten CSR-Aktivitäten unterscheiden sich hinsichtlich ihrer Zielstellung und ihres Kontextes. CSR-Aktivitäten, die die Kernaufgaben von Unternehmen betreffen (zum Beispiel die Produktion nachhaltiger Güter oder die Realisierung von Nachhaltigkeit in der Produktion beziehungsweise bei Dienstleistungen), sind aufgrund ihrer Reichweite und ihrer Zentralität besonders relevant und anders zu gewichten als CSR-Aktivitäten, die wenig mit den Unternehmensaktivitäten zu tun haben (zum Beispiel die Unterstützung des örtlichen Fußballvereins oder das Pflanzen von Bäumen im Stadtpark). Darüber hinaus dürften regelmäßige Aktivitäten andere Wirkungen haben als Einzelmaßnahmen. Die konkrete Ausrichtung von CSR-Aktivitäten und somit die CSR-Strategien von Organisationen sind zu berücksichtigen, schon um zu vermeiden, dass CSR als reines Marketing-Instrument genutzt wird und nicht die tatsächlichen Absichten der Organisation widerspiegelt – sogenanntes *Green/CSR-Washing*, die dunkle Seite von CSR (Gröneweg und Matiaske im Druck).

10.3 Handlungsbedingungen von CSR

Die Handlungsbedingungen von CSR werden durch Arbeitsverhältnisse und Arbeitsbedingungen, interpersonelle Beziehungen sowie über Organisationsklima und -kultur bestimmt.

Hinsichtlich der Arbeitsverhältnisse und der Arbeitsbedingungen sind vor allem Belastungen und Ressourcen von Interesse. Hohe Belastungen, wie zum Beispiel unsichere Arbeitsverhältnisse und hohe Arbeitsintensität, führen zu Einschränkungen bei der sozialen Verantwortung der Organisationsmitglieder. Dies kann über *Depletion-Prozesse* (Bamberg, Schmitt, Baur, Gude, & Tanner in diesem Band) erklärt werden. Ressourcen hingegen, wie zum Beispiel Handlungsspielraum oder flexible Arbeitszeiten, dürften sozial verantwortliches Verhalten fördern (Bamberg et al., in diesem Band). Generell gibt es aber über die Wirkung von Arbeitsverhältnissen und Arbeitsbedingungen auf soziale Verantwortung wenig wissenschaftliche Literatur.

Führungskräfte und Peers haben als Organisationsmitglieder wesentlichen Einfluss auf CSR in Organisationen (Treviño et al. 2014). Effekte bestehen auch über gerechtes beziehungsweise ungerechtes Verhalten. Hier gehen die Wirkungen über die direkt Betroffenen hinaus; ungerechtes Verhalten wird nicht nur dann negativ wahrgenommen, wenn es um die Verletzung eigener Rechte geht, sondern auch, wenn ungerechtes Verhalten gegenüber anderen beobachtet wird und der Beobachter davon nicht betroffen ist (Treviño et al. 2014).

Ebenfalls hat die Organisationskultur eine wichtige Funktion für CSR. Eine Organisationskultur umfasst gemeinsame oder geteilte Grundannahmen, Werte und Normen in Organisationen. Sie vermittelt den Organisationsmitgliedern Sinn und Orientierung und bietet einen Rahmen für die Entwicklung von Strategien, für das Festlegen von Strategien und für die Durchführung von Maßnahmen. Drei Ebenen der Organisationskultur lassen sich trennen (Bamberg et al. 2016; Schein 1984; Schnyder 1989; Stremming 2009):

1. Die *Kulturebene* umfasst Werthaltungen, Orientierungen, Wissen und Kognitionen. Dazu gehören auch nachhaltigkeitsbezogene Normen und Werte in Organisationen. Die Kulturebene enthält somit einen Orientierungsrahmen für soziale Verantwortung.

2. Die *Instrumentalebene* betrifft Maßnahmen zur Steuerung der Unternehmensprozesse, wie zum Beispiel Management-Systeme und Leitbilder; Maßnahmen zur Steuerung von sozialer Verantwortung können der Instrumentalebene zugerechnet werden.

3. Die *Prozessebene* bezieht sich auf Handlungen und Entscheidungen der Organisationsmitglieder (zum Beispiel Kommunikationsprozesse). Wie CSR kommuniziert wird, lässt sich der Prozessebene zuordnen.

Treviño und Kolleginnen (2014) zeigen in einem Review, dass es einen Zusammenhang zwischen der Ethikorientierung von Klima/Kultur und verantwortlichem Verhalten der Organisationsmitglieder gibt (auch Lützén und Kvist 2012). Wichtig sind in diesem Zusammenhang auch formale Systeme in Organisationen mit ethischen Implikationen, zum Beispiel Entscheidungsstrukturen oder Leistungssysteme. So ist es zum Beispiel möglich, dass Zielvereinbarungen (beziehungsweise Zielvorgaben) negative Implikationen für soziale Verantwortung haben. Das ist etwa dann der Fall, wenn der Leistungsparameter so stark im Vordergrund steht, dass Nachhaltigkeit und soziale Verantwortung nicht berücksichtigt werden (Treviño et al. 2014).

Klima, Kultur, Arbeitsverhältnisse und Arbeitsbedingungen bestimmen somit die Faktoren, die sozial verantwortliches Handeln der Organisationsmitglieder beeinflussen. Diese Faktoren können als *soziomoralische Anregungspotentziale in Unternehme*n bezeichnet werden. Weber et al. (2008) schlagen mehrere Kriterien zur Bewertung des soziomoralischen Anregungspotenzials vor. Dazu gehören:

- Möglichkeiten der Beschäftigten mit sozialen Problemen und Konflikten in einem offenen Klima umzugehen
- Wertschätzung und Unterstützung von Vorgesetzten
- Möglichkeiten der zwanglosen Kommunikation
- Möglichkeiten der partizipativen Kooperation
- Perspektivenentwicklung durch die Möglichkeit der Übernahme von betrieblichen Funktionen und Rollen

- Transparente, diskursbereite, rücksichtsvolle Anwendung von Regeln und Prinzipien der Entscheidungsfindung
- Möglichkeiten der Weiterbildung

Weber et al. (2008) rechnen die genannten Faktoren dem Organisationsklima zu. Die Faktoren verweisen jedoch darauf, dass auch Kultur und konkrete Arbeitsbedingungen Wirkungen auf CSR haben könnten. Bamberg et al. (in diesem Band) führen aus, dass für Selbstregulation erforderliche Ressourcen eine Voraussetzung von CSR sind. Wenn bei der Arbeitstätigkeit Belastungen hoch sind und Ressourcen, wie etwa Handlungsspielraum und soziale Unterstützung, nicht gegeben sind, dann sind auch für Selbstregulation nur eingeschränkt Ressourcen verfügbar. Die von Weber et al. genannten Kriterien können dann nur eingeschränkt realisiert beziehungsweise wahrgenommen werden.

Die genannten Faktoren stehen in einer transaktionalen Beziehung zu CSR-Aktivitäten – sie sind im Kern CSR-Aktivitäten, sie begünstigen (weitere) CSR-Aktivitäten, und sie werden von CSR-Aktivitäten beeinflusst. Wenn zum Beispiel in einem Unternehmen für die Beschäftigten Möglichkeiten zu partizipativer Kooperation gefördert werden, dann zeigt das Unternehmen durch die einschlägigen Fördermaßnahmen soziale Verantwortung. Partizipative Kooperation könnte damit verbunden sein, dass weitere Aktivitäten der sozialen Verantwortung ausgebaut werden, wie etwa Maßnahmen zur Unterstützung der Diversität im Unternehmen. Schließlich kann die Förderung von partizipativer Kooperation vom partizipativen Klima in der Organisation abhängen.

10.4 Wirkungen von CSR

CSR ist mittlerweile ein wichtiger Bestandteil für die Reputation von Organisationen (Fombrun und Shanley 1990). Reputationsschäden in diesem Bereich können für Organisationen schwerwiegende Konsequenzen verursachen und werden inzwischen als ein erhebliches Risiko betrachtet (Burckhardt 2013). Adressaten, welche die Organisationen über ihre Reputation erreichen wollen, sind vor allem KonsumentInnen, (potenzielle) Beschäftigte sowie (potenzielle) Geschäftspartner.

10.4.1 Intraorganisationale Effekte

Gond et al. (2010) entwickelten auf der Grundlage von empirischen Befunden ein Modell zum Einfluss von CSR auf die Beschäftigten. Zentraler Ausgangspunkt dabei ist, dass CSR-Aktivitäten keine direkten Auswirkungen haben können, sondern lediglich die Wahrnehmung der CSR-Aktivitäten durch die Beschäftigten kann sich auf etwas auswirken. Die Durchführung von CSR-Aktivitäten beeinflusst die Beschäftigten also nur in dem Maße, in dem sie die Aktivitäten wahrnehmen und bewerten (Barnett 2007). Diese Wahrnehmung und Bewertung hat einen Einfluss auf die erlebte organisationale Gerechtigkeit, die organisationale Identifikation der Beschäftigten und den sozialen Austausch zwischen Organisation und Beschäftigten. CSR bringt eine soziale Komponente in den ökonomischen Austausch zwischen Organisationen und Beschäftigten (Cropanzano und Mitchell 2005). Gond und KollegInnen schlussfolgern daraus, dass CSR Einfluss auf die Reziprozität zwischen Organisation und Beschäftigten nimmt. Auch die organisationale

Identifikation wird dadurch bestärkt, da Individuen dazu neigen, sich mit Organisationen zu identifizieren, welche eine sozial lobenswerte Rolle einnehmen (zum Beispiel Greening und Turban 2000). Schließlich bewirkt die soziale Komponente auch die Wahrnehmung einer ethischen Arbeitsumgebung, welche moralische Organisationspraktiken impliziert, und somit die wahrgenommene organisationale Gerechtigkeit erhöht (Gond et al. 2010). Insbesondere organisationale Identifikation und die Form des sozialen Austausches wirken dann als Vermittler zwischen den wahrgenommen CSR-Aktivitäten und Arbeitseinstellungen (vor allem Commitment und Arbeitszufriedenheit) sowie dem Verhalten am Arbeitsplatz, welche letztendlich Prädiktoren für die Leistung der Organisationen sind.

Neben diesen Faktoren konnten Studien weitere Aspekte identifizieren, welche die Wirkung von CSR-Aktivitäten beeinflussen. So zeigt sich bei McShane und Cunningham (2012), dass die Authentizität von CSR-Aktivitäten einen wesentlichen Einfluss drauf hat, ob die Aktivitäten positiv wahrgenommen werden oder nicht. Des Weiteren postulieren Gond und KollegInnen (2010) selbst in ihrem Modell einen moderierenden Einfluss durch die Passung der Wertvorstellungen zwischen Organisation und Beschäftigten auf die Wahrnehmung von CSR-Aktivitäten durch die Beschäftigten: je höher die Passung ist, desto stärker ist die positive Wahrnehmung der CSR-Aktivitäten. Geteilte Werte scheinen also für die Wirkung von CSR auf die Beschäftigten eine wesentliche Rolle zu spielen. Badura und Ehresmann (2016) fassen gemeinsame Werte, Überzeugungen und Regeln eines Kollektivs unter dem Begriff Kultur zusammen (siehe oben). Kultur „prägt Kognition, Emotion und Motivation und dadurch das Annäherungs- und Vermeidungsverhalten [...] [der] Mitglieder" (Badura und Ehresmann 2016, S. 85). Auf Basis einer hohen Vereinbarkeit von kollektiven und persönlichen Werten, also einer attraktiven Organisationskultur, ist anzunehmen, dass ein Annährungsverhalten seitens der Beschäftigten verstärkt wird und in Folge dessen mit einem höheren Commitment einhergeht (Badura und Ehresmann 2016). In ihrer Studie konnten Badura und Ehresmann diesen positiven Zusammenhang zwischen Organisationskultur und Commitment nachweisen. Darüber hinaus zeigte sich ein positiver Zusammenhang zwischen Organisationskultur und Gesundheit, welcher über Commitment vermittelt wird. Neben der Vereinbarkeit von Person und Organisation muss jedoch auch die Vereinbarkeit zwischen den einzelnen Aktivitäten einer Organisation gegeben sein. Erleben die Beschäftigten, dass zum Beispiel CSR-Aktivitäten nicht zu den anderen Managementstrategien passen, kann dies in einem reduzierten affektiven Commitment resultieren (MacLean und Behnam 2010).

Die Wirkung von Ethik-Kodizes, welche vordergründig zur Umsetzung von CSR und zur Förderung sozial verantwortlichen Verhaltens genutzt werden, scheint jedoch allenfalls begrenzt gegeben zu sein. Vor allem in Kombination mit anderen Faktoren scheinen Kodes eine, wenn auch geringfügige, positive Wirkung zu haben (dazu auch die Meta-Analyse von Kish-Gephart et al. 2010) – eventuell da sie nur unter diesen spezifischen Bedingungen glaubwürdig sind. Kodes können, wenn sie verpflichtend sind, auch negative Wirkungen auf ethisches Verhalten haben. Interessant ist hingegen eine Untersuchung, nach der eine Verpflichtungserklärung für ethisches Verhalten mehr Wirkung zeigt, wenn sie vor den Aktivitäten ausgegeben wird (Shu et al. 2012). Zu CSR-Programmen scheint es wenig Forschung zu geben. Ergebnisse von Umfragen sprechen dafür, dass komplexe Programme zu positiven Wirkungen bei den Beschäftigten führen.

Zusammenfassend lässt sich festhalten, dass für CSR-Aktivitäten vor allem eine Wirkung auf die Arbeitseinstellungen von Beschäftigten, wie Commitment, angenommen wird, welche über verschiedene Faktoren vermittelt wird. In Bezug auf Commitment nimmt Organisationskultur eine wesentliche Rolle ein und scheint auch in Bezug auf ethisches Verhalten der Organisationsmitglieder sowie der Authentizität von CSR Einfluss auszuüben. Zwetsloot und Leka (2010) führen an, dass Organisationskultur auch ein verbindendes Element zwischen der Gesundheit der Beschäftigten und CSR darstellen kann.

10.4.2 Extraorganisationale Effekte

CSR-Aktivitäten können eine Vorbildfunktion für andere Personen und Organisationen und damit politische Wirkungen haben. Generell betreffen die extraorganisationalen Wirkungen unterschiedliche Gruppen und Systeme.

Die Vereinbarkeit von Werten oder Identifikation ist ein entscheidender Faktor für die Wirkung von CSR-Aktivitäten auf Externe. Dies trifft zunächst im Recruiting zu, also auf potenzielle Beschäftigte. Da CSR-Aktivitäten ein wichtiger Bestandteil des Profils von Organisationen sind (Fombrun und Shanley 1990), wirken sie im Sinne des *Employer Branding*. *Employer Branding* ist eine Strategie von Organisationen, um besonders fähige potenzielle Beschäftigte auf die Organisation aufmerksam zu machen (Backhaus und Tikoo 2004). Die BewerberInnen sollen über das dargestellte Profil der Organisation deren Werte verinnerlichen und ein Commitment zu der Organisation aufbauen. Nach Celani und Singh (2011) geschieht dies, indem die BewerberInnen Charakteristika der Organisation mit sich selbst abgleichen. Ist der Abgleich positiv, resultiert dies in einer Identifikation der BewerberInnen mit der Organisation. Letztlich wirken CSR-Aktivitäten innerhalb der Personalauswahl, indem sie eine positive Wahrnehmung der Organisation fördern und so bereits bei den BewerberInnen eine organisationale Identifikation bewirken können. Für die Organisation hat dies den Vorteil, dass eingestellte BewerberInnen sich direkt mit den Werten der Organisation identifizieren und daraus ein motiviertes Arbeitsverhalten sowie positive Arbeitseinstellungen folgen (Gond et al. 2010).

CSR-Aktivitäten von Organisationen haben neben dem Einfluss auf BewerberInnen auch Einfluss auf KonsumentInnen. Sen und Bhattacharya (2001) konnten auch für KonsumentInnen zeigen, dass die Kongruenz zwischen den eigenen Werten und den Werten, welche einer Organisation zugeschrieben werden, eine zentrale Rolle spielt und den Zusammenhang zwischen wahrgenommenen CSR-Aktivitäten und der Beurteilung der Organisation vermittelt. Diese Kongruenz ist vor allem dann relevant, wenn die Bedeutsamkeit der CSR-Aktivität für die KonsumentInnen besonders hoch ist. Die Bedeutsamkeit der CSR-Aktivität zeigt ebenfalls hinsichtlich der Kaufabsicht einen moderierenden Einfluss: Der Zusammenhang zwischen Informationen über CSR-Aktivitäten und der Kaufabsicht ist stärker, wenn die Bedeutsamkeit der CSR-Aktivität hoch ist. Hinsichtlich der Bedeutsamkeit von CSR-Aktivtäten konnte eine kulturvergleichende Studie (Maignan und Ferrell 2003) außerdem nachweisen, dass manche CSR-Aktivtäten zwischen den Nationen unterschiedliche Relevanz für KonsumentInnen aufweisen (zum Beispiel Gesundheitsförderung), andere wiederum gleich relevant sind (zum Beispiel Verantwortung für die lokale Gemeinschaft). Diese Befunde verdeutlichen auf der einen Seite, dass Identifikation beziehungsweise Kongruenz von Werten eine wichtige Rolle innerhalb der CSR-Wirkung auf KonsumentInnen spielt, auf der anderen Seite zeigen sie auf, dass die Entscheidungsprozesse von KonsumentInnen komplexer sind, als dass sie sich allein über Identifikation erklären lassen.

Abschließend ist noch die Wirkung von CSR-Aktivitäten auf die Geschäftspartner der Organisationen anzuführen. Im Rahmen dieser Beziehungen wirken CSR-Aktivitäten vordergründig über ökonomische und/oder gesetzliche Wege. So werden Zulieferer über Verträge, Verhaltenskodizes etc. dazu verpflichtet sich an die Vorgaben der kooperierenden Organisation zu halten. Ökonomische Folgen können sich beispielsweise in den Preisen von Produkten niederschlagen, da ein nachhaltiger Umgang mit natürlichen Ressourcen auch finanziert werden muss. Darüber hinaus kann zusätzlich eine implizite Beeinflussung stattfinden. Organisationen wählen Geschäftspartner mit ähnlichen Wertevorstellungen hinsichtlich Nachhaltigkeit aus und können so einen Anpassungsdruck auf andere Organisationen auslösen. Um konkurrenzfähig zu bleiben, müssen dann Organisationsprozesse und -strategien angepasst werden (im Sinne der *Institutional-Theorie*; Zerbini 2015). Die Gründe, warum Organisationen nachhaltigkeitsorientierte Geschäftspartner wählen, können vielfältig sein (Zerbini 2015): Sorge um Reputationsschäden *(Resource-Based-View & Agency-Theorie)*, aber auch die Identifikation mit gemeinsamen Werten *(Stewardship-Theorie)* können hier eine Rolle spielen.

10.5 Fazit

Für CSR werden verschiedene Definitionen herangezogen; vor allem die Gewichtung der wirtschaftlichen Verantwortung scheint sich in einem Spannungsfeld zwischen Theorie und Praxis zu befinden. So wird die wirtschaftliche Verantwortung in der Theorie eher als Voraussetzung für die stärker betonten Facetten der sozialen und ökologischen Verantwortung einer Organisation gesehen (Carroll 1979). In der Praxis scheint wirtschaftliche Verantwortung jedoch häufig ausschließlich berücksichtigt zu werden (Norman und MacDonald 2004). Nichtsdestotrotz sind durch die Popularität des Themas CSR auch die soziale und ökologische Verantwortung von Organisationen stärker in das Bewusstsein von Unternehmensvertretern gerückt worden. Die Umsetzung der sozialen und ökologischen Verantwortung zeigt sich über Organisationen hinweg als sehr divers. Vor allem finanzstarke Organisationen können es sich zum Beispiel eher leisten, externe Projekte durch Spenden zu fördern, bei der Auswahl von Geschäftspartnern höhere Standards anzulegen und entsprechend auf ressourcenschonendere Rohstoffe zurückzugreifen. Die Berücksichtigung der internen Dimension von CSR durch KonsumentInnen sowie durch Geschäftspartner ist sinnvoll, da die Förderung elementarer Interessen der Beschäftigten vom Grunde her Ziel jeder Organisation sein sollte und auch von kleineren Organisationen umgesetzt werden kann. Hier besteht also die Möglichkeit, das Interesse von Organisationen an der Übernahme von CSR zu erkennen. Es zeigt sich, dass CSR neben positiven Effekten auf Umwelt und Menschen auch negative Begleiterscheinungen aufweisen kann, zum Beispiel reduziertes Commitment/Engagement der Beschäftigten (MacLean und Behnam 2010). CSR wirkt über Reputation und Identifikationsprozesse als Ressource für Organisationen und beeinflusst darüber verschiedene Stakeholder (KonsumentInnen oder (potenzielle) Beschäftigte). Daher fungiert CSR auch als Instrument im Ringen um Wettbewerbsvorteile (Gröneweg und Matiaske im Druck). Organisationen können Reputationsgewinne erhalten, obwohl bei der Durchführung von CSR-Aktivitäten eigentlich finanzielle Gewinne im Vordergrund stehen *(CSR-Washing)*. Zwar kann ein solches widersprüchliches Verhalten auch negative Effekte auf die Reputation der Organisation haben, doch müssten den entsprechenden

Interessensgruppen (zum Beispiel der Öffentlichkeit oder den KonsumentInnen) ausreichend Informationen vorliegen damit der Widerspruch erkannt werden kann.

Generell stellt sich die Frage, inwieweit es relevant ist, welche Absicht Organisationen mit ihren CSR-Aktivitäten verfolgen. Wenn sich neben finanziellen Vorteilen für die Organisation auch positive Resultate für Umwelt und Menschen einstellen, kann eigentlich nichts gegen die Umsetzung von CSR-Aktivitäten sprechen. Es sei jedoch zu bedenken, dass unter Dissonanzerfahrungen (Erkennen von *CSR-Washing*) das Wohlbefinden (MacLean und Behnam 2010) und damit einhergehend wohl auch die Gesundheit von Beschäftigten leiden kann (Meyer et al. 2012). CSR wird weitgehend einheitlich der Grundsatz zugeschrieben, dass die Interessen aller relevanten Stakeholder berücksichtigt werden sollen; und dies sollte dementsprechend im besonderen Maße auf die eigenen Beschäftigten und deren Gesundheit zutreffen. In diesem Sinne sollte die Wirkung von CSR-Aktivitäten einer Organisation auf die Gesundheit der Beschäftigten sowohl in der Forschung als auch in der Praxis eine größere Berücksichtigung finden.

Literatur

Backhaus, K., & Tikoo, S. (2004). Conceptualizing and researching employer branding. *Career Development International, 9*(5), 501–517. ▶ https://doi.org/10.1108/13620430410550754.

Badura, B., & Ehresmann, C. (2016). Unternehmenskultur, Mitarbeiterbindung und Gesundheit. In B. Badura, A. Ducki, H. Schröder, J. Klose, & M. Meyer (Hrsg.), *Fehlzeiten-Report 2016: Unternehmenskultur und Gesundheit – Herausforderungen und Chancen* (S. 81–94). Berlin: Springer.

Bamberg, E., Dettmers, J., & Tanner, G. (2016). Diffundierende Grenzen von Organisationskulturen – Die Rolle von Kundinnen und Kunden. In B. Badura, A. Ducki, H. Schröder, J. Klose, & M. Meyer (Hrsg.), *Fehlzeiten-Report 2016: Unternehmenskultur und Gesundheit – Herausforderungen und Chancen* (S. 193–200). Berlin: Springer.

Barnett, M. L. (2007). Stakeholder influence capacity and the variability of financial returns to corporate social responsibility. *The Academy of Management Review, 32*(3), 794–816.

Burckhardt, G. (2013). *Corporate Social Responsibility – Mythen und Maßnahmen: Unternehmen verantwortungsvoll führen, Regulierungslücken schließen.* Wiesbaden: Springer.

Carroll, A. B. (1979). A three-dimensional conceptual model of corporate performance. *The Academy of Management Review, 4*(4), 497–505.

Carroll, A. B. (1991). The pyramid of corporate social responsibility: Toward the moral management of organizational stakeholders. *Business Horizons, 34*(4), 39–48.

Celani, A., & Singh, P. (2011). Signaling theory and applicant attraction outcomes. *Personnel Review, 40,* 222–238. ▶ https://doi.org/10.1108/00483481111106093.

Cropanzano, R., & Mitchell, M. S. (2005). Social exchange theory: An interdisciplinary review. *Journal of Management, 31*(6), 874–900. ▶ https://doi.org/10.1177/0149206305279602.

Dahlsrud, A. (2008). How corporate social responsibility is defined: An analysis of 37 definitions. *Corporate Social Responsibility and Environmental Management, 15,* 1–13. ▶ https://doi.org/10.1002/csr.132.

Elkington, J. (1994). Towards the sustainable corporation: Win-win-win business strategies for sustainable development. *California Management Review, 36*(2), 90–100.

EU-Kommission. (2001). Grünbuch: Europäische Rahmenbedingungen für die soziale Verantwortung der Unternehmen. ▶ http://eur-lex.europa.eu/legal-content/DE/TXT/PDF/?uri=CELEX:52001DC0366&from=de. Zugegriffen: 10. Sept. 2015.

EU-Kommission. (2011). Eine neue EU-Strategie (2011–14) für die soziale Verantwortung der Unternehmen (CSR). ▶ http://eur-lex.europa.eu/legal-content/DE/TXT/PDF/?uri=CELEX:52011DC0681&from=FRN. Zugegriffen: 15. Febr. 2017.

EU-Kommission. (2017). Corporate Social Responsibility (CSR). ▶ http://ec.europa.eu/growth/industry/corporate-social-responsibility_de. Zugegriffen: 17. Febr. 2017.

Fombrun, C., & Shanley, M. (1990). What's in a name? Reputation building and corporate strategy. *The Academy of Management Journal, 33*(2), 233–258.

Freeman, R. E. (1994). The politics of stakeholder theory: Some future directions. *Business Ethics Quarterly, 4*, 409–421.

Friedman, M. (13. September 1970). The social responsibility of business is to increase its profits. *New York Times*, 122–126.

Gond, J.-P., El-Akremi, A., Igalens, J., & Swaen, V. (2010). Corporate social responsibility influence on employees. *ICCSR Research Paper Series*, 1479–1512.

Greening, D. W., & Turban, D. B. (2000). Corporate social performance as a competitive advantage in attracting a quality workforce. *Business and Society, 39*, 254–280.

Gröneweg, C., & Matiaske, W. (im Druck). Dresscode entschlüsseln: Eine organisationstheoretische Perspektive für die CSR-Forschung. In C. Jakobeit, R. Kappel, & U. Mückenberger (Hrsg.), *Transnationale Akteure und Normbildungsnetzwerke*. Nomos: Baden-Baden.

Kish-Gephart, J. J., Harrison, D. A., & Treviño, L. K. (2010). Bad apples, bad case, and bad barrels: Meta-analytic evidence about sources of unethical decisions at work. *Journal of Applied Psychology, 95*, 1–31.

Larkin, T. J., & Larkin, S. (1994). *Communicating change: Winning employee support for new business goals*. New York: McGraw-Hill.

Lines, R. (2004). Influence of participation in strategic change: Resistance, organizational commitment and change goal achievement. *Journal of Change Management, 4*, 193–215. ▶ https://doi.org/10.1080/1469701042000221696.

Lützén, K., & Kvist, B. E. (2012). Moral distress: A comparative analysis of theoretical understandings and inter-related concepts. *HEC Forum, 24*, 13–25.

MacLean, T. L., & Behnam, M. (2010). The dangers of decoupling: The relationship between compliance programs, legitimacy perceptions, and institutionalized misconduct. *Academy of Management Journal, 53*, 1499–1520.

Maignan, I., & Ferrell, O. C. (2003). Nature of corporate responsibilities: Perspectives from American, French, and German consumers. *Journal of Business Research, 56*, 55–67.

McShane, L., & Cunningham, P. (2012). To thine own self be true? Employees' judgments of the authenticity of their organization's corporate social responsibility program. *Journal of Business Ethics, 108*, 81–100. ▶ https://doi.org/10.1007/s.

Meyer, J. P., Maltin, E. R., & Thai, S. (2012). Employee commitment and well-being. In J. Houdmont, S. Leka, & R. R. Sinclair (Hrsg.), *Contemporary occupational health psychology: Global perspectives on research and practice* (Bd. 2, S. 19–35). Hoboken: Wiley.

Monachino, M. S., & Moreira, P. (2014). Corporate social responsibility and the health promotion debate: An international review on the potential role of corporations. *International Journal of Healthcare Management, 7*, 53–59.

Norman, W., & MacDonald, C. (2004). Getting to the bottom of "Triple bottom Line". *Business Ethics Quarterly, 14*, 243–262.

Pfeffer, J., & Salancik, G. R. (1978). *The external control of organizations: A resource dependence perspective*. New York: Harper and Row.

Schein, E. (1984). Coming to a new awareness of organizational culture. *Sloan Management Review, 25*, 3–16.

Sen, S., & Bhattacharya, C. B. (2001). Does doing good always lead to doing better? Consumer reactions to corporate social responsibility. *Journal of Marketing Research, 38*(2), 225–243.

Shu, L. L., Mazar, N., Gino, F., Ariely, D., & Bazerman, M. H. (2012). Signing at the beginning makes ethics salient and decreases dishonest self-reports in comparison to signing at the end. *Proceedings of the National Academy of Sciences, 109*, 15197–15200.

Slaper, T. (2011). The triple bottom line: What is it and how does it work? *Indiana Business Review, Spring*, 4–8.

Schnyder, A. B. (1989). *Unternehmungskultur: die Entwicklung eines Unternehmungskultur-Modells unter Berücksichtigung ethnologischer Erkenntnisse und dessen Anwendung auf die Innovations-Thematik*. Bern: Lang.

Stremming, S. (2009). Innovativität – Alles eine Frage der Kultur? In E. Bamberg, J. Dettmers, C. Marggraf-Micheel, & S. Stremming (Hrsg.), *Innovationen in Organisationen. Der Kunde als König* (S. 79–120). Bern: Huber.

Taneja, S. S., Taneja, P. K., & Gupta, R. K. (2011). Researches in corporate social responsibility: A review of shifting focus, paradigms, and methodologies. *Journal of Business Ethics, 101*, 343–364. ▶ https://doi.org/10.1007/s10551-010-0732-6.

Torugsa, N. A., O'Donohue, W., & Hecker, R. (2013). Proactive CSR: An empirical analysis of the role of its economic, social and environmental dimensions on the association between capabilities and performance. *Journal of Business Ethics, 115,* 383–402. ▶ https://doi.org/10.1007/s10551-012-1405-4.

Treviño, L. K., Nieuwenboer, N. A. den., & Kish-Gephart, J. J. (2014). (Un)ethical behavior in organizations. *Annual Review of Psychology, 65,* 635–660.

Turker, D. (2009). Measuring corporate social responsibility: A scale development study. *Journal of Business Ethics, 85,* 411–427. ▶ https://doi.org/10.1007/s10551-008-9780-6.

Weber, W. G., Unterrainer, C., & Höge, T. (2008). Sociomoral atmosphere and prosocial and democratic value orientations in enterprises with different levels of structurally anchored participation. *Zeitschrift für Personalforschung, 22,* 171–194.

Zerbini, F. (2015). CSR Initiatives as Market Signals: A Review and Research Agenda. Journal of Business Ethics. Online Vorveröffentlichung. ▶ http://doi.org/10.1007/s10551-015-2922-8.

Zwetsloot, G., & Leka, S. (2010). Corporate culture, health, and well-being. In S. Leka & J. Houdmont (Hrsg.), *Occupational health psychology* (S. 250–268). Oxford: Wiley-Blackwell.

10

Nachhaltigkeit und Investment: Psychologische Aspekte von nachhaltigkeitsorientiertem Investitionsverhalten

Julia M. Puaschunder

Die vorliegende Arbeit wurde durch das Eugene Lang College der New School New York, die Fritz Thyssen Stiftung, das Janeway Center, die New School for Social Research, ein Prize Fellowship sowie die Universität Wien unterstützt.

© Springer Fachmedien Wiesbaden GmbH, ein Teil von Springer Nature 2018
C. T. Schmitt, E. Bamberg (Hrsg.), *Psychologie und Nachhaltigkeit*,
https://doi.org/10.1007/978-3-658-19965-4_11

Im Zeitalter der Vereinte Nationen Sustainable Development Goals sowie des Klimawandels sind nachhaltige Investitionsmöglichkeiten gefragter denn je. Die Implementierung von Klimastabilität gehört derzeit zu den aktuellsten Herausforderungen, wobei ökonomisches Wachstum dem ökologischen Nachhaltigkeitsanspruch gegenübersteht. Der vorliegende Beitrag enthält einen Review gängiger sozialer Marktmotive im Bereich nachhaltigen Investments und bietet einen Einblick in die Dynamik von sozialer Verantwortung und Nachhaltigkeit am Markt, mit dem Ziel, zukünftige globale Nachhaltigkeitstrends in der Finanzwelt zu verbessern. Damit soll Vertrauen in soziale Marktmechanismen verstärkt sowie Basisvoraussetzungen für nachhaltige Marktökonomien als Garantie für gesellschaftlichen Fortschritt geschaffen werden (Puaschunder 2015c, d).

11.1 Psychologische Aspekte von nachhaltigem Investitionsverhalten

Soziale Investitionen integrieren persönliche Werte und soziale Verantwortung in Finanzmarktentscheidungen (Livesey 2002; Matten und Crane 2005; Schueth 2003; Wolff 2002). Optionen werden dabei nicht nur aufgrund von Profitgedanken und Risikoeinschätzungen gewählt, sondern es wird auch auf soziale und umweltpolitische Aspekte Wert gelegt (Puaschunder 2010; Williams 2005).

InvestorInnen investieren aufgrund von ökonomischen, psychologischen und sozialen Motiven nachhaltig (Slawinski und Bansal 2012). Ökologisch nachhaltiges und soziales Investieren kann neben der *Intention, Profit zu maximieren* (▶ Abschn. 11.1.1), auch *Altruismus* als Form der Nächstenliebe inkludieren (▶ Abschn. 11.1.2), oder durch *gesellschaftliches Vertrauen und Reziprozität* (▶ Abschn. 11.1.3) bedingt sein, *Innovation und unternehmerischen Zwecken* (▶ Abschn. 11.1.4) dienen, *strategische Führungsvorteile* durch *sozialen Status* herbeiführen (▶ Abschn. 11.1.5), *Nutzen durch Transparenz* und *Informationsaustausch* bewirken (▶ Abschn. 11.1.6), Ausdruck *interner Kontrollüberzeugung* sein (▶ Abschn. 11.1.7) sowie zu einer *Selbstwertsteigerung durch Identifikation und Selbst-Konsistenz* führen (▶ Abschn. 11.1.8) und der *Verkörperung von sozialen* (▶ Abschn. 11.1.9) und *langfristig-orientierten Werten* (▶ Abschn. 11.1.10) dienen. Diese Motive werden nachfolgend im Detail beschrieben.

11.1.1 Nutzenmaximierungskalkül

Empirische Studien zum Zusammenhang zwischen sozial-nachhaltigen Investitionen und Profitabilität ergeben kein eindeutiges Verhältnis (Jones et al. 2008; Little 2008; McWilliams und Siegel 2000). Fonds, die über legale Erfordernisse hinausgehen (positiv gescreente Fonds), wie beispielsweise alternative Energien, sind attraktive Venture Capital-Optionen, die hohe Erträge einbringen können. Finanzallokationen, die umweltschädliches Verhalten ausschließen (negativ gescreente Finanzallokationen), tendieren zu einer nicht so starken Marktperformance, da sie auf lukrative, jedoch hochriskante Industrien – wie beispielsweise Petroleum, Verteidigung und Suchtmittel – verzichten. Diese Marktoptionen sind jedoch robuster, was allgemeine Marktzyklen und externe Schocks betrifft.

Sozial bzw. gesellschaftlich verantwortliches Investieren hat kurzfristige Kosten aufgrund weiterer Evaluationsschritte zur Folge und verringert die Bandbreite an Optionen und Risikostreuungsweite gemessen am vollen Marktspektrum, bietet gleichzeitig aber auch langfristige und äußerst stabile Investitionsmöglichkeiten (Biller 2007; Little 2008; Tippet 2001). Langfristig bieten sozial verantwortliche Investitionen höhere Stabilität, da stabileres elaboriertes Entscheidungsverhalten sozial motivierte InvestorInnen auszeichnet. Neben Profitmaximierungsstrategien spielt auch Altruismus – im Sinne eines Berücksichtigens des allgemeinen gesellschaftlichen Wohlbefindens – eine Rolle.

11.1.2 Altruismus als gesellschaftliches Wohltätigkeitsmandat

Altruismus erhöht den sozialen und gesellschaftlichen Zusammenhalt durch das pro-soziale Verhalten eines Kollektivs. Altruismus basiert auf dem *Warm Glow,* einem positiven Gefühl des Gebers, und sozialer Gratifikation von pro-sozialem Handeln (Frey und Stutzer 2007). Altruismus gibt dem Selbst einen Wert und ermöglicht eine positive Selbstwahrnehmung. Behaviorale Ökonomen sehen Altruismus als Triebfeder für ökonomische Entscheidungen und Einflussfaktor auf Investitionsverhalten (Frank 2007). Neben purem Rendite-Kalkül beeinflusst Unternehmensethik Kauf oder Verkauf von Aktien. Altruismus bedingt dabei soziale Harmonie (Frey und Stutzer 2007).

11.1.3 Vertrauen und Reziprozität

Der soziale Kontext kann nachhaltigere Investitionsstrategie fördern (Thaler und Sunstein 2008). Vertrauen und Reziprozität verstärken eine sozialere Umgebung. Laborexperimente zeigten Vertrauen und Reziprozität als wesentliche Motive, gemeinsame soziale Ziele zu verfolgen. Je mehr Vertrauen und Reziprozität, desto öfter wurden Ressourcen für die Allgemeinheit ehrlich alloziert. Öffentliche Kommunikations- und Informationskampagnen an Finanzmärkten sollten demnach Vertrauen und Reziprozität evozieren, um implizit Nachhaltigkeitsbestrebungen durch einen psychologischen Vertrag mit InvestorInnen zu verstärken (Puaschunder 2015d).

11.1.4 Innovation und unternehmerisches Streben

Innovation und unternehmerisches Handeln als Ausgangspunkt für sozialen Fortschritt und ökonomische Stabilität stellen zusätzliche nachhaltige Investitionsmotive dar (Schumpeter 1989). Nachhaltiges Investieren zielt auf innovative gesellschaftspolitische Lösungen ab, wie sich vor allem an Stakeholder Aktivismus, Venture Capitalists und *Business Angel* InvestorInnen, die hochriskante Unternehmen in frühen Aufbauphasen fördern, oder *Green Bonds,* die alternative Energien vorantreiben, sowie Divestment von fossilen Brennstoffen zeigt (Chakrabarty und Wang 2012; Schueth 2003).

11.1.5 Strategische Vorteile durch soziale Statusverbesserung

Bereits Adam Smith (1976) erkannte soziales Statusstreben als Triebfeder für Konsum in öffentlich-erkennbaren Konsumakten. Nachhaltiges Investieren hebt den sozialen Status, verbunden mit Prestigeeffekten (Postlewaite 1998). InvestorInnen können sich durch nachhaltiges Investieren innovativ abheben. Dieser kompetitive *first-mover* Vorteil wird durch nachhaltige Investitionen, die ein *high-end* Produkt darstellen, erzielt und ermöglicht zudem einen positiven Imagetransfer für Führungskräfte, die sich als sozial verantwortlich ausweisen (Ait-Sahalia 2004; Puaschunder 2015a). Gemäß Maslow's (1943) Bedürfnispyramide verkörpern langfristige Allgemeingutziele sozialen Status (Puaschunder 2015b, 2017). Ethisches Engagement wird dabei als nobler Akt gesehen, der Respekt von anderen einbringt (Puaschunder 2017; Putnam 2015). Führungskräfte verdeutlichen mit Nachhaltigkeit, dass sie in der Position sind, sich um höhere soziale Werte zu kümmern. Nachhaltiges Investieren avanciert dabei zu einem impliziten sozialen Statussymbol (Puaschunder 2016, 2017).

11.1.6 Transparenz und Informationsvorteile

Die Implementierung von Unternehmensethiken und moralische Standards, die im Zeitalter von *Corporate Social Responsibility* häufig in Treuhänderberichten und Transparenzmandaten angepriesen werden, werden durch Offenlegung von Information nachprüfbar. Es kommt dadurch zu einem öffentlichen Qualitätsprüfprozess, der allgemeine Ethik-Standards in Unternehmen verstärkt. Sozial verantwortliches Investieren hilft implizit, Vertrauenswürdigkeit von Information zu verbessern und unternehmerische *Track Records* und Shareholder-Resolutionen anhand von sozialen und umweltbezogenen Kriterien zu evaluieren (Graves et al. 2001; Little 2008). Seit der Weltwirtschaftskrise in den Jahren 2008/2009 prüft die Öffentlichkeit verstärkt soziale, umweltbezogene und ethische Investitionsstandard. Unternehmerische Ethikmandate und deren Ausführung sind Grundvoraussetzung für viele InvestorInnen, die im Zeitalter von sozialen Medien durch sofortigen Informationsaustausch, internationalen digitalen Netzwerken und emotionaler Bewertung (zum Beispiel durch Emoticons), leicht kommunizier- und kommentierbar wurden. Internationale Organisationen, die Nachhaltigkeits-Standards definieren und durch Monitoring, Zertifizierung und Qualitätskontrollen verstärken, unterstützen Transparenz auf globaler Ebene (Matten und Crane 2005). Als impliziter, freiwillig eingegangener Ethik- und Moralkatalog gilt der *Global Compact* der UN – mittlerweile ein anerkanntes Ethik-Prinzip als Gütesiegel für die Prüfung von sozialen Standards in Bezug auf Arbeitsbedingungen, Menschenrechte, Armutsbekämpfung, Gesundheits- und Sicherheitsstandards, Ausbildung und Aufbau von Gemeinschaften (Communities). Die *Principles for Responsible Investment* (PRI) implementieren durch den *United Nations Global Compact* sowie die *United Nations Environment Programme Finance Initiative* seit 2006 soziale Verantwortung am Finanzmarkt. Seit Februar 2008 hat die *UN Conference on Trade and Development* (UNCTAD) die *Responsible Investment in Emerging Markets* Initiative in Genf als Plattform für sozial verantwortliche Umweltethik in der Entwicklungswelt geschaffen (Puaschunder 2010). Zusätzlich verbessern *Non-Governmental Organizations* (NGOs) Markttransparenz und Rechenschaftsplicht als Qualitätsgütesiegel für nachhaltige Finanzmarktmodelle (Puaschunder 2010).

11.1.7 **Kontrollüberzeugung**

Kontrollüberzeugung beschreibt die Zuschreibung der Kontrolle von Individuen (Rotter 1982). Kontrolle kann tendenziell von sich selbst, durch eigene Fähigkeiten (intern) oder außerhalb eigener Möglichkeiten (extern), sozial, von anderen Menschen, oder fatalistisch, vom Schicksal beeinflusst, wahrgenommen werden. Intern Kontrollüberzeugte erleben sich effektiv, sind durchsetzungsfähig, beachten selbst gesuchte Information in Entscheidungsfindungen, nehmen sich mehr Zeit für Aufgabenlösungen und können auf kurzfristige Belohnungen zugunsten langfristiger Vorteile verzichten. Diese Strategien führen zu erfolgreicher und gesunder Lebensführung. Interne Kontrollüberzeugung beeinflusst nachhaltiges Umweltinteresse (Hofmann und Kirchler 2014).

11.1.8 **Selbstverstärkung durch Identifikation und Selbstkonsistenz**

InvestorInnen können Portfolios mit ihrer persönlichen Meinung und sozialen Normen in Einklang bringen (Little 2008; Williams 2005). Soziale Marktallokationen ermöglichen InvestorInnen, ihre soliden Einstellungen und soziale Werte zu verwirklichen und ethische Bedürfnisse in ökonomisches Entscheidungsverhalten zu integrieren (Sparkes und Cowton 2004). Dadurch wird bei InvestorInnen Selbstidentifizierung und Selbstkonsistenz evoziert, die wiederum selbstverstärkend für nachhaltige InvestorInnen wirkt (Mohr und Webb 2005; Schueth 2003). Emotionen und Empathie lassen InvestorInnen dabei ökonomisches Nutzenkalkül hintanstellen. Gruppendynamiken erhöhen selbstwertsteigernden Stolz, wenn Menschen sozial-anerkannte Ziele unterstützen. Schande und Schuldgefühle sowie die Angst davor, sozialen Status im Angesicht von purem Egoismus zu verlieren, fördern ethisches Handeln.

11.1.9 **Ausdruck sozialer Werte**

Finanzmarktentscheidungen werden von sozialen Wertvorstellungen getragen (Frey und Stutzer 2007). Nachhaltiges Investieren ermöglicht es InvestorInnen, persönliche Werte in Finanzmarktallokationen auszudrücken. Sozial verantwortliche ökonomische Handlungen bieten Konformität. InvestorInnen zeigen sich so mit ihrer sozialen Referenzgruppe, aber auch der weiteren Gesellschaft verbunden. Kongruenz von Wort und Tat vor dem Hintergrund sozialer Bedürfnisse der Gesellschaft erlaubt InvestorInnen, ein pro-soziales Image zu verkörpern. Harmonie von Marktaktionen und sozialen Normen schafft ganzheitlich runde Identitäten und spendet soziale Gratifikation verbunden mit Reputation und Prestige. In Investitionsverhalten ausgedrückte soziale Normen verstärken das Unternehmensansehen und die Beziehung mit Shareholdern und Corporate Governance Stakeholdern, was letztendlich zu gesellschaftlichem Fortschritt führen kann (Mohr et al. 2001; Puaschunder 2015a, b).

11.1.10 **Langfristigkeit**

Nachhaltiges Investieren ermöglicht durch den Einbezug von Corporate Social Responsibility Perspektiven und durch den bleibenden Wert von Finanzentscheidungsverhalten Langfristigkeit und Stabilität. Langfristig positives Interesse an der Gesellschaft wird durch nachhaltiges Investieren verkörpert; dies hilft, den Druck der Stakeholder und legale Konfliktpotenziale zu minimieren (Little 2008; Sparkes 2002). Nachhaltige Investitionen verbessern dabei ökonomische Stabilität und gesellschaftlichen Fortschritt (Schueth 2003). Dies ermöglicht *first-mover* Vorteile für nachhaltige InvestorInnen. Durch Interesse an sozialen Investitionsoptionen wird eine Nachfrage geschaffen, die den Finanzmarkt positiv verändern kann, sollten nachhaltige Investitionen zum Finanzmarktstandard avancieren. Nachhaltiges Investieren hat somit das Potenzial, ganze Industrien auf ein sozial wertvolleres Niveau zu bringen (Trevino und Nelson 2004). Als solches kann nachhaltiges Investieren soziale Märkte schaffen und den allgemeinen Lebensstandard dieser und folgender Generationen verbessern, worauf im folgenden Teil in Bezug auf Klimawandel eingegangen wird.

11.2 **Fazit**

In Zukunft sollte nachhaltiges Investieren qualitativ und quantitativ beleuchtet werden. Qualitative Interviews über die Wahrnehmung von nachhaltigen Investments könnten zum Beispiel darüber Aufschluss geben, wie zukunftsorientierte Verlust-Aversion genutzt werden kann, um Klimaaufmerksamkeit zu erzielen (Kahneman und Thaler 1991). Zudem wird die Neuartigkeit und Komplexität des Klimastabilierungsproblems leichter verständlich gemacht. Explorative Studien können nachhaltige Investitionstrends thematisieren, um Aufmerksamkeit für Nachhaltigkeit in der Gesellschaft zu erwirken und Erfolgsfaktoren stakeholder-spezifisch zu beschreiben.

Quantitative Marktanalysen sollten auch den Einfluss von Information auf nachhaltige Investitionsoptionen abbilden. Finanzmarkt-Experimente könnten zusätzlich den Effekt von Divestment auf Nachhaltigkeit beschreiben und pro-soziale Motive von Finanzmarkt-Akteuren sowie Moderatorfaktoren erfassen, um Nachhaltigkeit in ökonomischen Allokationen besser verständlich und implementierbar zu machen.

Zusätzliche Forschungsfelder wären Nachhaltigkeit im Zeitalter der Sustainable Development Goals und Klimastabilitätsfinanzierung. Zukünftige Studien könnten sich auch mit ungeklärten ethischen Fragen beschäftigen. Beispielsweise ist unklar, ob die monetäre Verschuldung zukünftiger Generationen ethisch gerechtfertigt werden kann, um irreversible *Lock-ins* auf Kosten nachfolgender Generationen zu vermeiden. All diese Maßnahmen sollen nachhaltiges Investieren langfristig innovieren, um ökonomischen und ökologischen Wohlstand zu verbessern.

Zusammenfassend lässt sich festhalten: Nachhaltiges Investieren generiert weitreichende Vorteile. Neben privaten Nutzenmaximierungsmöglichkeiten und wirtschaftlicher Stabilität bieten nachhaltige Finanzmarktallokationen Verstärkung von Vertrauen in die Zukunft und sozial-gesellschaftspolitisch wertvolle Strategien für diese und fortfolgende Generationen. In der Zukunft sollten innovative Möglichkeiten gefunden werden, um nachhaltiges Investieren zu einer stärker genutzten Markt-Allokationsstrategie in modernen

Marktsystemen zu avancieren, um zukünftige sozioökonomische Harmonie, demnach den Einklang von sozialen und ökonomischen Werten, mit ökologischen Zielen zu vereinbaren und Klimastabilität für diese und zukünftige Generationen zu erwirken.

Literatur

Ait-Sahalia, Y. (2004). Disentangling diffusion from jumps. *Journal of Financial Economics, 74,* 487–528.

Biller, A. (2007). Socially responsible investing now part of the landscape. *Benefits & Compensation Digest, 44,* 12.

Chakrabarty, S., & Wang, L. (2012). The long-term sustenance of sustainability practices in MNCs: A dynamic capabilities perspective of the role of R&D and internationalization. *Journal of Business Ethics, 110*(2), 205–217.

Frank, R. H. (2007). *The economic naturalist: In search of explanations for everyday enigmas.* New York: Perseus.

Frey, B. S., & Stutzer, A. (2007). *Economics and psychology: A promising new cross disciplinary field.* Cambridge: MIT Press.

Graves, S. B., Rehbeim, K., & Waddock, S. (2001). Fad and fashion in shareholder activism: The landscape of shareholder resolutions 1988–1998. *Business and Society Review, 106,* 293–314.

Hofmann, E., & Kirchler, E. (2014). Umweltschädliches Verhalten, wirtschaftspsychologisch. In M. A. Wirtz (Hrsg.), *Dorsch: Lexikon der Psychologie* (17. Aufl., S. 1710). Bern: Huber.

Jones, S., Laan, S. van der, Frost, G., & Loftus, J. (2008). The investment performance of socially responsible investment funds in Australia. *Journal of Business Ethics, 80*(2), 181–203.

Kahneman, D., & Thaler, R. (1991). Economic analysis and the psychology of utility: Applications to compensation policy. *American Economic Review, 81,* 341–346.

Little, K. (2008). *Socially responsible investing: Put your money where your values are.* New York: Penguin.

Livesey, S. (2002). The discourse of the middle ground: Citizen Shell commits to sustainable development. *Management Communication Quarterly, 15,* 313–349.

Maslow, A. H. (1943). A theory of human motivation. *Psychological Review, 50,* 370–396.

Matten, D., & Crane, A. (2005). Corporate citizenship: Toward an extended theoretical conceptualization. *Academy of Management Review, 30,* 166–179.

McWilliams, A., & Siegel, D. (2000). Corporate social responsibility and financial performance: Correlation or mis-specification? *Strategic Management Journal, 21,* 603–609.

Mohr, L. A., & Webb, D. J. (2005). The effects of corporate social responsibility and price on consumer responses. *Journal of Consumer Affairs, 39*(1), 121–147.

Mohr, L. A., Webb, D. J., & Harris, K. E. (2001). Do consumers expect companies to be socially responsible? The impact of corporate social responsibility on buying behavior. *Journal of Consumer Affairs, 35*(1), 45–72.

Postlewaite, A. (1998). The social basis of interdependent preferences. *European Economic Review, 42*(3–5), 779–800.

Puaschunder, J. M. (2010). *On corporate and financial social responsibility.* Unpublished doctoral thesis, University of Vienna, Faculty of Psychology, Vienna.

Puaschunder, J. M. (2015a). *Intergenerational transfer model.* Working paper, New York: The New School for Social Research.

Puaschunder, J. M. (2015b). *On eternal equity in the fin-de-millénaire.* Unpublished manuscript. New York: The New School.

Puaschunder, J. M. (2015c). On the social representations of intergenerational equity. *Oxford Journal of Finance and Risk Perspectives, 4*(4), 78–99.

Puaschunder, J. M. (2015d). *Trust and reciprocity drive social common goods allocation norms.* Proceedings of the Cambridge Business & Economics Conference. Cambridge: Cambridge University, Proceedings of the 2015 6th International Conference of the Association of Global Management Studies at Columbia University, New York: The Association of Global Management Studies.

Puaschunder, J. M. (2016). The beauty of ivy: When inequality meets equality. *Global Journal of Management and Business Research: Economics and Commerce, 16*(3), 1–11.

Puaschunder, J. M. (2017). Ethical decision-making under social uncertainty: An introduction of Überethicality. *Sustainable Production and Consumption, 12,* 78–89.

Putnam, R. D. (2015). *Our kids: The American dream in crisis*. New York: Simon & Schuster.

Rotter, J. B. (1982). *The development and application of social learning theory*. New York: Praeger.

Schueth, S. (2003). Socially responsible investing in the United States. *Journal of Business Ethics, 43,* 189–194.

Schumpeter, J. A. (1989). *Essays on entrepreneurs, innovations, business cycles, and the evolution of capitalism*. New Brunswick: Transaction (Erstveröffentlichung 1951).

Slawinski, N., & Bansal, P. (2012). A matter of time: The temporal perspectives of organizational responses to climate change. *Organization Studies, 33*(11), 1537–1563.

Smith, A. (1976). *The theory of moral sentiments*. Oxford: Clarendon (Erstveröffentlichung 1759).

Sparkes, R. (2002). *Socially responsible investment: A global revolution*. Chichester: Wiley.

Sparkes, R., & Cowton, C. J. (2004). The maturing of socially responsible investment: A review of the developing link with corporate social responsibility. *Journal of Business Ethics, 52,* 45–57.

Thaler, R. H., & Sunstein, C. R. (2008). *Nudge: Improving decisions about health, wealth, and happiness*. New Haven: Yale University Press.

Tippet, J. (2001). Performance of Australia's ethical funds. *Australian Economic Review, 34*(2), 170–178.

Trevino, L. K., & Nelson, K. A. (2004). *Managing business ethics: Straight talk about how to do right*. Hoboken: Wiley.

Williams, G. (2005). *Are socially responsible investors different from conventional investors? A comparison across six countries*. Working paper, Bath: University of Bath.

Wolff, M. (2002). Response to 'Confronting the critics'. *New Academy Review, 1,* 230–237.

11

Konsumhandlungen und Nachhaltigkeit: (Wie) passt das zusammen?

Marlies Gude

© Springer Fachmedien Wiesbaden GmbH, ein Teil von Springer Nature 2018
C. T. Schmitt, E. Bamberg (Hrsg.), *Psychologie und Nachhaltigkeit,*
https://doi.org/10.1007/978-3-658-19965-4_12

12.1 Die Rolle des Konsums in der nachhaltigen Entwicklung

Die aktuellen Praktiken von Konsum und Produktion sind aus ökologischer, sozialer und letztlich sogar ökonomischer Sicht längerfristig nicht tragbar. Das auf stetigem Wachstum basierende Wirtschaftsmodell der reichen, industrialisierten Gesellschaften führt zu einer übermäßigen Nachfrage und einem Ressourcenverbrauch, der die verfügbare Biokapazität weit übersteigt (Graefe 2016; Piscicelli et al. 2016). Dies stellt auf lange Sicht die Effizienz unseres Wirtschaftsmodells infrage. Begünstigt von global vernetzten Handelsbeziehungen nutzen viele westliche Firmen zudem das niedrige Lohnniveau und die häufig niedrigen Arbeits- und Sozialstandards in Entwicklungsländern, um Produkte möglichst kostengünstig produzieren zu können – nicht selten unter gesundheitsgefährdenden und menschenunwürdigen Arbeitsbedingungen vor Ort (Ehmke et al. 2009). Um unser Leben und Wirtschaften nachhaltigkeitsorientierter zu gestalten und das Leben und Wirken Aller langfristig zu erhalten, haben sich die Mitgliedstaaten der Vereinten Nationen auf gemeinsame Ziele (Sustainable Development Goals (SDGs); United Nations 2012) geeinigt, die neben der Armutsbekämpfung und dem Klimaschutz auch auf menschenwürdige Arbeit sowie ökologisch und sozial verantwortungsvolle Produktion und Konsum abzielen. Dem Konsum von Waren und Dienstleistungen kommt in diesem Rahmen eine zentrale Rolle zu, nicht zuletzt, da das Verhalten von KonsumentInnen ursächlich auf die Wirtschaft und entsprechend auch auf die Umweltbelastung einwirken kann (Avramova und Van Trijp 2014; Swim et al. 2011).

Nachhaltigkeit lässt sich auf diverse Arten im Konsum abbilden. Zum einen lassen sich Bezüge zur Nachhaltigkeit im alltäglichen Nutzungs- und Entsorgungsverhalten im Umgang mit Gütern herstellen, also etwa Wasser-/Energiesparverhalten oder Recyclingverhalten. Zum anderen kann sich nachhaltiges Verhalten von KonsumentInnen aber auch auf Kaufentscheidungen für ressourcensparendere Produktalternativen (Effizienz) beziehen oder sich generell gegen den Kauf bestimmter Produkte (Suffizienz) richten. Insbesondere das Konzept des suffizienten Konsums erscheint paradox in einem Wirtschaftsmodell, das auf stetigem Wachstum beruht. Insofern ist die grundlegende Veränderung des Konsumverhaltens im Rahmen der langfristigen Transformation zu einer nachhaltigen Gesellschaft auch mit einer politischen Bewegung vergleichbar, in der alternative Modelle des Lebens und Wirtschaftens initiiert und der aktuellen Marktlogik entgegengesetzt werden (Graefe 2016).

Dieser Beitrag befasst sich vordergründig mit den psychologischen Bedingungen von nachhaltigkeitsorientierten Kaufentscheidungen. Es werden zunächst verschiedene Konsummuster diskutiert, die an Kriterien der Nachhaltigkeit ausgerichtet sind und es wird der Frage nachgegangen, welche psychologischen Erklärungsmodelle zur Hand genommen werden können, um letztlich Maßnahmen zur Unterstützung nachhaltigkeitsorientierten Konsums zu entwickeln. Dabei sollen insbesondere die mit den entsprechenden Kaufentscheidungen in Zusammenhang stehenden Überzeugungen und Motive von KonsumentInnen neben situationalen Bedingungsfaktoren beleuchtet werden. Nachhaltigkeit wird in diesem Beitrag entsprechend der Definition des Brundtland-Berichtes der Vereinten Nationen verstanden, nach der eine Entwicklung angestrebt wird, die „gewährt, dass künftige Generationen nicht schlechter gestellt sind, ihre Bedürfnisse zu befriedigen als gegenwärtig lebende." (Hauff 1987, S. 46). Für eine nachhaltige Entwicklung werden dementsprechend sowohl ökologische als auch soziale Faktoren betrachtet. Zwar liegt in diesem Beitrag der Fokus auf umweltbezogenen Fragestellungen im Konsum, jedoch werden an geeigneter Stelle Verweise auf soziale Aspekte angestellt.

12.2 Nachhaltigkeitsorientierter Konsum in der Praxis

Ausgehend von Stern (2000) lassen sich umweltbezogene Konsumhandlungen auf zwei Arten definieren. Wird die effektorientierte *(impact-oriented)* Definition angesetzt, stehen die durch das Verhalten tatsächlich realisierten Auswirkungen auf die Umwelt im Fokus der Betrachtungen. Ökologisch ausgerichtete Nachhaltigkeitsbemühungen von KonsumentInnen gelten also dann als relevant, wenn sie direkt oder indirekt einen positiven umweltbezogenen Effekt haben, unabhängig davon, ob dies beabsichtigt wurde. Dagegen steht gemäß der absichtsorientierten *(intent-oriented)* Definition jenes Verhalten im Mittelpunkt, welches mit einer umweltbezogenen Intention ausgeführt wird, unabhängig davon, ob dieses Verhalten kurz-, mittel- oder langfristig auch tatsächlich die erwünschten Konsequenzen hat. Diese Unterscheidung hat wichtige Implikationen für die Auswahl der zu erklärenden Verhaltensmuster. Während die effektorientierte Definition auch nicht-intentional nachhaltige Verhaltensweisen einschließt (zum Beispiel auf Gewohnheiten oder Routinen basierende Konsumhandlungen), bleiben diese bei Anwendung der absichtsorientierten Definition unberücksichtigt. Es hat sich in der Forschung (Bertiaux 2007) gezeigt, dass nachhaltiges Handeln nicht zwangsläufig durch ein hohes Umweltbewusstsein bedingt ist, sondern auch aus zum Teil unbewussten, persönlich vorteilhaften Nebeneffekten resultiert, die in keinem Bezug zu Umweltaspekten stehen. Da es zudem als übergeordnetes Ziel nachhaltigkeitsbezogener Forschung und Praxis angesehen werden kann, eine nachhaltige Lebensweise zu fördern, um die ökologischen und sozialen Werte zu schützen, sollten jene Verhaltensweisen im Zentrum stehen, die tatsächlich die erwünschten Effekte hervorbringen (Steg und Vlek 2009).

Grundsätzlich beinhalten Ansätze nachhaltigen Konsums Effizienz-, Suffizienz- sowie Konsistenzstrategien (Belz und Bilharz 2007). All diese Strategien sind für eine nachhaltige Entwicklung bedeutend, jedoch sind sie nur in ihrer simultanen Betrachtung wirklich wirkungsvoll (Allievi et al. 2015; Huber 1995). Die Effizienzstrategie zielt darauf ab, die verfügbaren Ressourcen möglichst sparsam beziehungsweise produktiv zu nutzen (Huber 2000). Im Bereich Konsumentscheidungen bezieht sich diese Strategie etwa darauf, energieeffiziente Produkte zu bevorzugen, ohne jedoch die Kaufentscheidung per se zu hinterfragen. Dieser Punkt wird oft zum Anlass genommen, ökologische Nachhaltigkeit und ökonomisches Wachstum gemeinsam verfolgen zu wollen, mit Gewinnen für beide Bereiche (Allievi et al. 2015). Für die KonsumentInnen erweist sich der Effizienzgedanke besonders kommod, da keine grundlegenden Veränderungen in den Konsummustern nötig erscheinen, um eine nachhaltige Entwicklung zu unterstützen. Es wird jedoch vielfach diskutiert, inwiefern diese Strategie genügt, um etwa das für alle UN-Mitgliedstaaten verbindliche Klimaziel, die globale Erwärmung auf unter zwei Grad über dem vorindustriellen Niveau zu begrenzen, (United Nations 2015) zu erreichen (Lorek und Fuchs 2013) und ob eine nachhaltige Entwicklung im aktuellen ökonomischen Wachstumsmodell überhaupt zu realisieren ist (Kothari, Demaria et al. 2014). Hervorgehoben wird in diesem Zusammenhang unter anderem das Auftreten von Rebound-Effekten, also ein Prozess, in dem die durch effizienteres Produktdesign erzielte Ressourceneinsparung durch Zusatzkonsum aufgehoben beziehungsweise übertroffen werden (Greening et al. 2000).

Eine Antwort auf diese Kontroverse kann Suffizienz als zweite Strategie nachhaltigkeitsorientierten Konsums bieten. Diese erfordert eine Reduzierung des Konsums auf ein angemessenes Niveau (Huber 2000) und impliziert einen radikalen Wandel unseres

Wirtschaftssystems, welches derzeit auf stetigem Wachstum und zunehmendem Konsum basiert. Den KonsumentInnen kommt hier eine noch zentralere Rolle als bei der Effizienzstrategie zu. Während die Effizienzstrategie sowohl die Nachfrage- als auch die Anbieterseite in die Verantwortung nimmt, effizientere Produkte zu produzieren und zu kaufen beziehungsweise zu nutzen, liegt es im Sinne der Suffizienz vor allem in der Verantwortung der VerbraucherInnen, ihren Konsum einzuschränken (Schäpke und Rauschmayer 2012). Bedeutend ist in diesem Zusammenhang auch die Überlegung, dass es sich hierbei – insbesondere für wohlhabende Menschen mit hohen, häufig auch ressourcenintensiven Bedürfnissen – vermutlich um einen, zumindest subjektiv wahrgenommenen, wahren Verzicht handelt. Die persönliche Entbehrung, also die psychologischen Kosten, sind möglicherweise subjektiv höher als beim Konsum alternativer, effizienterer Produkte, für die unter Umständen lediglich ein höherer Preis oder ein erhöhter Aufwand in der Produktbeschaffung in Kauf genommen werden muss.

Im Gegensatz zur Effizienz- und Suffizienzstrategie findet sich Konsistenz eher selten in der psychologischen Forschung zu nachhaltigem Konsumverhalten. Konsistenz basiert auf der Idee, dass sich der Produktzyklus von Herstellung, Nutzung und Entsorgung an natürlichen Stoffwechselkreisläufen orientiert, sodass die Abfallstoffe von Produkten die Ausgangsbasis für die Produktion neuer Produkte darstellen, ohne dass Ressourcen verschwendet, weil nicht wiederverwendet, werden (Belz 2006).

Der aktuelle Konsumtrend der *sharing-economy* wird von einigen AutorInnen als erfolgreiches Praxisbeispiel für suffizienten Konsum hervorgebracht (zum Beispiel Speck 2016). Auf dem Gütermarkt der *sharing-economy* werden Wohnraum, Fahrzeuge, Haushaltsgeräte und anderes von einer Vielzahl von Personen gemeinsam genutzt, wodurch diese seltener gekauft werden müssen und effizienter genutzt werden können. Insofern werden sowohl Suffizienz- als auch Effizienzstrategien bedient. Es ist jedoch denkbar, dass die Nutzung geteilter Waren auch mit einer finanziellen Ressourcenersparnis einhergeht, die ihrerseits in gesteigerten Konsum und erhöhten Umweltbelastungen (Rebound-Effekt) mündet. Außerdem löst die intensivere Nutzung der Produkte möglicherweise einen verstärkten Verschleiß aus, der wiederum einen Mehrbedarf schafft. Schließlich ist auch zu beobachten, dass die ökologischen Gewinne geteilter Güter unter Umständen durch Verluste im Bereich der sozialen Nachhaltigkeit (zum Beispiel die Förderung prekärer Beschäftigung infolge der Verdrängung traditioneller, sozialversicherungspflichtiger Beschäftigungen in Taxiunternehmen durch private Fahrdienste) erkauft werden müssen (für eine ausführliche, kritische Diskussion über Nachhaltigkeit in der Sharing Economy siehe Netter 2016). Die sogenannte *sharing-economy* bietet entsprechend eine Reihe von Möglichkeiten, den persönlichen Konsum den neuen Erfordernissen der nachhaltigen Entwicklung anzupassen. Zusätzlich dazu könnte es jedoch zielführend sein, auch den Konsum per se beziehungsweise das damit verbundene Modell gesellschaftlichen Wohlstands infrage zu stellen. Für eine langfristig nachhaltige Entwicklung könnte sich eine partielle Konsumabkehr als bedeutsame Strategie erweisen.

12.3   Einflussfaktoren auf nachhaltiges Konsumhandeln

Sowohl auf Effizienz- als auch Suffizienzstrategien bezogen, erfolgt im nachhaltigen Konsumhandeln typischerweise eine Abwägung zwischen den eigenen Interessen, dem Wunsch nach bestimmten Produkten zu einem guten Preis, und denen anderer

Menschen oder Personengruppen. Nachhaltiges Konsumhandeln wird also zu einem gewissen Teil auch durch soziale Werte und Normen bestimmt und wird oftmals als Form prosozialen Verhaltens konzeptualisiert (Sachdeva et al. 2015). Um ein detaillierteres Bild über förderliche und hemmende Faktoren nachhaltigkeitsorientierten Kaufverhaltens zu bieten, werden im Folgenden nähere Ausführungen zu Personen- und Bedingungsfaktoren dargelegt. Der Fokus liegt dabei vorerst auf den Effizienzstrategien.

Im Mittelpunkt steht die Frage, welche Faktoren den Kauf umweltverträglicher Produktalternativen erklären können. Dabei spielen sowohl Prädiktoren auf der Ebene der handelnden Individuen (Überzeugungen, verfügbares Wissen, Motive etc.) als auch Gegebenheiten des Kontextes, in dem sich die Personen bewegen und in dem Konsum stattfindet, eine Rolle. Bedeutende kontextuelle Faktoren beziehen sich etwa auf die Gegebenheiten der Kaufsituation, die Merkmale der Produkte und der Umwelt aber auch auf interpersonelle Beziehungen, wie zum Beispiel soziale Normen, welche in den folgenden Ausführungen im Fokus stehen werden. Die Frage nach bedeutenden Prädiktoren nachhaltigen Konsumhandelns ist auch deswegen relevant, da hier wirksame Interventionen ansetzen können, um nachhaltiges Konsumhandeln zu fördern. Menschen sind in ihrem umweltorientierten Verhalten eher inkonsistent (Steg und Vlek 2009) und auch im Konsum führt der Wunsch nach einer ökologisch-nachhaltigen Lebensweise eher selten zu entsprechenden Kaufentscheidungen (attitude-behavior gap; Kim et al. 1997). Insofern gilt es durch geeignete Maßnahmen diese Lücke sukzessive zu schließen.

Sachdeva et al. (2015) haben in ihrem Überblicksartikel ein *multi-level* Modell der Faktoren umweltbezogenen Konsumhandelns aufgestellt und unterscheiden zwischen endogenen Faktoren der Person (internen psychologischen Prozessen), exogenen Faktoren der sozialen Umwelt und Kontextfaktoren auf der äußersten Makroebene (siehe ◘ Abb. 12.1). Auf diese Ebenen werden wir uns im Folgenden beziehen.

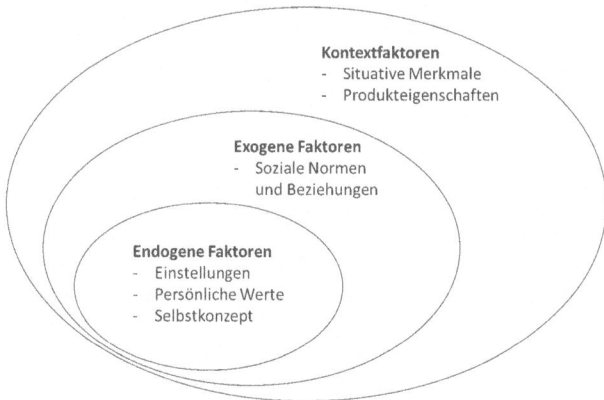

◘ **Abb. 12.1**   Multi-level Modell umweltbezogenen Konsumhandelns; angelehnt an Sachdeva et al. (2015)

12.3.1 Endogene Faktoren

12.3.1.1 Einstellungen

Ein grundlegendes Ergebnis vieler Studien im Bereich nachhaltigkeitsorientierten Verhaltens bezieht sich darauf, dass eine positive Einstellung zu Natur, Umwelt, Klimawandel und Umweltschutz eine Voraussetzung für umweltbezogenes Verhalten allgemein (Bamberg und Möser 2007; Hines et al. 1987) aber auch für umweltbezogenes Kaufverhalten im Speziellen (Fraij und Martinez 2006) ist. Gemäß der psychologischen Grundlagenforschung bestehen Einstellungen neben dem Verhalten auch aus kognitiven und affektiven Anteilen (Ajzen 2001). Hinsichtlich der kognitiven Anteile umweltbezogener Einstellungen wurden etwa der selbst eingeschätzte Wissensstand (Cowan und Kinley 2014; Nuttavuthisit und Thøgersen 2017) sowie Überzeugungen und Annahmen über die Schwere der bestehenden Umweltprobleme (zum Beispiel Dagher und Itani 2014) untersucht. Nachhaltige Kaufentscheidungen beziehungsweise -intentionen sind diesen Untersuchungen zufolge wahrscheinlicher, wenn sich Menschen über die bestehende Gefährdung unseres Ökosystems generell bewusst sind (siehe auch Beitrag von Matthies & Wallis in diesem Band). Die Ergebnisse der Meta-Analyse von Bamberg und Möser (2007) zeigen, dass dieses Bewusstsein auch die Zuschreibung von persönlicher Verantwortlichkeit sowie die Wahrnehmung sozialer Normen in Bezug auf umweltbewusstes Verhalten beeinflusst. Hier liegt also der Schluss nahe, dass dies auch für konkrete Kaufsituationen gilt. Eine positive Einstellung zur Wirksamkeit des eigenen Verbraucherverhaltens wurde ebenfalls als wichtiger Einflussfaktor bestätigt (Akehurst et al. 2012; Tucker et al. 2012; Wang 2014). Menschen entscheiden sich also eher für nachhaltige Produktalternativen, wenn sie überzeugt sind, damit einen positiven Beitrag zum Umweltschutz leisten zu können.

Affektive Anteile umweltbezogener Einstellungen beziehen sich meist auf Gefühle und Emotionen, die mit einer Besorgnis gegenüber der fortschreitenden Gefährdung des Ökosystems einhergehen. Diese umweltbezogenen Sorgen spielen eine wichtige Rolle im Entscheidungsprozess der KonsumentInnen (Fraij und Martinez 2006; Kilbourne und Beckmann 1998; Pagiaslis und Anastasios 2014) und beeinflussen in besonderem Ausmaß die Kaufintention für umweltfreundliche Produktalternativen (Chen und Tung 2014; Grimmer und Woolley 2014; Kang et al. 2012).

12.3.1.2 Persönliche Werte

Werte gelten als wichtige Einflussgröße, wenn es um das Verstehen von Konsumhandlungen geht (Shaw et al. 2005). Sie werden als erstrebenswerte Ziele definiert, die über verschiedene Situationen hinweg in unterschiedlichem Ausmaß bedeutsam sind und Personen im Leben als Leitprinzipien dienen (Schwartz 1994). Kollektivismus und Individualismus wurden als eine kulturelle Dimension von Werten (Hofstede 1984) besonders häufig untersucht, wobei in kollektivistischen Kulturen die Interessen einzelner Individuen denen der Gruppe, des Kollektivs, untergeordnet werden. Individuen werden hier eher als Teil einer Gruppe, als soziale Lebewesen angesehen (Oyserman et al. 2002). In individualistisch geprägten Gesellschaften werden nach Hofstede (1984) vor allem persönliche Freiheiten und die eigene Selbsterfüllung betont. Die Dimension

Individualismus/Kollektivismus ist jedoch im Grunde soziologisch, nicht psychologisch fundiert, dient also eher der Beschreibung unterschiedlicher sozialer Umgebungen als der Erklärung individuellen Erlebens und Verhaltens. Als Manifestation der Kulturdimension Individualismus/Kollektivismus auf Ebene des Individuums werden von Triandis (1989) idiozentrische und allozentrische Wertorientierungen unterschieden. Während die idiozentrische Orientierung die Einzigartigkeit von Personen betont, ist das Selbst in der allozentrischen Perspektive nicht trennbar von anderen Mitgliedern der eigenen Gruppe. Die eigenen Ziele werden denen der Gruppe untergeordnet (Triandis 1989). Da damit auch einhergeht, dass Menschen für gemeinschaftliche Zwecke persönliche Opfer bringen, ist es nicht verwunderlich, dass umweltbezogenes (prosoziales) Kaufverhalten mit allozentrischen Werten in Zusammenhang gebracht wird. Tatsächlich zeigen Forschungsarbeiten, dass allozentrische Werte, wie zum Beispiel soziale Gerechtigkeit und Selbst-Transzendenz, mit nachhaltigen Kaufentscidungen (Wang 2014) sowie mit Boykottverhalten als Antwort auf umweltgefährdendes Verhalten von Unternehmen (Xie und Bagozzi 2014) zusammenhängen.

12.3.1.3 Selbstkonzept

Ähnlich den persönlichen Werten spielt das Selbstkonzept eine große Rolle, wenn es um die Erklärung von menschlichem Verhalten geht, da es als Leitprinzip das eigene Denken und Handeln beeinflusst. Ein moralisches Selbstkonzept stellte sich bereits als motivierende Kraft für moralisches Verhalten heraus (Aquino et al. 2009; Blasi 2004). Auch in Bezug auf umweltbezogenes Verhalten, wie etwa Recycling, den Kauf von Bio-Lebensmitteln oder den Boykott nicht nachhaltiger Produkte, scheint es eine große Rolle zu spielen, inwiefern sich Menschen selbst als moralische (Xie und Bagozzi 2014) beziehungsweise umweltbewusste oder ‚grüne' Person (Jang et al. 2015; Khare 2015) verstehen. Thøgersen et al. (2012) untersuchten, ob sich ein hohes Umweltbewusstsein im Selbstkonzept auch auf die Art und Weise auswirkt, wie Kaufentscheidungen getroffen werden. Es zeigte sich nicht, dass umweltbewusstere KonsumentInnen Ihre Kaufentscheidungen sorgfältiger, auf Basis umfassenderer Informationen, treffen. Stattdessen scheinen sie einfache, aber alternative Heuristiken zu nutzen. Aus „kaufe immer das günstigste Produkt" wird also „kaufe immer das Bio-Produkt".

Allerdings muss einschränkend erwähnt werden, dass der Entscheidungsprozess nicht unabhängig von der Art des Produktes abläuft. Eine einfache „Bio-Heuristik" ist vermutlich nur dann möglich, wenn erstens Produktalternativen vergleichbar, da nahezu identisch sind, zweitens Produkte wenig komplex sind, also aus wenigen Bestandteilen bestehen, die möglicherweise in Konflikt miteinander stehen und drittens Produkte keinen emotionalen oder sozialen Wert über den eigentlichen Nutzenswert hinaus haben. Diese Punkte treffen auf den von Thøgersen et al. (2012) untersuchten Kauf einer Milchpackung zu. Es ist jedoch denkbar, dass umweltbewusste Menschen beim Kauf von komplexeren Produkten und/oder Dienstleistungen, wie zum Beispiel Elektronik, Kleidung oder Reisen, durchaus sorgfältiger vorgehen und ihre Entscheidung auf eine breitere Informationsbasis stellen, da mitunter konfligierende Ziele oder Motive abgewogen werden müssen.

12.3.2 **Exogene Faktoren**

12.3.2.1 **Soziale Normen**[1]

Die große Mehrheit der Untersuchungen in der nachhaltigen Konsumforschung berücksichtigen vordergründig personenbezogene Merkmale der handelnden Individuen (Salazar et al. 2013). Konsumhandlungen können jedoch nicht unabhängig vom sozialen Umfeld, in dem sie stattfinden, betrachtet werden. Soziale Einflüsse auf nachhaltiges Kaufverhalten werden vordergründig über soziale Normen konzeptualisiert. Mithilfe der häufig zugrunde gelegten *Theory of planned behavior* (Ajzen 1991) konnte bereits gezeigt werden, dass subjektive Normen neben persönlichen Einstellungen und der wahrgenommenen Handlungskontrolle direkt die Kaufintention nachhaltiger Produktalternativen (Bertrandias und Elgaaied-Gambier 2014; Cowan und Kinley 2014; Wang 2014) beeinflussen. Menschen nehmen subjektive Normen als sozialen Druck wahr, ein bestimmtes Verhalten auszuführen oder zu unterlassen. Cialdini et al. (1991) unterscheiden zwischen deskriptiven und injunktiven sozialen Normen, wobei sich erstere auf die Wahrnehmung des Verhaltens anderer Personen beziehen. Injunktive soziale Normen beziehen sich dagegen auf die Wahrnehmung dessen, welches Verhalten von anderen Personen anerkannt wird (Cialdini et al. 1991). In einer Untersuchung zu Recyclingverhalten konnten White et al. (2009) zeigen, dass nicht die injunktiven, sondern die deskriptiven sozialen Normen signifikante Prädiktoren für die Verhaltensintention darstellen. Inwiefern Menschen zu recyceln beabsichtigen, hängt dieser Studie zufolge also weniger stark davon ab, ob dieses Verhalten von wichtigen anderen Menschen anerkannt oder missbilligt wird, als vielmehr von der Wahrnehmung, dass diese selbst recyceln. In ähnlicher Weise zeigte Wang (2014), dass die Kaufabsicht von umweltfreundlichen Produktalternativen stärker durch die Wahrnehmung der Menge an Personen, die an umweltbezogenen Aktionen teilnehmen, beeinflusst wird, als injunktive soziale Normen.

12.3.2.2 **Soziale Beziehungen**

Der Prozess der sozialen Beeinflussung scheint besonders ausgeprägt bei Gruppen, die den betreffenden Personen wichtig sind und nahe stehen (Salazar et al. 2013), was den zentralen Annahmen der Theorie der sozialen Identität (Tajfel und Turner 1979) entspricht. Die soziale Identität wird der Theorie zufolge als Teil des eigenen Selbstkonzeptes definiert, der sich aus dem Wissen um die Mitgliedschaft in sozialen Gruppen sowie dem Wert und der emotionalen Bedeutung ableitet, mit der diese Mitgliedschaft besetzt ist (Tajfel 1982; Kapitel von Rese, Hamann, Menzel, & Drews in diesem Band). Durch situationelle Bedingungen kann die soziale Identität gegenüber der persönlichen

---

1 Sachdeva et al. (2015) subsummieren soziale Normen unter die Kategorie Exogene Faktoren, weswegen diese Zuordnung hier beibehalten wird. Es muss jedoch kritisch hinterfragt werden, inwiefern soziale Normen als exogen, also von außen wirkend, konzeptualisiert werden. Nicht alle soziale Normen, die mit umweltbewusstem Konsum im Zusammenhang stehen, sind allerdings derart explizit formuliert, dass sie von außen auf das Individuum wirken. Stattdessen entstehen viele soziale Normen erst durch die individuelle Interpretation des Verhaltens anderer Personen und können daher eher als Faktoren bezeichnet werden, die sozialen Interaktionen entspringen.

Identität zugänglich gemacht und hervorgehoben werden, das heißt die Salienz der sozialen Identität wird erhöht, was das Ausmaß an nachhaltigem Konsumverhalten positiv beeinflusst (Costa Pinto et al. 2014). Menschen neigen also wahrscheinlich eher zu umweltbewussten Konsumhandlungen, wenn sie sich, in diesen Situationen, als Teil einer ihnen bedeutsamen sozialen Gruppe wahrnehmen.

12.3.3 Kontextfaktoren

12.3.3.1 Situative Merkmale

Konsumhandeln findet nicht nur in sozialen Kontexten, sondern auch unter situativen Gegebenheiten statt, die Einfluss auf Kaufentscheidungen haben und daher ebenfalls beachtet werden müssen. Es wurden zum Beispiel bereits situative Einflüsse auf die Salienz eines sozialen Selbstkonzeptes angesprochen. Zeitdruck gilt ebenfalls als relevanter Einflussfaktor auf Konsumentscheidungen (Carrigan und Attalla 2001). So konnte gezeigt werden, dass situativ erzeugter Zeitdruck, zum Beispiel durch zeitlich begrenzte Aktionen, dazu führt, dass Menschen insgesamt weniger (Iyer 1989) und eher einfache, wenig komplexe (Lenton und Francesconi 2010) Informationen in ihre Kaufentscheidung einbeziehen. Es konnte auch festgestellt werden, dass wahrgenommener Zeitdruck einen negativen Einfluss auf ethisches und prosoziales Verhalten in wirtschaftlichen Kontexten ausübt (Moberg 2000) sowie egoistisches Verhalten fördert (Andiappan und Dufour 2016). In Anbetracht dieser Befunde ist anzunehmen, dass Zeitdruck auch die Wahrscheinlichkeit prosozial-motivierter nachhaltiger Kaufentscheidungen reduziert, sofern diese nicht über Heuristiken, also routinisiert, getroffen werden.

Neben den genannten Aspekten hat auch die Glaubwürdigkeit nachhaltigkeitsbezogener Informationen einen Einfluss darauf, in welchem Ausmaß nachhaltigkeitsorientiert konsumiert wird: Die Glaubwürdigkeit der Informationen, auf denen die Kaufentscheidung beruht, ist für die Kaufintention sowie den Kauf nachhaltiger Produktalternativen in hohem Maße relevant (Barone et al. 2000; Scholder et al. 2006). Da sich die Nachhaltigkeit von Produkten auch auf die Sicherung von Sozialstandards in deren Herstellungsprozess beziehungsweise Vertrieb bezieht, sind Informationen über das entsprechende Engagement der herstellenden Unternehmen ebenso relevant für das nachhaltigkeitsbezogene Kaufverhalten von VerbraucherInnen. Ein solches Engagement wird vonseiten der Unternehmen unter dem Begriff *Corporate Social Responsibility* (CSR) geführt und zum Teil in Nachhaltigkeits- oder CSR-Berichten (auch *sustainability reports* oder ähnlich) dargelegt. Die Glaubwürdigkeit der dargebotenen Informationen zu den CSR-Aktivitäten eines Unternehmens beeinflusst den Effekt des ökologischen und sozialen Engagements eines Unternehmens auf die Bindung und das Kaufverhalten seiner KundInnen (Schramm-Klein et al. 2013). Welche Faktoren die Glaubwürdigkeit nachhaltigkeitsbezogener Informationen konkret beeinflussen, wurde bisher noch recht selten beforscht. Erste Studien zeigen jedoch beispielsweise, dass VerbraucherInnen den Unternehmen bei ihrem CSR-Engagement durchaus egoistische Motive zuschreiben. Stellen Unternehmen ausschließlich prosoziale beziehungsweise umweltbezogene Motive für ihr Engagement heraus, wirkt sich dies negativ auf ihre Glaubwürdigkeit aus (Raska und Shaw 2012). Auch die Kongruenz der verfügbaren Informationen zum nachhaltigkeitsbezogenen Engagement von Unternehmen (Becker-Olsen et al. 2006; Öberseder et al. 2011) und die Informationsquelle (Belz 2006) werden als Einflussvariablen diskutiert.

Bedingungsfaktoren eines größeren Kontextes, wie etwa die umweltbezogene Gesetz-
gebung, nehmen ebenfalls Einfluss auf die Verfügbarkeit von nachhaltig produzierten Produkten sowie deren Preis, was sich wiederum auf das nachhaltigkeitsbezogene
Kaufverhalten auswirken sollte. Das gegenwärtige Ausmaß an Umweltbelastung kann
zu einem gewissen Teil umweltbezogenes Kaufverhalten ebenfalls beeinflussen: Li et al.
(2017) zeigen zum Beispiel für eine repräsentative Auswahl chinesischer Städte, dass
das Ausmaß an Luftverschmutzung in der Stadt den Verkauf von Fahrzeugen mit einem
hohen Kraftstoffverbrauch negativ beeinflusst.

12.3.3.2 Produkteigenschaften

Die Rolle von Produkteigenschaften wurde im Rahmen der endogenen Faktoren bereits
angeschnitten. Im Kern wurde dort die Frage aufgeworfen, inwiefern bestimmte Merkmale von Produkten, wie etwa Vergleichbarkeit, Komplexität und Wertigkeit, die Art
und den Umfang des Entscheidungsprozesses beeinflussen. An dieser Stelle soll diese
Frage mit Fokus auf die Produkteigenschaften nochmals aufgegriffen werden. Atkinson
und Rosenthal (2014) untersuchten in einer Studie, inwiefern die Komplexität des Entscheidungsprozesses vom Ausmaß, in dem Menschen mit einem Produkt involviert sind,
abhängig ist. Die Produktinvolvierung sollte dabei den Grad an emotionaler Wertigkeit
darstellen, den das Produkt für die Person einnimmt und wurde durch die Darbietung
von Milch (geringe Wertigkeit) gegenüber einem Smartphone (hohe Wertigkeit) getestet. Der Detailgrad sowie die Menge an Informationen über nachhaltige Eigenschaften
der Produkte hatten dabei generell einen positiven Einfluss auf deren Bewertung, jedoch
zeigten sich bedeutend stärkere Effekte in Bezug auf die Milch im Vergleich zum Smartphone. Über diesen Einfluss von Produktinvolvierung berichtete ebenfalls Xue (2014).
Es muss hier jedoch einschränkend hervorgehoben werden, dass sich Milch und Smart-
phones nicht nur hinsichtlich ihrer persönlichen Relevanz für die NutzerInnen unterscheiden, sondern auch in Bezug auf ihre Komplexität und Vergleichbarkeit. Es kann
daher nicht ausgeschlossen werden, dass sich Informationen über nachhaltige Produkteigenschaften auch in hohem Maße auf die Kaufentscheidung von Produkten hoher
persönlicher Wertigkeit auswirken, zum Beispiel bestimmter Lebensmittel.

12.4 Maßnahmen zur Förderung nachhaltigen Verbraucherverhaltens

Die zuvor aufgeführten endogenen, exogenen und kontextbezogenen Einflussfaktoren
auf ökologisch und sozial bewusste Kaufentscheidungen können einen Ausgangspunkt
darstellen, um sinnvolle Ansätze zur Förderung nachhaltigen Konsumhandelns zu
erarbeiten.

Zunächst können Maßnahmen bei der handelnden Person selbst ansetzen. Es wurde
aufgezeigt, dass kognitive und affektive Facetten umweltbezogener Einstellungen wichtige Voraussetzungen darstellen. Zur Förderung von umweltbezogenem Wissen und
positiven umweltbezogenen Affekten wurden bereits erlebnisbasierte Natur-Lehr-
programme durchgeführt. In ihrem Überblicksartikel kommen Erdogan et al. (2013)
insgesamt zu dem Schluss, dass derartige Programme nützlich sind, um das Umweltbewusstsein zu fördern. In ihrer Meta-Analyse unterscheiden Osbaldiston und Schott
(2012) zehn Arten von Maßnahmen, die umweltbewusstes Verhalten fördern können.

Die größten Effekte fanden die Autoren für die zwei sozialpsychologisch-fundierten Interventionen Soziales Modellieren und Kognitive Dissonanz. Die Kategorie Soziale Modellierung beinhaltet dabei Maßnahmen, in denen Personen darüber informieren oder direkt zeigen, dass sie das zu fördernde Verhalten selbst ausführen. Diese Maßnahmen nehmen also Bezug auf deskriptive soziale Normen. Die Kategorie Kognitive Dissonanz bedient sich zum Beispiel der bekannten *foot in the door*-Technik, oder es wird Bezug auf bestehende umweltbezogene Einstellungen und Überzeugungen genommen, um das Zielverhalten durch das Bedürfnis nach Selbstkonsistenz zu fördern.

Maßnahmen können schließlich aber auch bei den Kontextbedingungen ansetzen. Diese Interventionen haben das Ziel, das zu fördernde Verhalten weniger schwer zu machen, also Bedingungen so zu gestalten, dass das Zielverhalten mit weniger (psychologischen) Kosten verbunden ist. Dazu gehört etwa der Ausbau des öffentlichen Nahverkehrs und Fahrradstraßen zur Reduzierung der Kraftfahrzeug-Nutzung (Guy 2009), dazu könnten aber auch Steuerzulagen für umweltschädliche Produkte oder ähnliche Maßnahmen gehören.

12.5 Fazit und Ausblick

In diesem Beitrag wurde zu Beginn die Frage aufgeworfen, ob eine nachhaltige Entwicklung mit den aktuellen Produktions- und Konsumpraktiken vereinbar ist. Nachdem Effizienz- und Suffizienzstrategien als Formen nachhaltigkeitsorientierten Konsumverhaltens vorgestellt wurden, könnte die Antwort lauten: ja und nein. Ja, weil der Kauf ressourcensparender Produktalternativen einen sinnvollen ersten Ansatzpunkt darstellt, um umweltfreundlicher zu konsumieren. Nein, weil diese Strategien nur wirklich wirkungsvoll sein können, wenn gleichzeitig Konsum gänzlich oder zumindest teilweise überdacht wird. In Bezug auf effizienzbasiertes Kaufverhalten wurden Einflussfaktoren der Person, der sozialen Interaktion sowie des Kontextes vorgestellt, an denen angesetzt werden kann, um dieses zu fördern. Suffizienzbasiertes (Kauf-)Verhalten ist empirisch sehr viel weniger erforscht, weshalb dies in diesem Beitrag nicht näher diskutiert werden konnte. Hier sollten Forschungsarbeiten zukünftig verstärkt ansetzen. Hinsichtlich sozialer Facetten der Nachhaltigkeit besteht ebenfalls ein Forschungsdefizit. Es wurde eingangs erwähnt, dass die aktuellen Produktions- und Konsummuster auch eine große Herausforderung für die globale soziale Gerechtigkeit darstellen, insbesondere angesichts der gesundheitsgefährdenden Arbeitsbedingungen in Entwicklungsländern. Inwiefern Menschen diese Aspekte in ihren Konsum einbeziehen, muss ebenfalls empirisch noch umfassender untersucht werden.

Literatur

Ajzen, I. (1991). The theory of planned behavior. *Organizational Behavior and Human Decision Processes,* *50,* 179–211.

Ajzen, I. (2001). Nature and operation of attitudes. *Annual Review of Psychology, 52,* 27–58.

Akehurst, G., Afonso, C., & Martins, G. H. (2012). Re-examining green purchase behaviour and the green consumer profile: New evidences. *Management Decision, 50*(5), 972–988.

Allievi, F., Vinnari, M., & Luukkanen, J. (2015). Meat consumption and production – Analysis of efficiency, sufficiency and consistency of global trends. *Journal of Cleaner Production, 92,* 142–151.

Andiappan, M., & Dufour, L. (2016). Quick decisions tend to reinforce self-interest choices among MBA students: The direct and moderating effects of temporal constraint and situational factors in ethical decision making. *Canadian Journal of Administrative Sciences, keine Seitenzahl verfügbar.* ▶ https://doi.org/10.1002/cjas.1411.

Aquino, K., Freeman, D., Reed, A., Lim, V. K. G., & Felps, W. (2009). Testing a social-cognitive model of moral behavior: The interactive influence of situations and moral identity centrality. *Journal of Personality and Social Psychology, 97*(1), 123–141. ▶ https://doi.org/10.1037/a0015406.

Atkinson, L., & Rosenthal, S. (2014). Signaling the green sell: The influence of eco-label source, argument specificity, and product involvement on consumer trust. *Journal of Advertising, 43*(1), 33–45. ▶ https://doi.org/10.1080/00913367.2013.834803.

Avramova, Y. R., & Van Trijp, H. C. M. (2014). Multiple selves in sustainable consumption: An introduction. In H. C. M. Van Trijp (Hrsg.), *Encouraging sustainable behavior: Psychology and the environment* (S. 3–12). New York: Taylor & Francis.

Bamberg, S., & Möser, G. (2007). Twenty years after Hines, Hungerford, and Tomera: A new meta-analysis of psycho-social determinants of pro-environmental behaviour. *Journal of Environmental Psychology, 27*(1), 14–25. ▶ https://doi.org/10.1016/j.jenvp.2006.12.002.

Barone, M. J., Miyazaki, A. D., & Taylor, K. A. (2000). The influence of cause-related marketing on consumer choice: Does one good turn deserve another? *Journal of the Academy of Marketing Science, 28,* 248–262.

Becker-Olsen, K. L., Cudmore, B. A., & Hill, R. P. (2006). The impact of perceived corporate social responsibility on consumer behavior. *Journal of Business Research, 59*(1), 46–53. ▶ https://doi.org/10.1016/j.jbusres.2005.01.001.

Belz, F.-M. (2006). Wachsen mit Werten in gesättigten Märkten. In P. Koslowski & B. P. Priddat (Hrsg.), *Ethik des Konsums* (S. 215–234). München: Fink.

Belz, F.-M., & Bilharz, M. (2007). Nachhaltiger Konsum, geteilte Verantwortung und Verbraucherpolitik: Grundlagen. In F.-M. Belz, G. Karg, & D. Witt (Hrsg.), *Nachhaltiger Konsum und Verbraucherpolitik im 21. Jahrhundert* (S. 21–52). Marburg: Metropolis-Verlag.

Bertiaux, F. (2007). Greening some consumption behaviors. Do new routines require agency and reflexivity? In E. Zaccai (Hrsg.), *Sustainable consumption, ecology and fair trade* (S. 91–108). New York: Routledge.

Bertrandias, L., & Elgaaied-Gambier, L. (2014). Others' environmental concern as a social determinant of green buying. *Journal of Consumer Marketing, 31*(6/7), 417–429. ▶ https://doi.org/10.1108/JCM-05-2014-0966.

Blasi, A. (2004). Moral functioning: Moral understanding and personality. In D. K. Lapsley & D. Narvaez (Hrsg.), *Moral development, self, and identity* (S. 335–348). Mahwah: Erlbaum.

Carrigan, M., & Attalla, A. (2001). The myth of the ethical consumer: Do ethics matter in purchase behavior? *Journal of Consumer Marketing, 18*(7), 560–578.

Chen, M. F., & Tung, P. J. (2014). Developing an extended theory of planned behavior model to predict consumers' intention to visit green hotels. *International Journal of Hospitality Management, 36,* 221–230. ▶ https://doi.org/10.1016/j.ijhm.2013.09.006.

Cialdini, R. B., Kallgren, C. A., & Reno, R. (1991). A focus theory of normative conduct: A theoretical refinement and reevaluation of the role of norms in human behavior. *Advances in Experimental Social Psychology, 21,* 201–234.

Costa Pinto, D., Herter, M. M., Rossi, P., & Borges, A. (2014). Going green for self or for others? Gender and identity salience effects on sustainable consumption. *International Journal of Consumer Studies, 38*(5), 540–549. ▶ https://doi.org/10.1111/ijcs.12114.

Cowan, K., & Kinley, T. (2014). Green spirit: Consumer empathies for green apparel. *International Journal of Consumer Studies, 38*(5), 493–499.

Dagher, G. K., & Itani, O. (2014). Factors influencing green purchasing behaviour: Empirical evidence from the Lebanese consumers. *Journal of Consumer Behaviour, 13*(3), 188–195.

Ehmke, E., Simon, A., & Simon, J. (2009). Internationale Arbeitsstandards im globalen Kapitalismus. In E. Ehmke, M. Fichter, N. Simon, & B. Zeuner (Hrsg.), *Internationale Arbeitsstandards in einer globalisierten Welt* (S. 12–43). Wiesbaden: VS Verlag.

Erdogan, M., Uşak, M., & Bahar, M. (2013). A review of research on environmental education in non-traditional settings in Turkey, 2000 and 2011. *International Journal of Environmental and Science Education, 8*(1), 37–57.

Fraij, E., & Martinez, E. (2006). Environmental value and lifestyles as determining factors of ecological consumer behaviour: An empirical analysis. *The Journal of Consumer Marketing, 23*(3), 133–144.

Graefe, S. (2016). Grenzen des Wachstums? *Resiliente Subjektivität im Krisenkapitalismus. Psychosozial, 39*(143), 39–50.

12

Greening, A. L., Greene, D. L., & Difiglio, C. (2000). Energy efficiency and consumption: The rebound effect: A survey. *Energy Policy, 28*(6–7), 389–401. ▶ https://doi.org/10.1016/S0301-4215(00)00021-5.

Grimmer, M., & Woolley, M. (2014). Green marketing messages and consumers' purchase intentions: Promoting personal versus environmental benefits. *Journal of Marketing Communications, 20*(4), 231–250.

Guy, C. (2009). "Sustainable transport choices" in consumer shopping: A review of the UK evidence. *International Journal of Consumer Studies, 33*(6), 652–658. ▶ https://doi.org/10.1111/j.1470-6431.2009.00818.x.

Hauff, V. (1987). *Unsere gemeinsame Zukunft: Der Brundtland-Bericht der Weltkommission für Umwelt und Entwicklung.* Greven: Eggenkamp.

Hines, J. M., Hungerford, H. R., & Tomera, A. N. (1987). Analysis and synthesis of research on responsible environmental behavior: A meta-analysis. *Journal of Environmental Education, 18*(2), 1–8.

Hofstede, G. (1984). *Culture's consequences: International differences in work-related values.* Beverly Hills, Kalifornien: Sage.

Huber, J. (1995). Nachhaltige Entwicklung durch Suffizienz, Effizienz und Konsistenz. In P. Fritz, J. Huber, & H. W. Levi (Hrsg.), *Nachhaltigkeit in naturwissenschaftlicher und sozialwissenschaftlicher Perspektive* (S. 31–86). Stuttgart: Wissenschaftliche Verlagsgesellschaft.

Huber, J. (2000). Towards industrial ecology: Sustainable development as a concept of ecological modernization. *Journal of Environmental Policy & Planning, 2,* 269–285.

Iyer, E. S. (1989). Unplanned purchasing: Knowledge of shopping environment and time pressure. *Journal of Retailing, 65,* 40–57.

Jang, Y. J., Kim, W. G., & Lee, H. Y. (2015). Coffee shop consumers' emotional attachment and loyalty to green stores: The moderating role of green consciousness. *International Journal of Hospitality Management, 44,* 146–156.

Kang, K. H., Stein, L., Heo, C. Y., & Lee, S. (2012). Consumers' willingness to pay for green initiatives of the hotel industry. *International Journal of Hospitality Management, 31*(2), 564–572.

Khare, A. (2015). Antecedents to green buying behaviour: A study on consumers in an emerging economy. *Marketing Intelligence & Planning, 33*(3), 309–329.

Kilbourne, W. E., & Beckmann, S. C. (1998). Review and critical assessment of research on marketing and the environment. *Journal of Marketing Management, 14*(6), 513–532.

Kim, Y.-K., Forney, J., & Arnold, E. (1997). Environmental messages in fashion advertisements: Impact on consumer responses. *Clothing and Textiles Research Journal, 15*(3), 147–154.

Kothari, A., Demaria, F., & Acosta, A. (2014). Buen vivir, degrowth and ecological swaraj: Alternatives to sustainable development and the green economy. *Development, 57*(3), 362–375.

Lenton, A. P., & Francesconi, M. (2010). How humans cognitively manage an abundance of mate options. *Psychological Science, 21,* 528–533.

Li, J., Moul, C. C., & Zhang, W. (2017). Hoping grey goes green: Air pollution's impact on consumer automobile choices. *Marketing Letters, 28*(2), 267–279. ▶ https://doi.org/10.1007/s11002-016-9405-2.

Lorek, S., & Fuchs, D. (2013). Strong sustainable consumption governance: Precondition for a degrowth path? *Journal of Cleaner Production, 38,* 36–43.

Moberg, D. J. (2000). Time pressure and ethical decision-making: The case for moral readiness. *Business and Professional Ethics Journal, 19*(2), 41–67.

Netter, S. (2016). Availability Cascades and the Sharing Economy: A Critique of Sharing Economy Narratives. In A. Genus (Hrsg.), *Sustainable Consumption: Design, Innovation and Practice* (S. 65–82). London: Springer International Publishing.

Nuttavuthisit, K., & Thøgersen, J. (2017). The importance of consumer trust for the emergence of a market for green products: The case of organic food. *Journal of Business Ethics, 140*(2), 323–337.

Öberseder, M., Schlegelmilch, B., & Gruber, V. (2011). "Why don't consumers care about CSR?": A qualitative study exploring the role of CSR in consumption decisions. Empirical paper. *Journal of Business Ethics, 104*(4), 449–460. ▶ https://doi.org/10.1007/s10551-011-0925-7.

Osbaldiston, R., & Schott, J. P. (2012). Environmental sustainability and behavioral science: Meta-analysis of proenvironmental behavior experiments. *Environment and Behavior, 44*(2), 257–299. ▶ https://doi.org/10.1177/0013916511402673.

Oyserman, D., Coon, H. M., & Kemmelmeier, M. (2002). Rethinking individualism and collectivism: Evaluation of theoretical assumptions and meta-analyses. *Psychological Bulletin, 128*(1), 3–72. ▶ https://doi.org/10.1037/0033-2909.128.1.3.

Pagiaslis, A., & Anastasios, K. (2014). Green consumption behavior antecedents: Environmental concern, knowledge, and beliefs. *Psychology & Marketing, 31*(5), 335–348.

Piscicelli, L., Moreno, M., Cooper, T., & Fisher, T. (2016). The individual-practice famework: A design tool for understanding consumer behavior. In A. Genus (Hrsg.), *Sustainable consumption: Design, innovation and practice* (S. 35–50). Cham: Springer International Publishing.

Raska, D., & Shaw, D. (2012). Is the greening of firms helping consumers to go green? *Social Marketing Quarterly, 18*(1), 40–54. ▶ https://doi.org/10.1177/1524500411435482.

Sachdeva, S., Jordan, J., & Mazar, N. (2015). Green consumerism: Moral motivations to a sustainable future. *Current Opinion in Psychology, 6*, 60–65. ▶ https://doi.org/10.1016/j.copsyc.2015.03.029.

Salazar, H. A., Oerlemans, L., & Van Stroe-Biezen, S. (2013). Social influence on sustainable consumption: Evidence from a behavioural experiment. *International Journal of Consumer Studies, 37*(2), 172–180. ▶ https://doi.org/10.1111/j.1470-6431.2012.01110.x.

Schäpke, N., & Rauschmayer, F. (2012). Addressing Sufficiency: Including altruistic motives in behavioural models for sustainability transitions. Leipzig: Helmholtz-Zentrum für Umweltforschung GmbH. ▶ https://www.econstor.eu/bitstream/10419/67956/1/733700535.pdf. Zugegriffen: 19. Jan. 2017.

Scholder, E. P., Webb, D. J., & Mohr, L. A. (2006). Building corporate associations: Consumer attributions for corporate socially responsible programs. *Journal of the Academy of Marketing Science, 34*, 147–157.

Schramm-Klein, H., Zentes, J., Steinmann, S., Swoboda, B., & Morschett, D. (2013). Retailer corporate social responsibility is relevant to consumer behavior. *Business and Society, 55*(4), 550–575. ▶ https://doi.org/10.1177/0007650313501844.

Schwartz, S. H. (1994). Are there universal aspects in the content and structure of values? *Journal of Social Issues, 50*, 19–45.

Shaw, D., Grehan, E., Shiu, E., Hassan, L., & Thomson, J. (2005). An exploration of values in ethical consumer decision making. *Journal of Consumer Behaviour, 4*(3), 185–200. ▶ https://doi.org/10.1002/cb.3.

Speck, M. (2016). *Konsum und Suffizienz: Eine empirische Untersuchung privater Haushalte in Deutschland.* Wiesbaden: Springer VS.

Steg, L., & Vlek, C. (2009). Encouraging pro-environmental behaviour: An integrative review and research agenda. *Journal of Environmental Psychology, 29*(3), 309–317. ▶ https://doi.org/10.1016/j.jenvp.2008.10.004.

Stern, P. C. (2000). Toward a coherent theory of environmentally significant behavior. *Journal of Social Issues, 56*(3), 407–424. ▶ https://doi.org/10.1111/0022-4537.00175.

Swim, J., Stern, P. C., Doherty, T. J., Clayton, S., Reser, J. P., Weber, E. U., Gifford, R., & Howard, G. S. (2011). Psychology's contributions to understanding and addressing global climate change. *American Psychologist, 66*(4), 241–250. ▶ http://dx.doi.org/10.1037/a0023220.

Tajfel, H. (1982). *Gruppenkonflikt und Vorurteil: Entstehung und Funktion sozialer Stereotypen.* Bern: Huber.

Tajfel, H., & Turner, J. C. (1979). An integrative theory of intergroup conflict. In W. G. Austin & S. Worchel (Hrsg.), *The social psychology of intergroup relations* (S. 33–147). Pacific Grove: Brooks/Cole.

Thøgersen, J., Jørgensen, A.-K., & Sandager, J. (2012). Consumer decision making regarding a "green" everyday product. *Psychology & Marketing, 29*(4), 187–197.

Triandis, H. C. (1989). The Self and Social Behavior in Differing Cultural Contexts. *Psychological Review, 96*(3), 506–520.

Tucker, E. M., Rifon, N. J., Lee, E. M., & Reece, B. B. (2012). Consumer receptivity to green ads: A test of green claim types and the role of individual consumer characteristics for green ad response. *Journal of Advertising, 41*(4), 9–23. ▶ https://doi.org/10.2753/JOA0091-3367410401.

United Nations. (2015). *Paris Agreement.* ▶ http://unfccc.int/files/essential_background/convention/application/pdf/english_paris_agreement.pdf. Zugegriffen: 19. Jan. 2017.

United Nations. (2012). *The future we want: Outcome document adopted at Rio + 20.* United Nations: New York. ▶ http://www.un.org/futurewewant. Zugegriffen: 19. Jan. 2017.

Wang, S.-T. (2014). Consumer characteristics and social influence factors on green purchasing intentions. *Marketing Intelligence & Planning, 32*(7), 738–753.

White, K. M., Smith, J. R., Terry, D. J., Greenslade, J. H., & McKimmie, B. M. (2009). Social influence in the theory of planned behaviour: The role of descriptive, injunctive, and in-group norms. *The British Journal of Social Psychology/The British Psychological Society, 48*(1), 135–158. ▶ https://doi.org/10.1348/014466608X295207.

Xie, C., & Bagozzi, R. P. (2014). The role of moral emotions and consumer values and traits in the decision to support nonprofits. *Journal of Nonprofit & Public Sector Marketing, 26*(4), 290–311. ▶ https://doi.org/10.1080/10495142.2014.965064.

Xue, F. (2014). It looks green: Effects of green visuals in advertising on Chinese consumers' brand perception. *Journal of International Consumer Marketing, 26*(1), 75–86.

12

Nachhaltigkeit in der Wertschöpfungskette: Das Problem des eingeschränkten moralischen Bewusstseins

Carolin Baur

© Springer Fachmedien Wiesbaden GmbH, ein Teil von Springer Nature 2018
C. T. Schmitt, E. Bamberg (Hrsg.), *Psychologie und Nachhaltigkeit*,
https://doi.org/10.1007/978-3-658-19965-4_13

13.1 Nachhaltigkeit und das Bewusstsein für die Auswirkungen des eigenen Handelns

„Hinschauen und Verstehen ist der erste, wichtigste und zugleich herausforderndste Schritt auf dem Weg, die eigene Verantwortung wahrzunehmen" (Damm 2015, S. 29).

Dieses Zitat von Michael Damm, der als Vertreter des Kölner Unternehmens *FOND OF* nicht nur den *Deutschen Nachhaltigkeitspreis 2016*, sondern auch den *Deutschen CSR-Preis 2017* entgegennehmen durfte, bringt deutlich zum Ausdruck, dass Nachhaltigkeit ein Prozess ist, der damit beginnt, dass man ein Bewusstsein für die Auswirkungen des eigenen Handelns auf Menschen, Umwelt und Gesellschaft entwickelt. Aber warum stellt dieser erste Schritt so eine besondere Herausforderung dar? Die größte Nachhaltigkeitsherausforderung für den Kölner Taschenhersteller ist die Komplexität der Wertschöpfungskette. Bei über 100 verschiedenen Materialien und Komponenten, die verarbeitet werden, ist es nicht einfach, valide Auskünfte über die Herkunft sowie Umwelt- und Sozialverträglichkeit der einzelnen Teile zu erhalten. Dennoch versteht das Unternehmen dies als Teil seiner Verantwortung und arbeitet intensiv an der Sicherstellung von Umwelt- und Sozialstandards und einer möglichst hohen Transparenz in der Lieferkette (FOND OF GmbH 2018).

Im Zuge der Deregulierung und Liberalisierung der (Finanz-)Märkte, der neuen internationalen Arbeitsteilung, und der informationstechnologischen Revolution haben sich unsere wirtschaftlichen Wertschöpfungsmodelle massiv verändert. Wertschöpfungsketten sind in den letzten Jahrzehnten um ein Vielfaches komplexer, globaler und anfälliger geworden (Castells 2017; Heur 2014).

» Die **Wertschöpfungskette** beginnt beim Anbau eines Rohstoffes (z. B. Landwirtschaft) oder Abbau eines Rohstoffes (Bergbau) und reicht über die Weiterverarbeitung und Produktionsstufen bei Zulieferern oder dem Unternehmen selbst sowie über den Handel und Zwischenhandel bis hin zur Nutzungsphase bei Geschäftskunden oder privaten Verbraucher/innen. Der Begriff schließt seit neuestem überdies die Wiederverwendung und/oder Entsorgung abgenutzter Produkte ein (IHK Nürnberg für Mittelfranken 2015).

Welche Relevanz dies im Einzelfall haben kann, hat sich vor fünf Jahren in Sabhar, einer Kleinstadt in Bangladesch, gezeigt. Aufgrund mangelnder Sicherheitsstandards stürzte das Fabrikgebäude Rana Plaza, in dem auch europäische Bekleidungsfirmen wie Primark, KiK und C&A produzieren ließen, ein. 1127 Arbeiter wurden getötet und 2438 teilweise schwer verletzt. Seit dieser Tragödie setzt die Zivilgesellschaft Unternehmen verstärkt unter Druck, umfassend Verantwortung zu übernehmen – das heißt nicht nur im Hinblick auf das eigene Unternehmen, sondern auf die gesamte Wertschöpfungskette (Labowitz und Baumann-Pauly 2015). Trotz zahlreicher Initiativen stellt die Einhaltung von Sozial- und Umweltstandards entlang der Wertschöpfungskette jedoch nach wie vor eine der größten Herausforderungen für Unternehmen dar (Heur 2014). Wenn es um potenzielle Lösungen geht, konzentrieren sich Unternehmen vor allem auf die Entwicklung neuer Technologien und den Einsatz von Verhaltenskodizes – bislang jedoch meist ohne durchschlagenden Erfolg (zum Beispiel Pagell und Shevchenko 2014; Schulz 2015).

Nachhaltigkeit in der Wertschöpfungskette betrifft allerdings nicht nur Unternehmen, sondern auch VerbraucherInnen. Auswirkungen auf Menschen, Umwelt und Gesellschaft ergeben sich bei der Herstellung, den damit verbundenen Lieferrelationen, und dem Verkauf von Produkten, aber auch durch Nutzung und Rückführung der Waren (Knoppe 2015). Obgleich sich aufseiten der Konsumenten eine höhere Besorgnis im Hinblick auf die Einhaltung von Umwelt- und Sozialstandards konstatieren lässt, schlägt sich dies jedoch keinesfalls umfassend in ihrem Nachfrageverhalten nieder (Hofielen 2017; siehe auch Gude in diesem Band). Demgemäß möchten viele Konsumenten zwar nicht, dass in Bangladesch Näherinnen aufgrund schlechter Arbeitsbedingungen leiden und sterben, die dort unschlagbar günstig produzierte Kleidung kaufen sie aber dennoch (Labowitz und Baumann-Pauly 2015). Es zeigt sich folglich, dass Akteure entlang der Wertschöpfungskette, seien es Lieferanten, Produzenten oder Konsumenten, vielfach Verhalten zeigen, welches oftmals nicht mit den eigenen moralischen Standards im Einklang steht und zuweilen ethische Richtlinien verletzt (zum Beispiel Eriksson und Svensson 2016).

Das zentrale Argument dieses Beitrags lautet, dass, insbesondere im Kontext von komplexen Lieferketten, davon auszugehen ist, dass nachhaltiges, verantwortliches Handeln häufig bereits daran scheitert, dass es an moralischem Bewusstsein beziehungsweise an dessen Aktivierung mangelt (Bandura 2007). Obgleich es einige Studien gibt, die das Thema Nachhaltigkeit in der Wertschöpfungskette aus der Management-Perspektive untersuchen (Yawar und Seuring 2017), lassen sich nur sehr wenige psychologisch fundierte Studien zu diesem Thema finden. Unter Rückgriff auf etablierte Theorien aus der Psychologie und moderne Konzepte aus dem Bereich *Behavioral Ethics* sollen demgemäß im Folgenden wichtige psychologische Barrieren im Hinblick auf nachhaltiges, ethisches Verhalten im Kontext von Lieferketten diskutiert werden. Basierend auf den vorgestellten Theorien und den Ergebnissen bisheriger empirischer Untersuchungen werden ein konzeptioneller Bezugsrahmen präsentiert und Lösungsperspektiven aufgezeigt.

13.2 Theoretische Konzepte und empirische Untersuchungen zum eingeschränkten moralischen Bewusstsein in der Wertschöpfungskette

Viele Modelle der ethischen Entscheidungsfindung gehen davon aus, dass Menschen rational entscheiden und ihre Entscheidungen aus moralischer Sicht bewerten können und dies auch tun. Neuere Ansätze betonen dagegen, dass sich Menschen vielfach unethisch und konträr zu ihren moralischen Standards verhalten, ohne sich dessen bewusst zu sein (Bazerman und Tenbrunsel 2011). Insbesondere im relativ jungen Forschungsbereich *Behavioral Ethics* wird diesem Umstand Rechnung getragen (DeCremer und Vandekerckhove 2016). Aber auch seit langem etablierte Ansätze legen nahe, dass unmoralisches Verhalten oftmals insbondere deshalb ohne Einschränkungen und ohne schlechtes Gewissen erfolgen kann, weil es nicht als solches deklariert wird (Bandura 1999) oder weil der Bezug fehlt (Fromm 1988). Im Hinblick auf moralisch fragwürdiges, unverantwortliches Verhalten im Kontext von Wertschöpfungsketten erscheinen folglich drei Konzepte besonders relevant: *bounded ethicality, moral disengagement,* und (soziale) Entfremdung.

13.2.1 Bounded Ethicality

In Anlehnung an das Konzept der *bounded rationality* (Kahneman 2003; Simon 1979), welches besagt, dass Entscheidungsträger kognitiven Beschränkungen ausgesetzt sind, befassten sich Forscher in den letzten Jahren intensiv mit dem Konzept der *bounded ethicality* (Chugh et al. 2005; Chugh und Kern 2016). Dieses Konzept geht davon aus, dass individuelle und kontextuelle Einflussfaktoren zu unbewussten psychologischen Verzerrungen führen, die, entgegen der eigenen moralischen Grundsätze, letztlich unethisches Verhalten zur Folge haben. Es wird untersucht, wie es sein kann, dass sich Menschen, die sich grundsätzlich als ‚gute‘ Menschen bezeichnen würden und auch dementsprechend handeln wollen, zuweilen dennoch unethisch und konträr zu ihren moralischen Standards verhalten. Das Grundproblem besteht demnach zumeist im fehlenden Bewusstsein des Entscheidungsträgers im Hinblick darauf, dass es sich überhaupt um eine ethische Entscheidung handelt. Die Gründe für dieses fehlende moralische Bewusstsein in der jeweiligen Situation, also der sogenannten fehlenden *moral awareness* (Miller et al. 2014; siehe auch Bamberg in diesem Band), sind vielfältig; zu den wichtigsten gehören Fehleinschätzungen im Hinblick auf die eigene Person, das eigene Verhalten, die eigene Gruppe und die Zeit sowie implizite Einstellungen und *Framing*-Effekte (Bazerman und Sezer 2016; Trevino et al. 2014). Ein zentraler Aspekt, auf den Chugh und Kollegen (2005) hinweisen, ist, dass *bounded ethicality* dazu führt, dass Interessenskonflikte nicht als solche wahrgenommen werden. Dies ist von großer Bedeutung, wenn man bedenkt, dass gerade im Lieferkettenmanagement Interessenkonflikte ein wesentliches Problem darstellen (Handfield und Baumer 2006). *Bounded ethicality* kann sich auch auf Verhaltensweisen von anderen beziehen. So wurden auch Verzerrungseffekte untersucht, die dazu führen, dass unethische Verhaltensweisen anderer ignoriert werden. Es wurde beispielsweise gezeigt, dass Individuen korruptes Verhalten anderer oftmals nicht als solches wahrnehmen, wenn dieses Verhalten auch ihnen selbst nützt (Bazerman und Sezer 2016). Abgesehen von einer derart motivierten, verzerrten Informationsverarbeitung (engl. m*otivated reasoning*) (Bersoff 1999) und dem sogenannten *self-serving bias* (Bradley 1978; siehe auch Schmitt und Sassen in diesem Band), wurde zudem auch der sogenannte *outcome bias* (Baron und Hershey 1988) konstatiert. Demnach wird ethisch fragwürdiges Verhalten oftmals entsprechend der eingetretenen Konsequenzen des Verhaltens beurteilt.

In einer der wenigen empirischen Studien zum Thema *bounded ethicality* im Kontext von Wertschöpfungsketten wurde experimentell untersucht, ob es im Hinblick auf den Umgang mit Zulieferern zu einem *outcome bias* kommt (Yin-fei und Zhi-min 2011). Die Ergebnisse des Experiments legen nahe, dass unethisches Lieferantenverhalten insbesondere dann als schlimme ethische Normverletzung gewertet wird, wenn das Verhalten negative Folgen hat. Hat das gleiche Verhalten positive Folgen, wird es als weitaus weniger unethisch eingestuft. Eine weitere Untersuchung weist darauf hin, dass *bounded ethicality* im Hinblick auf das Verhalten von anderen auch für Zulieferer zum Tragen kommen kann, nämlich dann, wenn das unethische Verhalten des Käufers dem

13

Zulieferer selbst nützt (Hill et al. 2009). Paharia, Vohs und Deshpandé (2013) konnten in fünf Experimenten zeigen, dass sich motivierte, verzerrte Informationsverarbeitung im Hinblick auf die Beurteilung von sogenannten Sweatshops, das heißt Fabriken, in denen Arbeiter zumeist unter sehr schlechten Bedingungen arbeiten, unter bestimmten Bedingungen auch bei VerbraucherInnen konstatieren lässt. Obwohl KonsumentInnen sagen, dass sie Produkte bevorzugen, die nicht in Sweatshops hergestellt wurden, zeigte sich, dass Eigeninteresse, die Verfügbarkeit von kognitiven Ressourcen und ein flexibler moralischer Kontext die Fähigkeit einschränken, diese Ansicht auch in die Tat umzusetzen. Diese Studie beleuchtet somit, unter welchen kognitiven Bedingungen *motivated reasoning* im Hinblick auf schlechte Arbeitsbedingungen mehr oder weniger wahrscheinlich ist. Insgesamt legen die Ergebnisse nahe, dass *bounded ethicality* bei Lieferanten sowie Produzenten und Konsumenten im Hinblick auf ein eingeschränktes moralisches Bewusstsein eine Rolle spielt.

13.2.2 Moral Disengagement

Ein weiterer Ansatz, der sich mit der Frage beschäftigt, wie es sein kann, dass sich Menschen entgegen ihrer moralischen Standards verhalten und sich trotzdem gut dabei fühlen, ist Banduras *Moral-Disengagement*-Ansatz (Bandura 1999, 2016), der sich an dessen sozial-kognitive Theorie anschließt (Bandura 1986). Nach Bandura (1999) spielt der Prozess der selektiven Loslösung von moralischen Selbstsanktionen, den er *moral disengagement* nennt, im Hinblick auf Praktiken, die anderen Menschen, Tieren, oder der Natur schaden, eine sehr bedeutende Rolle. Die Loslösung von moralischen Selbstsanktionen ermöglicht es dem Menschen, befreit von jeglicher Selbstzensur und ohne schlechtes Gewissen, schädliche Praktiken zu verfolgen. Selbstregulationsprozesse, die dem Individuum sonst helfen, sich den internalisierten Normen und Werten entsprechend zu verhalten, werden selektiv ausgeschaltet. Diesbezüglich verweist Bandura (1999) insbesondere auf acht Mechanismen (◘ Abb. 13.1). Zu beachten gilt, dass diese verschieden Mechanismen eher gemeinsam als vereinzelt und sowohl auf der Ebene des Individuums als auch auf gesellschaftspolitischer Ebene wirken.

Bandura (2007) selbst legte in einem Beitrag dar, wie *moral disengagement* nachhaltiges Verhalten hemmt, und zeigte darüber hinaus zusammen mit Kollegen, welche *Moral–Disengagement*-Strategien insbesondere in der Wirtschaft zur Anwendung kommen (zum Beispiel White et al. 2009). Empirische Arbeiten zum Thema *moral disengagement* und nachhaltiges Lieferkettenmanagement gibt es jedoch nur wenige.

Im Rahmen einer Analyse von Medienreporten und Fallstudien gingen beispielsweise Eriksson et al. (2013) der Frage nach, ob und gegebenenfalls wie die Lieferkettenkonfiguration in der arbeitsintensiven Textilbranche sich auf *moral disengagement* auswirkt, und welche Umstände eine Ablehnung von Verantwortungsübernahme erleichtern. Die Autoren konstatierten, dass die Textilindustrie deshalb besonders anfällig für *moral disengagement* ist, weil diese Branche sehr arbeitsintensiv ist, Automatisierung nur eingeschränkt möglich ist und der Druck die Produktionskosten zu senken, zur Auslagerung der Produktion in Niedrigkostenländer und in der Folge zu komplexen Wertschöpfungsketten führt. Zudem lassen sich unterschiedliche Grade der Zusammenarbeit in der Wertschöpfungskette erkennen. Je intensiver sich die Zusammenarbeit gestaltet, desto schwieriger wird es, *Moral-Disengagement*-Strategien, wie

Verhalten
- **Moralische Rechtfertigung** wird erzielt, indem betont wird, dass das Verhalten einem höheren moralischen oder sozialen Zweck oder dem Erhalt des guten Rufs oder der Ehre dient
- **Verwendung beschönigender Begriffe** für unmoralische Handlungen
- **Anwendung vorteilhafter Vergleiche** mit viel bedenklicheren Praktiken

Verantwortlichkeit
- **Abschieben der eigenen Verantwortung** auf andere oder den Kontext
- **Verantwortungsdiffusion**, beispielsweise durch Arbeitsteilung, Gruppenentscheidungen oder Gruppenverhalten

Auswirkungen
- **Vernachlässigung oder Verzerrung der Konsequenzen** des Handelns, das heißt, es findet keine oder nur eine eingeschränkte Auseinandersetzung mit dem angerichteten Schaden statt

Leidtragender
- **Entmenschlichung** der geschädigten Person oder Gruppe
- **Schuldzuweisung**, so dass das Verhalten zur berechtigten Verteidigungsreaktion wird und die Opfer selbst verantwortlich gemacht werden

Moral Disengagement

☐ **Abb. 13.1**   Mechanismen der selektiven Loslösung von moralischen Selbstsanktionen nach Bandura (1999). (Eigene Darstellung)

beispielsweise Verantwortungsdiffusion oder die Abschiebung von Verantwortung, anzuwenden. Eine sehr eingeschränkte Zusammenarbeit in der Wertschöpfungskette ermöglicht es Akteuren dagegen, ihr schädliches Verhalten zu rechtfertigen und Verantwortung abzulehnen. Weitere Aspekte der Wertschöpfungskette, die *moral disengagement* fördern, sind bestimmte kulturelle Einstellungen gegenüber ArbeiterInnen und Tieren sowie Einkauf in Ländern, die so arm sind, dass Kinderarbeit als Verbesserung der Bedingungen angesehen wird, und eine große Entfernung zwischen den einzelnen Akteuren in der Wertschöpfungskette. Basierend auf ihren Ergebnissen führten Eriksson et al. (2013) das Konstrukt *moral decoupling point* (MDP) ein, das einen Punkt in der Wertschöpfungskette beschreibt, an dem zwar Material, Information oder Geld weitergegeben werden, moralische Verantwortung allerdings geblockt wird.

Das *Moral-Decoupling*-Konstrukt wurde von Eriksson und Svensson (2016) aufgegriffen und in Fallstudien genauer untersucht. Basierend auf diesen Fallstudien identifizierten die Autoren Praktiken und Strukturen in Wertschöpfungsketten, die mit *moral disengagegement* einhergehen. Dementsprechend kommen in Wertschöpfungsketten – abgesehen von Schuldzuweisung – alle Moral-Disengagement-Strategien zur Anwendung. Eriksson und Svensson (2016) kategorisierten Best-Practice-Konzepte für Nachhaltigkeit in der Wertschöpfungskette und verknüpften diese mit dem *Moral-Disengagement*-Ansatz. Auch die Ergebnisse einer quantitativen Studie von Shepherd et al. (2013) legen nahe, dass Unternehmer durch die kognitive Abkoppelung von ökologischen Werten unter bestimmten Bedingungen Geschäftsmöglichkeiten attraktiv

13

finden, die die Umwelt schädigen. Insgesamt zeigt sich sehr deutlich, dass Banduras *Moral-Disengagement*-Ansatz für das Thema Nachhaltigkeit in der Wertschöpfungskette von großer Bedeutung ist.

13.2.3 (Soziale) Entfremdung

Ein anderes Konzept, welches im Hinblick auf ein eingeschränktes moralisches Bewusstsein im Kontext von Wertschöpfungsketten aufschlussreich erscheint, ist das insbesondere in der psychologischen Arbeitsforschung aufgegriffene Konzept der Entfremdung (Fromm 1988; Marx 1974; Voß et al. 2010; Weber 2006a, b). Ausgehend vom Menschenbild bei Marx (1974) bedeutet Entfremdung für Fromm (1988, S. 43), „dass der Mensch sich selbst in seiner Aneignung der Welt nicht als Urheber erfährt, sondern, dass die Welt (die Natur, die anderen und er selbst) ihm fremd bleiben". Entfremdung, in diesem Sinne als Arbeitsentfremdung konzeptualisiert, wird durch die ökonomischen Verhältnisse im *kapitalistischen* Wirtschaftssystem bedingt (Weber 2006a). Dabei lassen sich vier miteinander verbundene Prozesse der Entfremdung unterscheiden (◘ Abb. 13.2).

Demgemäß ist die Entfremdung vom Produkt der Arbeit innerhalb der Arbeitsprozesse mit der Entfremdung von sich selbst, den Mitmenschen und der Umwelt verbunden. Die radikale Ökonomisierung aller Lebensbereiche führt zur Instrumentalisierung und folglich zu einem eingeschränkten moralischen Bewusstsein im Hinblick auf Menschen, Tiere und die Natur. Durch die Entfremdung kommt es nach Fromm

Entfremdung im Produkt	• Vom abhängig Beschäftigten erzeugte Produkte gehen mit der Entlohnung auf den Kapitaleigner über • „eigene" Produkte = fremd erlebte Macht
Entfremdung in der Arbeitstätigkeit (Selbstentfremdung)	• Arbeitstätigkeit wird vom abhängig Beschäftigten nicht aus Interesse an der Tätigkeit und ihrem gesellschaftlichen Sinn geleistet • Reduktion auf ein Mittel für die Zwecke anderer Wirtschaftsakteure
Entfremdung vom menschlichen Gattungswesen	• Mensch = befähigt, bei Tätigkeiten bewusst, geplant und kollektiv gemäß seinen Bedürfnissen vorzugehen und seine Ideen in den Produkten zu vergegenständlichen • Trennung zwischen denen, die die Arbeit planen, und denen, die primär ausführend tätig sind
Entfremdung des Menschen vom Menschen (soziale Entfremdung)	• Zwänge durch betriebliche Hierarchie, die inner- und außerbetriebliche Konkurrenz sowie den Warenmarkt • Der Arbeitende verhält sich gegenüber anderen Menschen häufig nicht als fürsorglicher Mitmensch, sondern als Händler, Konkurrent, Herrscher oder als Untergebener (Wesenszüge)

◘ **Abb. 13.2** Prozesse der Entfremdung nach Weber (2006a). (Eigene Darstellung)

(1988) zur Pervertierung aller Werte. Wahrhaft moralische Werte kommen nicht zum Tragen, weil der Mensch die Wirtschaft und ihre Werte zum Ziel seines Lebens macht. Die beiden Sphären Moral und Ökonomie sind im Zustand der Entfremdung komplett unabhängig voneinander (Fromm 1988; Marx 1974). In diesem Zusammenhang muss auch auf den von Marx (2009) geprägten Begriff *Warenfetischismus* verwiesen werden, der impliziert, dass Waren ein Produkt von menschlichen Austauschbeziehungen sind, welche jedoch nicht mehr gesehen werden und nicht mehr mit der Ware in Verbindung gebracht werden. Die Konsequenzen dieses Phänomens werden im Kontext von komplexen Lieferketten besonders deutlich. Die meisten Dinge, die wir konsumieren, wurden in weit entfernten Orten mit uns nicht vertrauten Techniken produziert. Diese Tatsache macht es schwer, Arbeits- und soziale Prozesse, die mit Waren verbunden sind, zu sehen. Unser eingeschränktes Bewusstsein hindert uns daran, die tatsächlichen Beziehungen zu sehen, die wir mit Menschen, Tieren und der Natur eingehen, wenn wir Produkte konsumieren (Jones et al. 2005).

Nach Fromm (2015) geht diese Entfremdung außerdem mit der Bürokratisierung der Gesellschaft und einer unkritischen Unterwerfung unter eine autoritäre Führung einher. Konfrontiert mit einer übermächtig erscheinenden Komplexität tendiert der Mensch nach Fromm (2015) dazu, gesellschaftliche Verantwortung abzulehnen und stattdessen sein ganzes Vertrauen auf das bürokratische System zu setzen.

An psychologisch fundierten empirischen Studien, die sich direkt mit dem Thema Entfremdung beschäftigen, mangelt es bislang. Allerdings gibt es nennenswerte Untersuchungen im Hinblick auf zwei angrenzenden theoretische Ansätze, nämlich die *System Justification Theory* und *Framing*-Effekte. So beschäftigten sich Shepherd und Kay (2012) im Rahmen von fünf Studien mit der Frage, wie Menschen damit umgehen, wenn eine hohe Komplexität – durch die sich unsere heutigen Wertschöpfungsketten auszeichnen – dazu führt, dass Menschen nicht in der Lage sind, wichtige soziale Fragen und Umstände im Hinblick auf die Umwelt, Energieprobleme oder die Wirtschaft zu verstehen. Informieren sie sich oder ignorieren sie einfach das drohende Problem? Die empirischen Ergebnisse stehen im Einklang mit Fromms (2015) Annahme, dass der Mensch, konfrontiert mit einer übermächtig erscheinenden Komplexität, dazu tendiert, gesellschaftliche Verantwortung abzulehnen. Bezug nehmend auf die Theorie der Systemrechtfertigung (engl. *System Justification Theory*; Jost und Banaji 1994) gehen Shepherd und Kay (2012) davon aus, dass ein Mangel an Wissen über eine spezifische gesellschaftspolitische Frage Gefühle der Abhängigkeit und eine erhöhte Systemrechtfertigung hervorbringt, anstatt eine verstärkte Informationssuche zu motivieren. Dies führt letztlich dazu, dass sich Menschen noch weniger mit dem relevanten Problem, wie beispielsweise der Energiewende, Ressourcenknappheit und Wirtschaftskrisen, beschäftigen möchten. Die Autoren folgern demgemäß, dass Unwissenheit letztlich sogar zu mehr Ignoranz führen kann. Oder wie Fromm sagen würde, „(d)er Mensch von heute hat aufgehört zu denken. Er hat seine Kraft, zu denken und zu wollen, auf eine Bürokratie „da oben" projiziert" (2015, S. 101). Die empirischen Ergebnisse der fünf Studien stützen diese Annahme und veranschaulichen die negativen Folgen komplexitätsbedingter Unwissenheit hinsichtlich wichtiger umweltbezogener, technischer und wirtschaftlicher Fragestellungen (Shepherd und Kay 2012).

Eine weitere Annahme von Fromm (1988), nämlich dass die radikale Ökonomisierung aller Lebensbereiche zur Instrumentalisierung und folglich zu einem eingeschränkten moralischen Bewusstsein im Hinblick auf Menschen, Tiere und die Natur führt, wird

13

ebenso durch empirische Ergebnisse gestützt. Kouchaki et al. (2013) untersuchten in vier Studien unter Rückbezug auf Marx (1974) die Frage, ob Menschen durch Geld, oder noch spezifischer lediglich durch die Präsenz von Geld, korrumpiert werden und sich eher unethisch verhalten. Die Autoren zeigten, dass lediglich die Auseinandersetzung mit dem Konstrukt Geld verstärkt zu unethischem Verhalten, wie beispielsweise Stehlen, Lügen und Betrügen, führen kann. Es wird dargelegt, dass dieser Effekt durch einen sogenannten *business decision frame* (Tenbrunsel und Messick 1999) vermittelt wird. Demgemäß kommt ein reines Kosten-Nutzen-Kalkül zur Anwendung, was zu einer Objektivierung von sozialen Beziehungen – in anderen Worten zu sozialer Entfremdung – führt. Der Fokus liegt auf Gewinn und Verlust im Eigeninteresse und schließt Leistungen und Kosten für andere weitgehend aus. Als solches schwächt dieses aktivierte Kosten-Nutzen-Kalkül soziale Bindungen und damit das moralische Bewusstsein (Kouchaki et al. 2013). Nach Fromm (1995, S. 90) könnte man auch sagen, „(d)ie konkreten Beziehungen zwischen den Menschen haben ihren unmittelbaren und humanen Charakter verloren (…) [, es] gelten die Gesetze des Marktes". Kouchaki et al. (2013) gehen wie einige andere Forscher (zum Beispiel Rai und Fiske 2011) davon aus, dass Moral in soziale Beziehungen eingebettet ist. Je schwächer die soziale Bindung ist, desto weniger ist Moral für den Entscheider von Bedeutung (vergleiche auch Ansatz *Circles of Moral Regard;* Bastian und Crimston 2016; Crimston et al. 2016; Reed und Aquino 2003). Die empirischen Ergebnisse legen folglich nahe, dass ein aktiviertes Kosten-Nutzen-Kalkül und eine dementsprechende *Zweckrationalität* soziale Entfremdung begünstigt und moralisches Bewusstsein einschränkt (Kouchaki et al. 2013).

13.3 Förderung von moralischem Bewusstsein in der Wertschöpfungskette

Die bisherigen Ausführungen lassen darauf schließen, dass sich ein eingeschränktes moralisches Bewusstsein im Kontext von Wertschöpfungsketten nicht nur aufgrund von Eigenschaften und Einstellungen der jeweiligen Person ergibt. Bestimmte Merkmale der heutigen Wertschöpfungsketten, die sich weitgehend auf das Wirtschaftssystem zurückführen lassen, können das moralische Bewusstsein ebenso beeinflussen wie die Umstände in der jeweiligen Organisation sowie Situation (Eriksson und Svensson 2016). Ein konzeptioneller Bezugsrahmen zur Förderung von moralischem Bewusstsein sollte folglich insbesondere vier Ebenen berücksichtigen (◘ Abb. 13.3).

13.3.1 Person-Situation-Interaktion

Moralisches Bewusstsein wird durch individuelle und situative Faktoren bedingt (Chugh und Kern 2016). Obgleich sich Menschen im Hinblick auf ihr generelles moralisches Bewusstsein unterscheiden (Reynolds und Miller 2015), haben Studien gezeigt, dass sich *moral awareness* durch spezifische Bildungsmaßnahmen und Unterricht steigern lässt (zum Beispiel Lau 2010). Möchte man moralisches Bewusstsein in der Wertschöpfungskette erhöhen, gilt es folglich, zunächst Bildungsmaßnahmen zu entwickeln, die jedem einzelnen die Nachhaltigkeitsprobleme und gesellschaftlichen Zusammenhänge unserer Zeit verständlich und so unkompliziert wie möglich vermitteln. Dabei sollten

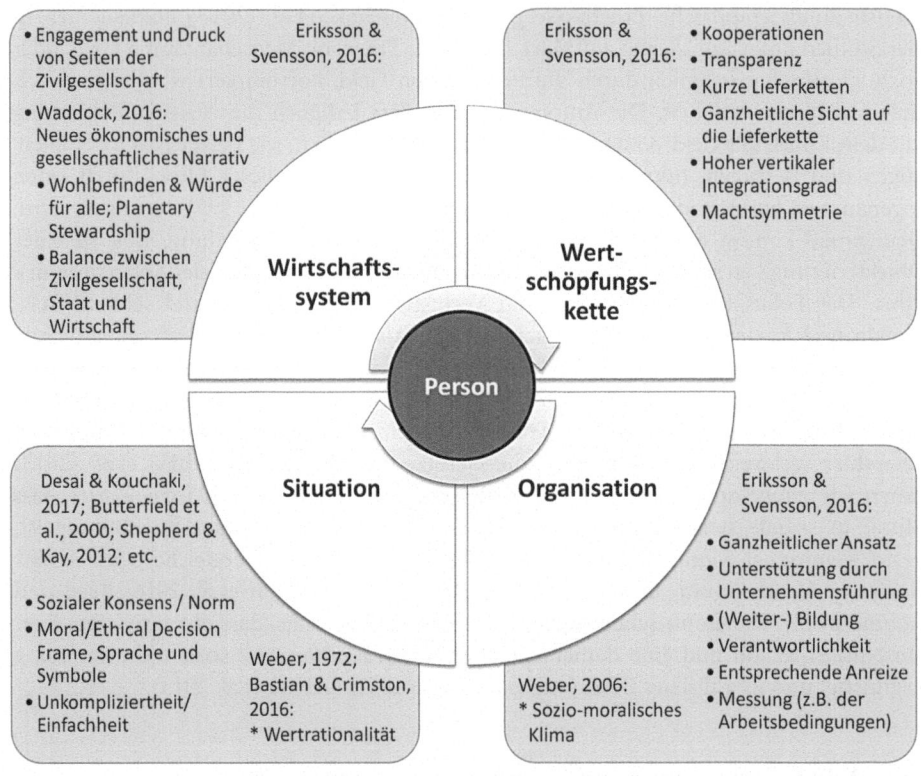

◨ Abb. 13.3   Förderung von moralischem Bewusstsein in der Wertschöpfungskette. (Eigene Darstellung)

beispielsweise Maßnahmen durchgeführt werden, die das sogenannte *life cycle thinking* (LCT) (Lebenszykluskonzept) und somit das Bewusstsein im Hinblick auf die Auswirkungen des eigenen Handelns steigern (Kurisu 2015). Es sollte aufgezeigt werden, was exakt von jedem einzelnen geleistet werden kann (Shepherd und Kay 2012) und wodurch sich nachhaltiges, sozial verantwortliches Verhalten von Kunden, Lieferanten und Produzenten auszeichnet. Auf diese Weise werden Normen vermittelt, die in der jeweiligen Situation moralisches Bewusstsein steigern können (Butterfield et al. 2000). Eine gezielte Normaktivierung in der Situation könnte diesen Effekt zusätzlich verstärken (Kurisu 2015). Darüber hinaus sollte darauf geachtet werden, dass verschiedene Formen der Rationalität diskutiert und vermittelt werden. Dementsprechend gilt es, zwischen *Zweck-* und *Wertrationalität* zu differenzieren, wobei *Wertrationalität* „durch bewussten Glauben an den – ethischen, ästhetischen, religiösen oder wie immer sonst zu deutenden – unbedingten Eigenwert eines bestimmten Sichverhaltens rein als solchen und unabhängig vom Erfolg" (Weber 1972, S. 12) bestimmt ist (siehe auch Beschorner 2013). Diesem intrinsischen Wert kommt nämlich aus einer moralpsychologischen Sicht im Hinblick auf Nachhaltigkeit und Ressourcenverbrauch eine wichtige Bedeutung zu (Bastian und Crimston 2016). Gleichsam sollte das Prinzip eines intrinsischen Wertes auch im Hinblick auf das *Framing* der Entscheidung Anwendung finden. Im Gegensatz zum *business decision frame,* der ein Kosten-Nutzen-Kalkül aktiviert und das moralische Bewusstsein schwächt (Kouchaki et al. 2013), kann ein *moral decision frame* das moralische Bewusstsein steigern (Tenbrunsel und Messick 1999). In einer kürzlich erschienenen Studie zeigte sich zudem, dass sich moralisches Bewusstsein bereits durch die Darstellung moralischer Symbole steigern lässt (Desai und Kouchaki 2017).

13.3.2 Person-Organisation-Interaktion

Auf der intraorganisationalen Ebene ist es wichtig, dass Personen die Schuld für ihr Verhalten nicht Unternehmensrichtlinien und Anreizstrukturen zuschreiben können. Dementsprechend wird nach Eriksson und Svensson (2016) ein ganzheitlicher Ansatz mit geteilten Zielen benötigt. Förderlich erscheinen diesbezüglich ein funktionsübergreifender Ansatz im Hinblick auf *Corporate Social Responsibility (CSR)*, Unterstützung durch die Unternehmensleitung und Anreizstrukturen, die Nachhaltigkeit und gesellschaftlich verantwortliches Handeln unterstützen. Des Weiteren müssen Verantwortlichkeiten geklärt und eindeutig kommuniziert werden, um Verantwortungsdiffusion zu vermeiden. Auch im organisationalen Kontext sollten Trainings und (Weiter-)Bildungsmaßnahmen erfolgen, die spezifisch auf die Steigerung des moralischen Bewusstsein abzielen und mögliche Interessenskonflikte im Kontext von Lieferketten thematisieren (Miller et al. 2014; Rottig et al. 2011). Insbesondere die Organisationsmitglieder, die an der Schnittstelle zu anderen Organisationen agieren, die sogenannten *Boundary Spanner*, müssen im Hinblick auf mögliche Fallstricke geschult werden (Hill et al. 2009). Schließlich gilt es, auch die Bedingungen in der Organisation zu analysieren, die moralisches Bewusstsein fördern. Ein nennenswertes Analyseinstrument, welches entwickelt wurde, um das sozio-moralische Anregungspotenzial zu erfassen, ist der Screening-Fragebogen der Soziomoralischen Atmosphäre (SMA-S) (Weber et al. 2008).

13.3.3 Person-Wertschöpfungskette-Interaktion

Eriksson und Svensson (2016) zeigten auch, dass die Lieferkettenkonfiguration selbst den Grad des moralischen Bewusstsein beeinflusst. Basierend auf ihren Ergebnissen konstatierten sie, dass Unternehmensstrategien, die andere Ziele als niedrige Kosten verfolgen, häufig Kooperationen entlang der Wertschöpfungskette erfordern. Zusammenarbeit entlang der Lieferketten erschwert *moral disengegement* und Verantwortungsdiffusion und erhöht das moralische Bewusstsein. Ähnlich verhält es sich im Hinblick auf Transparenz und die Fähigkeit, zu überwachen, was in anderen Teilen der Lieferkette passiert. Informationen über die Verhältnisse und angewandten Praktiken hemmen *Moral-Disengagement*-Strategien und steigern moralisches Bewusstsein. Dies gilt gleichermaßen für VerbraucherInnen. Dies ist wichtig, denn die „Verbreitung von ethisch besser fundierten Produkten und Herstellungsweisen ist auch angewiesen auf KonsumentInnen, die diese höhere Werthaltigkeit schätzen und dafür bezahlen" (Hofielen 2017, S. 293). Weiterhin lässt sich moralisches Bewusstsein dadurch positiv beeinflussen, dass Komplexität vermindert wird, indem möglichst kurze Lieferketten, sowohl geografisch als auch im Hinblick auf einzelnen Stufen *(Tiers)*, angestrebt werden. Förderlich ist dementsprechend auch ein hoher vertikaler Integrationsgrad, das heiß wenig Fremdbezug, und die Berücksichtigung der gesamten Lieferkette. Machtasymmetrien implizieren Käufer- oder Lieferantenabhängigkeiten, die oft dazu führen, dass Verantwortung abgeschoben wird. Machtsymmetrie wirkt sich folglich günstig auf die Bereitschaft zur Verantwortungsübernahme und auf moralisches Bewusstsein aus (Eriksson und Svensson 2016).

13.3.4 Person-(Wirtschafts-)System-Interaktion

Das moralische Bewusstsein kann darüber hinaus durch Akteure außerhalb der Wertschöpfungskette beeinflusst werden. Nichtregierungsorganisationen können beispielsweise auf die Auswirkungen einer Lieferkette auf die Region aufmerksam machen. Derartige Informationen können *moral disengagement* erschweren und moralisches Bewusstsein erhöhen. Insbesondere internationale Menschenrechts- und Verbraucherschutzorganisationen, aber auch Tier- und Umweltschutzorganisationen können demgemäß durch Kampagnen das moralische Bewusstsein aller Akteure in der Wertschöpfungskette steigern (Eriksson und Svensson 2016).

13.4 Resümee

Insgesamt zeigen die dargestellten Theorien und empirischen Ergebnisse, dass unser moralisches Bewusstsein stark dadurch beeinflusst wird, wie Gesellschaft und Wirtschaft organisiert sind. Angesichts der ökologischen Herausforderungen und der wachsenden sozialen Ungleichheiten werden mehr und mehr Stimmen laut, die global eine neue Denkweise fordern (Rasche et al. 2013). Waddock (2016) wies darauf hin, dass das heute dominierende Narrativ im Hinblick auf die Rolle der Wirtschaft in der Gesellschaft äußerst problematisch ist, da fast ausschließlich ökonomische und kaum gesellschaftliche Werte zählen. Das Erzielen von Wachstum steht im Fokus, ungeachtet der dramatischen ökologischen und sozialen Folgen. Daher wird ein neues Narrativ benötigt, welches Gesundheit, Wohlbefinden und Würde für alle und planetarische Verantwortung in den Mittelpunkt stellt. Waddock (2016) zufolge ist ein derartiges Narrativ nicht nur möglich, sondern angesichts der globalen Risiken, mit denen wir konfrontiert sind, schlicht notwendig. Dieser sicherlich nicht einfache, aber erforderliche Prozess, hat das Potenzial, eine Systemänderung anzustoßen und gleichsam das moralische Bewusstsein im Kontext von Wertschöpfungsketten, Organisationen und Situationen zu erhöhen.

Klimawandel, Ressourcenknappheit, Verlust an Biodiversität, Armut, soziale Ungleichheit und moderne Sklaverei – die Menschheit steht ohne Zweifel vor großen Herausforderungen. Zu diesen Problemen tragen die Verhaltensweisen einzelner Akteure entlang der Wertschöpfungskette – seien es Lieferanten, Produzenten oder Konsumenten – maßgeblich bei. Allerdings ist gemäß der dargestellten psychologischen Theorien und empirischen Ergebnisse davon auszugehen, dass nachhaltiges, sozial verantwortliches Handeln im Kontext von komplexen Wertschöpfungsketten oftmals bereits am eingeschränkten moralischen Bewusstsein scheitert. Der vorgestellte konzeptionelle Bezugsrahmen zur Förderung moralischen Bewusstseins erhebt keinesfalls den Anspruch, eine vollständige Lösung für diese Problematik zu geben. Vielmehr soll durch diesen Beitrag weitere Forschung angestoßen werden, die sich damit beschäftigt, wie moralisches Bewusstsein in der Wertschöpfungskette aktiviert beziehungsweise gesteigert werden kann – denn in Anbetracht der Vielzahl und Komplexität der drängenden, globalen Probleme reichen gute Absichten allein nicht. „Es braucht den Aufstand des Gewissens" (Ziegler 2012).

Literatur

Bandura, A. (1986). *Social foundations of thought and action: A social cognitive theory*. Englewood Cliffs: Prentice Hall.

Bandura, A. (1999). Moral disengagement in the perpetration of inhumanities. *Personality and Social Psychology Review, 3*(3), 193–209. ► https://doi.org/10.1207/s15327957pspr0303_3.

Bandura, A. (2007). Impeding ecological sustainability through selective moral disengagement. *International Journal of Innovation and Sustainable Development, 2*(1), 8–35. ► https://doi.org/10.1504/IJISD.2007.016056.

Bandura, A. (2016). *Moral disengagement: How people do harm and live with themselves*. New York: Macmillan.

Baron, J., & Hershey, J. C. (1988). Outcome bias in decision evaluation. *Journal of Personality and Social Psychology, 54*(4), 569–579. ► https://doi.org/10.1037/0022-3514.54.4.569.

Bastian, B., & Crimston, D. (2016). The moral psychology of resource use. In J. P. Forgas, L. J. Jussim, & P. A. M. van Lange (Hrsg.), *The social psychology of morality* (S. 274–288). New York: Psychology.

Bazerman, M. H., & Sezer, O. (2016). Bounded awareness: Implications for ethical decision making. *Organizational Behavior and Human Decision Processes, 136*, 95–105. ► https://doi.org/10.1016/j.obhdp.2015.11.004.

Bazerman, M. H., & Tenbrunsel, A. E. (2011). *Blind spots: Why we fail to do what's right and what to do about it*. Princeton: Princeton University Press.

Bersoff, D. M. (1999). Why good people sometimes do bad things: Motivated reasoning and unethical behavior. *Personality and Social Psychology Bulletin, 25*(1), 28–39. ► https://doi.org/10.1177/0146167299025001003.

Beschorner, T. (2013). Kulturalistische Wirtschaftsethik: Grundzüge einer Theorie der Anwendung. *Zeitschrift für Wirtschafts-und Unternehmensethik, 14*(3), 346–372.

Bradley, G. W. (1978). Self-serving biases in the attribution process: A reexamination of the fact or fiction question. *Journal of Personality and Social Psychology, 36*(1), 56–71. ► https://doi.org/10.1037/0022-3514.36.1.56.

Butterfield, K. D., Trevin, L. K., & Weaver, G. R. (2000). Moral awareness in business organizations: Influences of issue-related and social context factors. *Human Relations, 53*(7), 981–1018. ► https://doi.org/10.1177/0018726700537004.

Castells, M. (2017). *Der Aufstieg der Netzwerkgesellschaft: Das Informationszeitalter. Wirtschaft. Gesellschaft. Kultur* (2. Aufl., Bd. 1). Wiesbaden: Springer.

Chugh, D., Bazerman, M. H., & Banaji, M. R. (2005). Bounded ethicality as a psychological barrier to recognizing conflicts of interest. In D. A. Moore, D. M. Cain, G. Loewenstein, & M. H. Bazerman (Hrsg.), *Conflicts of interest. Challenges and solutions in business, law, medicine, and public policy* (S. 74–95). London: Cambridge University Press.

Chugh, D., & Kern, M. C. (2016). A dynamic and cyclical model of bounded ethicality. *Research in Organizational Behavior, 36*, 85–100. ► https://doi.org/10.1016/j.riob.2016.07.002.

Crimston, D., Bain, P. G., Hornsey, M. J., & Bastian, B. (2016). Moral expansiveness: Examining variability in the extension of the moral world. *Journal of Personality and Social Psychology, 111*(4), 636–653. ► https://doi.org/10.1037/pspp0000086.

Damm, M. (2015). Hello, We're FOND OF CORPORATE RESPONSIBILITY. ► http://www.fondofbags.com/wp-content/uploads/2016/06/CR-Wrapup-FOB-2015.pdf. Zugegriffen: 24. Feb. 2017.

DeCremer, D., & Vandekerckhove, W. (2016). Managing unethical behavior in organizations: The need for a behavioral business ethics approach. *Journal of Management & Organization, 20*, 1–19. ► https://doi.org/10.1017/jmo.2016.4.

Desai, S. D., & Kouchaki, M. (2017). Moral symbols: A necklace of garlic against unethical requests. *Academy of Management Journal, 60*(1), 7–28. ► https://doi.org/10.5465/amj.2015.0008.

Eriksson, D., & Svensson, G. (2016). The process of responsibility, decoupling point, and disengagement of moral and social responsibility in supply chains: Empirical findings and prescriptive thoughts. *Journal of Business Ethics, 134*(2), 281–298. ► https://doi.org/10.1007/s10551-014-2429-8.

Eriksson, D., Hilletofth, P., & Hilmola, O. P. (2013). Supply chain configuration and moral disengagement. *International Journal of Procurement Management, 6*(6), 718–736. ► https://doi.org/10.1504/IJPM.2013.056764.

FOND OF GmbH (2018). Ausgezeichnete Ideen. ► http://www.fondofbags.com/awards/. Zugegriffen: 19. Apr. 2018.

Fromm, E. (1988). *Das Menschenbild bei Marx*. Frankfurt a. M.: Ullstein.

Fromm, E. (1995). *Die Furcht vor der Freiheit* (5. Aufl.). München: Dt. Taschenbuch-Verlag.

Fromm, E. (2015). *Gesellschaft und Seele: Beiträge zur Sozialpsychologie und zur psychoanalytischen Praxis*. München: Edition Erich Fromm.

Handfield, R. B., & Baumer, D. L. (2006). Managing conflict of interest issues in purchasing. *The Journal of Supply Chain Management, 42*(3), 41–50. ► https://doi.org/10.1111/j.1745-493X.2006.00016.x.

Heur, M. d. (Hrsg.). (2014). *CSR und Value Chain Management: Profitables Wachstum durch nachhaltig gemeinsame Wertschöpfung*. Berlin: Springer Gabler.

Hill, J. A., Eckerd, S., Wilson, D., & Greer, B. (2009). The effect of unethical behavior on trust in a buyer-supplier relationship: The mediating role of psychological contract violation. *Journal of Operations Management, 27*(4), 281–293. ► https://doi.org/10.1016/j.jom.2008.10.002.

Hofielen, G. (2017). Innovative Geschäftsmodelle im Anthropozän. In G. Gordon & A. Nelke (Hrsg.), *CSR und Nachhaltige Innovation: Zukunftsfähigkeit durch soziale, ökonomische und ökologische Innovationen* (S. 281–299). Berlin: Springer.

IHK Nürnberg für Mittelfranken. (2015). Lexikon der Nachhaltigkeit | Wirtschaft | Wertschöpfungsketten. ► https://www.nachhaltigkeit.info/artikel/wertschoepfungsketten_1738.htm. Zugegriffen: 13. März 2017.

Jones, C., Parker, M., & Bos, R. T. (2005). *For business ethics*. London: Routledge.

Jost, J. T., & Banaji, M. R. (1994). The role of stereotyping in system-justification and the production of false consciousness. *British Journal of Social Psychology, 33*(1), 1–27. ► https://doi.org/10.1111/j.2044-8309.1994.tb01008.x.

Kahneman, D. (2003). A perspective on judgment and choice: Mapping bounded rationality. *The American psychologist, 58*(9), 697–720. ► https://doi.org/10.1037/0003-066X.58.9.697.

Knoppe, M. (2015). *CSR und Retail Management: Gesellschaftliche Verantwortung als zukünftiger Erfolgsfaktor im Handel*. Berlin: Springer Gabler.

Kouchaki, M., Smith-Crowe, K., Brief, A. P., & Sousa, C. (2013). Seeing green: Mere exposure to money triggers a business decision frame and unethical outcomes. *Organizational Behavior and Human Decision Processes, 121*(1), 53–61. ► https://doi.org/10.1016/j.obhdp.2012.12.002.

Kurisu, K. (2015). *Pro-environmental behaviors: Trials to foster PEBs*. Tokyo: Springer Japan.

Labowitz, S., & Baumann-Pauly, D. (2015). *Beyond the tip of the iceberg: Bangladesh's forgotten apparel workers*. New York: NYU Stern Center for Business and Human Rights.

Lau, C. L. L. (2010). A step forward: Ethics education matters! *Journal of Business Ethics, 92*(4), 565–584. ► https://doi.org/10.1007/s10551-009-0173-2.

Marx, K. (1974). *Ökonomisch-philosophische Manuskripte*. Leipzig: Reclam.

Marx, K. (2009). *Das Kapital: Kritik der politischen Ökonomie* (Ungekürzte Ausg. nach der 2. Aufl. 1872). Köln: Anaconda.

Miller, J. A., Rodgers, Z. J., & Bingham, J. B. (2014). Moral awareness. In B. R. Agle (Hrsg.), *Research companion to ethical behavior in organizations: Constructs and measures* (S. 1–43). Cheltenham: Elgar. ► https://doi.org/10.4337/9781782547471.00008.

Pagell, M., & Shevchenko, A. (2014). Why research in sustainable supply chain management should have no future. *Journal of Supply Chain Management, 50*(1), 44–55. ► https://doi.org/10.1111/jscm.12037.

Paharia, N., Vohs, K. D., & Deshpandé, R. (2013). Sweatshop labor is wrong unless the shoes are cute: Cognition can both help and hurt moral motivated reasoning. *Organizational Behavior and Human Decision Processes, 121*(1), 81–88. ► https://doi.org/10.1016/j.obhdp.2013.01.001.

Rai, T. S., & Fiske, A. P. (2011). Moral psychology is relationship regulation: Moral motives for unity, hierarchy, equality, and proportionality. *Psychological Review, 118*(1), 57–75. ► https://doi.org/10.1037/a0021867.

Rasche, A., Waddock, S., Freeman, E., Adler, N. J., Mintzberg, H., Scharmer, O., Shrivastava, P., & Sulkowski, A. (2013). Capitalism in question: Towards an economics of justice, sustainability, and economic thrivability. *Academy of Management Proceedings, 2013*(1), 10165, 1–17. ▶ https://doi.org/10.5465/AMBPP.2013.10165symposium.

Reed, A., II, & Aquino, K. F. (2003). Moral identity and the expanding circle of moral regard toward out-groups. *Journal of Personality and Social Psychology, 84*(6), 1270–1286. ▶ https://doi.org/10.1037/0022-3514.84.6.1270.

Reynolds, S. J., & Miller, J. A. (2015). The recognition of moral issues: Moral awareness, moral sensitivity and moral attentiveness. *Current Opinion in Psychology, 6,* 114–117. ▶ https://doi.org/10.1016/j.copsyc.2015.07.007.

Rottig, D., Koufteros, X., & Umphress, E. (2011). Formal infrastructure and ethical decision making: An empirical investigation and implications for supply management. *Decision Sciences, 42*(1), 163–204. ▶ https://doi.org/10.1111/j.1540-5915.2010.00305.x.

Schulz, O. (2015). Nachhaltige ganzheitliche Wertschöpfungsketten. In A. Schneider & R. Schmidpeter (Hrsg.), *Corporate Social Responsibility: Verantwortungsvolle Unternehmensführung in Theorie und Praxis* (2. Aufl., S. 325–338). Berlin: Springer Gabler. ▶ https://doi.org/10.1007/978-3-662-43483-3_22.

Shepherd, S., & Kay, A. C. (2012). On the perpetuation of ignorance: System dependence, system justification, and the motivated avoidance of sociopolitical information. *Journal of Personality and Social Psychology, 102*(2), 264–280. ▶ https://doi.org/10.1037/a0026272.

Shepherd, D. A., Patzelt, H., & Baron, R. A. (2013). ‚I Care about nature, but …': Disengaging values in assessing opportunities that cause harm. *Academy of Management Journal, 56*(5), 1251–1273. ▶ https://doi.org/10.5465/amj.2011.0776.

Simon, H. A. (1979). Rational decision-making in business organizations. *American Economic Review, 69,* 493–513.

Tenbrunsel, A. E., & Messick, D. M. (1999). Sanctioning systems, decision frames, and cooperation. *Administrative Science Quarterly, 44*(4), 684–707. ▶ https://doi.org/10.2307/2667052.

Trevino, L. K., Nieuwenboer, N. A. den, & Kish-Gephart, J. J. (2014). (Un)ethical behavior in organizations. *Annual Review of Psychology, 65,* 635–660. ▶ https://doi.org/10.1146/annurev-psych-113011-143745.

Voß, G. G., Wachtler, G., & Böhle, F. (2010). *Handbuch Arbeitssoziologie*. Wiesbaden: VS Verlag.

Waddock, S. (2016). Foundational memes for a new narrative about the role of business in society. *Humanistic Management Journal, 1*(1), 91–105. ▶ https://doi.org/10.1007/s41463-016-0012-4.

Weber, M. (1972). *Wirtschaft und Gesellschaft*. Tübingen: Mohr.

Weber, W. G. (2006a). Added Value statt menschlichen Werten? Zur Genese von sozialer Entfremdung in Arbeit und sozialer Interaktion. *Journal für Psychologie, 14*(1), 120–146.

Weber, W. G. (2006b). Soziale Entfremdung durch individuelle Handlungseffizenz? Probleme der gemeinwesenorientierten Perspektivenübernahme in der Handlungsregulation. In P. Sachse & W. G. Weber (Hrsg.), *Schriften zur Arbeitspsychologie: Zur Psychologie der Tätigkeit* (1. Aufl., Bd. 64, S. 203–233). Bern: Huber.

Weber, W. G., Unterrainer, C., & Höge, T. (2008). Sociomoral atmosphere and prosocial and democratic value orientations in enterprises with different levels of structurally anchored participation. *Zeitschrift für Personalforschung, 22*(2), 171–194. ▶ https://doi.org/10.1177/239700220802200205.

White, J., Bandura, A., & Bero, L. A. (2009). Moral disengagement in the corporate world. *Accountability in research, 16*(1), 41–74. ▶ https://doi.org/10.1080/08989620802689847.

Yawar, S. A., & Seuring, S. (2017). Management of social issues in supply chains: A literature review exploring social issues, actions and performance outcomes. *Journal of Business Ethics, 141*(3), 621–643. ▶ https://doi.org/10.1007/s10551-015-2719-9.

Yin-fei, C., & Zhi-min, Y. (2011). Experimental study on bounded ethicality, outcome bias and supplier ethical management. In H. Lan (Hrsg.), *International Conference on Management Science and Engineering (ICMSE)* (S. 366–374). Piscataway: IEEE. ▶ https://doi.org/10.1109/ICMSE.2011.6069988.

Ziegler, J. (9. Okt. 2012). Interview von R. Domes. In Bundeszentrale für politische Bildung. „Wir lassen sie verhungern": Interview mit Jean Ziegler. ▶ https://www.bpb.de/dialog/145727/wir-lassen-sie-verhungern-interview-mit-jean-ziegler. Zugegriffen: 11. März 2017.

Evaluation von Nachhaltigkeitsprojekten: Wirkung verbessern und Wirksamkeit bewerten

Dirk Scheffler

© Springer Fachmedien Wiesbaden GmbH, ein Teil von Springer Nature 2018
C. T. Schmitt, E. Bamberg (Hrsg.), *Psychologie und Nachhaltigkeit*,
https://doi.org/10.1007/978-3-658-19965-4_14

14.1   Evaluation als ein notwendiger Bestandteil nachhaltiger Entwicklung

Nachhaltigkeitsprobleme und ihre Lösung sind maßgeblich von uns Menschen als VerursacherInnen und zugleich Betroffene abhängig (vgl. Schmitt & Bamberg, in diesem Band). Nicht nur bei Ansätzen, die unmittelbar auf Veränderungen von Einstellungen und Verhalten zielen, wie Bildung für nachhaltige Entwicklung (BNE), Globales Lernen, Energieberatung, Social-Marketing und Nachhaltige Organisationsentwicklung, sondern auch bei Naturschutzmaßnahmen spielen vielfältige sozial- und umwelt psychologische Faktoren eine zentrale Rolle, zum Beispiel für die Akzeptanz von Nutzungseinschränkungen in Naturschutzgebieten.

Der bis 2030 zeitlich beschränkte Handlungsspielraum beim Klimaschutz erfordert es, wirksame Ansätze und Maßnahmen zu konzipieren, sie im Prozess zu verbessern, ihre Risiken und Konfliktpotenziale zu minimieren sowie ihre Wirksamkeit zu bewerten. Für diesen Lern- und Gestaltungsprozess kann Evaluation gesichertes Wissen und transparente Bewertungen bereitstellen. Als zweckorientierte wissenschaftliche Dienstleistungen beschreiben Evaluationen die Güte oder den Nutzen eines Gegenstandes, wie zum Beispiel Bildungsmaßnahmen oder Naturschutzprojekte, systematisch, datenbasiert und nachvollziehbar, um die Ergebnisse anhand akzeptierter Kriterien ausgewogen zu bewerten (DeGEval 2008; Widmer und De Rocchi 2012).

Dieser Beitrag gibt einen Überblick zu Merkmalen und Ansätzen von Evaluationen, insbesondere Wirkungsevaluationen. Für die drei Hauptphasen von Evaluationen (Beauftragen, Umsetzen und Verwenden) werden grundsätzliche Anforderungen an aussagekräftige und nützliche Evaluationen aufgezeigt sowie psychologische Erkenntnisse exemplarisch dargestellt, die bei der Evaluation von Nachhaltigkeitsprojekten wichtig sein können.

14.2   Evaluationskonzepte im Überblick

Für einen Überblick lassen sich die vielen verschiedenen Konzepten von Evaluationen anhand zentrale Merkmale unterschieden sowie in drei Hauptansätze strukturieren (siehe ▶ Abschn. 14.2.2). Die für nachhaltige Entwicklung wichtige Perspektive der Wirkungsorientierung und Professionsstandards zur Entwicklung und Sicherung der Qualität von Evaluationen werden eingeführt.

14.2.1   Merkmale und Ansätze von Evaluationen

14.2.1.1   Merkmale von Evaluationen

Ein wichtiges Merkmal ist der *Zweck* einer Evaluation. Dies kann die Entwicklung, Verbesserung, Entscheidungsfindung und/oder Rechenschaftslegung in Bezug auf den Gegenstand der Evaluation sein. Zudem unterscheiden sich Evaluationen hinsichtlich der *Beauftragung und Umsetzung*: Sie können intern oder extern, also innerhalb oder außerhalb der Organisation, die das zu evaluierende Projekt verantwortet, beauftragt werden. Bei Selbstevaluationen untersuchen die Zuständigen ihr Projekthandeln selbst, zum Beispiel als Teil ihres Qualitätsmanagements.

Zeitlich gesehen können Evaluationen vor Beginn (ex ante), begleitend oder punktuell zwischendurch (Zwischenevaluation) und kurz- bis langfristig nach Ende eines Projektes (ex post) durchgeführt werden (Gollwitzer und Jäger 2009), um dann summativ die Zielerreichung und Wirksamkeit eines Programms zu bewerten.

Begleitende Prozessevaluationen ermöglichen es, Durchführung und realisierte Prozessqualität (Güte und Eignung) der Aktivitäten im Zusammenspiel mit dem Praxiskontext zu untersuchen und formativ die Prozessqualität und Wirkung eines Projektes zu optimieren. Je früher im Projektverlauf eine Evaluation beauftragt und aktiv wird, desto größer ist ihr Potenzial, das Projekt zu beeinflussen; von ex-post Evaluationen hingegen können vor allem Folgeprojekte lernen.

14.2.1.2 Ansätze

Die Ansätze von Evaluation lassen sich in methoden-, bewertungs- und nutzenorientierte Ansätze strukturieren (vgl. Alkin 2004; Balzer 2005).

Methodenorientierte Ansätze zeichnen bestimmte Verfahren und Methoden aus. So fokussiert der zielorientierte Ansatz von Tyler (1942) die systematische Formulierung von Zielen und ihren Abgleich mit tatsächlichen Ergebnissen (Zielerreichung). Der Ansatz theoriegeleiteter Evaluation von Chen (2004) fordert eine kontextsensible und plausible Theorie der Wirkung, um möglichst mit verschiedenen Methoden gemessene, mitunter unerwartete Effekte theoretisch zu verstehen und mit anderen Maßnahmen vergleichen zu können.

Bewertungsorientierte Ansätze verstehen EvaluatorInnen als Akteure, die durch empirisch fundiertes Beurteilen eines Evaluationsgegenstandes zur Verbesserung der Gesellschaft beitragen wollen. Das Beurteilen durch die Beteiligten wird hierbei häufig als subjektives, bedürfnisgeleitetes und soziales Konstruieren von Bedeutung verstanden.

Nutzenorientierte Ansätze berücksichtigen für eine bestmögliche Nutzung der Evaluation besonders die Bedürfnisse der Beteiligten und Betroffenen von Evaluationen. Dazu beziehen die EvaluatorInnen diese aktiv bei der Planung, Umsetzung und Bewertung in den Evaluationsprozess mit ein (Patton 2008; Scheffler und Budde 2006). Derartig partizipative Ansätze haben eine zunehmende Bedeutung für die Gestaltung nachhaltiger Entwicklung als gesellschaftlicher Prozess, der unterschiedliche Stakeholder beteiligt (Brandes und Schäfer 2013).

Alternativ unterscheiden Widmer und De Rocchi (2012) drei Evaluationskonzepte: *Effektivitätsmodelle,* die den Fokus auf Zielerreichung, Theoriebasierung und Wirkungsorientierung legen, *Ökonomische Modelle,* die Produktivität und Effizienz in den Mittelpunkt rücken, und *Akteurorientierte Modelle,* die ihr Augenmerk auf den Nutzen für und die Beteiligung von AkteurInnen richten.

Die verschiedenen Ansätze werden in der Praxis häufig kombiniert. Ihre Vielfalt verdeutlicht die Notwendigkeit, den Ansatz einer Evaluation so zu gestalten, dass er zum jeweiligen Zweck, zur Fragestellung, zum Gegenstand und zu den Bedingungen passt.

14.2.2 Wirkungsorientierung und Qualität von Evaluation

14.2.2.1 Wirkungsorientierung

Die Frage nach der Wirksamkeit thematisiert, inwieweit eine Maßnahme (un)beabsichtigte Effekte erreicht. Bei der Frage nach der *Wirkungsweise* geht es um die spezifischen Faktoren, Prozesse und ihre Zusammenhänge, die zu diesen Effekten führen.

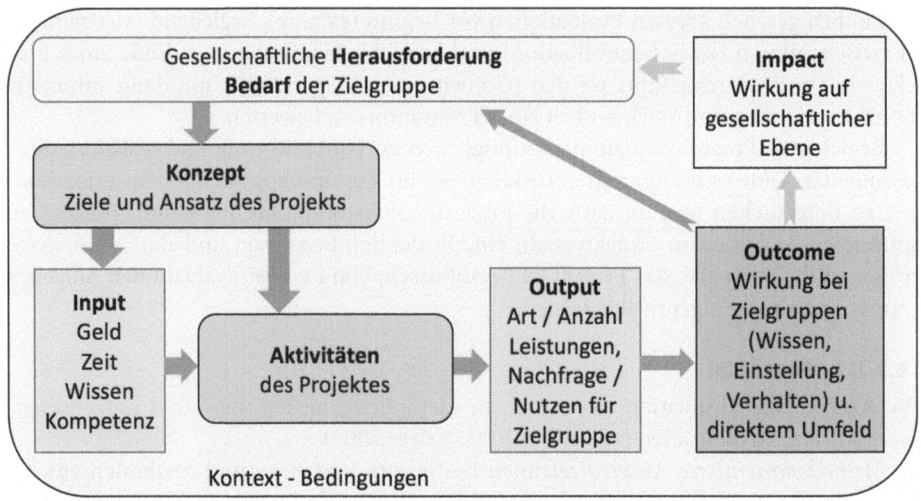

◘ Abb. 14.1   Wirkungsmodell/-logik. (Eigene Darstellung)

Die Wirkungsweise eines Projektes zu untersuchen, erfordert, dass Wirkungspfade expliziert werden, die erklären, wie die einzelnen Aktivitäten eines Projektes zu den Wirkungen, das heißt Veränderungen bei den Zielgruppen beziehungsweise in deren Lebensumfeld, beitragen. Das Erstellen einer derartigen *Wirkungslogik* des Projektes (◘ Abb. 14.1) hilft zu klären, welche Qualität der Aktivitäten für die Wirkung angemessen und welche Bedingungen hierfür notwendig sind. Gerade bei längeren Projekten bieten formative Evaluationen die Gelegenheit, die Prozessqualität zu untersuchen, die sich beispielsweise anhand der Kooperation und Kommunikation beteiligter Akteure erkennen lässt, und die Ergebnisse begleitend so zu berichten, dass diese für Verbesserungen der Prozesse und Strukturen nutzbar sind.

Die Wirksamkeit eines Nachhaltigkeitsprojektes besteht häufig in Veränderungen, wie etwa mehr Klimaschutzverhalten beziehungsweise der daraus resultierenden Reduktion von Treibhausgasemissionen. Gleichwohl wirken in komplexen, lernenden Systemen wie der Mensch-Umwelt-Beziehung immer vielfältige Einflüsse zusammen, sodass sich Veränderungen über längere Zeit methodisch nur schwer einer Maßnahme zuordnen lassen. Wirkungsmodelle helfen hier, zentrale Einflüsse und Zusammenhänge besser zu verstehen und Ergebnisse plausibel zu begründen.

14.2.2.2 Qualität von Evaluationen

Professionelle Evaluationen orientieren sich zur Sicherung und Steigerung ihrer Güte an Standards für Evaluationen, wie denen der DeGEval – Gesellschaft für Evaluation e. V. (DeGEval 2008). Sie fordern

- durchführbare (realistische, durchdachte, diplomatische, kostenbewusste),
- nützliche (für den Evaluationszweck und Informationsbedarf der Nutzenden),
- genaue (gültige, aussagekräftige) und
- faire (respektvolle, ausgewogene) Evaluationen.

Diese Standards sind als Maximalstandards nicht alle gleichzeitig voll erfüllbar, da sie teilweise miteinander in Konkurrenz stehen. Beispielsweise lassen sich die

Durchführbarkeit und Genauigkeit einer Evaluation häufig nicht gleichzeitig maximieren. Zusätzlich sind für Evaluationen fachlich-methodische Standards quantitativer und qualitativer Sozialforschung zu beachten, wie zum Beispiel die Kriterien guter wissenschaftlicher Praxis der Deutschen Forschungsgemeinschaft (DFG) sowie handlungsfeldbezogene Standards und Richtlinien, wie zum Beispiel Evaluationsleitfäden des Bundesamts für Naturschutz oder der Gesellschaft für Internationale Zusammenarbeit.

Die Geltung und Anwendbarkeit der Standards im konkreten Fall und für Fragen der Nachhaltigkeit sind möglichst explizit zu prüfen und darzustellen, um dadurch Klärungs- und Lernprozesse zur Qualitätsentwicklung bei den Beteiligten von Evaluationen zu ermöglichen.

14.3 Bei Evaluationen zu beachtende psychologische Faktoren

Psychologische Erkenntnisse können bei Evaluationen auf zwei Arten eine Rolle spielen:

Zum einen können psychologische Erkenntnisse als Fach- und Feldexpertise zum Gegenstand der Evaluation eine Rolle spielen. So kann zum Beispiel bei der Einschätzung der Wirksamkeit nachhaltiger Stadtentwicklung eine ex-ante Evaluation architektur- und umweltpsychologisches Wissen zur Ortsidentität, Raumerleben und subjektiven Wohlbefinden nutzen, um die Motivationen und Akzeptanz der Beteiligten für die Planung von Maßnahmen von Beginn an möglichst wirksam zu gestalten (Jaeger-Erben und Matthies 2014).

Zum anderen können psychologische Theorien und Methoden dazu beitragen, die Qualität von Evaluationen zu verbessern, zum Beispiel bei der Wahl des Ansatzes, der methodischen Umsetzung und Gestaltung, der Beteiligung von StakeholderInnen.

Beispielhaft für die Relevanz psychologischer Erkenntnisse bei der Evaluation von Nachhaltigkeitsprojekten werden nun der gesundheitspsychologische Ressourcenansatz und umweltpsychologische Erklärungsmodelle für Verhalten vorgestellt.

14.3.1 Psychologische Ressourcen für Verhalten(sänderung)

Für die Evaluation von Projekten zur Förderung nachhaltiger Lebensstile als Teil der sozial-ökologischen Transformation der Gesellschaft sind Erkenntnisse der Gesundheitspsychologie und Positiven Psychologie, unter anderem zur Stressbewältigung und Therapie von Depressionen, nützlich. Nach der Genuss-Ziel-Sinn-Theorie von Hunecke (2013) benötigen Menschen als psychologische Ressourcen für nachhaltige Lebensstile Genussfähigkeit, Selbstakzeptanz und Selbstwirksamkeit (Grundressourcen) sowie Achtsamkeit, Sinnhaftigkeit und Solidarität (Orientierungsressourcen). Denn je unsicherer und sozial isolierter Menschen sind, desto anfälliger sind sie für identitätsprothetische Konsumversprechen, die subjektives Wohlbefinden und soziale Anerkennung durch materiellen Besitz propagieren (Kasser 2002). Bei der Evaluation von Projekten zur Förderung nachhaltiger Lebensstile kann es somit für die Bewertung der Wirksamkeit wichtig sein zu prüfen, inwieweit diese Ressourcen für dauerhafte Verhaltensänderungen bei den Zielgruppen vorliegen, beziehungsweise durch das Projekt (mit) gefördert werden.

14.3.2 Umweltpsychologische Erklärungsmodelle für Verhalten(sänderung)

Für verhaltensbezogene Projekte, zum Beispiel zur energetischer Sanierung, nachhaltigen Konsum und Mobilität, können umwelt- und sozialpsychologische Modelle wie das Integrative Einschlussschema umweltgerechten Alltaghandelns (Matthies 2005) erklären, wie die Aktivitäten eines Projektes mit den Leistungen (Output: zum Beispiel Art und Anzahl der Workshops, erreichte Personen und deren Zufriedenheit mit den Angeboten/Produkten) und diese Leistungen mit den Wirkungen zusammenhängen (Outcome: etwa verändertes Wissen, Einstellungen und Verhalten der Zielgruppe). Weitere Ansätze werden in diesem Band in ▶ Kap. 3 von Matthies und Wallis benannt. Psychologische Konzepte können so Grundlage für ein Wirkungsmodell sein, das hilft, Wirkungspfade zwischen Aktivitäten und Zielen eines Projektes zu prüfen, zu konkretisieren und nachvollziehbar theoretisch und/oder empirisch zu begründen.

Dies kann auch dazu beitragen, das Wirkungspotenzial von Projekten bereits in der Planung realistisch und möglichst hoch anzulegen. Wird beispielsweise zwischen Gewohnheitsverhalten und geplantem Handeln unterschieden, ist zu beachten, dass der Einfluss von Absichten und Normen auf Gewohnheiten gering ist (Klöckner et al. 2003).

Metaanalysen von Experimenten zur Einstellung-Verhaltens-Diskrepanz zeigen, dass psychologische Faktoren wie Problembewusstsein, Einstellungen, wahrgenommene Verhaltenskontrolle sowie persönliche und soziale Normen circa die Hälfte der Veränderungen von Verhaltensabsichten erklären (Bamberg und Möser 2007; Klöckner 2013). Hierbei werden häufig Informationsstrategien zum Aufbau von Verhaltensabsichten eingesetzt und auch positiv evaluiert, sind jedoch nicht ausreichend. So führt eine mittlere bis große Veränderung der Absicht häufig nur zu kleinen bis mittleren Veränderung im Verhalten. Ein erhöhtes Umweltbewusstsein fördert dann zwar die Bereitschaft und Akzeptanz für energiepolitische Maßnahmen, aber nicht direkt das entsprechende Handeln (Steg et al. 2005). Der Einfluss der Absicht hängt unter anderem davon ab, welchen Entscheidungsspielraum und welche Verhaltenskontrolle die Menschen haben und wie stabil die Handlungssituation ist beziehungsweise wie häufig sie auftritt (Webb und Sheeran 2006). Nachhaltiges Verhalten dauerhaft zu fördern, erfordert also auch Strukturen in der Umwelt zu verändern, zum Beispiel Anreiz- und Handlungsstrukturen in Organisationen (Steg und Vlek 2009), sowie die soziale Unterstützung und Selbstwirksamkeit der Menschen zu stärken (Klöckner 2013). Für aussagekräftige Evaluationsergebnisse über Projekte zur Förderung nachhaltiger Absichten und Verhaltensweisen ist es daher wichtig, psychologische, aber auch weitere Einflussfaktoren des Handelns wie situative Bedingungen und soziale Einflüsse systematisch zu berücksichtigen.

14.4 Nachhaltigkeitsprojekte evaluieren

Was ist bei der Durchführung von Evaluationen von Nachhaltigkeitsprojekten zu beachten? Strukturiert in die drei Hauptphasen von Evaluationen (in Anlehnung an Balzer 2005) wird nun beispielhaft aufgezeigt, was in diesen Phasen zu beachten ist und welche Rolle psychologische Faktoren dabei spielen können.

14.4.1 Beauftragen: Zweck und Bedingungen klären

Ausgehend vom Bedarf der Nutzenden einer Evaluation sollte möglichst ein zentraler Zweck festgelegt und grundsätzlich über eine interne oder externe Beauftragung entschieden werden[1]. Auf diesen Zweck hin ausgerichtet sind Fragestellung und Gegenstand sowie Zeitplan, Verantwortliche und Ressourcen der Evaluation zu bestimmen. Die Ausschreibung beziehungsweise der Auftrag enthalten hierzu möglichst alle relevanten Informationen. Um ergebnisoffene und faire Evaluationen zu ermöglichen, sind Evaluierende auszuwählen, die vom Auftraggebenden beziehungsweise vom Projekt unabhängig sind. Die Beauftragung sollte unbedingt schriftlich in einem Vertrag dokumentiert werden.

Für die weitere Klärung des Auftrages sind zeitliche Ressourcen bei Auftraggebenden und Evaluierenden einzuplanen, um die Evaluation und ihre Bedingungen, wie etwa Datenschutz, Vertrag, Ressourcen, praktische Feldbedingungen und Zeitplan, möglichst sorgfältig auf den Bedarf, das heißt den Zweck der Evaluation, abzustimmen. Dabei ist besonders zu beachten: Damit Evaluationen professionell umgesetzt werden können, müssen die Ressourcen und der Zeitpunkt der Beauftragung der Evaluation zum Zweck passen. Nicht immer bedarf es aber einer externen Evaluation von Projekten; häufig reichen Selbstevaluationen oder, als Teil eines wirkungsorientierten Projektmanagements, ein Monitoring von Veränderungen bei der Zielgruppe in Kombination mit einem Wirkungsmodell aus. Interne Evaluationen und Selbstevaluationen können bei Bedarf von externen EvaluationsexpertInnen punktuell beraten und unterstützt werden.

Widmer und Beywl (2009) empfehlen, *formative Evaluation* nur dann zu wählen, wenn bei den Verantwortlichen und Nutzenden die Bereitschaft vorhanden ist, Stärken und Schwächen zu akzeptieren sowie Verbesserungen vorzunehmen, wenn also Offenheit auch für schlechte Nachrichten gegeben ist und die Kompetenzen vorhanden sind, auch konflikthafte Prozesse zu gestalten. *Summative Evaluationen* seien angebracht, wenn Richtungsentscheidungen durch die Ergebnisse beeinflussbar sind und der Handlungsspielraum für die Umsetzung von Veränderungen vorliegt. Evaluationen, die rein legitimatorische Zwecke erfüllen, sollten eher sparsam oder formativ angelegt werden, damit sie im letzteren Fall wenigstens einen Prozessnutzen bieten.

14.4.2 Umsetzen: planen, untersuchen und bewerten

14.4.2.1 Planen und Untersuchungsdesign

Zur Planung gehört neben der konkreten Zeit- und Methodenplanung das Identifizieren der an der Evaluation Beteiligten und der von ihr Betroffenen sowie diese gegebenenfalls aktiv einzubeziehen. Bezüglich des Untersuchungsdesigns können sich Wirkungsevaluationen am „Randomized Controlled Trial (RCT)"-Design orientieren. Dafür wird die Zielgruppe zufällig auf zwei Gruppen verteilt: eine Gruppe mit und eine Kontrollgruppe ohne Maßnahme. Die Evaluation kann dann beide Gruppen, die außer der Teilnahme an der Maßnahme möglichst gleich sind, zeitgleich vor und nach der Maßnahme befragen. Die gegebenenfalls gemessenen Unterschiede können so mit den Maßnahmen

---

[1] Bei externer Beauftragung ist es hilfreich, zu Beginn die Empfehlungen der DeGEval für öffentliche Auftraggebende (DeGEval 2005) beziehungsweise bei Selbstevaluation, die zur Anwendung der Standards im Handlungsfeld der Selbstevaluation (DeGEval 2004) zu berücksichtigen.

erklärt werden. Allerdings erfordert dieses experimentelle Design viel Aufwand (Organisation, Ressourcen), hat ethische Restriktionen (Nicht-Behandlung Bedürftiger) und kann durch die starke Standardisierung eingeschränkte Relevanz für die Praxis haben (Hammersly 2015). Ist das aufwendige experimentelle Design nicht möglich oder sinnvoll, sollten Evaluationen der Wirksamkeit möglichst eine Gruppe zum Vergleich oder zumindest Vorher-Nachher-Messungen realisieren und bereits vorhandene Vergleichsdaten einbeziehen. Bei einfachen Vorher-Nachher-Messungen kann eine theoretisch fundierte Wirkungslogik den fehlenden Vergleich argumentativ teilweise kompensieren, insofern die angenommenen Zusammenhänge zwischen Maßnahme und Veränderung in anderen Kontexten bereits belegt beziehungsweise theoretisch plausibel sind. Derartige Ein-Gruppen-Untersuchungen mit Vorher-Nachher-Messung sind in diesem Fall geeignet, Veränderungen zu beschreiben und Verbesserungen bei der Entwicklung von Maßnahmen aufzuzeigen, sie können jedoch nicht abschließend deren Wirksamkeit (generalisierbar) bewerten.

Sowohl bei Prozess- als auch Wirksamkeitsevaluationen sind für die Wirkungsziele möglichst aussagekräftige Indikatoren, also Messwerte für die zu untersuchenden Merkmale, essenziell. Allgemein unterscheidet man hier

- Prozessindikatoren (zum Beispiel Kooperation, fachgerechte Beratung),
- Leistungsindikatoren (zum Beispiel Anzahl der Seminare und Teilnehmende) und
- Wirkungsindikatoren (zum Beispiel Ausmaß der Verhaltensänderung, der gesparten Energie).

Bei der Messung nachhaltigen Verhaltens lassen sich der intentionsorientierte Ansatz, der selbst berichtete, subjektive Verhaltensabsichten erfragt, und der wirkungsorientierte Ansatz, der tatsächliche Umweltbelastung durch Verhalten erfasst, unterscheiden, deren Untersuchungen zum Beispiel beim Energiesparen in demselben Haushalt zu verschiedenen Ergebnissen kommen können und nur schwach zusammenhängen (Bamberg 2015).

Um Projekte für mehr Suffizienz, Konsistenz und Effizienz eines nachhaltigen Konsums (Paech 2013; Stengel 2011) zu bewerten, kommen wir nicht umhin, ergänzend zu den engeren Projektzielen auch die Trias ökologischer, sozial-kultureller und ökonomischer Aspekte zu beachten sowie gegebenenfalls Bezüge zu den SDG17 (Sustainable Development Goals) und dem Pariser Klimaschutzabkommen herzustellen.

Evaluationen von Nachhaltigkeitsprojekten, die auf Einstellungs-/Verhaltensänderungen abzielen, sollten neben diesen Bezügen auch psychologische Erkenntnisse bei der Wahl von Indikatoren und Bewertungskriterien nutzen. Gemäß dem mehrdimensionalen Verständnis von Nachhaltigkeit und um sogenannte Rebound-Effekte (vgl. ▶ Kap. 16 in diesem Band) im Blick zu behalten, kann es helfen, mehrere Ziel- und Vergleichskriterien zu untersuchen, zum Beispiel verschiedene Verhaltensklassen/-bereiche, die über das eigentlich zu verändernde Verhalten hinaus gehen. Dies können Mobilitäts-, Konsum-, Engagementverhalten, mehrdimensionale Indikatoren für Umwelt-/Naturbewusstsein (Wissen, subjektive Bedrohung, Einstellung) oder zur Umweltwirkung den ökologischen Fußabdruck von Personen/Haushalte beziehungsweise die Gemeinwohlbilanz von Organisationen. Die Notwendigkeit ganzheitlicher Indikatoren unterstreicht die Anforderung, analog zu den Projektteams auch Evaluationsteams interdisziplinär zusammen zu setzen. So könnte zum Beispiel die Evaluation eines Biodiversität-Verbundvorhabens mit

14

Bildung für nachhaltige Entwicklung- und Naturschutz-Projekten durch ein Team von UmweltpsychologInnen, GeografInnen und BiologInnen erfolgen.

14.4.2.2 Bewerten

Das Bewerten ist neben der unabhängigen Erhebung von Daten das Kerngeschäft von Evaluationen. Ausgewogenes und transparentes Bewerten benötigt Kriterien, die mit Fragestellung und Zweck der Evaluation konsistent sind und eine optimale Erfolgs-schwelle/-spanne oder einen Vergleichswert definieren. Erst explizite Kriterien ermögli-chen es die Ausprägung von Indikatoren der Zielerreichung und Wirksamkeit für Dritte nachvollziehbar zu bewerten.

Die Evaluation kann hierbei je nach Ansatz und Professionsverständnis eine wer-tepositionierte bis hin zu einer werterelativistischen Position einnehmen. Was in jedem Fall transparent erläutert werden sollte, ist ob soziale, ökonomische und ökologische Kri-terien gleichberechtigt sind oder ob ökologische Kriterien priorisiert werden.

Besonders häufig sind Soll-Ist-Vergleiche, bei denen vorher begründete und verein-barte Sollwerte die Zielerreichung anzeigen. Sollwerte in Form von Erwartungswerten bei den Beteiligten zu explizieren, klärt die häufig diffusen oder erstaunlich unterschied-lichen Anspruchsniveaus, aber auch Perspektiven und Interessen der Beteiligten. Die geklärten und transparenten Werte und Erfolgskriterien können für die Projektkonzep-tion, den Ressourceneinsatz und die Motivation der Beteiligten nützlich sein, indem sie zum Beispiel Projektmitarbeitende vor diffusen und übertriebenen Ergebniserwartungen bewahrt.

14.4.3 Verwenden: Ergebnisse berichten und nutzen

14.4.3.1 Verständlich und interaktiv berichten

Beim Berichten sind psychologische Erkenntnisse zur kognitiven Täuschung und Risi-kowahrnehmung relevant. Gigerenzer (2015) weist zum Beispiel auf die Notwendigkeit hin, für Wahrscheinlichkeiten und Prozentwerte einfache Formate zu wählen – ver-ständlicher als Prozente sind „natürliche Häufigkeiten", zum Beispiel 5 von 100 Perso-nen statt 5 % oder, wenn es um Wahrscheinlichkeiten geht, die Visualisierung in Form von Häufigkeitsbäumen. Gerade bei Ergebnissen zu existenziellen Bedrohungen wie dem Klimawandel oder in wertebezogenen Konfliktsituationen wie dem Primat der Ökologie vor der Ökonomie können Emotionen wie Schuld oder Ängste der Betroffe-nen bei der Nutzung der Ergebnisse eine wichtige Rolle spielen. Beispielsweise wählen Menschen eher problemlösungsorientierte Strategien im Umgang mit beängstigenden beziehungsweise Schuldgefühle auslösenden Informationen, wenn sie die Bedrohung/ Anschuldigung nicht überwältigt und gleichzeitig konkrete, für sie machbare und wirk-same Verhaltensweisen verfügbar sind. Vermeidende, häufig emotionsorientierte Bewäl-tigungsstrategien sind ein Versuch, Stress zu reduzieren, ohne das Problem wirklich angehen zu müssen, zum Beispiel durch Ignorieren, Relativieren und Leugnen sowie selektive Wahrnehmung von entlastenden Details oder Über-/Unterschätzen des eigenen Beitrags beziehungsweise Status der eigenen Gruppe (Homburg et al. 2007). Der Vor-teil von partizipativen Ansätzen wird hier besonders deutlich, da sie ermöglichen, die Ergebnisse im Rahmen von interaktiven, dialogorientieren Workshops zu erläutern, ihre Bedeutung zu diskutieren und Handlungsempfehlungen gemeinsam lösungsorientiert zu entwickeln.

14.4.3.2 **Verwendung ermöglichen**

Voraussetzung für die Verwendung von Evaluationsergebnissen ist, dass sie in die relevanten Steuerungs- und Entscheidungsprozesse eingebettet und rechtzeitig und verständlich verfügbar sind. Die Verwendung steigt, wenn die EntscheidungsträgerInnen beziehungsweise NutzerInnen an der Evaluation interessiert sind, sie die Ergebnisse als relevant bewerten und selbst finanziert haben sowie wenn die Evaluation einen lernorientierten, interaktiven Ansatz realisieren kann (Balthasar 2007). Partizipativ-interaktive Evaluationsansätze erfordern von den EvaluatorInnen allerdings mehr als wissenschaftlich fundierte Fachkompetenzen und Methodenkompetenzen, nämlich soziale und kommunikative Kompetenzen sowie praktische Erfahrungen mit Methoden zur Gestaltung der Kommunikation und Kooperation mit den Beteiligten und Betroffenen der Evaluation (Scheffler 2003), wie zum Beispiel in einem Survey-Feedback-Workshop.

Psychologisch relevant für die Verwendung der Ergebnisse ist unter anderem, ob die Ergebnisse negativ von den individuellen Erwartungen abweichen. Schott (2013) fand am Beispiel von Evaluationen in Schweizer Schulen heraus, dass bei einer negativen Diskrepanz zu den Erwartungen die zuvor verfolgten Ziele abgewertet werden, gerade wenn sie unter den gegebenen Bedingungen nicht mehr erreichbar erscheinen. Diese Konstellation kann in Nachhaltigkeitsprojekten schnell entstehen, wenn ambitionierte Nachhaltigkeitsziele, zum Beispiel zur energetischen Sanierung von Häusern oder der handlungsorientierte Anspruch von Bildung für nachhaltige Entwicklung in Schulen, auf hinderliche Bedingungen treffen.

14.5 **Fazit**

Die nachhaltige Transformation westeuropäischer Gesellschaften, wie etwa zur Senkung der CO_2-Emmissionen in Deutschland auf 2,7 t pro Kopf, ist ohne Veränderung von Lebensstilen und gesellschaftlicher Strukturen nicht denkbar und damit ein sehr menschenabhängiges Unterfangen. Diesem Sachverhalt können Evaluationen von Nachhaltigkeitsprojekten durch das Beachten von psychologischen Erkenntnissen Rechnung tragen. Die komplexe Nachhaltigkeitsthematik und die erforderlichen gesellschaftlichen Lernprozesse stellen besondere inhaltliche und methodische Anforderungen an Evaluationen als wissenschaftliche Dienstleistung. Das Evaluationsteam sollte trans-/interdisziplinär zusammengesetzt sein, Prozess- und Wirksamkeitsanalyse kombinieren und sich klar an der Nutzung der Evaluation orientieren sowie die Wechselbeziehung von Natur, Individuum und Gesellschaft beachten.

Psychologische Erkenntnisse, unter anderem zu psychologischen Ressourcen für nachhaltige Lebensstile, zur Erklärung von Verhaltensänderungen und zur Risikowahrnehmung, können in allen Leistungsphasen, insbesondere bei partizipativ angelegten Evaluationen, einen Mehrwert für das Verständnis des Gegenstandes und die Durchführung von Evaluationen bieten. Das Fehlen aussagekräftiger Indikatoren nachhaltiger Entwicklung und breit akzeptierter Bewertungskriterien für Nachhaltigkeitsziele sind eine große Herausforderung für Evaluationen. Es erfordert mit Bezug zu übergreifenden Nachhaltigkeitszielen projektspezifische Indikatoren zu wählen und Bewertungskriterien zu vereinbaren, damit ihre systematische Untersuchung zum gesellschaftlichen Lernprozess nachhaltiger Entwicklung positiv beitragen kann.

Der Nutzen von Evaluation ist besonders bei partizipativen Ansätzen gegeben, wenn sie auch von den Nutzenden mit Ressourcen versehen sind, Ergebnisse rechtzeitig und verständlich vorliegen und Empfehlungen für die Handlungspraxis der Nutzenden gemeinsam entwickeln. Für eine professionelle Evaluationspraxis sollten sich Evaluationen an qualitätssichernden Standards für Evaluationen orientieren und über dafür angemessene Ressourcen verfügen.

Literatur

Alkin, M. C. (2004). Comparing evaluation points of view. In M. C. Alkin (Hrsg.), *Evaluation roots: Tracing theorists' views and influences* (S. 3–11). London: Sage.

Balthasar, A. (2007). *Institutionelle Verankerung und Verwendung von Evaluationen.* Zürich: Rüegger.

Balzer, I. (2005). *Wie werden Evaluationsprojekte erfolgreich? Ein integrierender theoretischer Ansatz und eine empirische Studie zum Evaluationsprozess.* Landau: Verlag Empirische Pädagogik.

Bamberg, S. (2015). Determinanten umweltschützenden Verhaltens: Zusammenfassung psychologischer Befunde. In G. Reese, I. Fritsche, N. Wiesbinski, A. Mues, & A. K. Römpke (Hrsg.), *Psychologie in der Naturschutzkommunikation: Einblicke in die aktuelle Forschung und Praxis* (S. 17–26). Bonn: Bundesamt für Naturschutz.

Bamberg, S., & Möser, G. (2007). Twenty years after Hines, Hungerford, and Tomera: A new meta-analysis of psycho-social determinants of pro-environmental behavior. *Journal of Environmental Psychology, 27,*14–25.

Brandes, S., & Schaefer, I. (2013). Partizipative Evaluation in Praxisprojekten: Chancen und Herausforderungen. *Prävention und Gesundheitsförderung, 8*(3), 132–137.

Chen, H.-T. (2004). The roots of theory-driven evaluation: Current views and origins. In M. C. Alkin (Hrsg.), *Evaluation roots: Tracing theorists' views and influences* (S. 132–152). London: Sage.

DeGEval – Gesellschaft für Evaluation e. V. (2004). Empfehlungen für Selbstevaluation. ▶ http://www.degeval.de/publikationen/selbstevaluation/. Zugegriffen: März 2017.

DeGEval – Gesellschaft für Evaluation e. V. (2005). Empfehlungen für Auftraggebende von Evaluationen. ▶ http://www.degeval.de/publikationen/auftraggebende-von-evaluationen/. Zugegriffen: März 2017.

DeGEval – Gesellschaft für Evaluation e. V. (2008). Standards für Evaluationen. ▶ http://www.degeval.de/publikationen/standards-fuer-evaluation/. Zugegriffen: März 2017.

Gigerenzer, G. (2015). *Das Einmaleins der Skepsis: Über den richtigen Umgang mit Zahlen und Risiken.* München: Piper.

Gollwitzer, M., & Jäger, R. S. (2009). *Evaluation kompakt.* Weinheim: Beltz.

Hammersly, M. (2015). *Against 'Gold Standard' in research: On the problem of assessment criteria.* Text des Vortrags auf der Frühjahrstagung 2015 des AK Methoden in der Evaluation der DeGEval – Gesellschaft für Evaluation, Saarbrücken. ▶ http://www.degeval.de/fileadmin/users/Arbeitskreise/AK_Methoden/Hammersley_Saarbrucken.pdf. Zugegriffen: März 2017.

Homburg, A., Stolberg, A., & Wagner, U. (2007). Coping with global environmental problems: Development and first validation of scales. *Environment and Behavior, 39*(6), 754–778.

Hunecke, M. (2013). *Psychologie der Nachhaltigkeit: Psychische Ressourcen für Postwachstumsgesellschaften.* München: oekom.

Jaeger-Erben, M., & Matthies, E. (2014). Urbanisierung und Nachhaltigkeit: Umweltpsychologische Perspektiven auf Ansatzpunkte, Potentiale und Herausforderungen für eine nachhaltige Stadtentwicklung. *Umweltpsychologie, 35,* 10–30.

Kasser, T. (2002). *The high price of materialism.* Cambridge: MIT Press.

Klöckner, C. (2013). A comprehensive model of the psychology of environmental behavior: A meta-analysis. *Global Environmental Change, 23,* 1028–1038.

Klöckner, C. A., Matthies, E., & Hunecke, M. (2003). Problems operationalizing habits and integrating habits in normative decision-making models. *Journal for Applied Social Psychology, 33,* 396–417.

Matthies, E. (2005). Wie können PsychologInnen ihr Wissen besser an die PraktikerIn bringen? Vorschlag eines neuen integrativen Einflussschemas umweltbewussten Alltagshandelns. *Zeitschrift Umweltpsychologie, 9*(1), 62–81.

Paech, N. (2013). Eine zeitökonomische Theorie der Suffizienz. *Umweltpsychologie, 17*(2), 145–155.

Patton, M. Q. (2008). *Utilization-focused evaluation* (4. Aufl.). London: Sage.

Scheffler, D. (2003). Basiskompetenzen professioneller EvaluatorInnen: Ein Modul zur Aus- und Weiterbildung in Evaluation. *Zeitschrift für Evaluation, 2,* 343–352.

Scheffler, D., & Budde, A. (2006). Wegbeschreibung einer nutzenorientierten Evaluation am Beispiel der Einführung und Wirkung betrieblicher Peer-Mediation. In U. Schröder & C. Streblow (Hrsg.), *Evaluation konkret: Fremd- und Selbstevaluation anhand von Beispielen aus Jugendarbeit und Schule* (S. 35–65). Leverkusen: Budrich.

Schott, D. (2013). *Wie Informationen aus einer Programmevaluation das individuelle Handeln beeinflussen.* Dissertation FB I Erziehungs- und Sozialwissenschaften der Universität Hildesheim, Der Andere Verlag, Uelvesbüll.

Steg, L., Dreijerink, L., & Abrahamse, W. (2005). Factors influencing the acceptability of energy policies: Testing VBN theory. *Journal of Environmental Psychology, 25,* 415–425.

Steg, L., & Vlek, C. (2009). Encouraging pro-environmental behavior: An integrative review and research agenda. *Journal of Environmental Psychology, 29,* 309–317.

Stengel, O. (2011). Weniger ist schwer: Barrieren in der Umsetzung suffizienter Lebensstile – Und wie wir sie überwinden können. *GAIA, 20*(1), 26–30.

Tyler, R. W. (1942). General statement on evaluation. *Journal of Educational Research, 35,* 492–501.

Webb, T. L., & Sheeran, P. (2006). Does changing behavioral intentions engender behavior change? A meta-analysis of the experimental evidence. *Psychological Bulletin, 132*(2), 249–268.

Widmer, T., & Beywl, W. (2009). Divergente Entwicklungspfade der Evaluation. In T. Widmer, W. Beywl, & C. Fabian (Hrsg.), *Evaluation: Ein systematisches Handbuch* (S. 509–527). Wiesbaden: VS Verlag.

Widmer, T., & De Rocchi, T. (2012). *Evaluation: Grundlagen, Ansätze und Anwendungen.* Zürich: Rüegger.

14

Praxis- und Projektbeispiele

Inhaltsverzeichnis

Nachhaltigkeits- berichterstattung: Betriebswirtschaftliche und psychologische Aspekte von Reporting

Claudia Thea Schmitt und Remmer Sassen

© Springer Fachmedien Wiesbaden GmbH, ein Teil von Springer Nature 2018
C. T. Schmitt, E. Bamberg (Hrsg.), *Psychologie und Nachhaltigkeit*,
https://doi.org/10.1007/978-3-658-19965-4_15

15.1 Warum Nachhaltigkeitsberichterstattung?

Eine nachhaltige Gesellschaftsentwicklung, die auf dem Gedanken fußt, dass heutiges Handeln im Umgang mit natürlichen und menschlichen Ressourcen weder zulasten anderer Erdteile noch auf Kosten künftiger Generationen gehen darf (vgl. Brundtland 1987), wird unter anderem von Unternehmen maßgeblich vorangetragen – oder aber verhindert. Die Sustainable Development Goals (United Nations General Assembly 2015) beispielsweise deklarieren die Förderung eines „dauerhafte[n], breitenwirksame[n] und nachhaltige[n] Wirtschaftswachstum[s], produktive[r] Vollbeschäftigung und menschenwürdige[r] Arbeit für alle" (Deutsche Bundesregierung 2016, S. 122) ebenso zum Ziel der Agenda 2030 wie die „[Sicherstellung] nachhaltiger Konsum- und Produktionsmuster" (Deutsche Bundesregierung 2016, S. 170). Nicht zuletzt, um auch auf politischer Ebene überprüfen zu können, ob und wie es zu einer Annäherung an diese Ziele gekommen sein wird, ist eine Dokumentation und Berichterstattung über nachhaltigkeitsbezogene Themen unerlässlich – einschließlich der Verständigung über geeignete und aussagekräftige Indikatoren. Im betriebswirtschaftlichen Kontext setzt sich das Thema Nachhaltigkeitsberichterstattung (NHB) immer mehr durch (Hahn und Kühnen 2013; Dienes et al. 2016). Gesellschaftliche Akteure verlangen nach Transparenz, insbesondere im Hinblick auf Folgen unternehmerischen Handelns. Vor diesem Hintergrund zielt der vorliegende Beitrag darauf ab, aus einem interdisziplinären Blickwinkel, der betriebswirtschaftliche und psychologische Faktoren gleichermaßen berücksichtigt, das Thema Nachhaltigkeitsberichterstattung sowohl im Kontext privat-rechtlicher Unternehmen als auch öffentlicher Organisationen am Beispiel von Hochschulen genauer zu beleuchten. Freilich kann dies hier nur ein Überblick bleiben, der weder Anspruch auf Vollständigkeit noch auf eine erschöpfende Behandlung der Thematik erhebt. Sowohl in der Anwendung als auch in der Forschung zur Nachhaltigkeitsberichterstattung bestehen sicherlich weiterhin Erkundungsbedarfe, die auch neue interdisziplinäre Kooperationsperspektiven eröffnen.

15.2 Nachhaltigkeitsberichterstattung: Ein Überblick

15.2.1 Nachhaltigkeitsberichterstattung aus betriebswirtschaftlicher Perspektive

15

International erstellen sehr viele Unternehmen auf freiwilliger Basis regelmäßig Nachhaltigkeitsberichte: So zeigt eine Studie der Wirtschaftsprüfungsgesellschaft KPMG (2013) über die jeweils 100 größten Unternehmen in 41 Ländern, dass 71 % dieser 4100 Unternehmen über ihre Nachhaltigkeit berichten, wohingegen dies bei den 250 weltweit größten Unternehmen sogar für 93 % gilt (KPMG 2013; Knefel und Sassen 2015). Es liegt daher zunächst die Frage nahe, warum Unternehmen separate Nachhaltigkeitsberichte publizieren, obwohl sie nicht gesetzlich dazu verpflichtet sind. Dies hängt eng mit der Frage zusammen, welche betriebswirtschaftlichen Funktionen ein Nachhaltigkeitsbericht erfüllt.

Typische finanziell orientierte Unternehmensberichte, wie zum Beispiel der Jahresabschluss und der Lagebericht, werden in der Regel aufgrund gesetzlicher

Verpflichtungen erstellt. Klassische extern orientierte und vor allem auf Eigentümer und Gläubiger ausgerichtete Funktionen dieser Berichte sind Information, Entscheidungsunterstützung, Rechenschaft oder Ausschüttungsbemessung (Freidank und Velte 2013). Im Hinblick auf den Informationszweck besteht das Hauptziel der Berichterstattung darin, deren Adressaten über die wirtschaftliche Lage des Unternehmens zu unterrichten (Freidank und Velte 2013). Hieraus leiten sich auch die Rechenschafts- und Entscheidungsunterstützungsfunktionen ab, wonach in der Rechnungslegung die wichtigsten (finanziellen) Informationen für die Adressaten dokumentiert und diesen somit als Entscheidungshilfe zur Verfügung gestellt werden sollen (Freidank und Velte 2013). Eine weitere Funktion vor allem des handelsrechtlichen Jahresabschlusses besteht darin, dass er die Grundlage für eine mögliche Ausschüttung von Gewinnen ist. Die benannten Zwecke sind in weiten Teilen eher als vergangenheitsorientiert zu qualifizieren, da die entsprechenden Unternehmensberichte den Status quo einer vergangenen Periode abbilden. Intern kann die Berichterstattung weitere Funktionen im Rahmen der unternehmerischen Prozessgestaltung aufweisen, wie zum Beispiel Datensammlung, interne Dokumentation, Planung, Steuerung, Kontrolle (Müller 2007).

Die vorgenannten betriebswirtschaftlichen Funktionen der unternehmerischen Berichterstattung gelten mit Ausnahme der Ausschüttungsbemessung grundsätzlich auch für die Nachhaltigkeitsberichterstattung. Im Gegensatz zur Finanzberichterstattung richtet sich die Nachhaltigkeitsberichterstattung jedoch nicht vorrangig an die Anteilseigner (Shareholder), sondern auch und vor allem an die weiteren Anspruchsgruppen des Unternehmens (Stakeholder). Hiermit wird bezweckt, gegenüber diesen weiteren Gesellschaftsakteuren Transparenz sowie Rechenschaft im Hinblick auf Prozesse nachhaltiger Entwicklung zu schaffen beziehungsweise abzulegen. Ein mögliches und häufig im Rahmen der Nachhaltigkeitsberichterstattung von Unternehmen genutztes Konzept zur Operationalisierung von Nachhaltigkeit ist die sogenannte *Triple Bottom Line* (Elkington 1997), welche die drei Nachhaltigkeitsdimensionen Ökonomie, Ökologie und Soziales umfasst (Knefel und Sassen 2015). Diese Strukturierung wird beispielsweise auch von den Leitlinien zur Nachhaltigkeitsberichterstattung der *Global Reporting Initiative* (GRI) verwendet, die sich international als meist genutzter Standard etabliert haben (Knefel und Sassen 2015).

15.2.2 Nachhaltigkeitsberichterstattung an Hochschulen

In jüngerer Zeit haben auch erste Hochschulen Nachhaltigkeitsberichte als spezielle Form einer Rechenschaftslegung und zu Kommunikationszwecken veröffentlicht. Im Kontext globalgesellschaftlicher sowie nationaler Bemühungen um Monitoring und Förderung von nachhaltigkeitsorientierter Entwicklung wird das Thema Nachhaltigkeitsberichterstattung an und in Hochschulen aktuell intensiv diskutiert (zum Beispiel im BMBF-Projekt HOCH[N]: ▸ www.hoch-n.org; vgl. auch ▸ Kap. 6 in diesem Band; zum hochschulspezifischen Nachhaltigkeitskodex siehe Rat für Nachhaltige Entwicklung 2016).

In einer Vollerhebung zur Nachhaltigkeitsberichterstattung staatlicher und privater Universitäten sowie Fachhochschulen in Deutschland zum Stichtag 31. Juli 2014 finden Sassen et al. (2014), dass insgesamt lediglich 24 Nachhaltigkeitsberichte von 14 verschiedenen Hochschulen erstellt wurden. Dies entspricht knapp 4 % aller Hochschulen. Seitdem veröffentlichten nach Kenntnis der Autoren sieben weitere Hochschulen einen Nachhaltigkeitsbericht, sodass zum Stichtag 31. Januar 2017 mindestens 21 Hochschulen (ca. 5 %) zumindest einen oder bereits mehrere Berichte publizierten. Neben dem bislang geringen Ausmaß berichtender Hochschulen ist auch das dokumentierte Berichterstattungsniveau relativ niedrig. Die Studie untersuchte zunächst, inwiefern die von der *Global Reporting Initiative* für Unternehmen empfohlenen Indikatoren zur Dokumentation der ökologischen, sozialen und ökonomischen Dimension der Nachhaltigkeit auch von Hochschulen angewendet wurden. Da die GRI keine hochschulspezifischen Indikatoren zur Verfügung stellt, wurde von Sassen et al. (2014) darüber hinaus ein Indikatorkatalog für Hochschulspezifika, beispielsweise im Hinblick auf Nachhaltigkeitsorientierung in Lehre und Forschung, erstellt und es wurde ebenfalls untersucht, inwiefern diese Indikatoren von den Hochschulen angewendet wurden. Insgesamt wurden 130 nachhaltigkeitsbezogene Indikatoren analysiert und mithilfe einer Skala von 0 (keine Berichterstattung) bis 4 (vollständige Berichterstattung) für alle Hochschulen bewertet. Im Ergebnis zeigt sich ein Anwendungsgrad der untersuchten Indikatoren von 23 % bei der hochschulspezifischen, 13 % bei der ökologischen, 3 % bei der sozialen und 22 % bei der ökonomischen Dimension (Sassen et al. 2014). Ähnliche Ergebnisse mit unterschiedlichen Schwerpunkten und teilweise weniger umfangreichen Indikatorkatalogen zeigten sich auch in Studien über andere Länder, wie beispielsweise Kanada (Fonseca et al. 2011; Sassen und Azizi im Druck b), die USA (Sassen und Azizi im Druck a), Österreich (Lopatta und Jaeschke 2014), sowie über ein internationales Sample mit 12 Hochschulen aus 11 verschiedenen Ländern (Lozano 2011). Sassen et al. (2014) untersuchten weiterhin, von welchen Akteuren der jeweilige Nachhaltigkeitsbericht erstellt wurde. Dabei zeigte sich, dass die Berichte in den meisten Fällen zwar federführend von der Hochschule herausgegeben wurden (79 %), jedoch ebenfalls Berichte im Rahmen von Forschungsprojekten (8 %) und durch Studierendeninitiativen (13 %) erstellt wurden. Dies ist insofern interessant, als dass die Berichte teilweise nicht federführend von der Institution erstellt werden, über die berichtet wird. Ein Statement des Präsidiums ist hingegen in allen Berichten enthalten (Sassen et al. 2014).

Im Rahmen des Forschungsverbundes HOCHN (vgl. auch ▶ Kap. 6 in diesem Band) werden Fragen zur hochschulischen Nachhaltigkeitsberichterstattung detailliert untersucht. Auch das Ausmaß der Übertragbarkeit von betriebswirtschaftlichen beziehungsweise interdisziplinären Erkenntnissen zu unternehmerischer Berichterstattung (für einen Überblick zu verhaltensökonomischen Ansätzen, die sowohl wirtschaftswissenschaftliche als auch psychologische Faktoren berücksichtigen siehe Arnold et al. 2012) auf die Berichterstattung an Hochschulen wird dabei in den Blick genommen. Da Hochschulen institutionell und zielbezogen nicht direkt mit umsatz- und gewinnorientierten Unternehmen vergleichbar sind, kann angenommen werden, dass im Hinblick auf die Motive für die Erstellung von Nachhaltigkeitsberichten durchaus unterschiedliche Faktoren greifen und sich insbesondere für Hochschulen als Bildungs- und Wissenschaftsinstitutionen auch andere (beziehungsweise zusätzliche) als betriebswirtschaftliche Funktionen als relevant für Nachhaltigkeitsberichterstattung erweisen.

15

15.3 Nachhaltigkeitsberichterstattung aus psychologischer Perspektive

Neben den oben erwähnten betriebswirtschaftlichen Funktionen der Nachhaltigkeitsberichterstattung, die insbesondere auf eine Rechenschafts- und Informationslegung gegenüber Shareholdern und anderen Stakeholdern abzielen sowie üblicherweise den Fokus auf Ergebnisse (Outcomes) legen, wird nachfolgend davon ausgegangen, dass aus einer *psychologischen Perspektive* weitere Funktionen von Nachhaltigkeitsberichterstattung zu berücksichtigen sind. Diese Sichtweise ergibt sich, wenn nicht nur die bloßen *Ergebnisparameter* einer Nachhaltigkeitsberichterstattung beachtet werden, sondern *Prozessparameter* der Nachhaltigkeitsberichterstattung im Mittelpunkt der Betrachtung stehen. Prozessual kann Nachhaltigkeitsberichterstattung für die an der Erstellung beteiligten Akteure sowie für die Organisationen als Ganzem beispielsweise eine *Lern- und Entwicklungsfunktion* haben, sofern Nachhaltigkeitsberichterstattung nicht ausschließlich als Reporting- und Steuerungsinstrument eingesetzt wird, sondern vielmehr als Instrument einer nachhaltigkeitsorientierten Organisationsentwicklung (vgl. Schmitt und Palm 2017; Lozano 2015). Das heißt, zentral sind Fragen nach den am Prozess beteiligten Individuen und Gruppen *(Wer ist beteiligt? Wer lernt? Wie wird beteiligt?)* sowie nach den Effekten, die sich aus der Nachhaltigkeitsberichterstattung für diese Individuen und Gruppen ergeben *(Was wird aus der Berichterstattung gelernt? Welche Auswirkungen hat dies auf die Organisation?)*.

Als weitere Funktion ist aus psychologischer Perspektive im Zusammenhang mit der Erstellung von Berichten im Allgemeinen und von Nachhaltigkeitsberichten im Speziellen eine *Selbstdarstellungsfunktion* zu bedenken. Die persönlichkeitspsychologische Selbstdarstellungsforschung (vgl. Laux und Schütz 1996; Rüdiger und Schütz 2016) betrachtet insbesondere Individuen und geht davon aus, dass jegliches menschliche Handeln auch eine – mehr oder weniger intendierte – Selbstdarstellungs- beziehungsweise Selbstinterpretationsfunktion hat. Es wird hier argumentiert, dass sich eine solche Sicht auch auf Organisationen beziehungsweise Erstellende von Nachhaltigkeitsberichten übertragen lässt.

15.3.1 Lern- und Entwicklungsfunktion von Nachhaltigkeitsberichterstattung

Mit Blick auf eine Lern- und Entwicklungsfunktion der am Berichterstellungsprozess beteiligten Individuen und Gruppen sind verschiedene Konstellationen möglich: So mag beispielsweise eine eigene, in der Organisation bereits bestehende Abteilung beziehungsweise Managementeinheit für die Erstellung eines Nachhaltigkeitsberichts zuständig sein. Die Auswahl von zu berichtenden Indikatoren, einschließlich der Datensammlung und -interpretation, wird dabei üblicherweise von einigen wenigen Einzelpersonen zentral gesteuert. Eine Beteiligung von weiteren (internen) Mitarbeitern und (externen) Shareholdern und anderen Stakeholdern ist – wenn überhaupt – nur in geringem Ausmaß gegeben. Eine alternative Herangehensweise für eine Nachhaltigkeitsberichterstattung besteht darin, verschiedene Stakeholder einer Organisation in die Findung und Interpretation von Nachhaltigkeitsindikatoren einzubinden (partizipatives Vorgehen). Hierbei wird besonderer Wert auf eine Beteiligung verschiedener Individuen beziehungsweise Gruppen gelegt, ein gemeinsamer Diskussionsprozess über multiperspektivisch geeignete Berichtskriterien steht im Mittelpunkt. Abgesehen davon, dass organisations-psychologische Untersuchungen zeigen, dass sich Partizipationsprozesse positiv auf die Arbeitszufriedenheit von Mitarbeitenden/Beteiligten auswirken kann (vgl. Scholl et al. 2013), werden bei dieser Herangehensweise auch besondere Lern- und Entwicklungs-möglichkeiten für die Beteiligten geschaffen. Eine kritische Reflexion des Nachhaltig-keitsbegriffs im Allgemeinen kann so ebenso angeregt und gefördert werden wie eine Diskussion adäquater (qualitativer und/oder quantitativer) Nachhaltigkeitskriterien, ein-schließlich deren Messbarkeit. Damit können positive Wirkungen auf Klima und Kultur in Organisationen einhergehen.

Fallbeispiel: Nachhaltigkeitsbericht Universität Hamburg (vgl. Schmitt und Palm 2016)

Im Rahmen der Erstellung des zweiten Nachhaltigkeitsberichts über die Universität Ham-burg (UHH), deren Federführung die Studierendenorganisation oikos Hamburg e. V. inne-hatte, wurde ein partizipatives Vorgehen gewählt (Huber 2015): Studierende diskutierten im Rahmen der Indikatorenauswahl gemeinsam mit Mitgliedern des Kompetenzzentrums Nachhaltige Universität sowie mit Mitarbeitenden der Präsidialverwaltung über verschie-dene Kriterien und Messmöglichkeiten eines Nachhaltigkeitsberichts für die Universität Hamburg. Global Reporting Initiative-Kriterien wurden dabei zugrunde gelegt sowie um weitere, speziell im Hochschulkontext (Lehre, Forschung, Transfer) als relevant befundene Kriterien erweitert. Um die Vielzahl an möglichen Indikatoren auf ein realistisch erfassba-res Ausmaß zu reduzieren, wurde eine Online-Befragung zur Priorisierung von Indikato-ren durchgeführt, an der sich rund 100 Personen aus dem UHH-Umfeld beteiligten (oikos Hamburg e. V. 2016). So konnten die referenzierten Berichtskriterien partizipativ ausge-wählt werden. Sowohl für die beteiligten Studierenden als auch für die übrigen beteiligten Akteure kann von einem Lernprozess im Sinne eines projektorientierten Lernens (vgl. Bell 2010; Leal Filho et al. 2016) ausgegangen werden.

Durch das Anregen von profunden Diskussionen über Nachhaltigkeit sowie ihre mög-lichen Kriterien und Indikatoren, das Einbinden zahlreicher Beteiligtengruppen einer Organisation in die Indikatorenauswahl beziehungsweise Wesentlichkeitsanalyse[1] einer Nachhaltigkeitsberichterstattung sowie nachbereitende Schritte (zum Beispiel: *Welche Schlussfolgerungen und Maßnahmen werden aus einem Nachhaltigkeitsbericht für die jeweilige Organisation gezogen?*) kann ein Nachhaltigkeitsbericht auch prozessual, also als Einstieg für eine Organisationsentwicklung in Richtung Nachhaltigkeit dienen.

Mit Blick auf die konkreten Effekte, die sich aus einem Nachhaltigkeitsberichtsprozess heraus ergeben können *(Was wird gelernt?)*, liegen nach aktuellem Wissen der Autoren dieses Beitrags bislang keine Evaluationsstudien oder anderweitige empirische Befunde vor. Dennoch liegt es nahe, erwünschte sowie gegebenenfalls auch unerwünschte Wirkun-gen, die Nachhaltigkeitsberichtsprozesse in Organisationen haben können, zu differen-zieren und eingehender zu betrachten. Erwünschte Wirkungen wären beispielsweise eine verstärkte Aufmerksamkeit für Themen nachhaltiger Entwicklung im Allgemeinen, eine

15

---

1   Die Wesentlichkeitsanalyse soll dazu beitragen, „dass der Berichterstattungsprozess und der Nach-haltigkeitsbericht verstärkt auf Themen ausgerichtet werden, die für die Organisation und deren Stakeholder von entscheidender Bedeutung sind" (Sassen et al. 2014).

vertiefte Reflexion sowie eine Förderung nachhaltigkeitsorientierten Handelns (vgl. Schmitt und Palm 2017) und/oder ein (informelles) Erlernen von bestimmten Kompetenzen, Fähigkeiten und Haltungen (zum Beispiel soziale Kompetenzen, Problemlösefähigkeit, Dialogfähigkeit; siehe hierzu auch das Konzept der Gestaltungskompetenzen nach de Haan 2008). Demnach ließen sich Nachhaltigkeitsberichtsprozesse auch als Instrumente einer Bildung für nachhaltige Entwicklung betrachten beziehungsweise einsetzen. Als mögliche unerwünschte Effekte von Nachhaltigkeitsberichtsprozessen wären zum Beispiel Phänomene wie Bewertungsangst (vgl. Kienbaum 2011) und Veränderungsresistenz beziehungsweise Reaktanz (vgl. Dickenberger et al. 2002) sowie Phänomene wie sogenannte Beurteilungsfehler (Pohl 2004; Alicke et al. 2005; siehe ▶ Abschn. 3.2) und Greenwashing, das heißt eine gezielte unangemessene positive Selbstdarstellung (Boiral 2013; Knefel und Sassen 2015), anzuführen. Letztendlich erschöpft sich ein Nachhaltigkeitsbericht, der auch eine Lern- und Entwicklungsfunktion für die jeweilige Organisation erfüllen soll, nicht im Vorlegen von Berichtsergebnissen (Reporting). Vielmehr ist auch die Frage zu adressieren, wie die gewonnenen Befunde in die Weiterentwicklung/ Transformation der Organisation eingehen und damit zu einer Verbesserung der Nachhaltigkeitsperformance beitragen können (Lerneffekt für die Organisation als Ganzes). Eine genauere Analyse dieser Frage im Anwendungsfeld Hochschulen ist unter anderem Gegenstand des Verbundprojekts HOCH^N (s. auch ▶ Abschn. 15.4).

15.3.2 Selbstdarstellungsfunktion von Nachhaltigkeitsberichterstattung

Aus psychologischer Sicht betrachtet beinhaltet jegliche Form der Kommunikation und Interaktion stets auch Komponenten der Selbstdarstellung, das heißt eine mehr oder weniger bewusste Vermittlung von (Selbst-)Bildern (Laux und Weber 1993; Laux 2008). Übertragen auf den Kontext von Berichterstattung im Allgemeinen sowie Nachhaltigkeitsberichterstattung im Besonderen ist demnach davon auszugehen, dass Berichte mit ihrem Ergebnis auch die Funktion erfüllen, ein bestimmtes Bild der Organisation (beziehungsweise der jeweiligen Ersteller eines Nachhaltigkeitsberichts) zu transportieren, zunächst unabhängig von einer spezifischen Bewertung dieses Bildes. So mag ein Nachhaltigkeitsbericht beispielsweise zum Ausdruck bringen, wie sehr sich eine Organisation in verschiedenen Handlungsdimensionen nachhaltiger Entwicklung bereits engagiert, etwa um dadurch neben der Übernahme ökonomischer auch die Übernahme ökologischer und sozialer Verantwortung zu adressieren und Rechenschaft darüber abzulegen. Ein Bericht vermag also darüber Auskunft zu geben, wie sich die Organisation im Hinblick auf Nachhaltigkeitskriterien selbst sieht und gesehen werden möchte (im Falle eines Selbstberichts) beziehungsweise von anderen wahrgenommen wird (im Falle von Berichten, die externe Akteure über eine Organisation erstellen). Je nach Berichtsinstanz (Selbst- oder Fremdbericht) können damit auch verschiedene Darstellungsabsichten verbunden sein, die jeweils mehr oder weniger explizit benannt sind. Ein Bericht, der beispielsweise sowohl auf Stärken und Erfolge als auch auf Schwächen und Entwicklungspotenziale eingeht, vermittelt ein differenzierteres Selbst- beziehungsweise Fremdbild in Bezug auf Nachhaltigkeitskriterien und -intentionen, als ein Bericht, der einseitig positive oder negative Bilder zeichnet. Auch wenn an dieser Stelle nicht ausführlicher auf konzeptionelle Bezüge zwischen Berichterstattung und Selbstdarstellung eingegangen

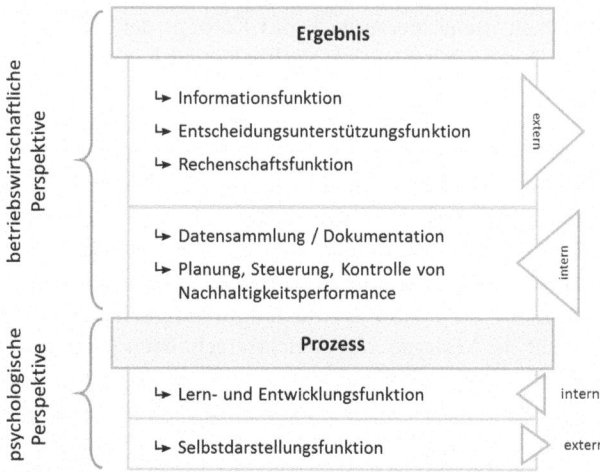

Funktionen von Nachhaltigkeitsberichterstattung

○ **Abb. 15.1** Funktionen von Nachhaltigkeitsberichterstattung. (Eigene Darstellung)

werden kann, liegt es für die Erstellung sowie die Interpretation von Nachhaltigkeitsberichten gleichermaßen nahe, auch Selbstkundgabe und -darstellung als Funktion des
Berichtswesens zu berücksichtigen.

Die verschiedenen, hier angesprochenen Funktionen von Nachhaltigkeitsberichterstattung – aus betriebswirtschaftlicher sowie aus psychologischer Perspektive – finden
sich in (○ Abb. 15.1) als zusammenfassende Übersicht.

Dass Darstellungen beziehungsweise Wahrnehmungen einerseits und deren Bewer-
tungen/Beurteilungen andererseits zu differenzieren sind und je nach Perspektive
(Selbstwahrnehmung, Selbstbewertung, Selbstbeurteilung versus Fremdwahrnehmung,
Fremdbewertung, Fremdbeurteilung) durchaus unterschiedlich ausfallen können, lässt
sich dabei als kommunikationspsychologisches/systemisches Grundsatzaxiom auffassen
(Watzlawick 2011; Schulz von Thun 1981). Nachfolgend wird daher exemplarisch auf
Bewertungs- und Beurteilungsphänomene eingegangen, denen im Kontext von Nachhal-
tigkeitsberichterstattungsprozessen Bedeutung beigemessen werden kann.

15.3.3 Bewertungs- und Beurteilungsbiases im Kontext von Nachhaltigkeitsberichterstattung

Für die Interpretation eines Nachhaltigkeitsberichts ist nicht nur die Frage relevant, wie
und wozu der Bericht entsteht beziehungsweise entstanden ist, das heißt welche organi-
sationsinternen und -externen Funktionen er erfüllt, sondern auch, welche Bewertungs-
und Beurteilungsprozesse – auf Autoren- sowie auf Rezipientenseite – greifen.

Abgesehen von Maßgaben der Objektivität, Reliabilität und Validität, die im Zuge
eines Nachhaltigkeitsberichterstattungsprozesses methodisch sowie inhaltlich mehr oder
weniger intensiv adressiert beziehungsweise berücksichtigt werden können, soll an die-

ser Stelle kurz auf aus der psychologischen Forschung bekannte Bewertungs- und Beurteilungsverzerrungen eingegangen werden. Wir gehen davon aus, dass diese auch im Kontext der Nachhaltigkeitsberichterstattung zutage treten können und sie daher sowohl bei der Erstellung als auch bei der Rezeption beziehungsweise Interpretation von Nachhaltigkeitsberichten Beachtung finden sollten.

Bewertungs- und Beurteilungsbiases, unter anderem auch als kognitive Illusionen (Pohl 2004) bezeichnet, sind unbeabsichtigte, gewissermaßen automatisch ablaufende Wahrnehmungsverzerrungen. Zu den in vielerlei Kontexten nachgewiesenen kognitiven Verzerrungen zählt beispielsweise der sogenannte *Better-Than-Average-Effect* (Alicke und Govorun 2005). Befragt man Personen zur Selbsteinschätzung ihrer Fähigkeiten und Fertigkeiten im Vergleich zu anderen Personen, fällt die Selbsteinschätzung in aller Regel deutlich höher als durchschnittlich aus. Das heißt Menschen neigen dazu, ihre eigenen Leistungen und Kompetenzen meist zu überschätzen. Es handelt sich hierbei um natürliche Tendenzen einer Selbstwerterhöhung, nicht um beabsichtigte Schöndarstellung wie beispielsweise beim Greenwashing. Übertragen auf Prozesse der Nachhaltigkeitsberichterstattung bedeutet dies, dass bei (reinen) Selbstberichten durchaus mit entsprechenden Überschätzungen der eigenen „Nachhaltigkeitsleistung" gerechnet werden kann. Darüber hinaus belegen einzelne Studien sogenannte *Licensing-Effekte* gerade für den ökologischen Kontext: So kann beispielsweise das Kaufen „grüner" Produkte als Rechtfertigungsgrundlage für persönliche Vorteilsnahme oder für soziale Benachteiligung anderer herangezogen werden – nach dem Motto *„Ich verhalte mich in Situation x ökologisch bewusst, damit habe ich mir Vorteile gegenüber anderen verdient"* (Mazar und Zhong 2010). Solche Licensing- beziehungsweise Rechtfertigungseffekte sind auch im Kontext von Nachhaltigkeitsberichterstattung für Organisationen denkbar, insbesondere dann, wenn nur die betriebswirtschaftlichen Funktionen Berücksichtigung finden, Lern- und Entwicklungsprozesse aber nicht adressiert werden. Andere Wahrnehmungsverzerrungen und Beurteilungseffekte, wie zum Beispiel der *Halo-Effekt*, Tendenzen *sozialer Erwünschtheit* im Allgemeinen, *Priming*-Effekte, der *Confirmation-Bias* (Suche nach Bestätigung) (Pohl 2004; Gigerenzer 2013; Dörner 1989) werden hier weder eingehender vorgestellt noch in Relation zur Nachhaltigkeitsberichterstattung diskutiert. Dennoch werden derlei psychologische Effekte und Biases im Zusammenhang mit Berichterstattung im Allgemeinen und Nachhaltigkeitsberichterstattung im Speziellen als nicht vernachlässigbar erachtet – sowohl bei der Erstellung als auch bei der Rezeption und Interpretation von Nachhaltigkeitsberichten. Um die hier angeführten Bewertungs- und Beurteilungsbiases im Kontext von Nachhaltigkeitsberichterstattung zu vermeiden, wäre insbesondere auf folgende Punkte zu achten: 1) für eine möglichst klare Trennung von Beschreibungen und Bewertungen sorgen und 2) nicht allein Selbstberichte zurate ziehen, sondern im Rahmen einer Selbstevaluation beispielsweise auch Fremdberichte berücksichtigen (zum Beispiel 360-Grad-Feedback; Scherm und Sarges 2002).

15.4 Ausblick: Interdisziplinäre Handlungs- und Forschungspotenziale zur Nachhaltigkeitsberichterstattung

Die in diesem Beitrag dargelegte Zusammenschau betriebswirtschaftlicher sowie psychologischer Aspekte von Nachhaltigkeitsberichterstattung verweist auf weiterführende Forschungsfragen, welche künftig interdisziplinär, das heißt in Kombination sowohl betriebswirtschaftlicher, psychologischer als auch andere Disziplinen berücksichtigender Perspektiven, zu erforschen sind. Eingehender empirisch zu klären sind beispielsweise folgende Fragen:

- Inwiefern fördert eine Beteiligung an Nachhaltigkeitsberichtsprozessen in Organisationen 1) Engagement für nachhaltigkeitsorientierte Maßnahmen, 2) Arbeitszufriedenheit der Organisationsmitglieder und 3) Nachhaltigkeitsperformance der Organisation?
- Welche konkreten Ängste und Vorbehalte gegenüber Nachhaltigkeitsberichterstattung (beziehungsweise gegenüber dem Thema nachhaltige Entwicklung allgemein) bestehen in Organisationen? Inwiefern sind diese Ängste/Vorbehalte etwa von Persönlichkeits- und Organisationsvariablen abhängig?
- Welche Transformationswirkung hat Nachhaltigkeitsberichterstattung in verschiedenen Organisationen (Wirkungsevaluation)? Von welchen Faktoren ist eine Transformationswirkung von Nachhaltigkeitsberichterstattung abhängig?
- Welche Kriterien, methodische Ansprüche und Biases greifen bei der Erstellung und/oder Rezeption beziehungsweise Interpretation von Nachhaltigkeitsberichten und (wie) kann ein professionalisierter Umgang mit Wahrnehmungs- und Beurteilungsverzerrungen im Kontext von Nachhaltigkeitsberichterstattung beschrieben werden?

Um die vielfältigen Potenziale von Nachhaltigkeitsberichterstattung – auch und insbesondere deren Lern- und Entwicklungsfunktion – produktiv ausschöpfen und unerwünschte Nebeneffekte möglichst vermeiden zu können, bestehen sicherlich noch weitere disziplinenübergreifende Handlungs- und Forschungsbedarfe. Das vom BMBF geförderte Verbundprojekt *Nachhaltigkeit an Hochschulen: entwickeln – vernetzen – berichten (HOCH^N)* (vgl. auch ▶ Kap. 6 in diesem Band) versteht sich als Plattform zur Adressierung solcher Handlungs- und Forschungsbedarfe auch zum Thema Nachhaltigkeitsberichterstattung und lädt interessierte Akteure dazu ein, sich am HOCH^N-Netzwerk aktiv zu beteiligen.

Literatur

Alicke, M. D., Dunning, D. A., & Krueger, J. I. (Hrsg.). (2005). *The self in social judgment. Studies in self and identity series*. New York: Psychology Press.

Alicke, M. D., & Govorun, O. (2005). The better-than-average effect. In M. D. Alicke, D. A. Dunning, & J. I. Krueger (Hrsg.), *The self in social judgment: Studies in self and identity series* (S. 85–106). New York: Psychology Press.

Arnold, M. C., Bassen, A., & Frank, R. (2012). Integrating sustainability reports into financial statements: An experimental study (June 11, 2012). ▶ https://ssrn.com/abstract=2030891 or ▶ http://dx.doi.org/10.2139/ssrn.2030891. Zugegriffen: 18. Juli 2017.

Bell, S. (2010). Project-based learning for the 21st century: Skills for the future. *The Clearning House: A Journal of Educational Strategies, Issues and Ideas, 83*(2), 39–43.

Boiral, O. (2013). Sustainability reports as simulacra? A counter-account of A and A+ GRI reports. *Accounting, Auditing & Accountability Journal, 26*(7), 1036–1071.

Brundtland, G. H. (1987). *Report of the World Commission on Environment and Development: Our common future*. New York: United Nations.

Deutsche Bundesregierung. (2016). Deutsche Nachhaltigkeitsstrategie: Neuauflage 2016. Frankfurt a. M.: Autor. ▶ https://www.bundesregierung.de/Content/Infomaterial/BPA/Bestellservice/Deutsche_Nachhaltigkeitsstrategie_Neuauflage_2016.pdf?__blob=publicationFile&v=18.

de Haan, G. (2008). Gestaltungskompetenz als Kompetenzkonzept der Bildung für nachhaltige Entwicklung. In I. Bormann & G. de Haan (Hrsg.), *Kompetenzen der Bildung für nachhaltige Entwicklung: Operationalisierung, Messung, Rahmenbedingungen, Befunde* (S. 23–43). Wiesbaden: VS Verlag.

Dickenberger, D., Gniech, G., & Grabitz, H.-J. (2002). Die Theorie der psychologischen Reaktanz. In D. Frey & M. Irle (Hrsg.), *Theorien der Sozialpsychologie: Kognitive Theorien* (Bd. 1, S. 243–273). Bern: Huber.

Dienes, D., Sassen, R., & Fischer, J. (2016). What are the drivers of sustainability reporting? A systematic review. *Sustainability Accounting, Management and Policy Journal, 7*(2), 154–189.

Dörner, D. (1989). *Die Logik des Misslingens: Strategisches Denken in komplexen Situationen.* Reinbek: Rowohlt.

Elkington, J. (1997). *Cannibals with forks: The triple bottom line of 21st century business.* Oxford: Capstone.

Fonseca, A., Macdonald, A., Dandy, E., & Valenti, P. (2011). The state of sustainability reporting at Canadian universities. *International Journal of Sustainability in Higher Education, 12*(1), 22–40.

Freidank, C.-C., & Velte, P. (2013). *Rechnungslegung und Rechnungslegungspolitik: Eine handels-, steuerrechtliche und internationale Einführung für Einzelunternehmen sowie Personen- und Kapitalgesellschaften* (2. Aufl.). München: Oldenbourg.

Gigerenzer, G. (2013). *Risiko: Wie man die richtigen Entscheidungen trifft.* München: Bertelsmann.

Hahn, R., & Kühnen, M. (2013). Determinants of sustainability reporting: A review of results, trends, theory, and opportunities in an expanding field of research. *Journal of Cleaner Production, 59,* 5–21.

Huber, S. (2015). *Nachhaltigkeitsberichterstattung an Hochschulen – die Anwendung von Berichtsstandards am Beispiel des Deutschen Nachhaltigkeitskodex.* Unveröff. Masterarbeit, Universität Hamburg.

Kienbaum, J. (2011). Soziale Motive: Prosoziale Motivation. In D. Frey & H.-W. Bierhoff (Hrsg.), *Sozialpsychologie: Interaktion und Gruppe* (S. 61–79). Göttingen: Hogrefe.

Knefel, P., & Sassen, R. (2015). Nachhaltigkeitsberichterstattung deutscher und polnischer Unternehmen. *Zeitschrift für Umweltpolitik & Umweltrecht, 38*(4), 385–424.

KPMG. (2013). International survey of corporate responsibility reporting 2013. ► http://www.kpmg.com/Global/en/IssuesAndInsights/ArticlesPublications/corporate-responsibility/Documents/corporate-responsibility-reporting-survey-2013-exec-summary.pdf. Zugegriffen: 4. Nov. 2014.

Laux, L. (2008). *Persönlichkeitspsychologie* (2. Aufl.). Stuttgart: Kohlhammer.

Laux, L., & Schütz, A. (1996). *Wir, die wir gut sind: Die Selbstdarstellung von Politikern zwischen Glorifizierung und Glaubwürdigkeit.* München: dtv.

Laux, L., & Weber, H. (1993). *Emotionsbewältigung und Selbstdarstellung.* Stuttgart: Kohlhammer.

Leal Filho, W., Shiel, C., & Paço, A. (2016). Implementing and operationalizing integrative approaches to sustainability in higher education: The role of project-oriented learning. *Journal of Cleaner Production, 133,* 126–135. ► https://doi.org/10.2016/j.jclepro.2016.05.079.

Lopatta, K., & Jaeschke, R. (2014). Sustainability reporting at German and Austrian universities. *International Journal of Education Economics and Development, 5*(1), 66–90.

Lozano, R. (2011). The state of sustainability reporting in universities. *The International Journal of Sustainability in Higher Education, 12,* 67–78.

Lozano, R. (2015). A holistic perspective on corporate sustainability drivers. *Corporate Social Responsibility and Environmental Management, 22,* 32–44.

Mazar, N., & Zhong, C.-B. (2010). Do green products make us better people? *Psychological Science, 21*(4), 494–498. ► https://doi.org/10.1177/0956797610363538.

Müller, S. (2007). Rechnungswesen. In C.-C. Freidank, L. Lachnit, & J. Tesch. (Hrsg.), *Vahlens Großes Auditing Lexikon* (S. 1147–1150). München: Beck.

Oikos Hamburg e. V. (2016). Nachhaltigkeitsbericht für die Universität Hamburg: Nachhaltigkeitsbericht 2011–2014: Erstellt von oikos Hamburg in Kooperation mit der Universität Hamburg. ► https://www.nachhaltige.uni-hamburg.de/downloads/uhh-nachhaltigkeitsbericht-online.pdf.

Pohl, R. F. (Hrsg.). (2004). *Cognitive illusions: A handbook on fallacies and biases in thinking, judgment and memory.* New York: Psychology Press.

Rat für Nachhaltige Entwicklung. (2016). Der hochschulspezifische Nachhaltigkeitskodex vom 30.5.2016. ► http://www.deutscher-nachhaltigkeitskodex.de/fileadmin/user_upload/dnk/dok/160530_HS-DNK_Beta-Version_dt.pdf. Zugegriffen: 26. Apr. 2017.

Rüdiger, M., & Schütz, A. (2016). Selbstdarstellung. In H.-W. Bierhoff & D. Frey (Hrsg.), *Selbst und soziale Kognition* (S. 191–211). Göttingen: Hogrefe.

Sassen, R., & Azizi, L. (im Druck a). Assessing sustainability reports of US universities. *The International Journal of Sustainability in Higher Education,* 1–35.

Sassen, R., & Azizi, L. (im Druck b). Voluntary disclosure of sustainability reports by Canadian universities. *Journal of Business Economics, 87,* 1–41.

Sassen, R., Dienes, D., & Beth, C. (2014). Nachhaltigkeitsberichterstattung deutscher Hochschulen. *Zeitschrift für Umweltpolitik & Umweltrecht, 37,* 258–277.

Scherm, M., & Sarges, W. (2002). *360-Grad-Feedback*. Göttingen: Hogrefe.

Schmitt, C. T., & Palm, S. (2016). Nachhaltigkeitsberichterstattung als Projektlernen: Anwendungsbeispiel für kooperative BNE-Prozesse an der Universität Hamburg. Projektposter, vorgestellt auf der BNE-Tagung des Partnernetzwerks Hochschule, Universität Bremen, 14. Apr. 2016.

Schmitt, C. T., & Palm, S. (2017). Sustainability at German universities: The University of Hamburg as a case study for sustainability-oriented organizational development. In W. Leal Filho (Hrsg.), *Handbook of Sustainability Science*. Berlin: Springer.

Scholl, W., Breitling, K., Janetzke, H., & Shajek, A. (2013). *Innovationserfolg durch aktive Mitbestimmung: Die Auswirkungen von Betriebsratsbeteiligung, Vertrauen und Arbeitnehmerpartizipation auf Prozessinnovationen*. Berlin: Sigma.

Schulz von Thun, F. (1981). *Miteinander reden: Störungen und Klärungen: Allgemeine Psychologie der Kommunikation* (Bd. 1). Reinbek: Rowohlt.

United Nations General Assembly. (2015). Transforming our world: The 2030 Agenda for sustainable development. ► http://www.un.org/ga/search/view_doc.asp?symbol=A/69/L.85&Lang=E. Zugegriffen: 16. Mai 2017.

Watzlawick, P. (2011). *Man kann nicht nicht kommunizieren*. Bern: Huber.

15

Die Praxis der Energiewende, ihre zwei Determinanten aus psychologischer Sicht und wie man Rebound vermeiden kann

Siegmar Otto und Inga Wittenberg

Das diesem Bericht zugrunde liegende Vorhaben wurde mit Mitteln des Bundesministeriums für Bildung, und Forschung unter dem Förderkennzeichen 03SFK4Q0 gefördert. Die Verantwortung für den Inhalt dieser Veröffentlichung liegt bei den Autoren.

16.1 Hintergrund: Klimawandel und Konsumentenverhalten

Die anthropogenen Ursachen des Klimawandels in Form von Treibhausgasemissionen werden mittlerweile weithin anerkannt und die Hoffnung vieler Akteure beruht darauf, mit technologischen Mitteln den Energieverbrauch und damit den Ausstoß von Treibhausgasen zu reduzieren. Die Europäische Union setzte sich 2008 in ihrer 20-20-20 Strategie folgende drei Ziele bis 2020: a) die Reduktion der Treibhausgasemissionen um mindestens 20 %, b) die Förderung erneuerbarer Energien, sodass sie im Gesamtenergiemix auf mindestens 20 % steigen und c) eine Verringerung des Gesamtenergieverbrauchs um 20 % durch Effizienzsteigerungen (Commission of the European Communities 2008). Hierbei erscheinen technologische Maßnahmen, zum Beispiel der verstärkte Einsatz erneuerbarer Energien wie Photovoltaik (PV) oder energieeffizienter Kühlschränke sowie neue Technologien wie Smart-Meter, für die gesamte Strategie entscheidend.

Wie wichtig dabei allerdings das Verhalten der Konsumenten ist, wird deutlich, wenn man den Erfolg bisheriger technologiebasierter Effizienzstrategien betrachtet, die bestenfalls zu einer Stagnation des Energieverbrauchs in den industrialisierten Nationen geführt haben (Otto et al. 2014; für eine aktuelle Entwicklung des Pro-Kopf-Energieverbrauchs siehe ▶ www.worldbank.org). In Übereinstimmung mit weiteren Quellen, wie dem Welt-Energie-Bericht (IEA 2011) oder Klingholz und Töpfer (2012), lässt sich schlussfolgern, dass zur Reduktion des individuellen Energieverbrauchs technologische Effizienzsteigerungen nicht ausreichen. Die erzielbaren Einsparungen werden von zusätzlichem Konsum aufgefressen. Dieses Phänomen des Entfachens weiterer Konsums durch technologische Effizienzsteigerung ist in der Ökonomie als *Jevons Paradox* (Jevons 1865) bekannt. Es wird heute mit einer breiteren Gültigkeit als *Rebound Phänomen* bezeichnet und in seiner Ausprägung als *Rebound Effekt* geschätzt (Sorrell und Dimitropoulos 2008). Die Gründe für das *Rebound Phänomen* liegen im persönlichen Konsum, der grundsätzlich nutzenorientiert ist (Ajzen und Fishbein 2005) und durch eine unerschöpfliche Quelle an persönlichen Wünschen und Zielen gespeist wird (Kenrick et al. 2009). Deshalb ist es die Regel und nicht die Ausnahme, dass Effizienzgewinne zum Beispiel von energiesparender Beleuchtung, aber auch Gewinne aus dem Betrieb von PV-Anlagen in die Verwirklichung weiterer persönlicher Ziele investiert werden (Otto et al. 2014). So zeigte sich, dass die Investition in eine PV-Anlage nicht automatisch mit einem verringerten persönlichen Energieverbrauch einhergeht (vgl. Wittenberg und Matthies 2016). Dieser Fokus auf Effizienz spiegelt sich auch im Diskurs um nachhaltige Entwicklung wider und ist systemisch in der grundsätzlichen und seit jeher zentralen Bedeutung der Effizienz, insbesondere für das Wirtschaftssystem, begründet (Otto 2010).

Durch die beiden grundlegenden Determinanten, Verhaltenskosten und Umweltschutzmotivation, lässt sich das Umweltschutzverhalten, zum Beispiel Energiesparverhalten oder weitere Verhaltensweisen wie die Installation von PV-Anlagen, einfach und hinreichend erklären. Dies gilt ebenso für die Reaktionen auf verschiedene Interventionen, wie die Wirkungsweise der am häufigsten eingesetzten Fördermaßnahmen – materielle und soziale Anreize – und die Beurteilung von deren Wirksamkeit unter Berücksichtigung des *Rebound Phänomens* (Kaiser et al. 2014). Wir werden zunächst näher auf diese Determinanten eingehen. Anschließend verdeutlichen wir ihre Funktionsweise an Praxisprojekten zur Energiewende und ziehen Schlussfolgerungen für die Energiewende mit einem besonderen Blick auf das *Rebound Phänomen*.

16.2 Die kompensatorische Funktion von Verhaltenskosten und Umweltschutzmotivation

16.2.1 Verhaltenskosten – Wann fällt Energiesparen und Umweltschutz leicht oder schwer?

Alle Handlungen, mit denen Energie gespart werden kann, sind mit mehr oder weniger Aufwand und Kosten, den Verhaltenskosten, verbunden (Kaiser et al. 2010; Miafodzyeva und Brandt 2013). Die meisten Menschen in Deutschland setzen energieeffiziente Leuchtmittel ein, was mit relativ geringem Aufwand und Kosten verbunden ist. Zum einen ist es in Deutschland kaum noch möglich, alte Glühbirnen mit hohem Energieverbrauch zu kaufen, und der höhere Anschaffungspreis energieeffizienter Beleuchtung amortisiert sich relativ schnell durch die deutlich reduzierten Stromkosten (Umweltbundesamt 2013). Zum anderen nutzen viele Verbraucher in Deutschland mittlerweile Energiesparlampen, da es einer sozialen Norm entspricht. Entgegen dieser Norm bewusst alte Glühbirnen zu verwenden, kann schnell zu missbilligenden Blicken oder weiteren sozialen Konsequenzen führen – eine Bestrafung, welche die Verhaltenskosten für das Energiesparen indirekt senkt. Denn wieso sollte ich einen Konflikt mit meinen Mitbewohnern, meiner Familie oder Gästen wagen, wenn ich dies relativ leicht durch Energiesparlampen vermeiden kann? Der Einsatz energiesparender Beleuchtung ist also recht einfach geworden.

Mit allen Umweltschutzverhaltensweisen, zu denen auch Energiesparen gehört, gehen demzufolge bestimmte Verhaltenskosten einher, die durch technologische Bedingungen wie Effizienzsteigerungen sowie materielle, soziale und andere Einflüsse wie individuelles Wissen bestimmt werden und sich in ihrer Höhe stark unterscheiden können. Die wichtigsten Einflussfaktoren sind Wissen, strukturelle Bedingungen, materielle und soziale Anreize.

Wissen ist häufig eine notwendige Voraussetzung für umweltfreundliches Handeln (Geiger et al. 2014). Je nach aktuellem Wissensstand und Komplexität der Informationen, können Verhaltensweisen mit hohen kognitiven Verhaltenskosten, im Sinne von Nachdenken, Entscheiden und Organisieren, verbunden sein, um das nötige Wissen zu erlangen. So ist es erforderlich, sich mit verschiedenen Eigenschaften von Geräten auseinanderzusetzen, Entscheidungen über deren Kauf und Nutzung zu treffen und die entsprechende Umsetzung zu organisieren. Allerdings ist zu berücksichtigen, dass hohes spezifisches Umweltwissen, wenn es mit hohem Einkommen einhergeht, mit einem höheren Ressourcenverbrauch bei einzelnen Verhaltensweisen zusammenhängen kann. Ursache hierfür ist der generelle Zusammenhang zwischen Bildung, Einkommen und Ressourcenverbrauch, da höhere Bildung zu höherem Einkommen führ und dieses wiederum mit höherem Ressourcenverbrauch gekoppelt ist. Außerdem ist Umweltwissen natürlich auch abhängig vom Bildungsniveau, weshalb auch Umweltwissen genauso wie allgemeine Bildung mit dem Ressourcenverbrauch zusammenhängt (Otto et al. 2016).

Des Weiteren sind die *strukturellen Bedingungen*, unter denen das Verhalten stattfindet, und der physische Aufwand, der mit Energiesparverhalten verbunden ist, für den Energiekonsum von Bedeutung. Gerade in Bezug auf den Energiekonsum sind *materielle Anreize* beziehungsweise finanzielle Kosten aktuell ein wichtiger Faktor, der das Energiesparverhalten beeinflussen kann (Abrahamse et al. 2005). Zum Beispiel können die Anschaffungskosten den Kauf von in der Regel teureren, energieeffizienten Geräten

16

erschweren. Gleichzeitig können materielle Anreize wie Subventionen die Anschaffung solcher Geräte oder von PV-Anlagen erleichtern. Darüber hinaus ermöglichen vorhandene Infrastrukturen sowie rechtliche Rahmenbedingungen einen mehr oder weniger großen Handlungsspielraum in der Nutzung der PV-Anlage und des hiermit generierten Stroms. Auch die Ausstattung mit Technologien wie Smart-Metern[1], die eine sparsame Energienutzung unterstützen können, ist mit finanziellem, aber auch zeitlichem Aufwand bei deren Nutzung verbunden und hängt von den verfügbaren Geräten und Rahmenbedingungen ab.

Soziale Anreize spielen ebenfalls eine wichtige Rolle beim Energiekonsum. So können zum Beispiel soziale Normen und sozialer Status zu sozialer Anerkennung oder, im Gegenteil, zu sozialem Druck führen, wodurch die Verhaltenswahrscheinlichkeit beeinflusst wird (Griskevicius et al. 2010). Derartige Einflüsse sind insbesondere bei leicht sichtbarem beziehungsweise beobachtbarem Verhalten zu erwarten und auch für die Energiewende relevant (Korcaj et al. 2015).

16.2.2 Umweltschutzmotivation – Wer überwindet Verhaltenskosten und setzt auch schwierige Verhaltensweisen zum Energiesparen und Umweltschutz um?

Verhaltenskosten bestimmen die Wahrscheinlichkeit für ein bestimmtes Verhalten. Dadurch lässt sich allerdings nicht erklären, wieso manche Menschen nur relativ leichte Umweltschutzverhaltensweisen zeigen, andere aber hohe Kosten in Kauf nehmen, um die Umwelt zu schützen. So überprüfen nur sehr wenige Verbraucher den Stromverbrauch der Geräte im Haushalt mithilfe eines Strommessgerätes oder nutzen ein Smart-Meter, um ihren Stromverbrauch zu senken. Dafür müssten sie ein Strommessgerät kaufen und kostbare Zeit investieren, um wenig effiziente Geräte aufzuspüren und deren Verbrauch durch eine Verhaltensänderungen oder eine Neuanschaffung zu reduzieren. Im Gegensatz zum Austausch von Leuchtmitteln ist das detektivische Aufspüren weiterer Energieverschwender im Haushalt also mit hohen Verhaltenskosten verbunden. Angesichts dieses Aufwands für überdurchschnittliche Stromeinsparungen stellt sich die Frage, wieso es dennoch manche Menschen tun. Anscheinend gibt es neben den Verhaltenskosten eine weitere Determinante, die dazu führt, dass einige wenige Menschen trotz des hohen Aufwandes über die Norm hinaus Strom sparen. Diese Menschen müssen so stark motiviert sein, dass diese Motivation die hohen Verhaltenskosten kompensiert. Für Verhalten, das augenscheinlich keinen anderen Vorteil hat, als Strom zu sparen und so die Umwelt zu schützen, muss dies eine starke Ausprägung der individuellen *Umweltschutzmotivation* sein (Kaiser et al. 2010). Diese kompensatorische Funktion von Umweltschutzmotivation und Verhaltenskosten konnte bereits in mehreren Studien gezeigt werden (Arnold 2016).

In unserer Argumentation basiert die Operationalisierung, also die Messung der Umweltschutzmotivation grundsätzlich auf der *General Ecological Behavior Scale* und deren nachgewiesener Verhaltensrelevanz (Kibbe 2017). Andere klassische

---

1 Smart-Meter sind elektronische Geräte, die genaue Daten über den Stromverbrauch eines Haushaltes liefern.

Umwelteinstellungsmaße und Sinus-Milieus können einen erwartungskonträren Zusammenhang mit dem Energieverbrauch aufweisen. Das heißt Menschen aus sozialen Milieus, die Umweltschutz wichtig finden, nur auf verbalen Meinungsäußerungen basierend, haben oft einen höheren Energieverbrauch (Umweltbundesamt 2016).

16.3 Energiekonsum in der Praxis

Das zentrale Ziel der Energiewende, durch technologische Effizienzsteigerungen den KonsumentInnen den gleichen Nutzen bei reduziertem Energieverbrauch zu bieten, entspricht einer Reduktion der Verhaltenskosten und zieht somit lediglich diese Determinante in Betracht. Zum Beispiel kann ein/e Konsument/in seine/ihre Lebensmittel durch den Einsatz eines energiesparenden Kühlschrankes genauso gut kühlen wie mit einem weniger effizienten Modell. Durch die technologische Effizienzsteigerung bei Kühlgeräten ist es für die KonsumentInnen einfach, ihren Stromverbrauch zu reduzieren – die Verhaltenskosten sinken. Langfristig werden sie dadurch sogar Geld sparen. Ob sie dieses Geld für weiteren Konsum einsetzen oder zum Beispiel einer Umweltschutzorganisation spenden, ist ihre individuelle Entscheidung. Diese Entscheidung hängt allein von ihrer Umweltschutzmotivation, der zweiten Determinante, ab und wird nur unzureichend im Rahmen der Energiewende betrachtet.

16.3.1 Die Rolle von Verhaltenskosten und Umweltschutzmotivation bei der Investition in PV-Anlagen

Ein interessantes Beispiel in Bezug auf Energiekonsum und erneuerbare Energien stellt die Investition in PV-Anlagen für Haushalte dar. Die Anschaffung einer PV-Anlage ist mit großem finanziellem und kognitivem Aufwand verbunden und beinhaltet daher sehr hohe Verhaltenskosten. Weltweit werden finanzielle Anreize eingesetzt, die die Verhaltenskosten senken. In Deutschland hat sich insbesondere die Einspeisevergütung für den produzierten Strom als ein zentrales Mittel erwiesen, um Investitionen in PV-Anlagen zu fördern. Durch die Marktentwicklung sind zugleich die Anschaffungskosten gesunken (für eine Übersicht zu PV in Deutschland siehe z. B. Wirth 2017). Trotzdem scheint eine hohe Umweltschutzmotivation nötig zu sein, um die Hürde der Verhaltenskosten zu überwinden. So ist bereits die konkrete Absicht, in eine PV-Anlage zu investieren, zum Beispiel sich ein entsprechendes Angebot erstellen zu lassen, mit hohen Verhaltenskosten verbunden (Kaiser und Wilson 2004). Damit sich das entsprechende Verhalten manifestiert, bedarf es einer hohen Umweltschutzmotivation, welche die hohen Verhaltenskosten kompensiert. Auch PV-Anlagenbesitzer haben im Vergleich zu einer repräsentativen deutschen Stichprobe (N = 2000) eine höhere Umweltschutzeinstellung (Wittenberg und Matthies 2016) – ebenfalls ein Indiz dafür, dass eine derartige Motivation nötig ist, um die Verhaltenskosten zu überwinden. Die Wahrnehmung von Umweltproblemen kann vor der Anschaffung einer Anlage dazu motivieren, sich intensiv mit dem Thema PV auseinanderzusetzen (Jager 2006). Soziale Anreize wie sozialer Status oder Druck (Korcaj et al. 2015), soziale Netzwerke (Jager 2006) und eine soziale Norm wie die örtliche Verbreitung von PV-Anlagen (Bollinger und Gillingham 2012) spielen bei der Anschaffung einer PV-Anlage ebenfalls eine wichtige Rolle, indem sie die Verhaltenskosten beeinflussen.

16

16.3.2 Verhaltenskosten und Umweltschutzmotivation beim Energiesparen mit Smart-Metern

Verbrauchsfeedback durch Smart-Meter im Haushalt ist eine Strategie, die dazu dienen soll, KonsumentInnen auf ihren (zu hohen) Verbrauch und dessen Ursachen aufmerksam zu machen, um sie beim Stromsparen zu unterstützen (Delmas et al. 2013). Es geht also darum, gezielt Wissen zu vermitteln, das den Nutzern hilft, ihren Verbrauch zu senken. Obwohl Smart-Meter hilfreiche Informationen zum Stromsparen zur Verfügung stellen und so Verhaltenskosten reduzieren, müssen zu ihrer Nutzung gleichzeitig Verhaltenskosten überwunden werden. In einer Studie von Arnold (2016) mussten sich 1) die Haushalte registrieren, 2) sich regelmäßig einloggen und informieren sowie, 3) basierend auf den erhaltenen Informationen, Möglichkeiten zum Stromsparen identifizieren und umsetzen. Nur ein Teil der Haushalte, die zwischen 2009 und 2011 von einem regionalen Energieversorger mit Smart-Metern ausgestattet wurden, überwand die erste Hürde und registrierte sich. Letztendlich sparten ausschließlich die Haushalte Strom, welche die Smart-Meter nutzten und zudem noch eine hohe Umweltschutzmotivation aufwiesen. Obwohl die Verhaltenskosten zum Stromsparen durch die Smart-Meter reduziert wurden, waren sie immer noch so hoch, dass nur hoch Umweltschutzmotivierte die Zeit investierten, mithilfe der Smart-Meter weniger Strom zu verbrauchen. Smart-Meter eröffnen daher lediglich eine Möglichkeit, Strom zu sparen, die weiterhin eine hohe Motivation benötigt, um tatsächlich realisiert zu werden.

16.4 Förderung der Umweltschutzmotivation und Reduzierung von Rebound Effekten

Eine Reduktion der Verhaltenskosten durch materielle und soziale Anreize kann, wie an den Praxisbeispielen ersichtlich, sehr effektiv zur Förderung effizienter Technologien und zur Veränderung einzelner Verhaltensweisen eingesetzt werden. Allerdings ist damit keine Reduktion des in Bezug auf den Klimawandel wichtigen Pro-Kopf-Energieverbrauchs garantiert, da durch den Einsatz materieller und sozialer Anreize lediglich die Verhaltenskosten für einzelne Verhaltensweisen reduziert werden und der Verbraucher Zeit und Geld spart, die er für weiteren Konsum einsetzt. Nur bei einer hohen Umweltschutzmotivation entsteht auf individueller Ebene ein ernsthaftes Verbrauchsreduktionsziel, das hilft, *Rebound Effekte* zu reduzieren. Denn auch jenseits von Energieeffizienzmaßnahmen zeigen Umweltschutzmotivierte mehr Verhaltensweisen, die zu einem geringeren Ressourcenverbrauch führen. Hoch Umweltschutzmotivierte verbrauchen zum Beispiel generell weniger Strom (Arnold et al. 2017), recyceln mehr Elektroaltgeräte, fahren mehr Fahrrad statt Auto, oder essen öfter vegetarisch (Kibbe 2017).

Eine höhere Umweltschutzmotivation führt also zu einem suffizienteren, also einem sparsameren, Lebensstil, bei dem auf einen durch Effizienzsteigerungen entstehenden persönlichen Nutzen verzichtet wird. Die Förderung der Umweltschutzmotivation und eines suffizienteren Lebensstils ist daher die eigentliche Herausforderung, der wir uns stellen müssen (Otto et al. 2014). Obwohl sich die grundlegende Umweltschutzmotivation, die sich im Lebensstil durch viele Verhaltensweisen ausdrückt, nur schwer ändern lässt, zeigte sich, dass ökologisches Verhalten in seiner gesamten lebensstilrelevanten Breite, angefangen beim Mülltrennen bis hin zum Verzicht auf den Urlaubsflug, erlernt ist (Otto und Kaiser 2014) und deshalb gefördert werden kann. Darüber hinaus ist die individuelle Umweltschutzmotivation sehr stark von der Naturverbundenheit abhängig und lässt sich somit durch eine Stärkung derselben fördern.

16.4.1 Erlerntes Umweltschutzverhalten als Chance

Ob und wie viel Umweltschutzverhalten gelernt wird, hängt sehr stark vom vorherr-schenden Zeitgeist ab (Otto und Kaiser 2014). Das heißt, wenn über einen längeren Zeitraum von mehreren Jahren ein umweltbezogenes Thema wie der Klimawandel eine bedeutende gesellschaftliche Rolle spielt, werden die damit verbundenen Verhaltens-weisen erlernt und häufiger gezeigt. Die gesellschaftliche Relevanz eines Themas zeigt sich auf vielfältige Weise, zum Beispiel durch dessen mediale Präsenz, die Integration in schulische und universitäre Curricula, in Förderprogrammen, Steuern und Subventio-nen oder Bürgerinitiativen. Durch eine Förderung dieser Präsenz auf möglichst vielen Ebenen lässt sich der Lebensstil von vielen Menschen – mit einem entsprechend großen Effekt – verändern. Ein suffizienter Lebensstil hat nicht nur die Änderung einzelner Ver-haltensweisen zum Ziel, sondern auch eine Reduktion des Ressourcenverbrauchs. Im speziellen Fall des Klimawandels ist das Ziel eine Reduktion des persönlichen Energie-verbrauchs und einer damit einhergehenden Emissionsreduktion von klimaschädlichen Gasen. Dafür müssen die BürgerInnen über die von ihnen verursachten Emissionen aufgeklärt werden. Dafür können neben klassischen Medien auch andere Hilfsmittel wie beispielsweise CO_2-Rechner (siehe zum Beispiel ▶ http://www.uba.co2-rechner.de) eingesetzt werden. Im Rahmen einer solchen Aufklärung muss ihnen dargelegt werden, dass viele Energieeffizienzmaßnahmen mit einem deutlichen *Rebound Effekt* einherge-hen, wenn die Zeit- und Geldersparnisse für weiteren Konsum eingesetzt werden. Haus-halte mit PV-Anlage können sich oft CO_2-Einsparungen durch die Verwendung von Solarstrom berechnen/anzeigen lassen. Um auch in diesem Fall für einen suffizienteren Umgang mit Strom zu sensibilisieren, könnte es interessant sein, zudem CO_2- Berech-nungen auf den Gesamtstrommix bezogen anzuzeigen. Veränderungen im Lebensstil und der zugrunde liegenden Motivation sind allerdings nur mittel- bis langfristig zu erreichen, sind dafür aber nachhaltig und wirken in Kombination mit dem notwendigen Wissen auch dem *Rebound Phänomen* entgegen.

16.4.2 Steigerung von Umweltschutzmotivation durch Naturerfahrung

Einen weiteren Ansatzpunkt zur Förderung der Umweltschutzmotivation und eines suffizienten Lebensstils stellt die Naturverbundenheit dar. Naturverbundenheit als eine notwendige Voraussetzung für Umweltschutzverhalten (Frantz und Mayer 2014; Kos-sack und Bogner 2012; Roczen et al. 2014) liefert die intrinsische Motivation, einen suf-fizienten Lebensstil zu entwickeln, weil durch die Verbundenheit mit der Natur deren Schädigung gleichzeitig als eine Bedrohung des Selbst wahrgenommen wird (Metzner 1999; Schultz 2002). Naturverbundenheit bezeichnet die Stärke der Beziehung zwischen einer Person und der Natur aus der Perspektive des Individuums (Brügger et al. 2011; Mayer und Frantz 2004; Nisbet et al. 2009; Pensini et al. 2016) und kann durch Kontakt und Erfahrungen gefördert werden (Pensini et al. 2016). Beispielsweise hängen konkrete Naturerfahrungen (Mayer et al. 2009), Besuche in naturnahen Gebieten (Schultz und Tabanico 2007), aber auch die Entfernung des eigenen Zuhauses zur Natur (Cheng und Monroe 2012) allesamt mit Naturverbundenheit zusammen und können diese stärken.

16.4.3 Naturnahe Umweltbildung zur Förderung eines suffizienten Lebensstils

Umweltschutzverhalten kann gelernt und Naturverbundenheit durch Naturnähe gesteigert werden. In naturnaher Umweltbildung wird seit jeher Umweltwissen, welches auch Wissen über Umweltschutzverhalten beinhaltet, in einem naturnahen Setting vermittelt. Diesem Ziel der Umweltbildung haben sich in Deutschland eine Vielzahl verschiedener Umweltbildungseinrichtungen wie Ökobauernhöfe, urbane Gartenprojekte, botanische Gärten, Zoos, Waldschulen und Ökowerke verpflichtet. Umweltbildung in diesen Einrichtungen ermöglicht Wissensvermittlung zum Umweltschutz in Kombination mit Naturerfahrungen für Erwachsene, aber besonders für Kinder und Jugendliche. Durch diese Kombination von Wissen und Naturerfahrungen und die Ansprache besonders junger Zielgruppen sind sie ein wichtiger Baustein zur Förderung der Umweltschutzmotivation, die einem suffizienten Lebensstil, der auch die Reduzierung von *Rebound Effekten* beinhaltet, zugrunde liegt (Otto und Pensini 2017). Zur Förderung des Energiesparens können diese Einrichtungen als wichtige, vorhandene Kommunikationskanäle der Umweltbildung auch den Nutzen von Technologien wie Smart-Metern und eines suffizienten Umgangs mit erneuerbaren Energien vermitteln. So können sie etwa als Modell für einen suffizienten Einsatz dieser Technologien dienen oder zum Beispiel über die Rolle von PV-Anlagen für den Gesamtenergiemix informieren.

Bezogen auf das Beispiel der PV-Anlagen in privaten Haushalten haben sich strukturelle Maßnahmen als effizient erwiesen, um, insbesondere bei hoch umweltschutzmotivierten Haushalten, die Verhaltenskosten für eine Investition in eine PV-Anlage zu überwinden. Soziale Anreize stellten sich in diesem Zusammenhang auch in verschiedenen Studien als bedeutsamer Faktor zur Überwindung der Verhaltenskosten heraus (siehe z. B. Bollinger und Gillingham 2012; Jager 2006; Korcaj et al. 2015). Jedoch ist damit nur das Ziel des Ausbaus der erneuerbaren Energien erreicht. Zum Beispiel zeigte sich, dass die Investition in eine PV-Anlage nicht unbedingt mit einem sparsameren Umgang mit Energie einhergeht (Wittenberg und Matthies 2016). Gerade für ein alltägliches Verhalten wie Stromnutzung ist es interessant, an einer längerfristig wirkenden Maßnahme wie der Umweltbildung zur Stärkung der Umweltschutzmotivation anzusetzen. Existierende soziale Netzwerke stellten sich als wichtiger Faktor für die Investition in PV-Anlagen heraus (Jager 2006) und könnten ebenfalls zur Vermittlung von Umweltbildung herangezogen werden. Hierbei sollte verstärkt die suffiziente Nutzung von erneuerbaren Energien, und zwar aus der Perspektive des Pro-Kopf-Verbrauchs, im Mittelpunkt stehen, um *Rebound Effekte* zu reduzieren. Dazu muss der aktuelle Schwerpunkt weg von der Steuerung einzelner Maßnahmen durch externe Anreize hin zur Förderung eines suffizienten Lebensstils, bei dem der gesamte Pro-Kopf-Ressourcenverbrauch im Fokus steht, verschoben werden. In diesem Sinne wirksame Interventionen, die unter anderem Wissen zu PV vermitteln, müssen immer die übergeordnete verhaltensrelevante Motivation für einen suffizienten Lebensstil mitberücksichtigen, indem sie zum

Beispiel gleichzeitig die Naturverbundenheit, etwa mithilfe naturnaher Umweltbildung, als einen der stärksten Prädiktoren eines suffizienten Lebensstils ansprechen.

Literatur

Abrahamse, W., Steg, L., Vlek, C., & Rothengatter, T. (2005). A review of intervention studies aimed at household energy conservation. *Journal of Environmental Psychology, 25,* 273–291.

Ajzen, I., & Fishbein, M. (2005). The influence of attitudes on behavior. In D. Albarracín, B. T. Johnson, & M. P. Zanna (Hrsg.), *The handbook of Attitudes* (S. 173–221). Mahwah: Erlbaum.

Arnold, O. (2016). *Verhalten als kompensatorische Funktion von Einstellung und Verhaltenskosten: Die Person-Situation-Interaktion im Rahmen des Campbell-Paradigmas.* Dissertation, Otto-von-Guericke-Universität, Magdeburg.

Arnold, O., Kibbe, A., Hartig, T., & Kaiser, F. G. (2017). *Capturing the environmental impact of individual lifestyles: Evidence of the criterion validity of the general ecological behavior scale.* Manuskript zur Veröffentlichung eingereicht.

Bollinger, B., & Gillingham, K. (2012). Peer effects in the diffusion of solar photovoltaic panels. *Marketing Science, 31*(6), 900–912.

Brügger, A., Kaiser, F. G., & Roczen, N. (2011). One for all? Connectedness to nature, inclusion of nature, environmental identity, and implicit association with nature. *European Psychologist, 16,* 324–333.

Cheng, J. C.-H., & Monroe, M. C. (2012). Connection to nature: Children's affective attitude toward nature. *Environment and Behavior, 44*(1), 31–49.

Commission of the European Communities. (2008). *Energy efficiency: Delivering the 20 % target.* Brüssel: Commission of the European Communities.

Delmas, M. A., Fischlein, M., & Asensio, O. I. (2013). Information strategies and energy conservation behavior: A meta-analysis of experimental studies from 1975 to 2012. *Energy Policy, 61,* 729–739.

Frantz, C. M., & Mayer, F. S. (2014). The importance of connection to nature in assessing environmental education programs. *Studies in Educational Evaluation, 41,* 85–89.

Geiger, S. M., Otto, S., & Diaz, J. S. (2014). A diagnostic Environmental Knowledge Scale for Latin America/Escala diagnóstica de conocimientos ambientales para Latinoamérica. *Psyecology, 5,* 1–36.

Griskevicius, V., Tybur, J. M., & Bergh, B. van den. (2010). Going green to be seen: Status, reputation, and conspicuous conservation. *Journal of Personality and Social Psychology, 98,* 392–404.

IEA. (2011). *World energy outlook 2011: Executive summary.* Paris: OECD.

Jager, W. (2006). Stimulating the diffusion of photovoltaic systems: A behavioural perspective. *Energy Policy, 34*(14), 1935–1943.

Jevons, W. S. (1865). *The coal question: An Inquiry concerning the prospects of the nation and the probable exhaustion of our coal mines.* London: Macmillan.

Kaiser, F. G., & Wilson, M. (2004). Goal-directed conservation behavior: The specific composition of a general performance. *Personality and Individual Differences, 36,* 1531–1544.

Kaiser, F. G., Byrka, K., & Hartig, T. (2010). Reviving Campbell's paradigm for attitude research. *Personality and Social Psychology Review, 14,* 351–367.

Kaiser, F. G., Arnold, O., & Otto, S. (2014). Attitudes and defaults save lives and protect the environment jointly and compensatorily: Understanding the behavioral efficacy of nudges and other structural interventions. *Behavioral sciences, 4,* 202–212.

Kenrick, D. T., Griskevicius, V., Sundie, J. M., Li, N. P., Li, Y. J., & Neuberg, S. L. (2009). Deep rationality: The evolutionary economics of decision making. *Social Cognition, 27,* 764–785.

Kibbe, A. (2017). *Intrinsische Umweltmotivation: Selbstbestimmungstheorie und Campbell-Paradigma im Vergleich.* Dissertation, Otto-von-Guericke-Universität, Magdeburg.

Klingholz, R., & Töpfer, K. (2012). *Das Trilemma des Wachstums: Bevölkerungswachstum, Energieverbrauch und Klimawandel-drei Probleme, keine Lösung.* Berlin: Berlin-Institut für Bevölkerung.

Korcaj, L., Hahnel, U. J. J., & Spada, H. (2015). Intentions to adopt photovoltaic systems depend on homeowners' expected personal gains and behavior of peers. *Renewable Energy, 75,* 407–415.

Kossack, A., & Bogner, F. X. (2012). How does a one-day environmental education programme support individual connectedness with nature? *Journal of Biological Education, 46,* 180–187.

Mayer, F. S., & Frantz, C. M. (2004). The connectedness to nature scale: A measure of individuals' feeling in community with nature. *Journal of Environmental Psychology, 24,* 503–515.

Mayer, F. S., Frantz, C. M., Bruehlman-Senecal, E., & Dolliver, K. (2009). Why is nature beneficial? The role of connectedness to nature. *Environment and Behavior, 41*, 607–643.

Metzner, R. (1999). *Green psychology: Transforming our relationship to the Earth*. Rochester: Park Street Press.

Miafodzyeva, S., & Brandt, N. (2013). Recycling behaviour among householders: Synthesizing determinants via a meta-analysis. *Waste and Biomass Valorization, 4*, 221–235.

Nisbet, E. K., Zelenski, J. M., & Murphy, S. A. (2009). The nature relatedness scale: Linking individuals' connection with nature to environmental concern and behavior. *Environment and Behavior, 41*, 715–740.

Otto, S. (2010). *Was bedeuten die Begriffe nachhaltige Entwicklung und Nachhaltigkeit? Eine systemempirische Betrachtung der Bedeutung nachhaltiger Entwicklung für verschiedene Teile unserer Gesellschaft mit dem Schwerpunkt Wirtschaft*. Saarbrücken: Südwestdeutscher Verlag für Hochschulschriften.

Otto, S., & Kaiser, F. G. (2014). Ecological behavior across the lifespan: Why environmentalism increases as people grow older. *Journal of Environmental Psychology, 40*, 331–338.

Otto, S., & Pensini, P. (2017). The effect of visiting environmental educational institutions on the connectedness with nature and pro-environmental behavior of children aged 9–11. Manuskript zur Veröffentlichung eingereicht.

Otto, S., Arnold, O., & Kaiser, F. G. (2014a). REBOUND. Wieso Energieeffizienz ohne suffiziente Lebensstile nicht zur Reduktion des gesellschaftlichen Energieverbrauchs führt. In F. Steger (Hrsg.), *Ethik und Praxis. Bedroht Entscheidungsfreiheit Gesundheit und Nachhaltigkeit?* (S. 115–136). Münster: Mentis.

Otto, S., Kaiser, F. G., & Arnold, O. (2014b). The critical challenge of climate change for psychology: Preventing rebound and promoting more individual irrationality. *European Psychologist, 19*, 96–106.

Otto, S., Neaman, A., Richards, B., & Marió, A. (2016). Explaining the ambiguous relations between income, environmental knowledge, and environmentally significant behavior. *Society & Natural Resources, 29*, 628–632.

Pensini, P., Horn, E., & Caltabiano, N. J. (2016). An exploration of the relationships between adults' childhood and current nature exposure and their mental well-being. *Children, Youth and Environments, 26*(1), 125–147.

Roczen, N., Kaiser, F. G., Bogner, F. X., & Wilson, M. (2014). A competence model for environmental education. *Environment and Behavior, 46*, 972–992.

Schultz, P. W. (2002). Inclusion with nature: The psychology of human-nature relations. In P. Schmuck & P. W. Schultz (Hrsg.), *Psychology of Sustainable Development* (S. 61–78). New York: Kluwer.

Schultz, P. W., & Tabanico, J. J. (2007). Self, identity, and the natural environment: Exploring implicit connections with nature. *Journal of Applied Social Psychology, 37*(6), 1219–1247.

Sorrell, S., & Dimitropoulos, J. (2008). The rebound effect: Microeconomic definitions, limitations and extensions. *Ecological Economics, 65*, 636–649.

Umweltbundesamt. (2013). *Energiesparen im Haushalt*. Dessau-Roßlau: Umweltbundesamt.

Umweltbundesamt. (2016). *Repräsentative Erhebung von Pro-Kopf-Verbräuchen natürlicher Ressourcen in Deutschland (nach Bevölkerungsgruppen)*. Dessau-Roßlau: Umweltbundesamt.

Wirth, H. (2017). Aktuelle Fakten zur Photovoltaik in Deutschland. ▶ https://www.ise.fraunhofer.de/content/dam/ise/de/documents/publications/studies/aktuelle-fakten-zur-photovoltaik-in-deutschland.pdf. Zugegriffen: 20. Febr. 2017.

Wittenberg, I., & Matthies, E. (2016). Solar policy and practice in Germany: How do residential households with solar panels use electricity? *Energy Research & Social Science, 21*, 199–211.

Psychologische Aspekte nachhaltiger Mobilität: Struktur und Dynamik von Einstellungen zu Mobilitätsinnovationen

Tobias Schröder und Ingo Wolf

Die hier beschriebene Forschung wurde durch das BMBF im Rahmen der Innovations- und Technikanalyse (ITA) finanziell gefördert (Förderkennzeichen 16|1610, 16|1659 und 16|1660).

17.1 Einführung

Mobilität ist ein menschliches Grundbedürfnis. Mit seinem Fokus auf individuellen, mit fossilen Energieträgern angetriebenen Verkehrsmitteln ist das heutige Mobilitätssystem aber mit Blick auf keine der üblicherweise betrachteten drei Facetten nachhaltig: Mangelnde *ökologische* Nachhaltigkeit resultiert unter anderem aus den Beiträgen des motorisierten Verkehrs zu klimaschädlichen CO_2-Emissionen, dem Ressourcenverbrauch für die Produktion von Fahrzeugen oder der Bodenversiegelung und Landschaftszerschneidung durch das Straßennetz in einer flächenintensiven suburbanen Siedlungsstruktur. Mangelnde *ökonomische* Nachhaltigkeit ergibt sich zum Beispiel aus volkswirtschaftlichen Kosten von Staus und Verspätungen oder der Schwierigkeit, in von Bevölkerungsrückgängen betroffenen Städten die teuren, auf Individualverkehr ausgerichteten Infrastrukturen aufrecht zu erhalten. Mangelnde *soziale* Nachhaltigkeit ist nicht zuletzt durch gesundheitliche Folgen von Luftschadstoff- oder Lärmbelastungen, die trotz aller Rückgänge immer noch hohe Anzahl von Verkehrsunfallopfern oder angesichts des demografischen Wandels auch den Ausschluss eines zunehmenden Bevölkerungsanteils von Mobilität infolge von Fahruntüchtigkeit gegeben – letzteres vor allem dort, wo kein gut ausgebautes öffentliches Verkehrsnetz vorhanden ist.

Der öffentliche Diskurs um Nachhaltigkeit und die Zukunft der Städte hat in Kombination mit technologischen Entwicklungsschüben eine dynamische Innovationslandschaft im Bereich der Mobilität entstehen lassen, mit der Hoffnungen auf die Lösung vieler der genannten Probleme verbunden sind. Technologische Innovationen wie lokal emissionsfreie Antriebe, die fahrerlose Lenkung von Automobilen oder die effizientere Steuerung von Verkehrsflüssen über mobilen Datenaustausch gehen potenziell einher mit sozialen Innovationen wie einer Ökonomie des Teilens („Nutzen statt Besitzen") und gesundheits- und umweltbewussteren Lebensstilen. Vielfach ergänzen sich neue Technologien und Veränderungen von Normen und Verhaltensweisen. Deutlich wird dies an Beispielen wie Elektrofahrrädern oder durch Smartphone-Apps ermöglichte stationsungebundene Auto- oder Fahrradleihsysteme.

Doch die Diskrepanz zwischen dem, was an Nachhaltigkeit im Mobilitätssystem heute schon möglich wäre, und dem, was tatsächlich in den Städten passiert, ist hoch. Wie unsere im weiteren Verlauf präsentierten, aktuellen Daten zeigen, ist das Auto mit Verbrennungsmotor im individuellen Besitz nach wie vor das bei weitem beliebteste Verkehrsmittel in Deutschland; auch objektiv ist der Fahrzeugbestand so hoch wie noch nie (Kraftfahrtbundesamt 2016). Aller Euphorie über die neuen technologischen Möglichkeiten zum Trotz wird eine nachhaltige Verkehrswende, im doppelten Sinn, nicht ohne tief greifende Änderungen von Einstellungen und Verhaltensweisen in der Gesellschaft möglich sein. Hier besteht ein großer Bedarf an psychologischem Wissen.

Psychologische Forschung zu Mobilität hat in Deutschland eine längere Tradition, insbesondere basierend auf klassischen sozialpsychologischen Theorieansätzen zu Einstellungen und intentionalem Verhalten sowie Kontrollkognitionen (v. a. Bamberg et al. 2003; Hunecke 2015). In diesem Beitrag wird ein neuerer Ansatz beschrieben, der kognitionswissenschaftliche Theorien zur Rolle von Emotionen in Entscheidungsprozessen (Thagard 2006) mit soziologischer Forschung zur Ausbreitung von Innovationen in sozialen Netzwerken (Rogers 2003) und Methoden der Computersimulation komplexer Systeme kombiniert. Ein solcher Ansatz ist einerseits besser als klassische individualpsychologische Paradigmen dazu geeignet, der sozialen Einbettung menschlichen Verhal-

17

tens Rechnung zu tragen (Schröder und Wolf 2017), und erhöht andererseits methodisch die Anschlussfähigkeit der Psychologie an den inter- und transdisziplinären Nachhaltigkeitsdiskurs, in dem die mathematische Formalisierung komplex-adaptiver sozial-ökologischer Systeme eine verbreitete methodische Sprache ist (vgl. Rai und Henry 2016).

17.2 Theorie: Mehrebenen-Mechanismen von Einstellungsveränderungen

Die Veränderung von Einstellungen in der Bevölkerung ist deswegen hoch komplex, weil die Wechselwirkungen verschiedener Erklärungsebenen betrachtet werden müssen. Kognitive und emotionale Informationsverarbeitungsmechanismen auf der Ebene individueller Personen interagieren mit sozialen Dynamiken und Informationsflüssen auf der Ebene sozialer Netzwerke. In unserem Inno-Mind-Modell (*Inno*vation Diffusion Through Changing *Mind*s) konzeptualisieren wir Mobilitätseinstellungen als emotional kohärente Begriffsnetzwerke, die sich, meist innerhalb von sozialen Gruppen, synchronisieren oder, meist zwischen sozialen Gruppen, polarisieren können. Zentrale Annahmen des Modells werden nachfolgend kurz für die Ebene individueller Informationsverarbeitung und die Ebene sozialer Kommunikation getrennt skizziert; für Details, insbesondere hinsichtlich der mathematischen Formalisierung der Annahmen, siehe Wolf et al. (2015).

17.2.1 Mobilitätseinstellungen als emotional kohärente Begriffsnetzwerke

Die Theorie emotionaler Kohärenz (Thagard 2006) lässt sich als eine Generalisierung der gestaltpsychologischen Konsistenztheorien verstehen, denen zufolge Menschen nach wechselseitig stimmigen Kognitionen und Emotionen streben. Allerdings ergibt sich aus der Vielzahl von, oft widersprüchlichen, Wahrnehmungen, Hypothesen und Motivlagen in Alltagssituationen oft das Problem, dass nicht alle mentalen Repräsentationen ohne weiteres in eine harmonische „gute Gestalt" gebracht werden können. Beispielsweise ist das Bedürfnis, umweltfreundlich zu handeln, gut mit der Benutzung eines Fahrrads vereinbar und widerspricht der Wahl des Autos. Die gleiche Person mag aber ihr Bedürfnis nach Sicherheit im Verkehr aufgrund bestimmter infrastruktureller Gegebenheiten eher durch ein Auto erfüllt und durch das Radfahren gefährdet sehen. Solche Beziehungen zwischen Bedürfnissen und Handlungsoptionen werden in der Theorie emotionaler Kohärenz als parallel wirksame einschränkende Bedingungen aufgefasst. Das Gehirn ist ständig damit beschäftigt, in einem iterativen Prozess verschiedene Repräsentationen so auszubalancieren, dass ein intuitiv stimmiges, ganzheitliches Bild der Situation entsteht, in dem bestimmte Handlungstendenzen automatisch verstärkt und andere unterdrückt werden. Dabei können sich Kognitionen und Emotionen wechselseitig im Sinne einer motivierten Informationsverarbeitung verstärken (Kunda 1990): Ein leidenschaftlicher Radfahrer ist vielleicht besonders empfänglich für ein ökologisches Argument in einer verkehrspolitischen Debatte, während eine von einem starken Sicherheitsmotiv getriebene Autofahrerin möglicherweise ein solches Argument als wenig relevant erachten mag oder schneller vergisst.

Derartige Kohärenzmechanismen der individuellen Informationsverarbeitung lassen sich mit künstlichen neuronalen Netzen modellieren (◘ Abb. 17.1). Das InnoMind-Modell basiert auf sogenannten lokalistischen neuronalen Netzwerken. Damit ist gemeint, dass einzelne Netzwerkknoten jeweils spezifischen Repräsentationen entsprechen. Die Kanten zwischen den Netzwerkknoten können bei wechselseitig kohärenten Elementen aktivierend (durchgezogene Linien) oder bei inkompatiblen Elementen hemmend (gestrichelte Linien) sein. Eine solche Netzwerkarchitektur ist eine stark vereinfachende, aber dennoch brauchbare Annäherung an die biologisch realistischen, verteilten Netzwerkstrukturen des Gehirns (Thagard 2006). In einem solchen Modell werden Entscheidungen simuliert, indem die Netzwerkknoten entlang der aktivierenden oder hemmenden Kanten in einem iterativen Prozess wechselseitig Aktivation austauschen beziehungsweise unterdrücken, bis ein stabiles Muster hergestellt ist, bei dem einige Knoten dauerhaft aktiviert und andere unterdrückt werden. Im Modell emotionaler Kohärenz hat jeder Knoten außerdem einen Valenzparameter, der den iterativen Aktivationsaustausch zwischen den Knoten zusätzlich verstärkt, um Effekte motivierter Informationsverarbeitung zu simulieren (Thagard 2006).

Mobilitätsbedürfnisse, Handlungsoptionen und emotionale Valenz sind die im InnoMind-Modell repräsentierten Elemente (◘ Abb. 17.1). Die Zahl, Art und Wichtigkeit der Bedürfnisse (letztere symbolisiert durch den Durchmesser der entsprechenden Knoten in der Abbildung), die kognitiven Überzeugungen bezüglich der Kompatibilität von Bedürfnissen und Verkehrsmitteln (repräsentiert durch die Stärke der Verbindungen zwischen Bedürfnis- und Handlungsknoten) sowie die affektive Bedeutung der Bedürfnisse und Verkehrsmitteln (gegeben durch die Stärke der jeweiligen Verbindung mit dem zentralen Valenzknoten) werden in empirischen Studien wie der im weiteren Verlauf dargestellten Studie erhoben. Beispielhaft wird ein Ausschnitt der Mobilitätseinstellungen einer Person mit hohem Umweltbewusstsein und positiver Einstellung zum Radfahren dargestellt (◘ Abb. 17.1). Die subjektive Bedeutung des Bedürfnisses Umweltbewusstsein ist höher als die Bedeutung von Sicherheit (Kreisdurchmesser), obwohl beide mit positiven Emotionen aufgeladen sind (Verbindung mit dem Valenzknoten). Die Person hat die subjektive Überzeugung, dass Rad fahren mit dem Umweltbewusstsein kompatibel ist (durchgezogene Verbindungslinie), Autofahren aber inkompatibel (gestrichelte Linie). Die parallel durchaus vorhandene Überzeugung, dass das Autofahren größere Sicherheit gewährleistet als Radfahren, wird nicht handlungswirksam, weil

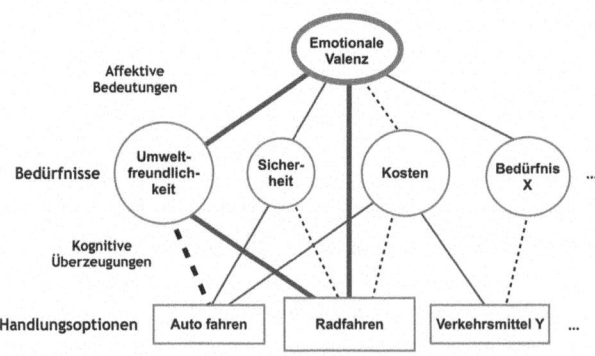

◘ **Abb. 17.1**   Emotional kohärente Struktur von Mobilitätseinstellungen

im Zuge der Herstellung emotionaler Kohärenz durch die Rückkopplungsschleife zwischen Radfahren, emotionaler Valenz und Umweltbewusstsein dieser Aspekt der Entscheidung verstärkt und die gegensätzliche Kognition demgegenüber gehemmt wird.

17.2.2 Soziale Dynamik von Einstellungsveränderungen

Die Veränderung von Einstellungen lässt sich in neuronalen Netzwerken durch eine Veränderung der Netzwerktopologie modellieren (Monroe und Read 2008). Durch die Kommunikation von Fakten können sich die eher kognitiven Einstellungskomponenten verändern. Beispielsweise könnte die dargestellte Person (◨ Abb. 17.1) durch statistische Informationen davon überzeugt werden, dass das Fahrrad ein sicheres Verkehrsmittel ist. In dem Modell würde dann die hemmende Verbindung zwischen den entsprechenden Knoten zu einer aktivierenden werden. Kommunikation kann aber auch auf eine eher subtile Weise die affektiven Einstellungskomponenten ansprechen, zum Beispiel durch nonverbale, emotionale Signale, wie sie eine Person aussendet, die einem Freund begeistert davon erzählt, wie gut sie sich fühlt, seitdem sie das Fahrrad für den Arbeitsweg nutzt. Im Modell (◨ Abb. 17.1) würde sich durch eine solche Art der Kommunikation der aktivierende Link zwischen der Handlung Rad fahren und dem Valenz-Knoten weiter intensivieren. Diese beiden – eher kognitiven und eher affektiven – Möglichkeiten der Einstellungsänderung im InnoMind-Modell entsprechen gängigen Zwei-Prozess-Modellen der Überzeugung aus der Sozialpsychologie (Schröder und Wolf 2017).

Der in der Psychologie übliche Blick auf individuelle Mechanismen der Informationsverarbeitung ist aber nur ein Teilaspekt der Frage, wie sich auf breiter gesellschaftlicher Ebene Einstellungs- und Verhaltensänderungen zu einem nachhaltigeren Mobilitätssystem hin erreichen lassen. Die Soziologie fragt ergänzend eher nach den sozialen Einflüssen, unter denen sich Einstellungen ausbilden und verändern, wobei sie die Eigendynamik der Diffusion von Informationen, Meinungen und Innovationen in Abhängigkeit von der Struktur sozialer Netzwerke betont (Rogers 2003). Von besonderer Bedeutung ist das Phänomen der Homophilie, das heißt die Tendenz, bevorzugt mit hinsichtlich demografischer Merkmale, Einstellungen und Werten ähnlichen Personen zu kommunizieren (McPherson et al. 2001). Hierdurch kommt es zur Ausbildung spezifischer Einstellungsmuster, die an bestimmte Bevölkerungsgruppen und geografische Orte gebunden sind, und die aufgrund der Wechselwirkungen zwischen individuell motivierter Kognition und sozialer Homophilie häufig resistent gegenüber Veränderungen durch Impulse von außen sind. Daher ist es wichtig, neben der individuellen Einstellungsstruktur auch die soziale Einbettung von Individuen zu verstehen.

17.3 Studie: Aktuelle Mobilitätseinstellungen in Deutschland

Basierend auf dem beschriebenen theoretischen Modell wurde von Mitte April bis Mitte Mai 2016 eine Online-Befragung einer Stichprobe der deutschen Bevölkerung durchgeführt ($N = 6047$), um ein aktuelles Bild der Verteilung und der kognitiv-affektiven Struktur von Mobilitätseinstellungen in verschiedenen gesellschaftlichen Gruppen zu bekommen. Die Stichprobe war, orientiert an den Daten des Mikrozensus, weitgehend hinsichtlich Geschlecht, Alter, Bildungsstand, Haushaltseinkommen und Wohnort auf

Bundeslandebene quotiert, wobei Personen mit höheren Bildungsabschlüssen leicht über- und solche mit höheren Einkommen leicht unterrepräsentiert waren. Für Einzelheiten hinsichtlich der Stichprobe und eine ausführliche, auch nach soziodemografischen und psychologischen Merkmalen differenzierte Beschreibung der Ergebnisse im Detail, mithilfe interaktiver Datenvisualisierungstechniken, sei auf die Online-Präsenz der Studie unter ▶ https://monforsense-results.fh-potsdam.de verwiesen. Nachfolgend fassen wir wesentliche Ergebnisse hinsichtlich der Einstellungsstrukturen für die gesamte Stichprobe generalisierend zusammen.

Eine wichtige Frage zielt auf die subjektive Bedeutung verschiedener Mobilitätsbedürfnisse ab, die als Durchmesser der entsprechenden Netzwerkknoten dargestellt sind (◘ Abb. 17.1). Die Anzahl und Bezeichnung der in der Studie erfragten Bedürfnisse ergaben sich aus einer qualitativen Vorstudie mit Fokusgruppen in einer früheren vergleichbaren Erhebung auf Stadtebene in Berlin (Wolf et al. 2015). Die Befragten wurden gebeten, die Bedeutung der Bedürfnisse für ihre Verkehrsmittelwahl auf einer sechsstufigen Likertskala (min = 1, max = 6) einzuschätzen. Unabhängigkeit und Sicherheit werden als die wichtigsten Kriterien der Verkehrsmittelwahl wahrgenommen (jeweils $M = 4{,}9$), Umweltfreundlichkeit nimmt einen mittleren Stellenwert ein ($M = 4{,}1$), und am Ende der Skala, dennoch insgesamt noch als eher bedeutend beurteilt, eher affektive Kriterien wie erlebter Fahrspaß ($M = 3{,}9$) und Selbstdarstellungsmotive ($M = 3{,}5$). Es ist anzunehmen, dass aufgrund von sozialer Erwünschtheit die Bedeutung der letzteren Bedürfnisse für die eigene Verkehrsmittelwahl eher unterschätzt wird (Berger 2016).

Wir baten die Befragten außerdem um eine Einschätzung, wie stark verschiedene Verkehrsmittel ihre verschiedenen Mobilitätsbedürfnisse subjektiv erfüllen. Die Ergebnisse (◘ Tab. 17.1), welche auf die Einstellungskomponente der kognitiven Überzeugungen abzielen, dienen im InnoMind-Modell dazu, die Verbindungen zwischen Bedürfnisknoten und Handlungsoptionen zu parametrisieren (die aktivierenden und hemmenden Links in ◘ Abb. 17.1). Es wird deutlich, dass das klassische Auto mit Verbrennungsmotor nach wie vor die meisten Bedürfnisse subjektiv am besten erfüllt, abgesehen von der Umweltfreundlichkeit und der Kosteneffizienz. Keine der derzeit öffentlich viel diskutierten oder in der Erprobung befindlichen Mobilitätsinnovationen, auf welche die Studie hauptsächlich abzielte, ist in der subjektiven Wahrnehmung der Befragten mit dem klassischen Auto vergleichbar. Diesen Ergebnissen sind einige politikrelevante Schlussfolgerungen zu entnehmen, welche die Bedeutung psychologischer Theorien für eine nachhaltige Verkehrswende verdeutlichen, etwa im Unterschied zu vorherrschenden ökonomischen Ansätzen in der Politikberatung. So unterscheidet sich das Elektroauto gar nicht so deutlich hinsichtlich der Bewertung der Kosteneffizienz, auf welche etwa Maßnahmen wie Kaufpreissubventionen abzielen.

Viel entscheidender, nach unserem Bedürfnismodell, sind Variablen wie der wahrgenommene fehlende Komfort, Fahrspaß oder auch eine geringere empfundene Sicherheit als beim klassischen Auto. Der letzte Punkt ist auch beim autonomen Fahrzeug von Bedeutung, welches als vergleichsweise unsicher erlebt wird – ganz im Gegensatz zum technologischen Potenzial, durch Herausnahme des „kritischen Faktors Mensch", die Anzahl der Verkehrsunfallopfer deutlich zu senken (Wolf 2015). In der Studie wurden ferner die affektiven Bedeutungen der verschiedenen klassischen oder neuartigen Verkehrsmittel gemessenen (◘ Abb. 17.2), mit dem semantischen Differential als Methode zur Messung tiefsitzender kulturell geteilter Wahrnehmungsmuster (Heise 2010).

◘ Tab. 17.1 Durchschnittliche Erfüllung der Entscheidungskriterien durch Mobilitätsformen

	Unabhängigkeit/ Flexibilität	Komfort	Niedrige Kosten	Umweltfreundlichkeit	Sicherheit	Fahrspaß	Zeiteffizienz	Ausdruck der Persönlichkeit
	M (SD)	M (SD)	M (SD)	M (SD)	M (SD)	M (SD)	M (SD)	M (SD)
Traditionelle Mobilitätsformen								
Auto mit Verbrennungsmotor	5,23 (1,07)	4,84 (1,09)	3,45 (1,30)	3,32 (1,29)	4,65 (1,08)	4,56 (1,23)	5,05 (1,08)	3,82 (1,45)
Öffentlicher Personennahverkehr	3,07 (1,41)	3,28 (1,30)	3,26 (1,41)	4,07 (1,24)	4,08 (1,26)	3,21 (1,34)	3,41 (1,41)	2,80 (1,41)
Fahrrad	4,48 (1,40)	3,23 (1,35)	5,01 (1,35)	5,18 (1,33)	3,54 (1,36)	4,01 (1,46)	3,58 (1,43)	3,48 (1,54)
Zu Fuß gehen	4,58 (1,32)	3,32 (1,36)	5,37 (1,13)	5,38 (1,09)	4,30 (1,25)	4,71 (1,22)	2,87 (1,43)	3,81 (1,44)
Neuere Mobilitätsformen								
Elektroauto	3,59 (1,48)	3,72 (1,37)	3,20 (1,46)	4,31 (1,49)	3,80 (1,35)	3,55 (1,41)	3,64 (1,43)	3,07 (1,50)
Elektrofahrrad	3,82 (1,44)	3,46 (1,41)	3,28 (1,48)	4,07 (1,51)	3,24 (1,31)	3,64 (1,47)	3,52 (1,41)	2,80 (1,47)
Autonomes Auto mit Steuerungsmöglichkeit	3,59 (1,58)	3,75 (1,56)	2,64 (1,32)	3,17 (1,39)	3,30 (1,51)	3,02 (1,53)	3,56 (1,54)	2,73 (1,50)
Autonomes Auto ohne Steuerungsmöglichkeit	3,25 (1,59)	3,52 (1,61)	2,51 (1,33)	3,05 (1,41)	2,96 (1,53)	2,54 (1,48)	3,34 (1,54)	2,42 (1,45)
Autonomes Fahrzeug im ÖPNV	3,00 (1,42)	3,24 (1,44)	2,95 (1,38)	3,36 (1,47)	3,02 (1,47)	2,71 (4,41)	3,19 (1,44)	2,49 (1,37)
Stationäres Carsharing	2,80 (1,39)	3,02 (1,36)	3,13 (1,38)	3,33 (1,43)	3,22 (1,39)	3,00 (1,38)	3,05 (1,44)	2,36 (1,30)
Flexibles Carsharing	2,95 (1,43)	3,11 (1,36)	3,22 (1,37)	3,39 (1,40)	3,25 (1,37)	3,05 (1,39)	3,20 (1,45)	2,43 (1,32)

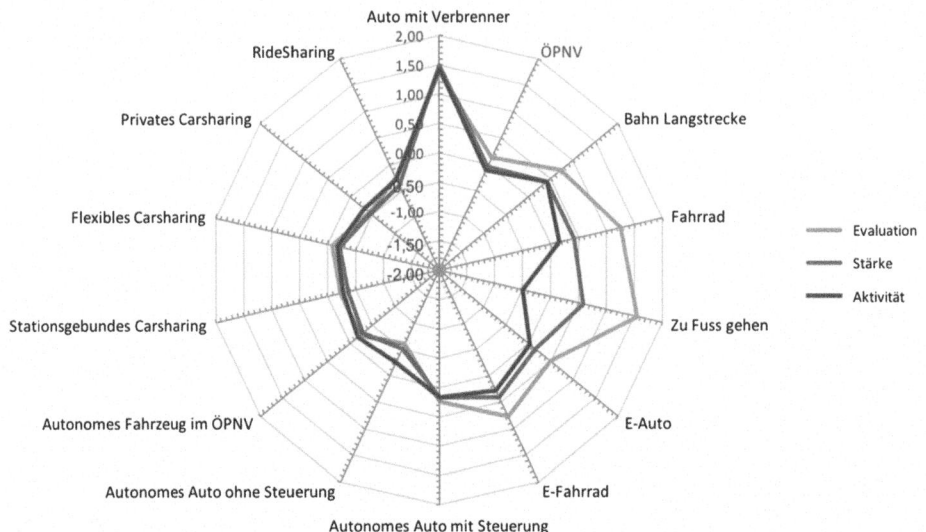

Sentiments Mobilitätsformen

◘ Abb. 17.2   Affektive Bedeutungen traditioneller und innovativer Mobilitätsformen

Bewertet wurden die Verkehrsmittel auf den drei Basisdimensionen des emotionalen Erlebens – *Evaluation* (gut/+ vs. schlecht/−; neutral = 0), *Stärke* (stark/+ vs. schwach/−) und *Aktivität* (erregend/+ vs. ruhig/−). Bei Simulationen von Entscheidungen und Kommunikationsprozessen mit dem InnoMind-Modell (siehe nächster Absatz) werden die Links mit dem Valenz-Knoten (◘ Abb. 17.1) mit den empirischen Bewertungen auf der Evaluation-Skala initialisiert. Auch anhand der affektiven Bedeutungen wird die nach wie vor tiefe psychologische Verwurzelung des klassischen Autos als kulturell dominierendes Verkehrsmittel deutlich, das als einziges sehr positiv, mächtig und aktiv wahrgenommen wird, was der Emotion Freude und den kulturellen Archetypen von Männlichkeit, Heldenhaftigkeit und freundschaftlichen Beziehungen entspricht (Heise 2010). Radfahren und Zufußgehen haben eine ähnlich positive, aber keine vergleichbar starke und aktive affektive Bedeutung. Von den innovativen Verkehrsmitteln haben lediglich die Autos und Fahrräder mit Elektromotor eine leicht positive Bewertung bei ebenfalls fehlender Stärke. Die anderen Mobilitätsinnovationen werden durchweg neutral bis negativ wahrgenommen, besonders das vollautonome Auto, was die psychologischen Herausforderungen für das Ziel einer nachhaltigen Verkehrswende verdeutlicht – Aufladung mit emotionaler Valenz oder Stärke lässt sich kurzfristig schwerlich durch umweltpolitische Maßnahmen erreichen.

17

17.4 Computersimulation von Einstellungsveränderungen

Im Einklang mit vielen bekannten Befunden zur Bedeutung von sozialem Einfluss (z. B. Berger 2016; Hunecke 2015) ist ein weiteres Ergebnis unserer Studie, dass die erklärten eigenen Intentionen, bestimmte Mobilitätsinnovationen zu nutzen, empirisch in hohem Maße von der entsprechenden Bereitschaft von Personen im nahen sozialen Umfeld abhängt. In unserem InnoMind-Modell werden daher nicht nur Einstellungsänderungen auf individueller Ebene mit neuronalen Netzwerken simuliert, sondern auch die Informationsflüsse in einem sozialen Netzwerk. Anhand von Befragungsdaten wird ein künstliches soziales Netzwerk generiert, dessen Struktur bedingt, welche kognitiven oder affektiven Informationen ein bestimmtes neuronales Netzwerk überhaupt erreichen, bevor der emotionale Kohärenzmechanismus (siehe ▶ Abschn. 2.1) bestimmt, ob und gegebenenfalls welche einstellungsverändernde Wirkung diese Information hat. Damit sind nicht nur Simulationen individueller, sondern auch gesamtgesellschaftlicher Einstellungsveränderungen möglich, die der Mehrebenen-Komplexität von Kommunikationsprozessen gerecht werden (Wolf et al. 2015). Letztlich erfordert eine Mobilitätswende einen langfristigen Prozess des kulturellen Wandels, bei dem sich handlungsleitende affektive Bedeutungen durch eigendynamische Kommunikation in der Gesellschaft (siehe oben) verändern. Das Simulationsmodell erlaubt, solche eigendynamischen Kommunikationsprozesse in Form von virtuellen Experimenten auszuprobieren, um die psychologische Plausibilität angestrebter gesellschaftlicher Veränderungen zu beurteilen.

Anhand von Elektromobilität und Carsharing in Berlin haben wir beispielhaft gezeigt, wie sich soziale Simulationen mit InnoMind für praktische Zwecke im Kontext von Nachhaltigkeitstransformationen eignen – nämlich zur ex ante-Evaluation von Politikmaßnahmen und *Framings* von Social-Marketing-Kampagnen[1] in Ergänzung klassischer experimentalpsychologischer Methoden (Schröder und Wolf 2017; Wolf et al. 2015). Das Vorgehen bei solchen Simulationen beinhaltet eine Übersetzung der fraglichen Maßnahmen in die oben (◘ Abb. 17.1) dargestellte kognitiv-emotionale Einstellungsstruktur. Eine Kaufpreissubvention für Elektroautos würde beispielsweise die Linkstärke zwischen dem Verkehrsmittel und dem Kosten-Bedürfnisknoten der simulierten Personen verändern, die durch ihr soziales Umfeld von dieser Maßnahme erfahren. Die oben diskutierten Mechanismen motivierter Kognition und sozialer Homophilie, welche unser Modell abbildet, machen aber die Reaktion auf solche Informationsflüsse alles andere als trivial. Die bisherigen Simulationen am Beispiel von Berlin ergaben auch kontraintuitive Ergebnisse, wie die als vergleichsweise gering vorhergesagte einstellungsverändernde Wirkung von auf ökonomische und ökologische Bedürfnisse abzielenden Maßnahmen (zum Beispiel Subventionen von Elektromobilität, Kampagnen für grüne Mobilität).

Vergleichbare deutschlandweite Simulationen plausibler künftiger Einstellungsveränderungen und psychologisch effektiver politischer Maßnahmen zur Förderung einer nachhaltigen Verkehrswende werden voraussichtlich zum Zeitpunkt des Erscheinens dieses Beitrags zusammen mit den vollständigen Daten der im vorigen Abschnitt beschriebenen Befragung auf der interaktiven Website ▶ https://monforsense-results.fh-potsdam.de zur Verfügung stehen.

17.5 Ausblick: Interventionen und praktische Maßnahmen

Eine offene Frage besteht darin, inwieweit ein psychologisch fundiertes, komplexes Mehrebenen-Modell der Einstellungsänderung wie InnoMind politische Prozesse im Kontext nachhaltiger Mobilität tatsächlich erfolgreich informieren und unterstützen kann.

---

1 *Social Marketing* bezeichnet die Anwendung von Marketingmethoden zur Beeinflussung von Einstellungen und Verhalten im Sinne gesellschaftlich wünschenswerter Entwicklungen (Lee und Kotler 2016).

Theoretische Wege haben wir aufgezeigt, aber eine Validierung im Kontext praktischer Fallstudien steht noch aus. Nichtsdestotrotz erlauben sowohl die skizzierten empirischen Ergebnisse als auch die beschriebenen Simulationen schon einige Schlussfolgerungen in Bezug auf geeignete politische oder unternehmerische Maßnahmen zur Förderung einer nachhaltigen Mobilitätswende. Die noch immer dominierenden Ansätze der Verhaltensänderung, die auf Aufklärung und Information setzen oder ökonomische Anreize verändern, müssen zu großen Teilen als psychologisch unplausibel bewertet werden, wie in unseren Ausführungen zu motivierter Informationsverarbeitung beziehungsweise der vergleichsweise geringen Bedeutung ökonomischer Motive angedeutet/dargestellt wurde. Demgegenüber müssten für nachhaltige Mobilität sowohl auf Fahrzeuge als auch auf die Infrastruktur bezogene Design-Lösungen entwickelt werden, die einerseits kognitive Motive wie das Sicherheits- und Kontrollbedürfnis bedienen, und andererseits emotionale Bedürfnisse nach Komfort, Fahrspaß, maskuliner Selbstexpression etc. ansprechen. Psychologische Tools wie unser InnoMind-Modell sollten so weiterentwickelt werden, dass sie in der Politikberatung und Entscheidungsunterstützung eine ähnliche Reife und Einsatztauglichkeit haben wie die heute noch dominierenden ökonometrischen Modelle.

Da es, wie gezeigt, gerade die subtilen emotionalen Mechanismen und sozialen Einflüsse mit ihren komplexen Wechselwirkungen sind, die das Mobilitätsverhalten prägen, führt an intensiver psychologischer und soziologischer Forschung kaum ein Weg vorbei. Ähnliches dürfte für viele andere Domänen nachhaltiger Entwicklung gelten, bei denen Veränderungen von Einstellungen und Verhalten eine Rolle spielen (siehe auch Nyborg et al. 2016). Ein besseres Verständnis von Prozessen des gesellschaftlichen Wandels ist für das Ziel eines nachhaltig organisierten Verkehrssystems von mindestens ebenso großer Bedeutung wie Fortschritte bei der Entwicklung der Batterietechnologie oder bei der Datenverarbeitung mit künstlicher Intelligenz.

Literatur

Bamberg, S., Ajzen, I., & Schmidt, P. (2003). Choice of travel mode in the theory of planned behavior: The roles of past behavior, habit, and reasoned action. *Basic and Applied Social Psychology, 25,* 175–187.

Berger, J. (2016). *Invisible influence.* London: Simon & Schuster.

Heise, D. R. (2010). *Surveying cultures: Discovering shared conceptions and sentiments.* Hoboken: Wiley.

Hunecke, M. (2015). *Mobilitätsverhalten verstehen und verändern: Psychologische Beiträge zur interdisziplinären Mobilitätsforschung.* Berlin: Springer.

Kraftfahrtbundesamt. (2016). *Jahresbilanz des Fahrzeugbestandes am 1. Januar 2016.* ► http://www.kba.de/DE/Statistik/Fahrzeuge/Bestand/b_jahresbilanz.html. Zugegriffen: 22. Febr. 2017.

Kunda, Z. (1990). The case for motivated reasoning. *Psychological Bulletin, 108,* 480–498.

Lee, N. R., & Kotler, P. (2016). *Social marketing: Changing behaviors for good.* Thousand Oaks: Sage.

McPherson, M., Smith-Lovin, L., & Cook, J. M. (2001). Birds of a feather: Homophily in social networks. *Annual Review of Sociology, 27,* 415–444.

Monroe, B. M., & Read, S. J. (2008). A general connectionist model of attitude structure and change: The ACS (Attitudes as Constraint Satisfaction) model. *Psychological Review, 115,* 733–759.

Nyborg, K., Anderies, J. M., Dannenberg, A., Lindahl, T., Schill, C., Schlüter, M., Adger, W. N., Arrow, K. J., Barrett, S., Carpenter, S., & Chapin, F. S. (2016). Social norms as solutions. *Science, 354*(6308), 42–43.

Rai, V., & Henry, A. D. (2016). Agent-based modeling of consumer energy choices. *Nature Climate Change, 6,* 556–562.

Rogers, E. M. (2003). *Diffusion of innovations* (5. Aufl.). New York: Free Press.

Schröder, T., & Wolf, I. (2017). Modeling multi-level mechanisms of environmental attitudes and behaviours: The example of car sharing in Berlin. *Journal of Environmental Psychology, 52,* 136–148.

17

Thagard, P. (2006). *Hot thought: Mechanisms and applications of emotional cognition*. Cambridge: MIT Press.

Wolf, I. (2015). Wechselwirkung mensch und autonomer agent. In C. Gerdes, B. Lenz, M. Maurer, & H. Winner (Hrsg.), *Autonomes Fahren im Straßenverkehr der Zukunft* (S. 103–125). Berlin: Springer.

Wolf, I., Schröder, T., Neumann, J., & Haan, G. de. (2015). Changing minds about electric cars: An empirically grounded agent-based modeling approach. *Technological Forecasting and Social Change, 94,* 269–285.

Nachhaltigkeit in der Lokalpolitik: Interviews mit deutschen Bürgermeistern nachhaltiger Kommunen

Peter Schmuck

Das Projekt „Kommune innovativ: Transformbar", in dessen Rahmen die hier beschriebene Studie entstand, wurde vom Bundesministerium für Bildung und Forschung gefördert.

© Springer Fachmedien Wiesbaden GmbH, ein Teil von Springer Nature 2018
C. T. Schmitt, E. Bamberg (Hrsg.), *Psychologie und Nachhaltigkeit*,
https://doi.org/10.1007/978-3-658-19965-4_18

18.1 Problemlage: Die Erfolglosigkeit bisheriger globaler Nachhaltigkeitspolitik und mögliche psychologische Beiträge zur Veränderung der Lage

Wesentliche Indikatoren für eine nachhaltige Entwicklung wie etwa die Quantität von Treibhausgasemissionen, die Differenz zwischen materiell wohlhabenden und armen Bevölkerungsanteilen oder die Anzahl aussterbender Arten weisen auf globaler Ebene trotz der Konferenz von Rio de Janeiro im Jahre 1992 und den zahlreichen Folgekonferenzen, die mit zahllosen Absichtserklärungen einhergingen, weiterhin in eine bedrohliche Richtung. Um das nur an einem Indikator zu illustrieren: Die globalen Kohlendioxid Emissionen betrugen im Jahr 1992 circa 21 Mrd. Tonnen. Dieser Betrag ist seitdem kontinuierlich angestiegen und betrug im Jahr 2015 circa 32 Mrd. Tonnen (International Energy Agency 2017). So darf man fragen: Woran mag es liegen, dass auf der einen Seite führende Politiker vieler Staaten der Erde seit 25 Jahren immer wieder gute Absichten zur Förderung einer nachhaltigen Entwicklung formulieren, in Verträgen festhalten, diese unterschreiben, zuletzt in Form der Sustainable Development Goals oder im Jahre 2016 beim Klimaschutzgipfel in Paris, während auf der anderen Seite solche Dokumente bislang nicht in der Lage waren, eine Trendwende hin zu einer nachhaltigen Entwicklung auszulösen?

Die Suche nach Antworten führt zu grundlegenden Annahmen in heutigen Industriegesellschaften, welche sich offenkundig nicht mit nachhaltiger Entwicklung vereinbaren lassen, und deshalb, nach Meinung des Autors, infrage zu stellen sind:

1. Menschen seien das höchstentwickelte Wesen der Evolution, dabei primär egoorientiert und mit mehr Rechten als andere Lebewesen ausgestattet.
2. Die verfügbare Menge an Konsum und Geld sei proportional zum Glückserleben (Bucher 2009; Schmuck und Sheldon 2001).
3. Ein Geldsystem mit Zinsen sowie kontinuierliches Wirtschaftswachstum seien unabdingbar.
4. Die uns verfügbaren Ressourcen seien im Prinzip endlos.
5. Zentralisierte Produktion sei in jedem Fall besser als verteilte.
6. Privatbesitz öffentlicher Dinge diene deren Erhalt.
7. Es sei leicht, sich eine eigene, zutreffende und zielführende Meinung zu bilden.

Diese Annahmen sowie nachhaltigkeitskompatible Alternativen sind in Schmuck (2015a, 2017) dargelegt. Im vorliegenden Beitrag ist der Fokus enger.

Welche konkreten Beiträge vermag die Fachwissenschaft der Psychologie zur Verbesserung der Situation beisteuern? Dazu reflektierte der Autor zunächst die Zuständigkeit unserer Wissenschaftsdisziplin (Schmuck 2000; Sheldon et al. 2000; vgl. Schweitzer 1999), um anschließend daraus eine Reihe von Vorschlägen abzuleiten (Schmuck und Vlek 2003; Schmuck 2015b, 2017a, b) und diese in konkreten Transformationsprojekten umzusetzen (Schmuck 2013, 2014). All den genannten Arbeiten liegt die folgende These zugrunde: Sollte es gelingen, nachzuweisen, dass individuelles Verhalten für nachhaltige Entwicklung der ursprünglichen Natur der menschlichen Psyche nicht zuwiderläuft, sondern in dieser angelegt ist (Schmuck 2000; Schmuck und Kruse 2005), und falls PsychologInnen nachweisen können, dass ein Zusammenhang zwischen einem individuellen Engagement für nachhaltige Entwicklung – sprich für faire Regeln des sozialen Zusammenlebens sowie für ein Aufblühen ökologisch balancierter Lebensräume – einerseits und individuellem Wohlbefinden andererseits besteht, dann darf man positive

Effekte für die Ausrichtung des realen Verhaltens von Menschen erwarten, welche von diesem Zusammenhang Kenntnis erhalten. Gelingt dieser Nachweis, dann darf ein breiter Motivationsschub für die Initiierung von neuen Lebensmustern erwartet werden, welche eine neue, faire und ökologisch balancierte Gesellschaft fördern können.

Für verschiedene Gruppen von Menschen wurden empirische Argumente gesammelt, welche die These des Zusammenhangs zwischen der Entfaltung sozialer und ökologischer Potenziale und dem Wohlbefinden stützen (Eigner-Thiel und Schmuck 2010; Karpenstein-Machan et al. 2014; Schmuck und Sheldon 2001; Schmuck 2017b). Einige Beispiele mögen das konkretisieren: Interviews mit ökologisch engagierten Personen weisen Wohlbefindensgewinne als Resultat des sich für die Mitwelt Einsetzens aus (Eigner 2001; Sohr 2001). Auch Interviews mit Personen aus der Erdcharta-Bewegung[1] zeigten, dass diese Menschen ihr Engagement als förderlich für das eigene Wohlbefinden ansehen (Bein 2008). Personen, welche Lebensmuster im Sinne der materiellen Einfachheit anstreben und praktizieren, weisen nach mehreren Studien ein hohes Wohlbefinden als Konsequenz dieser Lebensstile auf. So zeigt eine Interview-Studie mit Personen, welche engen Kontakt zum Lebensraum der Natur pflegen, dass diese Personen als Folge ihrer Lebensweise durchgängig über eine Herabsetzung des Stressniveaus im Alltag, befriedigende positive Beziehungen zu anderen Menschen und damit Gewinne beim körperlichen, seelischen und sozialen Wohlbefinden berichten (Scholz 2012). Ähnliche Befunde weist eine Studie auf, in der Personen befragt wurden, welche sich auf freiwilliger Basis für ein materiell einfaches Leben – wie von Elgin (1993) und Gottwald et al. (2016) beschrieben – entschieden haben (Kissner 2005). Die Hinwendung zu diesem Lebensmuster wirkte sich für alle Befragten positiv auf das habituelle Wohlbefinden aus und bewirkte darüber hinaus eine Öffnung für persönlich erfüllende und als sinnvoll erlebte Tätigkeiten – wie von Frankl (1995) konzipiert – zum Beispiel im Naturschutz, für Umweltbildung, beim Aufbau sozialer Gemeinschaften und gemeinschaftlicher Selbstversorgung mit Lebensmitteln, welche wiederum positiv auf das Wohlbefinden zurückwirken. Eine weitere Studie, welche die emotionalen Aspekte des Wohlbefindens bei materiell einfach lebenden Personen fokussierte (Gäwert 2005), kommt zu folgendem Ergebnis: Befragte, welche einen *Voluntary Simplicity* Lebensstil – nach Elgin (1993) – verfolgen, ziehen Freude, Zufriedenheit und Selbstwertgefühl aus einem innerlich reichen und emotionserfüllten Leben, welches durch kreative Betätigung, Gemeinschaft mit anderen und daraus erwachsenden *Flow*-Erfahrungen geprägt ist.

18.2 Fragestellung des vorgestellten Projekts

In diesem Beitrag sollen die bereits vorliegenden Befunde um Ergebnisse einer Interviewstudie mit Lokalpolitikern erweitert werden. So lautet die zentrale Fragestellung: 1) Berichten Personen aus einer Stichprobe von Lokalpolitikern, welche sich für nachhaltige Entwicklung vor Ort engagieren, über Gewinne für ihr individuelles Wohlbefinden? Darüber hinaus werden 2) die Motive der Interviewpartner für ihr Nachhaltigkeitsengagement erfragt. Aus einer Reihe weiterer Interviewfragen sollen für den vorliegenden Beitrag drei weitere für Nachhaltigkeitspolitik relevante Fragenbereiche explorativ

18

---

1   Nähere Informationen zu dieser Initiative können auf deren Webseite (Earth Charter Initiative 2016) gefunden werden.

beschrieben werden: 3) Wie werden die Menschen der Kommune von Bürgermeistern und Lokalpolitikern für Nachhaltigkeitsprojekte gewonnen? 4) Worin sehen die Befragten Erfolgsfaktoren der kommunalen Nachhaltigkeitstransformation? 5) Wie beurteilen die Interviewten die aktuelle nachhaltigkeitsrelevante Landes- und Bundespolitik und die sich daraus ergebenden Rahmenbedingungen für die kommunale Verwaltung?

18.3 Methode

Für die Studie wurde die Methode eines leitfadengestützten Interviews gewählt.

18.3.1 Gewinnung der Personenstichprobe

Es wurde eine bundesweite Recherche nach Bürgermeistern durchgeführt, welche sich in ihrer Kommune auf breiter Ebene für eine nachhaltige Entwicklung einsetzen und dabei erste nachweisbare Erfolge erzielten. Solche Erfolge sind zum Beispiel eine komplette Eigenversorgung mit klimaneutraler elektrischer Energie, der Aufbau generationenübergreifender Begegnungsstätten, in denen Bildung für nachhaltige Entwicklung praktiziert wird, Renaturierungsprojekte oder die Ansiedlung von Firmen des Nachhaltigkeitssektors. Unter den 16 Kommunen, deren Bürgermeister befragt wurden, sind 4 Kommunen, die den Nachhaltigkeitspreis des Rates für Nachhaltigkeit der Bundesregierung erhalten haben, 9 Erneuerbare Energiekommunen, ein Bioenergiedorf und zwei kleinere Kommunen mit jeweils zahlreichen Aktivitäten im Bereich der Nachhaltigkeitstransformation. Zusätzlich wurde der Leiter eines Amtes für Nachhaltigkeit eines deutschen Landkreises befragt. Drei der Kommunen haben unter 1000 Einwohner, zehn Kommunen zwischen 1000 und 10.000 Einwohner und drei Kommunen über 10.000 Einwohner. Der Landkreis hat über 400.000 Einwohner und schließt eine der 16 Kommunen ein.

18.3.2 Interviewleitfaden

Die Fragenbereiche betrafen unter anderem die aktuellen Nachhaltigkeitsprojekte, deren Initiatoren, die Ideenherkunft, die Art der Entscheidungsfindung, die Art der Gewinnung eines Projektteams, die Methoden der Zusammenführung der verschiedenen beteiligten Interessensgruppen, die Motivierung der Beteiligten zu einer dauerhaften Zusammenarbeit, die Art dieser Zusammenarbeit, die Veranstaltungsformate und Moderationsmethoden, die institutionellen Strukturen für die neuen Vorhaben, den Umgang mit Gegnern und Kritikern des Projektes sowie mit Hindernissen, den Ablauf der Projektumsetzung, die Erfolgs- und Misserfolgsfaktoren, den Erfahrungsaustausch mit anderen Projekten, die Motivation für das eigene Engagement, die Auswirkungen des Engagements auf das eigene Befinden. Abschließend wurde um eine Einschätzung der aktuellen nachhaltigkeitsrelevanten Bundes- und Landespolitik sowie der sich daraus ergebenden Verwaltungsrichtlinien gebeten.

18.3.3 Ablauf und Auswertung der Interviews

Die Interviews dauerten im Schnitt eine Stunde. Sie fanden, nach telefonischer Vereinbarung, in den Büros der Kommunalpolitiker vor Ort statt. Die Gespräche wurden aufgezeichnet und im Anschluss mittels qualitativer Textanalyse, genauer gesagt einer zusammenfassenden Inhaltsanalyse nach Mayring (2010), aufbereitet.

18.4 Ergebnisse

18.4.1 Berichten Personen aus einer Stichprobe von Lokalpolitikern, welche sich für nachhaltige Entwicklung vor Ort engagieren, Gewinne für ihr individuelles Wohlbefinden?

Fünf der befragten 17 Personen äußerten auf die Frage nach den Auswirkungen des Engagements auf das eigene Befinden prägnant: „Das macht mir Spaß beziehungsweise Freude". Die anderen 12 teilten diese Aussage und gaben darüber hinaus differenziertere Aspekte an, etwa: „das fühlt sich top an, macht mich stolz, gibt mir Kraft, gibt mir Befriedigung, löst Glückshormone und große Befriedigung aus", „es erfüllt mich mit Freude, zu sehen, dass wir mitgestalten können, andere zu begeistern, dass wir nicht hilflose Opfer sind", „das bringt Anerkennung, ist wunderbar", „ich bin ein glücklicher Mensch, habe ein ruhiges Gewissen, es ist schön, dabei zu sein", „ein positives Empfinden ergibt sich automatisch, wenn man auf diese Art tolle, ehrliche und aktive Menschen um sich hat und mit diesen gemeinsame Ziele verfolgen kann".

Vier Befragte gaben neben den positiven Effekten auch negative an, etwa: „manchmal gibt es auch Dämpfer", „schwierig sind Anfeindungen von Menschen, welche sich lediglich als Kunden dieser ehrenamtlichen Arbeit verstehen anstatt mitzumachen", „es gibt auch viele kritische Stimmen, die die Ausrichtung negativ hinterfragen und kommentieren", „gelingt die Umsetzung eines Projektes nicht, ist die Zufriedenheit gering".

18.4.2 Welche Motive berichten die Befragten für ihr Nachhaltigkeitsengagement?

Die genannten Motive liegen auf unterschiedlichen Abstraktionsebenen und beinhalten verschiedene, nicht-disjunkte Aspekte, welche eine zusammenfassende Gruppierung schwierig machen. Als Annäherung kann konstatiert werden, dass sechs Personen emotionale/soziale, auf Kinder und Enkel gerichtete Beweggründe für ihr Handeln besonders betonen, während weitere sechs Nennungen das aktive, leidenschaftliche Engagement als Motivator betreffen. Vier Personen geben eher abstrakte Gründe als Leitmotiv an, nämlich auf Lösung globaler Probleme gerichtete Nachhaltigkeitsaktivitäten. Vier Nennungen thematisieren das Sinnkonstrukt (Frankl 1995), etwa: „Ich möchte Menschen für sinnvolle Dinge begeistern."

18

18.4.3 Wie wird versucht, die Menschen der Kommune für Nachhaltigkeitsprojekte zu gewinnen?

Beim Fragenbereich nach der Motivierung der Menschen der Kommune, nach der Art der Gewinnung eines substanziellen Projektteams und den Methoden der Zusammenführung der Beteiligten ließen sich die Antworten der 17 Befragten zu folgenden vier Kategorien zusammenfassen:

- Einzelgespräche und persönliche Kontakte (14 Nennungen)
- Intensive Bürgerbeteiligung (12 Nennungen)
- Intensive Vernetzung innerhalb der Verwaltung und der Gruppe der Lokalpolitiker (6 Nennungen)
- Unterschiedliche Interessensgruppen zusammenbringen (4 Nennungen)

18.4.4 Worin sehen die Befragten Erfolgsfaktoren der kommunalen Nachhaltigkeitstransformation?

Hier wurde wiederum von der Mehrheit der Befragten (12) der enge Kontakt zu den BürgerInnen genannt. Wenn diese transparent und offen für eine Beteiligung an der Gestaltung des Zusammenlebens in der Kommune angesprochen werden, kann, nach Meinung der Mehrzahl der Befragten, die Transformation erfolgreich in Gang gebracht werden. Darüber hinaus wurden hier genannt:

- Überparteilich agieren (3 Nennungen)
- Besuchsfahrten zu Best-Practice Kommunen (2 Nennungen)
- Spaß, Feiern, Humor (2 Nennungen)

18.4.5 Wie beurteilen die Interviewten die aktuelle nachhaltigkeitsrelevante Landes- und Bundespolitik und die sich daraus ergebenden Rahmenbedingungen für die kommunale Verwaltung?

Auf diese Frage wurden ausschließlich kritische Aussagen genannt. Von vier Befragten aus Erneuerbare Energiekommunen wurde kritisiert, dass die gegenwärtige Energiepolitik der Bundesregierung (EEG Novelle, Fortsetzung zentraler statt dezentraler Erzeugung von Energie, etwa durch Planung von Starkstromtrassen) die bürgernahe und regionale Wende hin zu erneuerbarer Energie zunehmend schwieriger macht. Weitere Einzelnennungen waren die folgenden:

- „80% der Zeit brauche ich, um gegen sinnlose Bürokratie anzukämpfen",
- „ich erlebe eine wachsende Unmenschlichkeit in der Bürokratie, teils ohne Herz und Verstand, die Verwaltung scheint Selbstzweck zu werden",
- „die Stadt hier wird völlig überreguliert, wir verwalten uns zu Tode",
- „die Bürokratie ist inzwischen lebensbedrohlich",
- „in der Politik fehlen Praktiker, hohe Politiker sind meist nicht vertrauenswürdig, dafür oft karrieregeil und ängstlich, sie treiben im Parlament eine Champagnerkultur",
- „die große Politik versagt auf ganzer Linie".

Die aktuelle Bundes- und Landespolitik wird von den interviewten Personen insgesamt als Hemmnis für die konstruktive Arbeit in der eigenen Kommune empfunden.

18.5 Diskussion

Eine Stichprobe von 17 Personen mag methodisch quantitativ orientierte Wissenschaftler nicht sonderlich beeindrucken. In der Tat können die berichteten Befunde nicht für eine größere Gesamtheit von Lokalpolitikern oder gar für Politiker im breiteren Verständnis verallgemeinert werden. Dennoch beeindrucken an dem vorliegenden Datensatz zwei Aspekte: Zum einen darf die befragte Personengruppe trotz ihres geringen Umfangs als repräsentativ für hoch motivierte und nachhaltigkeitsengagierte Bürgermeister unseres Landes gelten, da genau diejenigen Personen ausgewählt wurden, welche nach diesem Kriterium sehr überzeugende Erfolge aufweisen. Zum anderen kann die zentrale Forschungsfrage nach den Auswirkungen des Engagements auf das persönliche Befinden klar beantwortet werden. Die Antworten aller Interviewten beschreiben positive Wirkungen auf das Befinden. Vier der Befragten nennen darüber hinaus Argumente, welche eine Beeinträchtigung des Befindens beim Nicht-Gelingen von Projekten betrifft. Dies unterstützt die Hauptthese dieser Arbeit, nach der Engagement für nachhaltige Entwicklung auch bei der hier analysierten Personengruppe positive Auswirkungen auf das Wohlbefinden hat.

Die Antworten zur Motivation sind sehr vielschichtig und entziehen sich einer einfachen Klassifikation. Aufgrund der Vielfalt der Fragenbereiche konnte an dieser Stelle nicht genauer nachgefragt werden, was differenziertere Befunde hätte erbringen können. Dennoch ist mit zwei Ausnahmen („Bürgermeister aus Leidenschaft" und „ehrenamtlich aktiv") in allen Äußerungen ein soziales und/oder ökologisches Motiv explizit oder implizit enthalten. Das lässt sich dahin gehend interpretieren, dass Motive dieser Art, welche nachhaltigkeitsorientierten Handlungen zugrunde liegen, in der psychologischen Ausstattung unserer Art angelegt sind.

18.6 Praktische Schlussfolgerungen

Die explorativen Befunde zu den Forschungsfragen 3–5 legen folgende Implikationen nahe:

Persönliche Kontakte zwischen den unterschiedlichen Bevölkerungsgruppen von Kommunen scheinen eine unabdingbare Voraussetzung für Vorhaben im Bereich der Nachhaltigkeitstransformation zu sein. Das heißt für die Planung derartiger Prozesse, dass die verfügbaren Zeit- und Finanzressourcen primär in direkte Kontaktmöglichkeiten zwischen den Beteiligten investiert werden sollten. Aus diesem Grund arbeitet die Forschergruppe des Autors derzeit an der Initiierung von sozialen Marktplätzen in deutschen Modellkommunen, damit physische Örtlichkeiten entstehen, welche explizit diesem Anliegen dienen.

Zur derzeitigen Bundes- und Landespolitik, welche kommunale Nachhaltigkeitsaktivitäten aus Sicht der Befragten wenig unterstützt, bietet sich folgende Implikation an: Ein Volk hat diejenigen Politiker, die es gewählt hat – es kommt also darauf an, mit allen uns verfügbaren Mitteln für die Sinnhaftigkeit einer Nachhaltigkeitstransformation in

18

der Breite der Bevölkerung unseres Landes zu werben (vgl. die Sinnbezüge bei mehreren Befragten zur eigenen Motivation und Frankl 1995). Dann erhöhen wir die Chance, bei künftigen politischen Wahlen nachhaltigkeitsorientierte Politiker wie die hier Befragten wieder stärker auch in höheren politischen Gremien vertreten zu sehen. Unabhängig vom Eintreten dieses Szenarios kann auch für Zeitfenster ungünstiger politischer Rahmenbedingungen auf höherer Ebene konstatiert werden, dass LokalpolitikerInnen auf Kreis-, Stadt- und Gemeindeebene erheblichen Einfluss auf die Gestaltung der Nachhaltigkeitstransformation vor Ort nehmen können, wie die realen, beeindruckenden Erfolge der in dieser Studie befragten Bürgermeister zeigen. Ein Bürgermeister brachte diesen Gedanken auf den Punkt: „LokalpolitikerInnen und BürgermeisterInnen haben es in der Hand, die Entwicklung vor Ort zu steuern. Etwa bei der Entscheidung, ob ansässige BürgerInnen oder anonyme InvestorenInnen das Geschehen vor Ort bestimmen."

Die Botschaft dieses Beitrags besteht demnach darin, dass bei stärkerer Berücksichtigung von menschlichem Wohlbefinden als Kriterium für nachhaltige Entwicklung der Weg zur Nachhaltigkeitstransformation auch auf höheren politischen Ebenen geebnet werden kann. Wenn statt herkömmlicher primär ökonomischer Nachhaltigkeitskriterien eher Glück und Wohlbefinden als Referenzgrößen für nachhaltige Entwicklung herangezogen werden und psychologische Befunde zum Zusammenhang zwischen der Entfaltung nachhaltigkeitsrelevanter individueller Potenziale und Wohlbefinden stärker erkannt werden, darf davon ein Motivationsschub für die Nachhaltigkeitstransformation erwartet werden.

Literatur

Bein, J. (2008). *Werte, Lebensziele und Wohlbefinden im Kontext einer nachhaltigen Lebensweise: Explorative Interviews mit Engagierten der Erd-Charta Bewegung.* Berlin: TU Berlin (unveröffentlichte Diplomarbeit).

Bucher, A. (2009). *Psychologie des Glücks.* Weinheim: Beltz.

Earth Charter Initiative. (2016). Earth Charter Initiative: Values and principles to foster a sustainable future. ► http://earthcharter.org/. Zugegriffen: 21. Juli 2017.

Eigner, S. (2001). The relationship between 'protecting the environment' as a dominant life goal and subjective well-being. In P. Schmuck & K. Sheldon (Hrsg.), *Life goals and well-being: Towards a positive psychology of human striving* (S. 182–201). Seattle: Hogrefe & Huber.

Eigner-Thiel, S., & Schmuck, P. (2010). Gemeinschaftliches Engagement für das Bioenergiedorf Jühnde: Ergebnisse einer Längsschnittstudie zu psychologischen Auswirkungen auf die Dorfbevölkerung. *Umweltpsychologie, 14*(2), 98–120.

Elgin, D. (1993). *Voluntary simplicity: Toward a way of life that is outwardly simple, inwardly rich.* New York: Quill.

Frankl, V. (1995). *Die Sinnfrage in der Psychotherapie.* München: Piper.

Gäwert, H. (2005). *Emotionalität bei Menschen mit einem ‚Voluntary Simplicity Lifestyle'.* Berlin: TU Berlin (unveröffentlichte Diplomarbeit).

Gottwald, F., Malunat, B., & Mayer-Tasch, P. (2016). *Die unerschöpfliche Kraft des Einfachen.* Wiesbaden: Springer.

International Energy Agency. (2017). CO_2 emissions statistics. ► http://www.iea.org/statistics/topics/CO2emissions/. Zugegriffen: 20. Juli 2017.

Karpenstein-Machan, M., Schmuck, P., Wilkens, I., & Wüste, A. (2014). *Die Kraft der Vision: Pioniere und Erfolgsgeschichten der regionalen Energiewende.* Göttingen: Interdisziplinäres Zentrum für nachhaltige Entwicklung. ► www.idee-regional.de/files/Kraft_der_Visionen_web_korr.pdf.

Kissner, S. (2005). *Wohlbefinden von Menschen mit einer ‚Voluntary Simplicity' Lebensweise.* Berlin: TU Berlin (unveröffentlichte Diplomarbeit).

Mayring, P. (2010). Qualitative Inhaltsanalyse. In G. Mey & K. Mruck (Hrsg.), *Handbuch qualitative Forschung in der Psychologie* (S. 601–613). Wiesbaden: Verlag für Sozialwissenschaften.

Schmuck, P. (2000). Werte in der Psychologie und Psychotherapie. *Verhaltensmedizin und Verhaltensthe-rapie, 21,* 279–295.

Schmuck, P. (2013). The Göttingen approach of sustainability science: Creating renewable energy communities in Germany and testing a psychological hypothesis. *Umweltpsychologie, 17*(1), 119–135.

Schmuck, P. (2014). Bioenergiedörfer in Deutschland. In H. Leitschuh, G. Michelsen, U. E. Simonis, J. Sommer, & E. U. von Weizsäcker (Hrsg.), *Jahrbuch für Ökologie: Re-Naturierung* (S. 88–93). Stuttgart: Hirzel.

Schmuck, P. (2015a). *Die Kraft der Vision: Plädoyer für eine neue Denk- und Lebenskultur.* München: oekom.

Schmuck, P. (2015b). Der Göttinger Ansatz der Nachhaltigkeitswissenschaft: Potentiale von Hochschulen in der Nachhaltigkeitstransformation der Gesellschaft. In W. Leal Filho (Hrsg.), *Forschung für Nachhaltigkeit an deutschen Hochschulen* (S. 117–130). Berlin: Springer.

Schmuck, P. (2017). Ein neues Weltbild für Ökonomie und Gesellschaft von morgen. In I. Lopez (Hrsg.), *Corporate Social Responsibility und Psychologie* (S. 15–29). Berlin: Springer.

Schmuck, P. (2017a). Transformationspsychologie für nachhaltige Entwicklung: Zur Überwindung von Hindernissen für Nachhaltigkeit im Rahmen einer psychologisch fundierten Sustainability Science. In W. Leal Filho (Hrsg.), *Innovationen in der Nachhaltigkeitsforschung* (S. 197–208). Berlin: Springer.

Schmuck, P. (2017b). Von der Umweltpsychologie zu einer Transformationspsychologie der Potentialentfaltung. *Umweltpsychologie, 21,* 106–118.

Schmuck, P., & Kruse, A. (2005). Entwicklung von Werthaltungen und Lebenszielen. In J. Asendorpf (Hrsg.), *Enzyklopädie der Psychologie: Soziale, emotionale und Persönlichkeitsentwicklung* (Bd. 3, S. 191–258). Göttingen: Hogrefe.

Schmuck, P., & Sheldon, K. (2001). Life goals and well-being: To the frontiers of life goal research. In P. Schmuck & K. Sheldon (Hrsg.), *Life goals and well-being: Towards a positive psychology of human striving* (S. 1–18). Seattle: Hogrefe & Huber.

Schmuck, P., & Vlek, C. (2003). Psychologists can do much to support sustainable development. *European Psychologist, 8,* 66–76.

Scholz, D. (2012). *Mensch-Natur Beziehung und subjektives Wohlbefinden: Eine Interviewstudie mit Frijluftsliv-Praktizierenden.* Berlin: TU Berlin (unveröffentlichte Diplomarbeit).

Schweitzer, A. (1999). *Die Weltanschauung der Ehrfurcht vor dem Leben: Kulturphilosophie* (Bd. 3). München: Beck.

Sheldon, K., Schmuck, P., & Kasser, T. (2000). Is value-free science possible? *American Psychologist, 55,* 1152–1153.

Sohr, S. (2001). Eco-activism and well-being: Between flow and burnout. In P. Schmuck & K. Sheldon (Hrsg.), *Life goals and well-being: Towards a positive psychology of human striving* (S. 202–215). Seattle: Hogrefe & Huber.

18

Nachhaltigkeit im Gesundheitswesen durch den Einsatz von Servicerobotik

Dominic Bläsing, Nora Warner, Johannes Fischbach und Manfred Bornewasser

© Springer Fachmedien Wiesbaden GmbH, ein Teil von Springer Nature 2018
C. T. Schmitt, E. Bamberg (Hrsg.), *Psychologie und Nachhaltigkeit*,
https://doi.org/10.1007/978-3-658-19965-4_19

19.1 Nachhaltigkeit: Vom Schlagwort zur konkreten Umsetzung

Im politischen Diskurs wurde dem Thema Nachhaltigkeit in den letzten Jahren breiter Raum gegeben. Schon längst ist nicht mehr allein von nachwachsenden Rohstoffen beziehungsweise der Beachtung eines allgemeinen Prinzips die Rede, wonach nicht mehr Ressourcen verbraucht werden dürfen als nachwachsen können. Der Gedanke der zyklischen Wiederverwertung von Produkten in einem biologischen oder technischen Kreislauf steht zunehmend im Zentrum der Aufmerksamkeit des sogenannten *Sustainability Managements*. Folglich wird Nachhaltigkeit aktuell nicht nur als ökologische Notwendigkeit, sondern verstärkt als ökonomische Chance und sozialverträgliche Lebensform gesehen. Ein nachhaltiges Produkt hat gleichzeitig mehrere Effekte: es schont die Umwelt, es ermöglicht einen produktiveren Einsatz von Material und Arbeit und es schafft ausgewogenere soziale Verhältnisse zwischen Marktteilnehmern. Dabei fällt auf, dass insbesondere technologische Innovationen im Bereich von Digitalisierung und auch Roboterisierung für die Weiterentwicklung einer solchen umfassenden Nachhaltigkeit sorgen.

Diese drei Effekte bilden die zentralen Säulen für das leitende UN-Modell der Nachhaltigkeit, welches die ökologischen, wirtschaftlichen und sozialen Ziele einer Gesellschaft in ein interdependentes Verhältnis zueinander setzt (Deutscher Bundestag 1997). Damit wird zugleich verdeutlicht, dass jede Nachhaltigkeit auf die Zukunft betreffende, längerfristige Ziele, wie den Erhalt der Umwelt, hin angelegt ist und in wirtschaftlichen Unternehmen auf eine strategische Dimension und ein entsprechendes Kennzahlensystem hin ausgelegt sein muss. Gerade durch die digital gestützte Automatisierung können gleichzeitig Kosteneinsparung, Ressourcenschonung und Entlastungen der Arbeitskräfte realisiert werden, sofern Nachhaltigkeit als übergeordnetes Ziel akzeptiert wird.

Auch der Gesundheitssektor mit seinen zahlreichen Krankenhaus-, Rehabilitations- und Pflegeeinrichtungen steht vor der Herausforderung, seine Dienstleistungsprodukte und -prozesse unter Nachhaltigkeitsgesichtspunkten zu gestalten. Dabei erfolgt die Bewältigung dieser Herausforderung vor dem Hintergrund von zwei weiteren strukturellen Rahmenbedingungen – der Veränderung der gesetzlichen Voraussetzung und des demografischen Wandels. Die Gesundheitseinrichtungen wandeln sich immer mehr von karitativen Einrichtungen zu öffentlichen Betrieben und privaten Unternehmen (Neubauer 2007). Dies impliziert eine Ökonomisierung aller Prozesse und Produkte, bedeutet aber auch, auf eine höhere Effizienz in der integrativen Leistungserstellung und Versorgung der Patienten zu setzen. Parallel sind die Gesundheitseinrichtungen stark vom demografischen Wandel betroffen. Hier entsteht ein doppelter Druck: Aufgrund der Alterung der Bevölkerung nimmt die Zahl der zu Pflegenden immer weiter zu, gleichzeitig nimmt die Zahl der bereitstehenden Pflegekräfte am Arbeitsmarkt aber ab. Von daher sollte darauf geachtet werden, dass das in Deutschland wahrgenommene angespannte quantitative Verhältnis von Pflegekräften zu Pflegenden zumindest erhalten bleibt und Pflegekräfte in den prozessualen Abläufen mehr Entlastung erfahren (Augurzky et al. 2016). Schon heute führen schwere körperliche Arbeitsbelastungen zu häufigen Ausfällen und frühzeitigen Renteneintritten, zum Beispiel infolge von schwerwiegenden Muskel-Skelett-Erkrankungen (Hasselhorn und Müller 2004; wobei solche Erkrankungen in den letzten Jahren auch in anderen Berufsgruppen zunahmen, vgl. Grobe und Steinmann 2016), und damit auch zu einer abnehmenden Attraktivität des Berufsbildes. Ein auf Nachhaltigkeit ausgelegtes Arbeitsverhältnis sollte dazu beitragen, dass auch unter Bedingungen der gesetzlich vorgegebenen Ökonomisierung die Pflegekräfte trotz hoher Beanspruchung länger im Beruf aktiv bleiben können.

19

Die Ansätze zur Nachhaltigkeit im Gesundheitsbereich sind breit gefächert. Sie reichen von einer verbesserten Prozessgestaltung über eine Erweiterung der Ausbildung der Pflegekräfte hinein in die Bereiche des Medikamenten- und Abfallmanagements bis hin zu Maßnahmen des Prozessmonitorings und der systematischen Fehleranalyse. Darüber hinaus betreffen sie aber auch den energieeffizienten Ausbau von Pflege- und Gesundheitseinrichtungen, die Schaffung von zentralen OP-Einrichtungen als IT-gesteuerten Holding-Areas (Henning et al. 2014) oder das Angebot von Maßnahmen der Prävention und Gesundheitsförderung. Entscheidend ist dabei immer, dass durch alle diese Maßnahmen keine Einseitigkeiten entstehen, sondern die Interessen der Einrichtungen, der Pflegekräfte sowie der Patienten möglichst so beachtet werden, dass daraus Synergien entstehen können.

Im Folgenden wird Nachhaltigkeit im Bereich der Alten- und Krankenpflege in den Vordergrund gestellt. Dabei wird insbesondere die prozessuale Seite der Arbeitsverhältnisse und hier wiederum der Einsatz moderner digitaler Assistenzsysteme näher beleuchtet. Im Mittelpunkt der Betrachtungen steht dabei die Pflegekraft, deren mentale und körperliche Ressourcen es zu schonen und zu erhalten gilt. Hier wird sehr häufig einseitig quantitativ so argumentiert, dass die Zahl der Pflegekräfte erhöht werden muss, was sich etwa in einem besser gewichteten Verhältnis von Pflegekräften zu Fällen, Belegungstagen oder Fallschwere ausdrückt. Die empirische Evidenz für ein solches Argument fällt jedoch meist wenig überzeugend aus, was aber auch damit zusammenhängt, dass die fallfixen und fallvariablen Leistungen von Pflegekräften nur schwer zu erfassen und zu quantifizieren sind (Augurzky et al. 2016). Je nach Bestimmung der Leistungsmengen ergaben sich in den letzten Jahren eher geringfügige Zunahmen oder Abnahmen der Anzahl der Pflegekräfte. Nicht berücksichtigt wird dabei, dass sich in dieser Zeit auch das Aufgabenspektrum der Pflege änderte, dass sich die Anforderungen im hygienischen und dokumentarischen Bereich wandelte und dass vermehrt digitale Assistenzsysteme eingesetzt wurden.

Eine nachhaltige Entwicklung für den Bereich der Pflege, so lässt sich schlussfolgern, umfasst sowohl die quantitativen vor allem aber auch die qualitativen Aspekte der Pflegearbeit, die sich aus Veränderungen der Arbeitsorganisation und dem Einsatz von Technik ergeben. Um weitere Entlastung zu bewirken, sollten die (direkten) Kernpflegetätigkeiten durch technologische Unterstützung weniger belastend gestaltet und (indirekte) pflegeferne Tätigkeiten wie Intralogistik und Dokumentation automatisiert werden. Es erfordert zusätzliche Anstrengungen, die gegenwärtigen Abläufe zum Beispiel auf den Stationen zu analysieren und dort entsprechende Veränderungen in Richtung auf mehr direkte Pflege zum Beispiel durch Qualifizierung zu erhalten und zunehmende Belastungen im Bereich der indirekten Pflege abzubauen.

19.2 Nachhaltigkeit durch technologische Rationalisierung von Prozessen

Aufgabe von Pflegeeinrichtungen ist die Versorgung von Patienten. Eine gesundheitsförderliche Versorgung setzt eine interaktive Beziehung zwischen Pflegekräften und zu pflegenden Personen voraus. Diese Interaktion bildet das Herz der Pflege. Zu pflegende Personen werden damit in die alltäglichen Abläufe auf der Station integriert. Dabei werden diese Abläufe in drei Rubriken eingeteilt (Bornewasser 2014): Autonom von den Einrichtungen zu gestaltende Abläufe (vor allem Intralogistik, Dokumentation), relationale Abläufe, die nur in Zusammenarbeit von Beschäftigten und Pflegebedürftigen zu erledigen sind (alle Formen direkter, interaktiver Pflege wie der Verbandswechsel) sowie heteronome Abläufe, die in der Einrichtung seitens der Patientinnen und Patienten allein zu gestalten sind (beispielsweise das Aufsuchen der Endoskopie). Im Sinne der Nachhaltigkeit ließe sich die Qualität der Pflege strategisch verbessern, wenn der Ressourcenverbrauch im Bereich der autonomen Abläufe reduziert würde, auf die relationalen Abläufe mehr Personalressourcen konzentriert und die Pflegebedürftigen dazu angereizt und ermuntert würden, die von ihnen erwarteten Beiträge zuverlässig zu erbringen – solange diese eigenständig dazu in der Lage sind. In diesem Sinne werden zum Beispiel auf Stationen Abläufe im Bereich der Logistik automatisiert, etwa durch fahrerlose Transportsysteme, wodurch die Pflegekräfte mehr Zeitressourcen für die relationalen Abläufe in der direkten Pflege zur Verfügung haben könnten. Dadurch kann mit dem gleichen Personalbestand ein höheres Maß an direkter Pflege realisiert werden. In vergleichbarer Richtung wird darüber nachgedacht, ob und wie selbst diese relationalen Abläufe, also die direkte Interaktion von Pflegebedürftigen und Pflegekräften, durch technische Maßnahmen weiter zu verbessern sind. Dies kann sowohl den zu Pflegenden als auch den Pflegekräften zugutekommen, wenn dabei etwa körperliche Belastungen durch Heben, Schieben und Tragen vermindert werden. Auch technische Investitionen in die Aufklärung der Pflegebedürftigen darüber, wie sie sich optimal in Behandlungsabläufe einbringen können, führen zu mehr Pflegequalität und zur Entlastung von Fachkräften (vgl. Henning et al. 2014). Alle diese Beispiele verdeutlichen, dass ein nachhaltiges Pflegemanagement vornehmlich auf den Erhalt der Ressource Pflegekraft abzielt.

19.3 Nachhaltigkeit durch den Einsatz von Servicerobotik in der Pflege

Ein nachhaltiges Pflegemanagement steht demnach vor der zentralen Aufgabe, Pflegekräfte von zeitraubenden Tätigkeiten zu befreien, die nicht der direkten Pflege zuzurechnen sind, und gleichzeitig in diesem Bereich für eine größtmögliche Entlastung von schweren physischen und psychischen Anstrengungen zu sorgen.

Zunehmend werden solche Entlastungsbemühungen mittels technologischer Assistenzsysteme angegangen, von denen bereits eine breite Palette entwickelt, erprobt und eingesetzt wurde. Erinnert sei hier an die Vielzahl von Sensoren im Bereich des *Ambient Assisted Living*, an Medikationsautomaten oder an Companionroboter wie die Roboter-Robbe Paro, den Roboter-Hund Aibo oder das Roboter-Mädchen Alice aus den Niederlanden. Gerade über solche Companionroboter kann die von den Patienten und Patientinnen wahrgenommene Qualität der Pflege steigen, ohne dass dadurch menschliche Pflegekräfte belastet werden.

In jüngster Zeit trifft man im Gesundheitssektor auch sogenannte Serviceroboter an. Deren Wirkungsfeld reicht von einfachen Hol- und Bringdienstleistungen bis hin zur Möglichkeit, mit Freunden und Familie in Kontakt zu treten, ärztliche Einrichtungen zu konsultieren oder gemeinsam Sportprogramme zu absolvieren. Während Serviceroboter wie Care-O-bot 4 oder Tweety und Max aus Deutschland eher im häuslichen Pflegebereich zu finden sind, gehen aktuelle Entwicklungen auch dazu über, Pflegekräfte in ihrem Arbeitsalltag in Pflegeeinrichtungen zu entlasten. Aktuell wird im BMBF (Bundesministerium für Bildung und Forschung)-geförderten Verbundprojekt *Servicerobotik in personennahen Dienstleistungen* (SeRoDi) ein intelligenter Pflegewagen erprobt, der

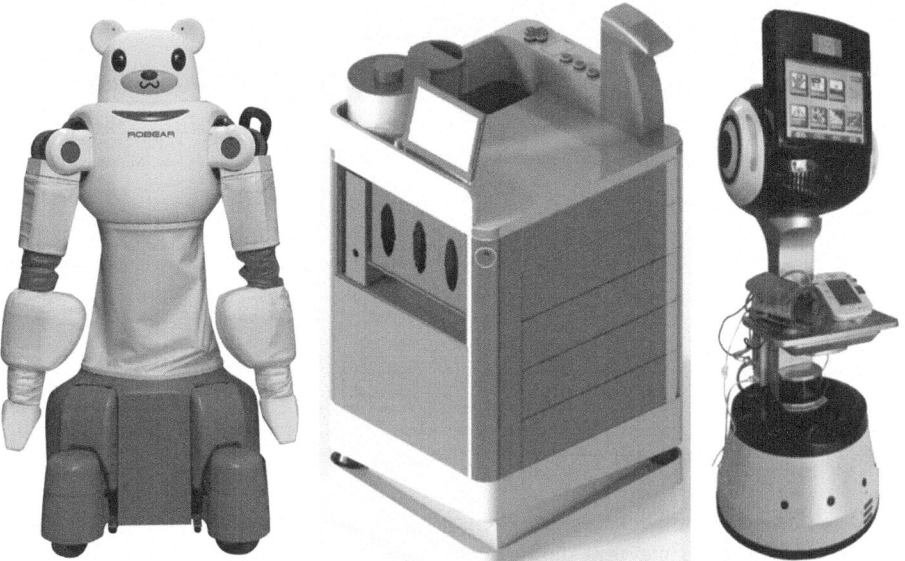

◻ Abb. 19.1   Roboter der Szenarien (*von links nach rechts:* Robear, Intelligenter Pflegewagen, Healthbot)

auf den Stationen für Entlastung der Pflegekräfte sorgen soll, indem Laufwege abgenommen oder verkürzt werden (◻ Abb. 19.1, Mitte; Graf et al. 2018). Zusätzlich werden durch eine Umstrukturierung der logistischen Back-End-Prozesse die Beladungszeiten von Pflegewagen reduziert. Mit Robear aus Japan (◻ Abb. 19.1, links) steht ein Roboter zur Transferunterstützung bereit. Aus Neuseeland kommt Healthbot; RIKEN, Japan (◻ Abb. 19.1, rechts), welcher in der Lage ist, nach erteiltem Auftrag Pflegebedürftige aufzusuchen und anzuleiten; Robotics Research Group – The University of Auckland, New Zealand sich ein Blutdruckmessgerät anzulegen. Die anschließend erhobenen Daten werden automatisiert in bestehende Informationssysteme eingepflegt und können von den Pflegekräften analysiert und interpretiert werden.

Solch aufwendige technologische Systeme werden in Pflegeeinrichtungen meist mit doppelter Perspektive eingeführt: Sie sollen dazu dienen, Versorgungsprozesse zu rationalisieren und gleichzeitig auch die Pflegekräfte zu entlasten. Ob es tatsächlich zu den angestrebten ökonomischen Rationalisierungseffekten kommt, ist meist ungewiss, weil diese auch davon abhängen, ob die Technik effizient eingesetzt und dadurch entlastend wirken kann. So können Robotertechnik und Exo-Skelette zweifelsohne dazu beitragen, die Belastungen des Pflegealltages zu senken und Tätigkeiten wie Heben und Umlagern von Patienten weniger anstrengend zu gestalten. Allerdings treten solche Effekte nur dann ein, wenn der zeitliche Aufwand zur Vorbereitung und Nutzung gering ist. Benötigt die Pflegekraft unter Zuhilfenahme eines Serviceroboters in dieser Hinsicht für einen Transfer dreimal so viel Zeit wie mit dem herkömmlichen Vorgehen, so ist die Wahrscheinlichkeit hoch, dass Pflegebedürftige wie hergebracht mit Muskelkraft bewegt werden, auch wenn dies anerkanntermaßen schwer belastend und aus Sicht des Arbeitsschutzes zu vermeiden ist.

Diese Überlegung zeigt die enge Verknüpfung von ökonomischer und sozialer Nachhaltigkeit. Zwischen der Intention der Entlastung und sich einstellenden Fakten besteht

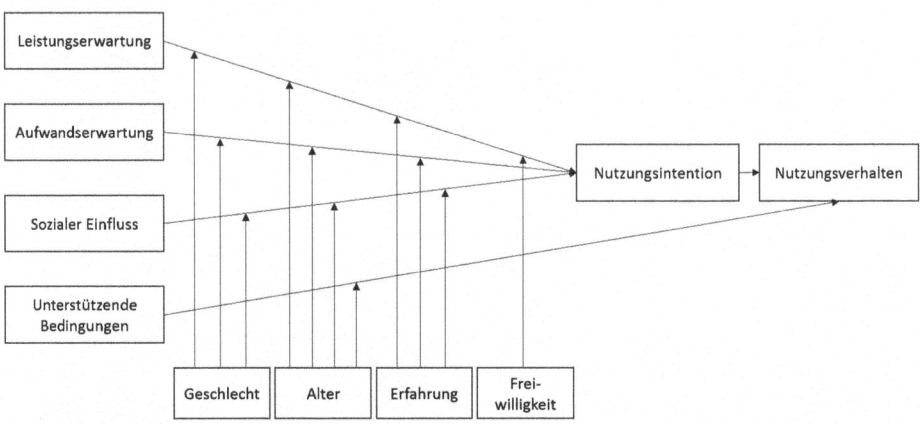

◘ Abb. 19.2   UTAUT Modell nach Venkatesh et al. (2003)

oftmals eine erhebliche Lücke. Nicht jede gut gemeinte technische Problemlösung trägt zur angestrebten Nutzung und damit auch Entlastung bei. Entscheidende Zwischengröße ist hier oftmals die Akzeptanz der technischen Maßnahme im betrieblichen Umfeld. Dabei spielt auch immer die Befürchtung vieler Pflegekräfte eine Rolle, durch solche Systeme ganz oder teilweise ersetzt oder in ausgesonderte Bereiche wie Transportdienste versetzt zu werden. Dies mindert jegliche Akzeptanz und erzeugt Reaktanz (Brehm 1972).

Im Modell von Venkatesh et al. (2003) wird Technikakzeptanz als eine punktuelle Einstellung zu generell neuartigen Technologien begriffen. Diese Einstellung setzt sich aus verschiedenen Überzeugungen zusammen und prägt die Intention, das technische Instrument zu nutzen. Die sogenannte *Unified Theory of Acceptance and Use of Technology* (UTAUT) gibt wesentliche Zusammenhänge und wichtige Moderationseinflüsse wieder (◘ Abb. 19.2). Die linke Seite des Modells listet die zentralen Faktoren auf, die die Bereitschaft zur Nutzung des eingeführten technischen Assistenzsystems im Arbeitsalltag beeinflussen. Das sind in erster Linie Erwartungen daran, was das neue Gerät leisten kann (Leistungserwartung) und was an Bedienungsaufwand zu erbringen sein wird (Aufwandserwartung). Zusätzlich wird die Nutzungsintention durch soziale Faktoren wie etwa die Begeisterung der Beschäftigten gefördert oder durch negative situative Rahmenbedingungen beeinträchtigt (wenn etwa keine Einführung in die neue Technologie erfolgt). Als moderierende Faktoren gelten das Geschlecht, das Alter, die Erfahrung im Umgang mit Technik und die Freiwilligkeit der Nutzung.

Empirische Analysen zu verschiedenen Technologien im Pflegebereich zeigen, dass Pflegekräfte technologischen Neuerungen durchaus ambivalent gegenüber stehen (Steffan et al. 2006; Haubner und Nöst 2012; Hielscher und Richter 2014). Pflegekräfte akzeptieren neue Technologien vor allem dann, wenn sie als unterstützend und nicht als ersetzend wahrgenommen werden. Weitere wichtige Faktoren in diesem Zusammenhang sind positive Erfahrungen im Umgang mit neuen Technologien (die sogenannte *usability* beziehungsweise der *ease of use*) und die ausreichende, vorbereitende Qualifizierung.

Im Bereich der modernen Servicerobotik, die in die integrierte Pflege hinein reicht und vereinzelt zu Kollaborationen von Mensch und Roboter führt, liegen bislang kaum systematische Erkenntnisse zur Akzeptanz vor. Die von Hielscher und Richter (2014) durchgeführten Studien kommen zu dem Schluss, dass hohe Akzeptanz für solche Systeme vorliegt, die im Bereich der Routinetätigkeiten beziehungsweise im Bereich der pflegefernen Tätigkeiten Entlastung versprechen. Sie fällt niedrig aus, wenn der interaktive Kern der Pflege berührt wird beziehungsweise wenn der Roboter direkte Pflegetätigkeiten wie das Anreichen von Nahrung oder gar die Blutentnahme übernehmen soll.

19.4 Nachhaltigkeit durch Partizipation

Technische Assistenzsysteme können nur dann zur Nachhaltigkeit beitragen, wenn sie akzeptiert und auch genutzt werden. Neben Funktionalität muss gleichzeitig der Aufwand gering und der erwartete Nutzen hoch sein. Jedoch reicht das meist noch nicht aus, vielmehr impliziert gerade die soziale Nachhaltigkeit auch die frühzeitige Einbeziehung der Pflegekräfte in die Gestaltung von Technik und die Reorganisation von Räumen und Prozessen im Pflegealltag. Im Rahmen einer partizipativen Technikgenese (Cieslik et al. 2012) können Pflegekräfte so selbst dazu beitragen, Probleme in Abläufen aufzuzeigen, an Verbesserungsmaßnahmen mitzuwirken und den Nutzen neuer Technologien zu gestalten. Gerade aus psychologischer Sicht erscheint es angebracht, im Laufe der Implementation aufzuzeigen, welche positiven Aspekte die neue Technologie mit sich bringt. Der frühzeitige Besuch von Schulungen und der Erwerb von Wissen und Kompetenz im Umgang mit dem Roboter senkt die Aufwandserwartung, was wiederum zu einer Steigerung der Akzeptanz beitragen kann.

19.5 Spannungsfelder der Nachhaltigkeit in der Pflege

Nachhaltigkeit und technologische Innovation stehen in einem engen Verhältnis zueinander. Jeder Versuch, Nachhaltigkeit durch den Einsatz von Technik zu erzielen, setzt aber voraus, dass Akzeptanz für Technik gegeben ist. Hieran fehlt es oftmals aus ganz verschiedenen Gründen, etwa weil die Auswahl und Einführung der Technologie ohne Beteiligung der Betroffenen erfolgt oder der Rückgriff auf moderne Technik als Signal für beabsichtigte Personalreduktionen wahrgenommen wird.

Wie bereits im WiMi-Care Projekt (Graf et al. 2012) festgestellt wurde, lässt sich der Befund mangelnder Akzeptanz zum ersten auf Verunsicherung zurückführen. Pflegekräfte erleben ihr Arbeitshandeln als zwischen zwei Polen eines standardisierten oder unstandardisierten Vorgehens angesiedelt. Beim standardisierten Vorgehen kommt es zu Routinehandlungen, die wenig anspruchsvoll sind und von technischen Assistenzsystemen übernommen werden könnten. Stärker fordernd sind unstandardisierte Abläufe, die situationsspezifische Lösungen erforderlich machen. In solchen Fällen kann der Roboter keine Unterstützung leisten. Für Pflegekräfte stellt sich bei ihren Beurteilungen von Robotern daher immer die Frage, welche Pflegetätigkeiten sie zentral im Auge haben, was davon im Sinne eines standardisierten Regelwissens ausgeführt beziehungsweise nicht ausgeführt werden kann und wie standardisierte und unstandardisierte Abläufe verteilt sind.

Zum zweiten deuten Befunde zu Veränderungsmaßnahmen in den Einrichtungen darauf hin, dass der Einsatz von technischen Assistenzsystemen seitens der Pflegekräfte vor allem im Lichte erwarteter Personaleinsparungen gesehen wird (Hielscher und Richter 2014). Daraus resultieren Misstrauen, Skepsis und Widerstand. Der RWI-Bericht zur Lage der Pflege (Augurzky et al. 2016) erörtert einzelne Dimensionen dieser ablehnenden Haltung. Dadurch wird die soziale Nachhaltigkeit im Verbund mit der ökologischen und der ökonomischen Nachhaltigkeit extrem gefährdet. Es wird dem Management vielfach unterstellt, dass vor allem ökonomische Strategien handlungsleitend sind und Kosten über den Personalabbau im Bereich der Pflege gesenkt werden. Damit wird die Glaubwürdigkeit der Aussage von Leitungskräften infrage gestellt, wonach in erster Linie Entlastung, nicht aber Entlassung angestrebt werde.

Zum dritten wird die Einführung von digitalen Assistenzsystemen aber auch als eine unerwünschte Abwertung der eigenen Arbeitstätigkeit betrachtet. In dem Sinne steht man Reorganisationsmaßnahmen generell kritisch gegenüber und sieht eine gute Versorgung der Pflegebedürftigen vor allem durch eine ganzheitliche Organisation der Pflegetätigkeit realisiert. Skepsis herrscht folglich insbesondere gegenüber einer weiteren Zergliederung von Arbeitsabläufen sowie jeglicher Standardisierung oder gar Automatisierung der Pflege, die zu einem empfundenen Abbau von Personal beitragen. Von daher wird immer wieder defensiv das Argument vorgetragen, Technik solle aus dem intimen Kernbereich der direkten Interaktion und Kommunikation herausgehalten werden. In diesem Sinne werden vor allem solche Robotersysteme abgelehnt, die in den schützenswerten interaktiven Bereich eingreifen (Hielscher und Richter 2014).

Nachhaltigkeit stellt ein komplexes Konstrukt mit drei interdependenten Spielfeldern dar, die gleichzeitig bedient werden müssen. Dies bereitet gerade im Gesundheitsbereich erhebliche Schwierigkeiten, weil einerseits die Ökonomisierung des Gesundheitswesens noch im vollen Gange ist, andererseits aber immer noch viele Pflegekräfte stark von karitativen Vorstellungen der Versorgung der Patienten geprägt sind. Diese Dissonanz stört die Zusammenarbeit zwischen Management und operativen Kräften in der Versorgung. Sie charakterisiert aber auch die Arbeitstätigkeit der Pflegekräfte, die meinen, in ihrer Pflegetätigkeit alltäglich den Widerspruch zwischen Ökonomie und Caritas erkennen zu können. Sie wehren sich dagegen, Patienten zu Objekten ökonomischer und technischer Rationalität zu machen, weil dies, in instrumentalistischer Sicht, auch den eigenen Status im Gesundheitswesen absichert und sogar aufwertet. Die verstärkte Einführung von technischen Assistenzsystemen wird entscheidend davon abhängen, ob es gelingt, den angedeuteten Widerspruch zwischen ökonomischer und sozialer Nachhaltigkeit gerade im Bereich der Pflegekräfte glaubhaft zu überwinden. Wichtiger als Leistungs- und Aufwandserwartungen ist die gemeinsame Erarbeitung einer glaubwürdigen Nachhaltigkeitsstrategie, die erkennbar nicht zulasten von Pflegekräften und den ihnen anvertrauten Pflegebedürftigen geht.

Literatur

Augurzky, B., Bünnings, C., Dördelmann, S., Greiner, W., Hein, L., Scholz, S., & Wübker, A. (2016). *Die Zukunft der Pflege im Krankenhaus* (Bd. 104). Essen: Materialien des Rheinisch-Westfälischen Instituts für Wirtschaftsforschung.

Bornewasser, M. (2014). Dienstleistungsarbeit: Autonome, relationale und heteronome Komponenten der Arbeit vom Anbieter für den Kunden. In M. Bornewasser, B. Kriegesmann, & J. Zülch (Hrsg.), *Dienstleistungen im Gesundheitssektor: Produktivität, Arbeit und Management* (S. 29–59). Wiesbaden: Springer Gabler.

Brehm, J. W. (1972). *Responses to loss of freedom: A theory of psychological reactance.* Morristown: General Learning Press.

Cieslik, S., Klein, P., Compagna, D., & Shire, K. (2012). Das Szenariobasierte Design als Instrument für eine partizipative Technikentwicklung im Pflegedienstleistungssektor. In K. A. Shire & J. M. Leimeister (Hrsg.), *Technologiegestützte Dienstleistungsinnovation in der Gesundheitswirtschaft* (S. 85–110). Wiesbaden: Gabler.

19

Deutscher Bundestag. (1997). *Konzept Nachhaltigkeit: Fundamente für die Gesellschaft von morgen: Zwischenbericht der Enquete-Kommission „Schutz des Menschen und der Umwelt – Ziele und Rahmenbedingungen einer nachhaltig zukunftsverträglichen Entwicklung"* des 13. Deutschen Bundestages. Bonn: Autor.

Graf, B., Jacobs, T., Luz, J., Compagna, D., Derpmann, S., & Shire, K. (2012). Einsatz und Pilotierung mobiler Serviceroboter zur Unterstützung von Dienstleistungen in der stationären Altenpflege. In K. A. Shire & J. M. Leimeister (Hrsg.), *Technologiegestützte Dienstleistungsinnovation in der Gesundheitswirtschaft* (S. 265–288). Wiesbaden: Springer Gabler.

Graf B., King R. S., Rößner A., Schiller C., Ganz W., Bläsing D., … & Bornewasser M. (2018). Entwicklung eines intelligenten Pflegewagens zur Unterstützung des Personals stationärer Pflegeeinrichtungen. In M. A. Pfannstiel, S. Krammer, & W. Swoboda (Hrsg.), *Digitale Transformation von Dienstleistungen im Gesundheitswesen: Impulse für die Pflegeorganisation* (Bd. 4). Wiesbaden: Springer.

Grobe, T., & Steinmann, S. (2016). Gesundheitsreport 2016 – Gesundheit zwischen Beruf und Familie. In Techniker Krankenkasse (Hrsg.), *Gesundheitsreport 2016 der Techniker Krankenkasse mit Daten und Fakten zu Arbeitsunfähigkeit und Arzneiverordnungen.* Hamburg: Techniker Krankenkasse.

Hasselhorn, H. M., & Müller, B. H. (2004). Arbeitsbelastung und -beanspruchung bei Pflegepersonal in Europa: Ergebnisse der NEXT-Studie. In B. Badura, H. Schellschmidt, & C. Vetter (Hrsg.), *Fehlzeiten-Report 2004: Gesundheitsmanagement in Krankenhäusern und Pflegeeinrichtungen: Zahlen, Daten, Analysen aus allen Branchen der Wirtschaft* (S. 21–47). Berlin-Heidelberg: Springer.

Haubner, D., & Nöst, S. (2012). Pflegekräfte: Die Leerstelle bei der Nutzerintegration von Assistenztechnologien. In K. A. Shire & J. M. Leimeister (Hrsg.), *Technologiegestützte Dienstleistungsinnovation in der Gesundheitswirtschaft* (S. 3–31). Wiesbaden: Gabler.

Henning, E., Wiese, C., Zach, M., Meissner, K., & Westphal, K. (2014). Prozessoptimierung und Produktivitätssteigerung in der Anästhesie eines modernen Krankenhauses. In M. Bornewasser, B. Kriegesmann, & J. Zülch (Hrsg.), *Dienstleistungen im Gesundheitssektor: Produktivität, Arbeit und Management* (S. 155–174). Wiesbaden: Springer Gabler.

Hielscher, V., & Richter, N. (2014). Technikeinsatz und Arbeit in der Altenpflege: Ergebnisse einer internationalen Literaturrecherche. *Iso-Report: Berichte aus Forschung und Praxis, 1,* 1–43.

Neubauer, G. (2007). Neuorientierung in der Krankenhausversorgung: Von der Selbstkostendeckung zu Wettbewerbspreisen. In C. Igel, W. G. Lange, W. Ried, & V. Ulrich (Hrsg.), *Effizienz, Qualität und Nachhaltigkeit im Gesundheitswesen* (S. 385–399). Freiburg: Nomos.

Steffan, S., Laux, H., & Wolf-Ostermann, K. (2006). *Einstellungssache IT gestützte Pflegedokumentation? Ergebnisse einer empirischen Untersuchung.* European Nursing Informatics (Kongress für Pflegeinformatik): Osnabrück am 29.09.2006.

Venkatesh, V., Morris, M. G., Davis, G. B., & Davis, F. D. (2003). User acceptance of information technology: Toward a unified view. *MIS Quarterly, 27*(3), 425–478.

Nachhaltigkeit durch die Förderung einer autonomen Selbstregulation in Coachingausbildungen

Wie können Coachingausbildungen und Coachingprozesse gestaltet werden, um eine autonome Persönlichkeitsentwicklung zu erzielen?

Christina Mühlberger, Isabell Braumandl und Eva Jonas

© Springer Fachmedien Wiesbaden GmbH, ein Teil von Springer Nature 2018
C. T. Schmitt, E. Bamberg (Hrsg.), *Psychologie und Nachhaltigkeit,*
https://doi.org/10.1007/978-3-658-19965-4_20

20.1 Nachhaltige Entwicklung in der Bildung: Förderung der autonomen Selbstregulation

Um die junge Generation auf die Anforderungen unserer Gesellschaft optimal vorzubereiten, stellt sich die Frage, was universitäre Bildung leisten muss, um als „nachhaltig" bezeichnet zu werden. Laut den Sustainable Development Goals des *UN-Department of Economic and Social Affairs,* meint nachhaltige Bildung gerechte und hochwertige Ausbildungen und Möglichkeiten zum lebenslangen Lernen für alle zu schaffen. Dies bedeutet einerseits den Zugang zu Ausbildungen zu ermöglichen, aber auch, durch qualitativ hochwertige Ausbildungen, langfristige und überdauernde Kompetenzen zu vermitteln. Dabei geht es neben fachspezifischen Kompetenzen also auch um Persönlichkeitsentwicklung.

Zur Unterstützung einer stabilen und gleichzeitig flexiblen Persönlichkeit, ist die Förderung der Selbstregulation zentral. Selbstregulation ist eine Verhaltenssteuerung, die alle für das Selbst relevanten Erfahrungen – wie Gefühle, Einstellungen und Werte – beinhaltet (Kuhl 2010). Eine effektive Selbstregulation ermöglicht es, selbstständig Entscheidungen zu treffen, die zur eigenen Person passen und sich daher stimmig anfühlen (Deci und Ryan 2000). Dies wird auch als eine autonome Selbstregulation bezeichnet und kann durch eine Förderung der Autonomie von Individuen unterstützt werden.

20.1.1 Förderung einer autonomen Selbstregulation durch Coaching

Ein Beispiel, um die autonome Selbstregulation zu fördern, stellt Coaching dar. Coaching ist eine Prozessberatung, in der Coachees Ziele zur beruflichen und persönlichen Entwicklung definieren und verfolgen. Greif (2008) sieht das Ziel von Coaching in einer „Verbesserung der Erreichung selbstkongruenter Ziele" (S. 59). Coaches unterstützen ihre Coachees dabei, sich selbstkongruente Ziele zu setzen, das heißt Ziele, die im Einklang mit dem Selbst stehen. Dies kann, nach Deci und Ryan (2000), als das Erreichen einer autonomen Selbstregulation bezeichnet werden, die es ermöglicht, Entscheidungen zu treffen und Handlungen auszuführen, die von Individuen als stimmig erlebt werden. Auf dem Wege der Herstellung oder Verbesserung der Selbstregulationsfähigkeit sind die Coaches Prozessbegleiter. Sie unterstützen ihre Coachees dabei, diese Fähigkeit zu entwickeln, damit die Coachees ihre Ziele selbstständig erreichen können (Greif 2008; Rauen 2005).

Zur Vorbereitung auf einen möglichen Berufseinstieg nach Studienende wird Karriere-Coaching an der Universität Salzburg als Ausbildung für Studierende im Masterstudium Psychologie angeboten. Im Rahmen dieser Lehrveranstaltung werden die Studierenden zu Coaches ausgebildet und nehmen gleichzeitig als Coachees an einem Coachingprozess teil. In der Ausbildung wird zusätzlich zur Entwicklung von spezifischen Fähigkeiten und Fertigkeiten als Coach die Selbstregulationsfähigkeit entwickelt. Diese Fähigkeit wird sowohl inhaltlich-theoretisch als auch anhand von anwendbaren Reflexionsübungen und Methoden-Tools gelehrt. So wählen sich die AusbildungsteilnehmerInnen zu Beginn selbst eine Motto-Postkarte, die ihr individuelles selbstbestimmtes Coachingziel visualisiert. Im Laufe der Präsenzblöcke lernen die AusbildungsteilnehmerInnen Methoden der Zielerreichung kennen, welche die individuellen Wünsche der Coachees ansprechen und deren bisherige Erfahrungen integrieren.

20

In den Transferblöcken werden diese selbstkongruenten Methoden der Zielerreichung zuerst im Peer-, später dann im Client-Coaching geübt. Da die Teilnehmenden im Peer-Coaching selbst gecoacht werden, erfahren sie, was es bedeutet, wenn ein Coach sie in ihrer autonomen Selbstregulation unterstützt. Die Selbstregulationsfähigkeit soll nicht nur im Coachingkontext Anwendung finden, sondern auch in anderen beruflichen sowie privaten Situationen genutzt werden können. Somit soll die Ausbildung zu einer Persönlichkeitsentwicklung beitragen, die eine überdauernde Wirkung auf den Arbeits- und Lebensalltag hat.

20.1.2 Die Karrierecoaching-Ausbildung

Die Karrierecoaching-Ausbildung ist Bestandteil des Spezialisierungs-Curriculums *Soziale Interaktion in Wirtschaft und Gesellschaft* im Masterstudium Psychologie an der Universität Salzburg. Ziel dieser Spezialisierung ist es, Studierende vertieft in den Bereichen Sozial-, Wirtschafts- und Organisationspsychologie auszubilden. Das Ziel der Karrierecoaching-Ausbildung ist die Umsetzung theoretischen Wissens aus psychologischen Theorien zu Zielsetzung, Zielverfolgung und Selbstregulation in praktisches Handeln im Beratungsformat Coaching. Die Studierenden sollen danach in der Lage sein, eigenständig ein Einzelcoaching nach einem theoriegeleiteten Konzept durchzuführen (◘ Abb. 20.1).

Die Ausbildung vermittelt den Studierenden über zwei Semester ein ressourcen- und lösungsorientiertes Coachingkonzept. Im ersten Semester durchlaufen die Teilnehmenden zwei Präsenzblöcke, in denen ihnen die Grundlagen und Prinzipien des Coachings, in Verbindung mit den relevanten psychologischen Theorien, vermittelt werden. Die Teilnehmenden erleben Theorieinputs, um das Vorgehen zu verstehen. So ist zum Beispiel die Zuordnung von Coaching-Interventionen zu den einzelnen Phasen des

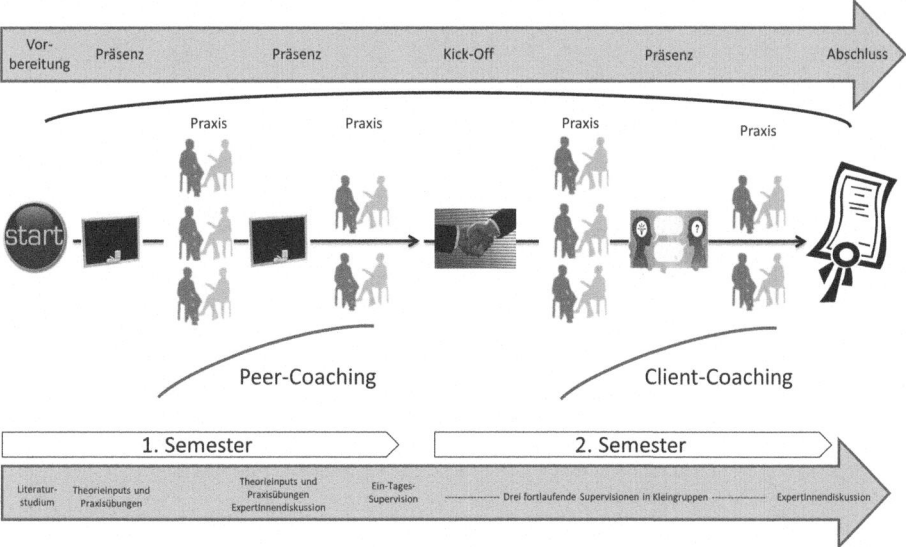

◘ **Abb. 20.1** Die Karrierecoaching-Ausbildung (220 h) und ihre Teilstrukturen

motivationspsychologischen Handlungsphasen-Modells nach Heckhausen (1989) Inhalt solcher Theorieinputs. Beispielsweise werden in der ersten von vier Phasen des Handlungsprozesses, der *Prädezisonalen Phase,* die Wünsche und die Wahrscheinlichkeit, diese Wünsche zu erreichen, abgewogen. Dadurch soll Motivation zur Zielerreichung aktiviert werden. Dieser Prozess findet in der ersten Sitzung des Karrierecoachings statt. Die Wünsche des Coachees werden zusammen mit dem Coach geklärt und dann nach dem SMART Prinzip (vgl. Locke und Latham 1990) als S̱pezifische, M̱essbare, A̱ttraktive, Ṟealistische und Ṯerminierbare Ziele formuliert. Nun sollte die Motivation entstanden sein, diese Ziele zu erreichen. Im Fokus stehen danach viele Praxisübungen mit Selbstreflexionen und Feedback. Die Studierenden beobachten dabei in Rollenspielen im Plenum verschiedene Ausschnitte aus den Coachingsitzungen, um nachvollziehen zu können, welche konkreten Handlungen aus der Theorie abgeleitet wurden. Im Anschluss wenden sie Gehörtes und Gesehenes sowohl in der Rolle als Coach als auch als Coachee in Kleingruppen selbst an. In den anschließenden Praxis-Transferblöcken coachen die Studierenden in einem Peer-Karrierecoaching ihre Kommilitonen und werden auch selbst von diesen gecoacht. In den Peer-Dyaden erleben die Studierenden also dementsprechend beide Rollen. Am Ende des ersten Semesters reflektieren die Teilnehmenden mit ausgebildeten SupervisorInnen ihre Peer-Coachingprozesse in Kleingruppen in einer Tages-Supervision. Im zweiten Semester werden selbstständig externe KlientInnen gecoacht und Coaching-Methoden eigenverantwortlich ausgewählt und eingesetzt. Das Client-Coaching findet unter fortlaufender Supervision statt, um die Qualität der Arbeit der Studierenden sicherzustellen. Der Inhalt des Coachingprozesses entspricht den in ◩ Abb. 20.2 dargestellten fünf Coaching-Sitzungen.

Für die Lehrveranstaltung wurde das *Handbook Karrierecoaching* entwickelt, das alle Selbstreflexionsübungen und Unterlagen für die fünf Sitzungen enthält und von den

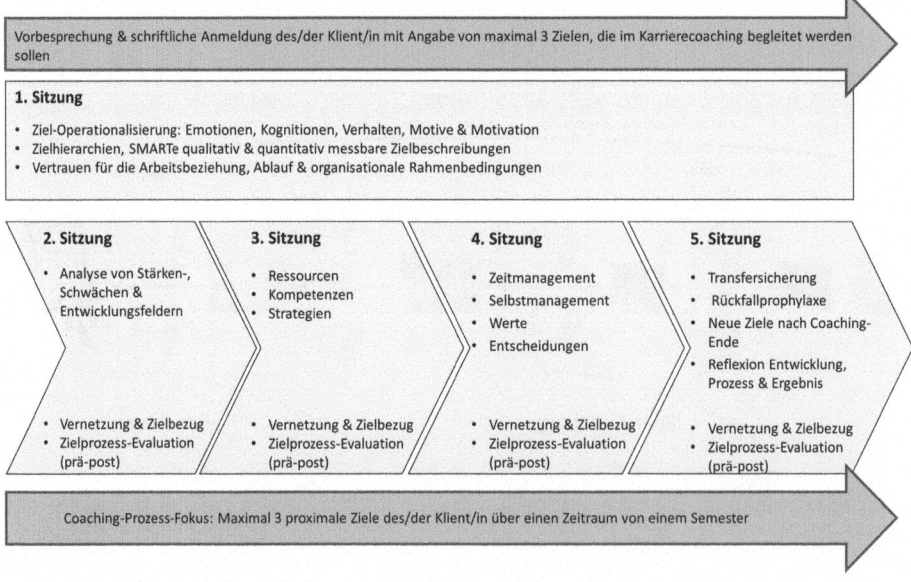

◩ **Abb. 20.2**   Ablauf und Inhalte des Karrierecoachings (Fünf Sitzungen von je zwei Stunden)

Studierenden in Vorbereitung auf die Präsenzblöcke bearbeitet wird. Eine ebenso begleitende Pflichtlektüre ist das für die Ausbildung entwickelte *Methoden- und Schulen-
booklet*. Im Konzept integrierte Schulen und Methoden sowie deren Einsatz werden darin
aufgegriffen. Die Schulen und Methoden sind humanistische, verhaltenstherapeutische
und systemische Ansätze, die Interventionen aus der klientenzentrierten Gesprächsthe-
rapie, der lerntheoretisch fundierten kognitiven Verhaltenstherapie, der systemisch-ky-
bernetischen Familientherapie, dem kommunikationstheoretischen Ansatz und der
lösungsorientierten Kurzzeittherapie enthalten. Bei den ExpertInnendiskussionen im
Rahmen der Lehrveranstaltung sind Gäste aus unterschiedlichen Arbeitsbereichen von
PsychologInnen vertreten. Diese Diskussionsrunden bieten den Studierenden die Möglichkeit, alle Fragen rund um den Berufseinstieg in den verschiedenen Bereichen zu
stellen. Zudem nutzen die ExpertInnen den Rahmen, um offene Arbeits- und Prakti-
kumsstellen zu kommunizieren.

In allen Phasen werden die Studierenden durch ein Coachingteam begleitet, das
aus der Ausbildungsleiterin und mehreren Co-TrainerInnen (Masterstudierenden und
DoktorandInnen) der Sozialpsychologie und Wirtschafts- und Organisationspsychologie besteht. Die DoktorandInnen gewähren den Studierenden durch begleitende Forschungsprojekte einen Einblick in die aktuelle Coachingforschung und unterstützen den
Transfer auf weitere Forschungsfelder.

20.1.3　Coaching als soziale Interaktion

Im ersten Mastersemester nehmen die Studierenden parallel zur Coachingausbildung an
einem Grundkurs zu sozialer Interaktion teil. Hier reflektieren sie die erlernten Theorien
sozialer Kognitions-, Selbstregulations- und Interaktionsprozesse und wenden Techniken der Face-to-Face-Kommunikation, der Perspektivenübernahme, der Klärung von
Bedürfnissen und der erfolgreichen Zielumsetzung erstmals in der Praxis an. Parallel zur
Coaching-Ausbildung werden die Studierenden im Seminar *Forschungsorientierte Vertiefung* zu ExpertInnen für ein aktuelles psychologisches Forschungsgebiet ausgebildet und
führen dazu eine empirische Studie durch. Darauf aufbauend entwickeln sie im Folgese-
minar *Praxisorientierte Vertiefung* ein auf psychologischer Theorie basierendes eigenes
Produkt für die Praxis. So entstand zum Beispiel ein Booklet zum Vertrauensaufbau im
Coaching, welches seitdem auch in der Karrierecoaching-Ausbildung verwendet und
für weitere Forschung genutzt wird. Nach der *Praxisorientierten Vertiefung* haben Studierende die Möglichkeit, im Rahmen ihrer Masterarbeit weiter an den theoretisch und
praktisch vertieften Themen und Produkten zu arbeiten. Einige Studierende schließen
ihre Dissertation daran an.

Im gesamten Master-Spezialisierungsbereich *Soziale Interaktion in Wirtschaft und
Gesellschaft* nimmt das Loop2Loop-Modell (Jonas und Mühlberger 2017) für die Vermittlung sozialer Interaktionsprozesse (◨ Abb. 20.3) eine zentrale Rolle ein. Mithilfe dieses Modells lernen die Studierenden, soziale Interaktionen zwischen Personen genauer
zu betrachten und deren Abhängigkeit voneinander zu verstehen.

Den theoretischen Rahmen für unser Modell bietet die Interdependenztheorie
(Kelley et al. 2003; Kelley und Thibaut 1978). Diese beschreibt, dass Menschen eine aktuelle (gegebene) Situation in der Interaktion mit einer anderen Person in eine effektive
Situation, d. h. eine entsprechend ihrer subjektiven Realität sozial konstruierte Situation, überführen. Um diesen Transformationsprozess besser zu verstehen, werden im

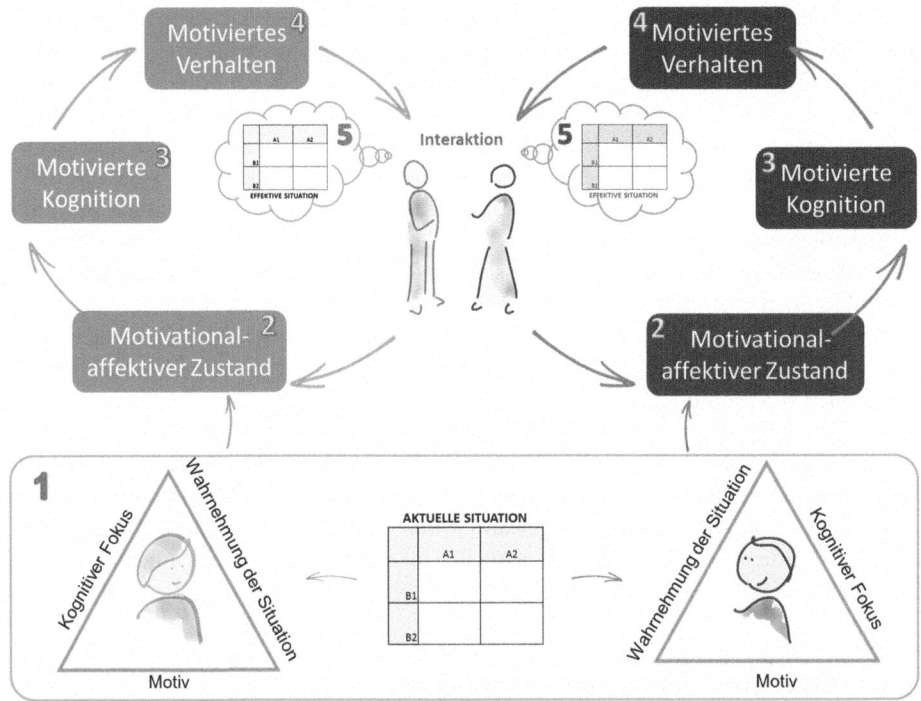

Das Loop2Loop Modell der sozialen Interaktion. (Jonas und Bierhoff 2017; Jonas und Mühlberger 2017)

Loop2Loop Modell die Motive bzw. Bedürfnisse der Person, der kognitive Fokus und ihre damit verbundene Erwartung, was in der Situation passiert sowie die Wahrnehmung der Situation spezifiziert (◪ Abb. 20.3). Der kognitive Fokus, die Wahrnehmung der Situation und die Motive können in Konflikt miteinander stehen, was zu Irritationen in der sozialen Interaktion führt.

Beispiel

Lena lässt sich von Nico coachen. In der *aktuellen Situation* steht für Lena das Interesse im Vordergrund, möglichst viel über sich selbst und ihre Stärken und Interessen zu reflektieren, um herauszufinden, welcher Beruf zu ihrer Persönlichkeit passt (Lenas *Motiv*). Nun ist Lena aber bereits nach der ersten Coachingsitzung unglücklich, weil sie sich von Nico, ihrem Coach, erwartete, dass dieser mit ihr gemeinsam Reflexionsübungen durchführt (Lenas *kognitiver Fokus*). Nico reflektiert jedoch wenig mit ihr und gibt stattdessen viele Tipps, welche Jobausschreibungen für Lena interessant sein könnten (Lenas subjektive *Wahrnehmung der Situation*). Hier entsteht für Lena ein Konflikt zwischen der Erwartung, dass sie im Coaching über ihre eigenen Anliegen sprechen kann und dem wahrgenommenen Ablauf des Coachings, was bei ihr zu einem Gefühl der Bedrohung ihrer Freiheit führt. Dieser Konflikt führt bei Lena nun zum Wunsch, ihre eigene Freiheit wiederherzustellen (Lenas *Motiv*). Nach dem Loop2Loop Modell lösen solche Konflikte einen motivational-affektiven Zustand, motivierte Kognitionen und motiviertes Verhalten aus, die in der sozialen Interaktion miteinander in Verbindung treten. Lena möchte also ihre Freiheit wiederherstellen, was bei ihr zu Reaktanz führt (Lenas *motivational-affektiver Zustand*), weshalb sie Nico als Coach abwertet (Lenas *motivierte Kognition*) und diesen vor ihren KommilitonInnen schlecht macht (Lenas *motiviertes Verhalten*). Somit wurde die aktuelle Situation (in der es ursprünglich um Karriereplanung gehen sollte) durch die Interaktion zwischen Lena und Nico in eine *effektive Situation* (in der nun das Interesse im Vordergrund steht, Nico zu schaden) transformiert.

Das Loop2Loop Modell kann helfen, solch negative Interaktionsabläufe aufzuschlüsseln, damit tief gehender zu reflektieren und verstehen, wie negative in positive Interaktionsabläufe gewandelt werden können. In unserem Beispiel will Lena herausfinden, welcher Beruf zu ihrer Persönlichkeit passt (Lenas *Motiv*). Nico kann als Coach durch Nachfragen (Nicos *Verhalten*) bewirken, dass Lena diesen Wunsch äußert (Lenas *Verhalten*). Damit fühlt sich Nico möglicherweise in seinem Wunsch nach Kompetenz angesprochen (Nicos *Motiv*), überlegt sich, wie er Lena bei der Klärung unterstützen kann (Nicos *Kognition*) und stellt daher offene und aktivierende Fragen (Nicos *Verhalten*). Lena wird so ermöglicht, ihre Persönlichkeit zu reflektieren, was wiederum ihr Motiv nach der Frage „Was passt zu mir?" bedient. Sie fühlt sich verstanden und erlebt dadurch eine positive Interaktion. Würde Nico Lena keine offenen Fragen stellen, sondern nur Ratschläge erteilen, könnte Lena ihre Persönlichkeit nicht reflektieren. Somit würde das Motiv nach der Frage „Was passt zu mir?" frustriert.

Eine solche Verknüpfung der praktischen Arbeit mit wissenschaftlichen Theorien ist in der Spezialisierung des Masterstudiums zentral, weil dadurch Fragen der Praxis mithilfe von Theorien beantwortet werden, aber auch Theorien durch Fälle aus der Praxis untermauert und zur Weiterentwicklung angeregt werden. Da zudem Lehrveranstaltungen zu alternativen Interventionsansätzen, zum Beispiel zur Mediation oder Beratung, ebenfalls mit diesem Modell arbeiten, können hierdurch Gemeinsamkeiten und Unterschiede systematisch verdeutlicht und eine Integration psychologischen Wissens gefördert werden. Damit erweitern die Studierenden ihr Verständnis für Prozesse sozialer Interaktionen und bilden Handlungskompetenzen aus, die für die Gestaltung derselben notwendig sind.

20.2 Theoretische Grundlagen der Ausbildung und Einbettung in die laufende Forschung

20.2.1 Coaching zur Förderung der autonomen Selbstregulation

Durch die selbstkongruente Arbeit in der Coaching-Ausbildung (siehe ▶ Abschn. 1.1) setzen sich die Coaches mit ihrer eigenen Person auseinander. Sie reflektieren ihre eigenen Bedürfnisse, Gefühle, Werte und Überzeugungen im Kontext der spezifischen Situation, wodurch eine autonome Selbstregulation gefördert werden soll. Durch die Selbsterfahrung lernen die AusbildungsteilnehmerInnen, wie wichtig die Selbstregulation für den Coachingprozess und damit für ihre eigene Zielerreichung, aber auch die Zielerreichung ihrer Coachees ist.

Wie sich die Selbstregulationsfähigkeit der Studierenden nach Abschluss der Ausbildung entwickelte, erfassten Mühlberger, Braumandl und Jonas (2016) bei ehemaligen Studierenden. Diese hatten entweder als Coaches die Ausbildung durchlaufen, als KlientInnen am Client-Coaching teilgenommen oder waren ehemalige Studierende, die keinen Bezug zum Karrierecoaching hatten. Die Ergebnisse zeigten, dass die ehemaligen Coaches den Prozess der autonomen Selbstregulation am stärksten verinnerlicht hatten. Der vermutete Grund hierfür ist, dass die Studierenden beide Rollen durchlebten

(Coachee und Coach), und nicht nur an eigenen Zielen arbeiteten, sondern sich als Coach auch intensiv mit der Unterstützung des Prozesses der Zielsetzung und Zielverfolgung beschäftigten und sich hierdurch langfristig in ihrer Selbstregulation verbessern konnten.

20.2.2 Aufbau einer autonomieförderlichen Haltung auf Seiten des Coaches

Eine autonome Selbstregulation zeichnet sich insbesondere durch eine Erhöhung der intrinsischen Motivation aus (Deci und Ryan 2000). Wenn Menschen intrinsisch motiviert sind, eine Tätigkeit auszuführen, führen sie die Tätigkeit freiwillig und aus Freude und Interesse daran aus.

Losch, Traut-Mattausch, Mühlberger und Jonas (2016) zeigten, dass die intrinsische Motivation durch eine autonomieförderliche Haltung des Coaches erhöht werden kann und damit die Zielerreichung unterstützt. Für eine autonomieförderliche Haltung ist das Konzept der transformationalen Führung (Bass 1999), das von Mühlberger und Traut-Mattausch (2015) auf den Coachingprozess übertragen wurde, förderlich (siehe auch Losch et al. 2016). Ähnlich wie eine Führungsperson ihre Mitarbeiter durch die beruflichen Prozesse führt, führt auch der Coach seine Coachees durch den Coachingprozess. Die zentralen Rollen in der transformationalen Coachinghaltung spielen – nach dem Konzept der transformationalen Führung – die Ebenen der individuellen Berücksichtigung, das heißt die individuellen Bedürfnisse der Coachees zu berücksichtigen, und der intellektuellen Stimulierung, das heißt kreatives Denken und Problemlösefähigkeit zu fördern (Mühlberger und Traut-Mattausch 2015). Beide Ebenen werden im Karrierecoaching zum Beispiel dadurch angesprochen, dass die Coaches die individuellen Stärken ihrer Coachees thematisieren und sie ermutigen, selbstständig über Lösungen nachzudenken. Dies lässt sie selbstkongruent handeln und führt so zu mehr autonomer Selbstregulation und damit intrinsischer Motivation.

Zusätzlich ist für eine autonomiefördernde Haltung eine wertschätzende, offene und am Coachee interessierte Grundhaltung unerlässlich. Damit Coachees sich öffnen und sich ihrem Coach anvertrauen können, muss eine vertrauensvolle Atmosphäre geschaffen werden. Mithilfe des in der Ausbildung eingesetzten Booklets zum Vertrauensaufbau lernen die Studierenden die drei Vertrauenssäulen – Vertrauen in die Kompetenz, Benevolenz und Integrität (Mayer et al. 1995) – kennen und reflektieren den Vertrauensaufbau mit ihrem Coachee in einer schriftlichen Abschlussarbeit am Ende des Seminars. Dabei erkennen sie, dass der Vertrauensaufbau ein wichtiger Bestandteil der Coachinghaltung ist und einen zentralen Beitrag zur Förderung der Selbstregulation leistet. In unserer eigenen Forschung zeigt sich, dass erfahrene Coaches beim Vertrauensaufbau am stärksten auf Vertrauen in die Benevolenz (Wohlwollen gegenüber den Coachees) fokussieren, während unerfahrene Coaches am stärksten auf Vertrauen in die Kompetenz (Kompetenz als Coach) fokussieren.

20.2.3 Die Erfüllung der drei psychologischen Grundbedürfnisse

Die Selbstbestimmungstheorie nach Deci und Ryan (2000) nimmt an, dass die Förderung einer autonomen Selbstregulation für die persönliche Entwicklung und ein lebenslanges Wachsen des Menschen zentral ist. Dabei kann eine autonome Selbstregulation nur dann erreicht werden, wenn drei psychologische Grundbedürfnisse erfüllt sind – Autonomie, Kompetenz und soziale Eingebundenheit.

Autonomie bedeutet das Erreichen einer Selbstbestimmung des eigenen Verhaltens, das im Einklang mit dem Selbst ist. Menschen möchten eigenständig Entscheidungen treffen, Fremdbestimmung vermeiden und sich selbst als Quelle des eigenen Handelns erleben. Kompetenz bedeutet, sich stark mit der Entwicklung von Fähigkeiten und Können auseinanderzusetzen und Möglichkeiten aufzusuchen, in denen Kompetenzen entwickelt und unter Beweis gestellt werden können. Soziale Eingebundenheit bedeutet, sich mit anderen Menschen verbunden zu fühlen, aber auch die eigenen Rollen in Interaktion mit anderen zu kennen. Menschen möchten von anderen gemocht werden, streben nach Zugehörigkeit zu Gruppen und möchten ihre Rollen in diesen Gruppen verstehen. Dadurch wird Sicherheit und Intimität erlebt (Deci und Ryan 2000).

In der Karrierecoaching-Ausbildung werden alle drei Bedürfnisse berücksichtigt. Das Bedürfnis nach Autonomie wird dadurch gefördert, dass Studierende in der Rolle als Coaches selbst entscheiden, welche Methoden und Vorgehensweisen sie für ihre Coachees auswählen. Das Streben nach Autonomie wird besonders deutlich, wenn Studierende nachfragen, ob sie vom vorgegebenen Ausbildungsschema für den Coachingprozess abweichen, andere Tools einbringen und damit eigene Wege gehen dürfen – was den Studierenden im Rahmen bestimmter Orientierungshilfen der Ausbildung auch ermöglicht wird. Dies trägt zur authentischen Entwicklung des eigenen Stils und somit des Selbst bei. Zudem ist die Selbsterfahrung als Coachee der Bedürfnisbefriedigung nach Autonomie zuträglich, weil die AusbildungsteilnehmerInnen in der Rolle der Coachees über sich selbst, ihre Wünsche und Interessen reflektieren und damit Entscheidungen treffen können, die im Einklang mit ihrem Selbst stehen. Das Bedürfnis nach Kompetenz wird vor allem durch eine starke Auseinandersetzung mit den Methoden und Übungen befriedigt. Die Studierenden erwerben Kompetenzen als Coaches und können ihre Fähigkeiten im Peer- und Client-Coaching unter Beweis stellen. Sie lernen, sich auf die individuelle Persönlichkeit ihres jeweiligen Coachees einzustellen und sich deren Bedürfnisse und Wünsche anzupassen. Dem Bedürfnis nach sozialer Eingebundenheit wird durch die Zusammenarbeit in der Groß- und Kleingruppe sowie durch die begleitende Supervision Rechnung getragen. Die Studierenden lernen ihre Rolle als Coach kennen, reflektieren diese in der begleitenden Supervision und verbessern auf diese Weise ihre professionellen Interaktionen und die damit verbundenen Deutungs- und Handlungsmuster (Schreyögg 2010). Dadurch wird eine neue Zugehörigkeit ausgebildet – die Zugehörigkeit zur Gruppe der Coaches und professionellen PsychologInnen. Durch die Erfüllung der drei psychologischen Bedürfnisse kann die Coaching-Ausbildung die Selbstregulation der Studierenden erhöhen, die für die persönliche Entwicklung und ein lebenslanges Wachsen des Menschen zentral ist (Deci und Ryan 2000).

In einer Studie untersuchten wir diese Bedürfnisse und ihre Erfüllung in 108 Peer- und 112 Client-Coachings. Sie zeigten, dass sowohl in den Peer- als auch in den Client-Coachings jede Art von Bedürfniserfüllung im Coachingprozess mit einer erhöhten Zufriedenheit mit dem Coaching einhergeht, sich zwischen Peer- und Client-Coaching jedoch Unterschiede in der Bedürfniserfüllung zeigen, wenn man die generellen psychologischen Bedürfnisse betrachtet, mit denen die Coachees ins Coaching kamen. In den Client-Coachingprozessen löste speziell ein hohes Bedürfnis nach Autonomie und dessen Erfüllung im Prozess eine hohe Zufriedenheit aus. In den Peer-Coachings ergab sich durch ein hohes Bedürfnis nach Eingebundenheit und dessen

Erfüllung im Prozess eine hohe Zufriedenheit (Schiemann et al. 2018). Zur Förderung einer lang anhaltenden Wirkung von Coachingprozessen ist es also besonders wichtig, dass die fundamentalen Bedürfnisse durch soziale Interaktion bedient werden. Hierbei liegen die Schwerpunkte auf der Erfüllung von sozialer Eingebundenheit im Peer- und von Autonomie im Client-Coaching.

20.2.4 Annäherungs- und Vermeidungsmotivation

Allgemein bedeutet motiviert zu sein, energetisiert und aktiviert zu sein (Ryan und Deci 2000). Die Form der Motivation, die diese Aktivierung bewirkt, ist die Annäherungsmotivation, die Personen entschlossen macht, ihre Ziele in Angriff zu nehmen. Sie geht mit einer Zielorientiertheit und einem Gefühl der Stärke und Kontrolle einher (Harmon-Jones et al. 2013; siehe auch Jonas et al. 2014). Die andere Form der Motivation ist die Vermeidungsmotivation (Gray und McNaughton 2000). Sie entsteht durch eine Diskrepanz zwischen den eigenen Wünschen (zum Beispiel will sich ein Coachee auf eine Stelle bewerben) und der tatsächlichen Situation (der Coachee ist unsicher, ob er die erforderlichen Kompetenzen mitbringt), und kann zu Unsicherheit und Angst führen. Um diesen unangenehmen Zustand zu reduzieren, wird durch Annäherungsmotivation der Fokus weg von der Diskrepanz, hin zu einer Lösung gewechselt.

In der Ausbildung stellen Coaches durch ressourcen- und lösungsorientierte Gesprächstechniken und -methoden beim Coachee eine Annäherungsmotivation her, die mit positiven und aktivierenden Emotionen einhergeht. Die Herstellung einer Annäherungsmotivation ist auch für die Coaches selbst sehr wichtig. Im Laufe der beiden Semester wachsen die Studierenden durch die Rollenspiele in der Lehrveranstaltung, das Peer-Coaching und die Supervision immer stärker in die Rolle des Coaches hinein, gewinnen an Sicherheit und die Annäherungsmotivation, die ein Gefühl der Entschlossenheit und Stärke mit sich bringt (Harmon-Jones et al. 2013), wird dadurch immer stärker erreicht.

Erste Untersuchungen von uns dazu zeigen, dass sich Gefühle der Unsicherheit (gehemmt, ängstlich, nervös, unruhig, besorgt) sowohl bei Coachees als auch Coaches von der ersten bis zur fünften Sitzung reduzieren. Die Annäherungsmotivation (voller Energie, kraftvoll, zielorientiert, kompetent, entschlossen) steigt hingegen vor allem bei den Coachees an. Auch bei der Erfassung der impliziten Annäherungsmotivation, durch die Effekte der sozialen Erwünschtheit ausgeschlossen werden können, zeigt sich bei den Coachees über alle Sitzungen ein Anstieg. Demnach ist die Förderung der Annäherungsmotivation in der Ausbildung und im Coaching zentral für die Entwicklung einer überdauernden, das heißt auch noch nach dem Coaching bestehenden, positiven Motivation.

20.2.5 Passung zwischen Persönlichkeit und Coachingmethoden

Annäherungsmotivation kann nur dann langfristig erreicht werden, wenn die Strategie zur Zielerreichung passend zur Persönlichkeit des Coachees und zur Situation gewählt wird. Stärker annäherungsorientierte Personen fokussieren mehr auf Positives und Lösungen, während stärker vermeidungsorientierte Personen mehr auf Negatives fokussieren und es ihnen schwerer gelingt, sich auf Lösungen zu konzentrieren (Carver und White 1994). Neben den Unterschieden in der motivationalen Orientierung von Menschen, gibt es nach der Theorie des Regulatorischen Fokus (Higgins 1997) auch Unterschiede hinsichtlich der Strategien, die Menschen bei ihrer Zielerreichung präferieren. Personen mit einem stärkeren Promotion-Fokus bevorzugen Wachstumsstrategien, orientieren sich an ihren Wünschen und Hoffnungen und haben in der Regel den potenziellen Erfolg vor Augen. Personen mit einem stärkeren Prevention-Fokus präferieren Sicherheitsstrategien, orientieren sich an Verpflichtungen und befürchten stets Misserfolg. Besteht eine Passung zwischen dem individuellen Fokus und der Zielerreichungsstrategie, fühlt sich das für Menschen richtig an und sie erleben eine erhöhte Motivation (Cesario und Higgins 2008).

Unsere Studien zeigten, dass eine Passung zwischen dem Regulatorischen Fokus einer Person und der Formulierung von Coaching-Interventionen, zum Beispiel eine Instruktion für eine SMARTe Zielformulierung (Promotion: „Welche Handlungen sind notwendig um deine Ziele zu erreichen?" vs. Prevention: „Welche Handlungen solltest Du vermeiden, um Deine Ziele zu erreichen?"), zu einer höheren intrinsischen Zielmotivation und Selbstwirksamkeit führten. Zudem zeigte eine Studie zur Reduktion von Prokrastination (Aufschiebeverhalten) bei Studierenden, dass ein lösungsorientiertes Coaching bei stärker annäherungsorientierten Persönlichkeiten zu weniger Prokrastination führte. Vermeidungsorientierte Persönlichkeiten berichteten nach dem lösungsorientierten Coaching jedoch mehr Prokrastination. Die Ergebnisse lassen darauf schließen, dass eine Persönlichkeit-Interventions-Passung für den Coachingerfolg zentral ist (zusammenfassend siehe Böhm et al. 2017).

In künftigen Ausbildungen sollen Selbstreflexionen der Coaches dazu beitragen, die motivationale Orientierung und Strategien von Coachees wahrzunehmen, um eine bestmögliche Passung herzustellen und damit zu einem höheren Coachingerfolg beizutragen. Für die Zukunft bedeutet dies, mündliche und schriftliche Instruktionen entsprechend zu gestalten, da eine Auseinandersetzung mit der Persönlichkeit des Coachees Interesse an demselben signalisiert, die Selbstregulation der Coachees steigert und somit die Zielerreichung verbessern kann.

20.3 Transfer in andere Bereiche

Durch Kooperationen der Abteilungen Sozialpsychologie sowie Wirtschafts- und Organisationspsychologie findet Coaching auch in weiteren Bereichen innerhalb der Universität Salzburg Anwendung. So führen DoktorandInnen und Post-Docs der Abteilungen (ausgebildete Karrierecoachs) Karrierecoachings für Studierende der Universität Salzburg im Rahmen einer Kooperation mit dem Career-Center durch. Im Hochschuldidaktik-Programm der universitären Personalentwicklung wird eine kollegiale Fallbearbeitung angeboten, bei der Methoden von lösungs-, ressourcen- und zielfokussiertem Coaching eingesetzt werden. Im berufsbegleitenden Universitätslehrgang *Supervision, Coaching und Mediation* erhalten die TeilnehmerInnen eine umfangreiche Coaching- und Supervisionsausbildung, in der eine intensive Auseinandersetzung und Integration verschiedener Therapieschulen im Fokus stehen. Für den berufsbegleitenden Masterstudiengang *Training und Development* wird aktuell ein Führungskräftecoaching entwickelt.

Für die DoktorandInnen des internationalen Doktorandenkollegs DK+ *Imaging the Mind* wird ebenfalls ein Karrierecoaching angeboten.

20.4 Fazit: Nachhaltige Entwicklung in der Hochschullehre

Eingangs wurde nachhaltige Lehre als eine umfassende und nicht nur fachspezifische Ausbildung beschrieben, welche Kompetenzen und Haltungen ausbildet, die langfristig und überdauernd sind, und damit zur Persönlichkeitsentwicklung beitragen. Die Karrierecoaching-Ausbildung an der Universität Salzburg stellt ein konkretes Beispiel dafür dar. Studierende erhalten eine umfassende Ausbildung als Coach, in der nicht nur fachspezifische Coachingtechniken erlernt werden, sondern auch Persönlichkeitsentwicklung erfolgt. In der Ausbildung wird zusätzlich zur Entwicklung von spezifischen Fähigkeiten und Fertigkeiten als Coach eine Selbstregulationsfähigkeit ausgebildet – eine Fähigkeit, die es ermöglicht, selbstständig Entscheidungen zu treffen und Handlungen auszuführen, die zum Selbst passen und sich daher stimmig für Menschen anfühlen. Diese Fähigkeit wird sowohl durch inhaltlich-theoretische Inputs als auch anhand von praktischen Übungen und Methoden-Tools gelehrt. Dabei soll sie nicht nur im Coaching Anwendung finden, sondern auch im beruflichen und privaten Kontext genutzt werden. Durch die Verbindung von psychologischem Wissen und dem Wissen um Coaching, dem praktischen Handeln als Coach, der laufenden Reflexion der dahinterstehenden Theorien und der Reflexion der eigenen Persönlichkeit wird der/die Studierende als ganzer Mensch abgeholt und auf seinem/ihrem Weg durchs Studium in einen möglichen Berufseinstieg als Coach begleitet.

Literatur

Bass, B. M. (1999). Two decades of research and development in transformational leadership. *European Journal of Work & Organizational Psychology, 8,* 9–32.

Böhm, A., Mühlberger, C., & Jonas, E. (2017). Wachstums- und Sicherheitsorientierung im Coaching – Erfolg durch motivationale Passung. In S. Greif, H. Möller & W. Scholl (Hrsg.), *Handbuch Schlüsselkonzepte im Coaching.* Heidelberg: Springer.

Carver, C. S., & White, T. L. (1994). Behavioral inhibition, behavioral activation, and affective responses to impending reward and punishment: The BIS/BAS Scales. *Journal of Personality and Social Psychology, 67,* 319–333.

Cesario, J., & Higgins, E. (2008). Making message recipients "feel right": How nonverbal cues can increase persuasion *Psychological Science, 19,* 415–420.

Deci, E. D., & Ryan, R. M. (2000). The "what" and "why" of goal pursuits: Human needs and the self-determination of behavior. *Psychological Inquiry, 11,* 227–268.

Gray, J. A., & McNaughton, N. (2000). *The neuropsychology of anxiety: An enquiry in to the functions of the septo-hippocampal system* (2. Aufl.). Oxford: Oxford University Press.

Greif, S. (2008). *Coaching und ergebnisorientierte Selbstreflexion.* Göttingen: Hogrefe.

Harmon-Jones, E., Harmon-Jones, C., & Price, T. F. (2013). What is approach motivation? *Emotion Review, 5,* 291–295.

Heckhausen, H. (1989). *Motivation und Handeln* (2. Aufl.). Berlin: Springer.

Higgins, E. (1997). Beyond pleasure and pain. *American Psychologist, 52,* 1280–1300.

Jonas, E., & Bierhoff, H.-W. (2017). Soziale Interdependenz und sozialer Austausch. In W. Bierhoff & D. Frey (Hrsg.), *Enzyklopädie der Psychologie – Kommunikation, Interaktion und Soziale Gruppenprozesse* (1. Aufl., S. 2–63). Göttingen: Hogrefe.

Jonas, E., & Mühlberger, C. (2017). Editorial: Social cognition, motivation, and interaction: How do people respond to threats in social interactions? *Frontiers in Psychology, 8,* 1577.

Jonas, E., McGregor, I., Klackl, J., Agroskin, D., Fritsche, I., Holbrook, C., Nash, K., Proulx, T., & Quirin, M. (2014). Threat and defense: From anxiety to approach. In J. M. Olson & M. P. Zanna (Hrsg.), *Advances in Experimental Social Psychology* (Bd. 49, S. 219–286). San Diego: Academic.

Kelley, H. H., Holmes, J. G., Kerr, N. L., Reis, H. T., Rusbult, C. E., & Van Lange, P. A. M. (2003). *An atlas of interpersonal situations*. Cambridge: Cambridge University Press.

Kelley, H. H., & Thibaut, J. W. (1978). *Interpersonal relations: A theory of interdependence*. New York: Wiley.

Kuhl, J. (2010). *Lehrbuch der Persönlichkeitspsychologie: Motivation, Emotion und Selbststeuerung*. Göttingen: Hogrefe.

Locke, E.A., & Latham, G. P. (1990). *A theory of goal setting and task performance*. Englewood Cliffs: Prentice-Hall.

Losch, S., Traut-Mattausch, E., Mühlberger, M. D., & Jonas, E. (2016). Comparing the effectiveness of individual coaching, self-coaching, and group training: How leadership makes the difference. *Frontiers in Psychology, 7,* 1–17.

Mayer, R. C., Davis, J. H., & Schoorman, F. D. (1995). An integrative model of organizational trust. *Academy of Management Review, 20,* 709–734.

Mühlberger, C., Braumandl, I., & Jonas, E. (2016). Vorteile beim Berufseinstieg durch eine Coaching-Ausbildung? Das Erreichen einer autonomen Selbstregulation im Coachingprozess. Posterpräsentation im Rahmen des Forschungskolloquiums am 4. Internationalen Coachingkongress „Coaching meets Research" an der Fachhochschule Nordwestschweiz in Olten, Schweiz, 14.–15.06.2016.

Mühlberger, M. D., & Traut-Mattausch, E. (2015). Leading to effectiveness: Comparing dyadic coaching and group coaching. *Journal of Applied Behavioral Science, 51,* 198–230.

Rauen, C. (2005). Varianten des Coachings im Personalentwicklungsbereich. In C. Rauen (Hrsg.), *Handbuch coaching* (3. Aufl., S. 111–136). Göttingen: Hogrefe.

Ryan, R. M., & Deci, E. L. (2000). Intrinsic and extrinsic motivations: Classic definitions and new directions. *Contemporary Educational Psychology, 25,* 54–67.

Schiemann, S., Mühlberger, C., Jonas, E., Mühlberger, M. D., & Braumandl, I. (2018). Mein Coaching: Die Erfüllung des Bedürfnisses nach Autonomie im Coaching. In R. Wegener, S. Deplazes, M. Hänseler, H. Künzli, S. Neumann, A. Ryter & W. Widulle (Hrsg.), *Wirkung im Coaching*. Göttingen: Vandenhoeck & Ruprecht.

Schreyögg, A. (2010). *Supervision: Ein integratives Modell*. Wiesbaden: Springer.

Fazit und Ausblick

Inhaltsverzeichnis

Perspektiven: Psychologie *und* Nachhaltigkeit oder Psychologie *der* Nachhaltigkeit?

Eva Bamberg und Claudia Thea Schmitt

© Springer Fachmedien Wiesbaden GmbH, ein Teil von Springer Nature 2018
C. T. Schmitt, E. Bamberg (Hrsg.), *Psychologie und Nachhaltigkeit*,
https://doi.org/10.1007/978-3-658-19965-4_21

21

Im vorliegenden Kapitel werden getrennt für Theorieentwicklung, Untersuchungsmethoden und Interventionen zentrale Erkenntnisse und Perspektiven psychologischer Konzepte zu Nachhaltigkeit zusammengefasst. Grundlage hierfür sind die Kapitel in diesem Band[1].

Den Titel eines Kapitels zu Perspektiven mit einem Fragezeichen zu versehen, signalisiert, dass unterschiedliche Vorstellungen über die prognostizierte und die erwünschte Entwicklung eines Themenbereichs denkbar sind. Dies ist in unserem Fall in erster Linie der Komplexität und Reichweite des Themenbereichs Nachhaltigkeit geschuldet.

Im ersten Kapitel des vorliegenden Bandes haben wir Inhalte des Begriffs Nachhaltigkeit und nachhaltige Entwicklung diskutiert (Schmitt und Bamberg, ▶ Kap. 1): Es geht um den sozial verantwortlichen Umgang mit Gemeingütern, um eine den Bedürfnissen der heutigen Generation entsprechende Entwicklungsgestaltung, bei der Möglichkeiten künftiger Generationen nicht gefährdet werden dürfen. Nachhaltigkeit als Zustand und nachhaltige Entwicklung als Prozess sind zu unterscheiden.

Mit dem vorliegenden Band wurde die Vielfalt der Perspektiven des Themenbereichs deutlich gemacht. Die Beiträge zeigen ebenso wie weitere Publikationen aus den letzten Jahrzehnten, dass unter dem Begriff Nachhaltigkeit zahlreiche Themen zusammengefasst werden können. Nachhaltigkeit kann im Sinne von Wirksamkeit und von Zukunftsorientierung gesehen werden. Soziale, ökologische und ökonomische Handlungsfelder können – separat oder in Integration – im Vordergrund stehen. Eine Rolle spielen ebenso verschiedene psychologische Konstrukte wie Einstellung, Motivation, Kompetenz und Verhalten sowie deren Zusammenwirken (vgl. Bamberg et al., ▶ Kap. 2). Diese können auf der individuellen, der sozialen, der organisationalen und der gesellschaftlichen Ebene behandelt werden. Nachhaltigkeitsbezogenes Handeln betrifft die gezielte aktive Unterstützung entsprechender Entwicklungen (zum Beispiel durch Initiierung von Kampagnen), das Realisieren (zum Beispiel von Mülltrennung) und das Ignorieren oder Unterlaufen entsprechender Standards (zum Beispiel durch Verschwendung von Energie). Es geht, wie bei anderen Themen der angewandten Psychologie auch, um die Erklärung von Phänomenen, um Erhebung und Intervention.

Angesichts der Komplexität sind für die Verbindung von Psychologie und Nachhaltigkeit zwei generelle Entwicklungen möglich: Zum einen können die verschiedenen Themen weiter spezifiziert und getrennt verfolgt werden („Psychologie *und* Nachhaltigkeit"); zum anderen ist es möglich, die Integration der psychologischen Themen und Perspektiven in ihrem Bezug zu Nachhaltigkeit in den Vordergrund zu stellen, um der oben genannten Reichweite des Themas Rechnung zu tragen („Psychologie *der* Nachhaltigkeit"). Im Folgenden soll dies weiter spezifiziert werden. Es wird dabei auf Beschreibung und Erklärung, Analyse und Förderung von Nachhaltigkeit eingegangen und diskutiert, was die Psychologie bereits an Wissen bietet, und welche zukünftigen Entwicklungen, Handlungs-, Forschungs- und Anwendungsbedarfe sich abzeichnen.

---

1   Darüber hinausgehend wird in diesem Kapitel keine weitere Literatur zum Thema rezipiert.

21.1 Beschreibung und Erklärung von Nachhaltigkeit – Theorieentwicklung

In den letzten Jahrzehnten wurden zahlreiche wissenschaftliche Arbeiten zu nachhaltigkeitsorientierten Themen publiziert. Die Psychologie bietet sorgfältig entwickeltes und nützliches Wissen zu diesen Themen. Die wissenschaftlichen Publikationen zu Nachhaltigkeit beziehen sich häufig auf zentrale psychologische Kerntheorien. Diese berücksichtigen übereinstimmend die Bedeutung spezifischer Konzepte, zum Beispiel zu sozialen Prozessen, Normen, Werten oder Kontrolle (vgl. die Kapitel in Teil II des vorliegenden Bandes). Auffällig ist, dass in den Theorien psychische Prozesse im Vordergrund stehen. Inwieweit Handlungs*bedingungen* nachhaltige Entwicklung beeinflussen, wird vergleichsweise wenig berücksichtigt. In den konkreten Konzepten, die im vorliegenden Band enthalten sind, ist dies zum Teil anders. Ehrhardt, Bohndick, Holfelder und Schmitt (▶ Kap. 5) zum Beispiel führen aus, dass die Entwicklung von Gerechtigkeitskompetenz in der Schule gerechte Schulen voraussetzt; Baur (▶ Kap. 13) sowie Tanner et al. (▶ Kap. 10) verweisen auf die Notwendigkeit einer werteorientierten Organisation von Wirtschaft und Gesellschaft; Braßler (▶ Kap. 7) benennt aktivierende Methoden (zum Beispiel durch Projektlernen) als wichtige Voraussetzung für Nachhaltigkeit im Lernprozess an Hochschulen.

Hinsichtlich der theoretischen Grundlagen findet sich in vielen Studien ein übereinstimmender Verweis auf spezifische Theorien. Daraus zu schließen, dass in der Theorieentwicklung eine Psychologie *der* Nachhaltigkeit realisiert ist, ist jedoch unangemessen. Trotz der vielfach ähnlichen theoretischen Fundierung bleiben nachhaltigkeitsbezogene Studien meist ihrem spezifischen Thema verhaftet und sind derzeit noch wenig in Bezug zu interdisziplinären Perspektiven auf nachhaltige Entwicklung gesetzt. Dies hat eine Reihe von Konsequenzen:

a) Die Beiträge im vorliegenden Band geben Hinweise auf die übergreifende Bedeutung von Themen: Ehrhardt et al. (▶ Kap. 5) verweisen auf die Relevanz von Gerechtigkeitssensibilität und Gerechtigkeit in und von Institutionen als Sozialisationsinstanzen; Baur (▶ Kap. 13) betont die Bedeutung moralischen Bewusstseins. Renn (▶ Kap. 8) zeigt am Beispiel der Mediennutzung, dass eine differenzierte Wahrnehmung und Beurteilung von Informationen und Medieninhalten eine Voraussetzung für die kompetente Nutzung des Internets, und damit unter anderem für nachhaltigkeitsorientiertes Verhalten ist. Renn spricht hier eine zentrale konzeptionelle Frage an: Gibt es einen verallgemeinerbaren Beitrag von kompetentem oder qualitätsgerechtem Handeln für Nachhaltigkeit? Insgesamt wird aber in der Literatur zu Nachhaltigkeit und nachhaltiger Entwicklung ein möglicher *gemeinsamer Kern* verschiedener wissenschaftlicher Arbeiten unzureichend über verschiedene Untersuchungen hinweg reflektiert. So wird zum Beispiel Gesundheit im Rahmen der Sustainable Development Goals (SDGs) explizit benannt (Ziel 3: Gesundheit und Wohlergehen; vgl. Schmitt und Bamberg, ▶ Kap. 1). Der Erhalt und die Förderung von Gesundheit könnten somit als gemeinsamer Inhalt unterschiedlicher Arbeiten zu Nachhaltigkeit aufgegriffen werden. Ähnliches gilt etwa für den Stellenwert von Selbstwirksamkeit, zum Beispiel im Zusammenhang zwischen kognitiven Prozessen und nachhaltigkeitsorientiertem Verhalten. Diese Querschnittsthemen menschlichen Erlebens und Verhaltens sind unseres Erachtens derzeit noch zu wenig im Nachhaltigkeitsdiskurs berücksichtigt.

21

b)   In der Presse wurde in der Vergangenheit mehrfach berichtet, dass Beschäftigte in der Bio-Landwirtschaft weniger verdienen, oder dass auch bei Fair-Trade-Produkten wesentliche Bereiche der Logistik keineswegs fair gehandhabt werden. Solche *Differenzen in verschiedenen Handlungsfeldern* von Nachhaltigkeit werden in der psychologischen sowie interdisziplinären Theorieentwicklung bislang nicht hinreichend beachtet. Das hat auch den Nachteil, dass spezifische Fragestellungen nicht berücksichtigt werden können. Dazu gehören zum Beispiel logische oder „gefühlte" Widersprüche nachhaltiger Entwicklung in verschiedenen Handlungsfeldern. Diese Phänomene und ihre Ursachen geraten aus dem Blick, wenn lediglich Teilthemen von nachhaltiger Entwicklung bearbeitet werden. Auf ganzheitliche Perspektiven ist in Zukunft verstärkt zu achten.

c)   Tanner et al. (▶ Kap. 10) zeigen, dass durch Dissonanzerfahrungen (zum Beispiel Wahrnehmen von Greenwashing bezüglich sozialer Verantwortung von Unternehmen) Wohlbefinden und Gesundheit von Beschäftigten beeinträchtigt sein können. Trifft dies für Nachhaltigkeit generell zu? Welche möglichen Schattenseiten von Nachhaltigkeit gilt es zu beachten? *Widersprüche und Dilemmata*, die zentral für das Feld der Nachhaltigkeit sind, sowie der Umgang mit ihnen wurden bislang unzureichend berücksichtigt und können als blinde Flecken der Forschung bezeichnet werden. Ein im Alltag verbreitetes Beispiel betrifft das Verhältnis zwischen Beteiligung und Nachhaltigkeit. Für nachhaltige Entwicklung sind spezifische, häufig eindeutige Verhaltensmuster gefragt. Diese Verhaltensmuster werden häufig vorgegeben. Die Zielgruppen haben allenfalls Einfluss darauf, wie sie vorgegebene Verhaltensmuster realisieren, nicht aber auf die Verhaltensmuster als solche. Beteiligung spielt hier eine untergeordnete Rolle. Ein interessantes Thema ist somit, wie bei nachhaltiger Entwicklung Nachhaltigkeit und Beteiligung gleichermaßen realisiert werden können.

Die bislang genannten Punkte verweisen darauf, dass eine bessere Integration der Teilthemen ein Gewinn für die Theorieentwicklung ist. Eine Psychologie *der* Nachhaltigkeit erfordert jedoch letztlich, wie in mehreren Kapiteln des vorliegenden Bandes diskutiert, darüber hinausgehend grundlegende Erweiterungen. Reese et al. (▶ Kap. 4) verweisen darauf, dass es bei Nachhaltigkeit darum geht, die Menschheit als Gruppe zu sehen. Matthies und Wallis (▶ Kap. 3) kommen zu dem Schluss, dass zwar große Teile umweltpsychologischer Forschung Bestandteil von Nachhaltigkeit sind, dass Forschung zu Nachhaltigkeit aber unvollständig bleibt, wenn nicht Themen zu globaler und lokaler Solidarität einbezogen werden. Diese erweiterte Perspektive kann durch psychologische Theorien allein nur unzureichend aufgegriffen werden. Hier ist interdisziplinäres Denken erforderlich – eine wesentliche Aufgabe für die Theorieentwicklung.

21.2 Untersuchung von Nachhaltigkeit – Entwicklung von Indikatoren und Analysemethoden

Das breite Spektrum von Analysemethoden, das durch die Psychologie und andere Natur- und Sozialwissenschaften zur Verfügung gestellt wird, ist auch auf den Themenbereich Nachhaltigkeit anwendbar. Je nach Inhalt und Entwicklungsstand der Fragestellung sind unterschiedliche Methoden angemessen. In den Kapiteln des vorliegenden Bandes werden vor allem Interviews und standardisierte Befragungen aufgeführt.

Doch auch Verhaltensbeobachtungen und physiologische Messungen haben als Analysemethoden ihren Platz.

Was die Methodologie betrifft, unterscheiden sich nachhaltigkeitsorientierte Themen kaum von anderen Themen der Psychologie: Es liegt ein breiter Fundus vor, aus dem je nach Fragestellung ausgewählt werden kann. In den meisten psychologischen Studien werden Fragebogen verwendet. Dies mag pragmatisch begründet sein, ist jedoch mit den mit dieser Methode bekannten Einschränkungen der Erkenntnismöglichkeiten verbunden.

In den rezipierten Studien werden weitgehend unterschiedliche Analyseinstrumente verwendet. Das ist aufgrund unterschiedlicher Fragestellungen auch erforderlich. Je nach Konkretisierung sind zum Beispiel nachhaltigkeitsbezogene Einstellungen oder nachhaltigkeitsbezogenes Verhalten unterschiedlich zu operationalisieren. Neben spezifischen Fragestellungen und sich daraus ergebenden spezifischen Instrumenten behandeln – wie gezeigt – viele Untersuchungen auch übereinstimmend ähnliche Fragen. Dazu gehören zum Beispiel Effekte von Selbstwirksamkeit oder von anderen Kontrollkognitionen. Zur Untersuchung dieser Fragen kommen ähnliche oder sogar identische Instrumente zum Einsatz.

Für eine Psychologie *der* Nachhaltigkeit ist eine übergreifende Diskussion von Standards und Entwicklungsmöglichkeiten erforderlich. Das betrifft die Methodologie, also zum Beispiel die Frage, welche Methoden bei unterschiedlichen Fragestellungen mehr oder weniger geeignet sind. Es betrifft auch die konkreten Methoden und Instrumente.

Eine übergreifende Diskussion, die der Schnittstelle zwischen Theorie und Methode zuzuordnen ist, ist auch bei übergeordneten Fragen nach geeigneten Indikatoren erforderlich. Dies zeigen die Beiträge von Scheffler und Schmuck in diesem Band (▶ Kap. 14 beziehungsweise 18). Scheffler konstatiert für Evaluationen, dass das Fehlen aussagekräftiger Indikatoren nachhaltiger Entwicklung eine Herausforderung ist. Schmuck schlägt vor, dass Glück und Wohlbefinden als Referenzgrößen für nachhaltige Entwicklung herangezogen werden.

Es ist somit erforderlich, Indikatoren zur Bewertung von Nachhaltigkeit festzulegen und diese zu operationalisieren. Diese Indikatoren orientieren sich am jeweiligen Verständnis von Nachhaltigkeit. Für Nachhaltigkeit etwa im Sinne von überdauernd, gemeinwohlorientiert oder ökologisch verträglich, sind jeweils unterschiedliche Indikatoren einzubeziehen. Dabei wird es auch darum gehen, Entwicklungen und Prozesse zu bewerten, deren Bezug zu Nachhaltigkeit auf den ersten Blick nicht unbedingt deutlich wird. Bezogen auf Beiträge im vorliegenden Band: Unter welchen Bedingungen und aufgrund welcher Merkmale trägt Coaching (Mühlberger et al., ▶ Kap. 20), projektorientiertes Lernen (Braßler, ▶ Kap. 7) oder ehrenamtliche Arbeit (Bierhoff, ▶ Kap. 9) zu Nachhaltigkeit bei? Wann sind Investitionen nachhaltig (Puaschunder, ▶ Kap. 11)? Wann ist der Einsatz von Robotern in der Pflege (Bläsing et al., ▶ Kap. 19) nachhaltig – auch hier im Sinne etwa von überdauernd, gemeinwohlorientiert oder ökologisch verträglich?

Die Entwicklung von Indikatoren ist eine Voraussetzung für eine Psychologie *der* Nachhaltigkeit. Sie ist auch erforderlich, um Analysemethoden zu entwickeln, die die Inhaltsbereiche von Nachhaltigkeit abdecken und den verschiedenen Fragestellungen und Kontexten gerecht werden. Dies kann, wie Scheffler anmerkt, zum gesellschaftlichen Lernprozess nachhaltiger Entwicklung positiv beitragen.

Insgesamt verfügt die Psychologie über gut fundierte Analyse- und Erhebungsmethoden, die Grundlage der Untersuchung von Nachhaltigkeit und von nachhaltiger Entwicklung sein können. Die Gütekriterien, die sich in psychologischen Erhebungen durchgesetzt haben, wie Objektivität beziehungsweise Intersubjektivität, Reliabilität und Validität sind auch für Untersuchungen von Nachhaltigkeit zentral. Die grundlegende Diskussion angemessener Untersuchungsmethoden, also zum Beispiel qualitativer und quantitativer Verfahren, Einsatz unterschiedlicher Methoden wie Beobachtung, Befragung etc. sowie die Differenzierung von Fremd- und Selbstperspektive von Beurteilungen und Bewertungen (vgl. Schmitt und Sassen, ► Kap. 15), hat Implikationen für die Untersuchung von Nachhaltigkeit.

Die Beteiligung der Betroffenen ist ein wesentliches Element von Nachhaltigkeit. Auch beim Einsatz von Methoden spielen beteiligungsorientierte Verfahren eine große Rolle. Neben der Art der jeweiligen Analyse-Methode beziehungsweise des Instrumentes bezieht sich dies auf deren Einsatz. Im vorliegenden Band zeigen Schmitt und Sassen, wie etwa Nachhaltigkeitsberichterstattung dazu genutzt werden kann, dass sich Organisationsmitglieder Ziele setzen, diese strukturieren, und dass Beteiligte einbezogen werden. Die Analyse von Nachhaltigkeit kann so zu einem ersten Schritt der Förderung von Nachhaltigkeit werden.

21.3 Förderung von Nachhaltigkeit – Interventionen

Eine Förderung von Nachhaltigkeit kann durch gezielte Interventionsprogramme zu spezifischen Themen erfolgen (zum Beispiel Informationsprogramme zum Energiesparen). Eine weitere Möglichkeit ist, Bedingungen so zu gestalten, dass nachhaltiges Verhalten unterstützt wird.

Bei den Interventionen zeigt sich ein ähnliches Bild wie bei den Analysemethoden: Die Psychologie stellt ein breites Repertoire an Interventionsmethoden zur Verfügung. Sie reichen von Information über Instruktion und Unterweisung bis zu Training oder Workshops (vgl. Schmitt, ► Kap. 6). Die Bedeutung von beteiligungsorientierten Verfahren ist auch bei Interventionen hervorzuheben. Die verfügbaren Interventionsmethoden sind je nach Zielsetzung für nachhaltigkeitsbezogene Interventionen unterschiedlich nützlich. Damit unterscheidet sich Nachhaltigkeit nicht von anderen Problembereichen, bei denen es um Einstellungs- und/oder Verhaltensänderungen geht. Während in manchen Fällen Information und Aufklärung ausreichen mögen, bieten sich in anderen Fällen komplexe Interventionsprogramme an, die geeignet sind, Kompetenzentwicklung zu unterstützen.

Für viele Fragestellungen mag das verfügbare Repertoire an Interventionsmethoden gut geeignet sein. Durch die Interventionen können spezifische Inhalte gezielt angesprochen werden. Schröder und Wolf (► Kap. 17) verweisen jedoch auf die begrenzte Wirksamkeit klassischer Interventionen. Für das Thema nachhaltige Mobilität schlagen sie vor, dass auf Fahrzeuge und auf die Infrastruktur bezogene Design-Lösungen entwickelt werden, die Sicherheits- und Kontrollbedürfnisse ebenso wie emotionale Bedürfnisse (nach Komfort, Fahrspaß etc.) ansprechen. Otto und Wittenberg (► Kap. 16) schlagen anstelle einer Steuerung durch einzelne Maßnahmen eine Kombination unterschiedlicher Maßnahmen zur Förderung eines suffizienten Lebensstils vor.

Nachhaltigkeit setzt normative Anforderungen an Lebensstil und Lebensbedingungen. Wie Reese et al. (► Kap. 4) hervorheben, entscheiden Menschen auch aufgrund ihrer Gruppenmitgliedschaften, inwiefern sie sich nachhaltig verhalten. Erst eine Zuordnung zur höchsten Ebene, zur Gruppe „Menschheit" kann gewährleisten, dass die Rechte und Pflichten aller Menschen berücksichtigt werden. Gude (► Kap. 12) verweist darauf, dass Nachhaltigkeit bei Konsum eine grundlegende Änderung des Konsumentenverhaltens erforderlich macht. Durch einzelne Interventionen oder auch Interventionsprogramme kann dies zwar unterstützt werden, für eine nachhaltige Entwicklung ist es aber darüber hinaus erforderlich, Lebens- und Arbeitsbedingungen im Sinne humaner sowie ökologischer Kriterien zu optimieren. Die Beiträge im vorliegenden Band konkretisieren dies. Ehrhardt et al. (▶ Kap. 5) verweisen auf die Relevanz einer gerechten Schule für die Entwicklung von Gerechtigkeit; Braßler (▶ Kap. 7) auf die Bedeutung von Projektlernen an Hochschulen; Baur (▶ Kap. 13) auf die Notwendigkeit eines werteorientierten Paradigmenwechsels in der Wirtschaft, und Schmuck (▶ Kap. 18) auf die Bedeutung von Kommunikation in Gemeinden. Schmitt (▶ Kap. 6) skizziert Rahmenbedingungen nachhaltigkeitsorientierter Hochschul- Organisations- und Personalentwicklung. Wie der Beitrag zeigt, umfasst die Förderung von Nachhaltigkeit mindestens drei Perspektiven: die Inhalte von Maßnahmen (Nachhaltigkeit als Thema), die Qualität von Maßnahmen (also Wirksamkeit und Transfer) sowie eine ganzheitliche Förderung nachhaltigkeitsrelevanter Haltungen und Kompetenzen. Eine Psychologie *der* Nachhaltigkeit müsste einer solch erweiterten Perspektive Rechnung tragen.

21.4 Zusammenfassendes Fazit

Für weitere wissenschaftliche Arbeiten zu Nachhaltigkeit und nachhaltiger Entwicklung ergeben sich eine Reihe von Aufgaben: Für eine Psychologie *der* Nachhaltigkeit ist eine Theorie erforderlich, die den unterschiedlichen Inhalten und dem normativen Charakter des Themas gerecht wird. Psychologische Theorien haben in diesem Kontext eine große Bedeutung – sie sind allein aber nicht ausreichend. Inter- sowie transdisziplinäres Lernen und Handeln sind gefragt.

Vor dem Hintergrund der Theorie und der Zielbereiche (zum Beispiel soziale oder ökologische Nachhaltigkeit) können Indikatoren zur Bewertung von Nachhaltigkeit festgelegt und operationalisiert werden. Diese Indikatoren sind auch bei der Bewertung von Entwicklungen unserer Gesellschaft hilfreich. Ziel eines solchen Arbeitsschrittes könnte es sein, ein flexibel einsetzbares Inventar zur Verfügung zu stellen, das die Inhaltsbereiche von Nachhaltigkeit abdeckt und durch die spezifische Methode der Fragestellung und dem Kontext gerecht wird.

Für eine Analyse von Nachhaltigkeit ist das verfügbare Methodeninventar reflektiert anzuwenden. Eine fundierte Analyse ist eine notwendige, aber keine hinreichende Voraussetzung für die Bewertung von Nachhaltigkeit. Für letztere ist der gesellschaftliche und politische Diskurs unerlässlich. Beteiligungsorientierte Verfahren haben bei der Bewertung besonders Gewicht. Sie können die Beteiligten dabei unterstützen, nachhaltigkeitsorientierte Transformationsprozesse zu strukturieren, mitzutragen und fortzuführen. Analyse und Bewertung von Nachhaltigkeit können so zu einem ersten Schritt der Förderung von Nachhaltigkeit werden.

Interventionen zielen auf eine nachhaltigkeitsorientierte Entwicklung von Personen, Organisationen und Bedingungen ab (personenbezogene und bedingungsbezogene Interventionen). Dabei ist die Gestaltung der Lebensweise und der Lebensbedingungen einzubeziehen. Auch hier sind beteiligungsorientierte Verfahren von Bedeutung.

Letztlich spiegelt die Vielfalt und Komplexität des Themas nachhaltige Entwicklung die Diversität der globalen Gesellschaft wider und es ist damit zu rechnen, dass sowohl in Forschung als auch Praxis noch viel inter- und transdisziplinäre Arbeit zu leisten ist,

21

bis im Jahr 2030 eine (Neu-)Bewertung der Sustainable Development Goals vorgenommen werden kann. Dass in diesem Dialog die Psychologie als akademische Disziplin und Anwendungsfeld sowie in Prozessen nachhaltiger Entwicklung psychologische Faktoren eine relevante Rolle spielen, geht aus den Beiträgen dieses Sammelbandes hervor. Es bleibt zu hoffen, dass es uns gemeinsam gelingt, globale nachhaltige Entwicklung auszudifferenzieren, zu fördern und zu leben.

The manufacturer's authorised representative in the EU is Springer
Nature Customer Service Centre GmbH, Europaplatz 3, 69115 Heidelberg,
Germany. If you have any concerns regarding our products, please
contact ProductSafety@springernature.com

Printed and bound by CPI Group (UK) Ltd, Croydon, CR0 4YY

27/04/2026

02097616-0009